SMR®
赛立信数据资讯

2024年
中国广播收听市场年鉴

CHINA RADIO MARKET YEARBOOK

黄学平 主编

辽宁人民出版社

© 黄学平　2024

图书在版编目（CIP）数据

2024 年中国广播收听市场年鉴 / 黄学平主编 .
沈阳：辽宁人民出版社，2024. 9. -- ISBN 978-7-205-11335-3

Ⅰ . G229.2-54
中国国家版本馆 CIP 数据核字第 20248FG392 号

出版发行：辽宁人民出版社
　　　　　地址：沈阳市和平区十一纬路25号　邮编：110003
　　　　　电话：024-23284321（邮　购）　024-23284324（发行部）
　　　　　传真：024-23284191（发行部）　024-23284304（办公室）
　　　　　http：//www.lnpph.com.cn
印　　　刷：辽宁新华印务有限公司
幅面尺寸：185mm × 260mm
印　　张：26.5
字　　数：450 千字
出版时间：2024 年 9 月第 1 版
印刷时间：2024 年 9 月第 1 次印刷
责任编辑：王　增
封面设计：王政贺
版式设计：新华制版中心
责任校对：郑　佳
书　　号：ISBN 978-7-205-11335-3
定　　价：180.00 元

《2024年中国广播收听市场年鉴》
编委会

主　编：黄学平

副主编：梁毓琳　吴素芳

编　委：（以姓氏笔画为序）

甘会霞　伍炽丰　李倩宇　罗剑锋

罗嘉文　林　泓　蔡　恒

前　言

自2014年"融媒元年"开启，媒体融合上升为国家战略，至今已然迎来了"融媒十周年"。现如今，加快推进媒体深度融合发展已正式写入政策指导，走过十年融合转型历程的广电媒体，在互联网时代拥有了崭新的面貌，从国家到省市级广电媒体逐步构建出以技术与"媒体+"服务为引领的全媒体矩阵，以丰厚的内容打造经验与传统媒体特有的影响力、公信力站稳脚跟，与新媒体形成交融共生的传播格局。

步入后疫情时代，沉寂许久的文化、旅游、餐饮等产业及线下活动快速复苏，乃至掀起了一波又一波的出行热潮。在这些复苏与新风尚带来的机遇中，广电媒体扮演起至关重要的角色，依托全面构建成型的视听价值链、产业链，与文旅产业深度融合，并大幅挖掘以满足政务与受众双向需求为核心的服务模式，政媒合作推出新颖多样的文旅宣传。这既是广电媒体对自身资源积累的转化，也是广电机构在转型探索中找到的全新业务增长点。近年来，广电媒体以"十四五"规划为指导，围绕"巩固提升传统广播电视、开拓创新推进媒体融合、整合聚合形成发展合力"三大工作方向，不断精进、稳步提升主流媒体的传播力和影响力。横向着力推动乡村振兴、助农兴农，通过强化广电视听技术化体系化布局，积极推进智慧广电乡村建设，发挥广电媒体公益社会效益；纵向对互联网热点焦点的实时跟进，及时稳固舆情，在媒介传播中为弱势者赋能，为强势者立规，为创新者支持。广电媒体正以贴合互联网传播生态的形式，开拓全媒体视野的同时稳步革新，持续输出具有高价值、高社会影响力的传媒观点，成为媒介传播格局中的协调者、运维者，彰显主流媒体的担当。

对新技术、新平台的运用是广电融合发展中不变的议题，井喷式爆发的AI应用热潮让内容生产门槛再次降低，且这项技术的深层次应用正在被扩大至方方面面，亟待各行业挖掘探索。广电媒体对AI技术的运用早有尝试，多年以前已经有了利用AI针对用户需求改进个性化推荐，或将AI应用于新闻报道、内容审核、后期处理等领域的尝试，不少广播电视台推出过AI频道及AI主持人。2023年，广电媒体及时追赶技术尖端，大步进军AIGC领域，打造媒体专业级的生成式人工智能，从总台、省级广电再到地市级广电，陆续成立AI实验室、AIGC工作室，加速铺开特色化广电AI技术布局。AIGC为视听媒体和视听创作延伸创造了无限可能，广电机构不再有新媒体诞生初期的观望，而是第一时间积极投入其中，无疑是顺应融合趋势，以变应变、以新造新的选择。

尽管广电媒体全面进入智能化、全媒化时代，但传统收视听依然有着庞大的用户基础。探索融媒体时代的传播奇点，如何将线下引至线上，同时让线上带动线下，真正实现传统与新媒体双向交融，形成平衡、规范、高效的传媒格局，是广电人不变的课题。

赛立信根据2023年在全国开展的广播收听调查数据，以及广播融媒综合传播效果数据，整理、编撰出这部《2024年中国广播收听市场年鉴》。本书分为数据篇、分析篇和附录三大部分：数据篇挑选出全国56个重点城市的收听率数据，详细呈现各电台频率在2023年的收听表现，以及45套广播融媒综合传播效果数据，呈现全国广播电台及频率的全媒体矩阵传播效果；分析篇由广播行业专家和资深研究人员撰写的中国广播市场研究文章或分析报告组成；附录篇选载有重要文件目录、统计资料等，收集了全国电台和频率名称、频率频点，采用唯一的标准编码进行编号，以供查阅检索。

由于编撰本书的工作量大、时间紧，难免有诸多不足和疏漏之处。请各位同仁不吝赐教，共同交流，让这部编年体在我们不断的总结、学习、提高中越来越完善和发展。

2024年4月30日

目　　录

数据篇

分析篇

附录篇

DATA 数据篇

第一部分　2023年全国重点城市收听率数据

一、北京地区收听率数据

表1.1.1　北京地区主要电台频率的平均收听率和市场份额

排名	电台名称	平均收听率（%）	市场份额（%）
1	北京交通广播	0.92	14.8
2	北京新闻广播	0.76	12.3
2	北京文艺广播	0.76	12.2
4	中央广播电视总台文艺之声	0.44	7.1
5	中央广播电视总台交通广播	0.43	7.0
6	中央广播电视总台中国之声	0.41	6.6
6	中央广播电视总台经济之声	0.41	6.6
8	中央广播电视总台音乐之声	0.27	4.4
8	北京音乐广播	0.27	4.3
8	北京体育广播	0.27	4.3

表1.1.2　北京地区主要电台频率的到达率和日到达率

排名	电台名称	到达率（%）	日到达率（%）
1	北京交通广播	23.7	7.0
2	北京新闻广播	19.3	5.3
3	中央广播电视总台交通广播	17.1	4.3
4	北京文艺广播	16.4	3.6
5	中央广播电视总台经济之声	13.3	2.8
6	中央广播电视总台文艺之声	12.9	2.6
7	中央广播电视总台中国之声	12.2	2.7
8	中央广播电视总台音乐之声	11.7	2.0
9	北京音乐广播	10.6	2.4
10	北京体育广播	10.4	2.1

表1.1.3 北京地区主要电台的收听率（%）

时间	北京交通广播	北京新闻广播	北京文艺广播	中央广播电视总台文艺之声	中央广播电视总台交通广播	中央广播电视总台中国之声	中央广播电视总台经济之声	中央广播电视总台音乐之声	北京音乐广播	北京体育广播
6:00	0.54	0.63	0.42	0.23	0.26	0.35	0.26	0.12	0.18	0.13
6:15	0.63	0.73	0.54	0.32	0.35	0.40	0.31	0.13	0.21	0.15
6:30	0.69	0.78	0.53	0.31	0.39	0.46	0.38	0.16	0.20	0.15
6:45	0.86	0.87	0.71	0.36	0.39	0.45	0.43	0.22	0.20	0.16
7:00	1.20	1.29	0.82	0.41	0.42	0.45	0.45	0.31	0.35	0.20
7:15	1.30	1.43	0.90	0.41	0.50	0.44	0.50	0.36	0.41	0.20
7:30	1.61	1.66	0.88	0.46	0.46	0.42	0.54	0.44	0.49	0.26
7:45	1.87	1.70	0.92	0.44	0.47	0.46	0.55	0.40	0.56	0.32
8:00	2.00	1.64	1.04	0.47	0.44	0.49	0.66	0.39	0.65	0.38
8:15	2.07	1.72	1.10	0.46	0.53	0.40	0.66	0.45	0.72	0.44
8:30	2.50	1.66	1.21	0.44	0.48	0.44	0.73	0.38	0.64	0.43
8:45	2.38	1.74	1.28	0.41	0.53	0.48	0.66	0.40	0.69	0.40
9:00	2.09	1.54	1.16	0.54	0.54	0.50	0.69	0.42	0.72	0.36
9:15	1.91	1.37	0.93	0.57	0.48	0.52	0.63	0.28	0.62	0.35
9:30	1.53	1.05	0.89	0.51	0.57	0.55	0.55	0.23	0.47	0.31
9:45	1.30	0.90	0.69	0.50	0.49	0.46	0.54	0.23	0.43	0.30
10:00	1.14	0.83	0.62	0.48	0.42	0.48	0.46	0.25	0.38	0.30
10:15	1.08	0.81	0.64	0.48	0.42	0.49	0.37	0.23	0.33	0.32
10:30	1.03	0.76	0.60	0.51	0.48	0.53	0.47	0.21	0.27	0.31
10:45	1.01	0.68	0.70	0.47	0.45	0.57	0.44	0.24	0.28	0.28
11:00	0.89	0.72	0.70	0.51	0.45	0.49	0.40	0.31	0.27	0.29
11:15	0.92	0.81	0.73	0.54	0.46	0.55	0.42	0.27	0.26	0.30
11:30	0.86	0.84	0.71	0.54	0.49	0.57	0.41	0.22	0.21	0.33
11:45	0.68	0.77	0.70	0.50	0.40	0.56	0.36	0.22	0.15	0.28
12:00	0.66	0.70	0.69	0.48	0.42	0.53	0.39	0.25	0.19	0.31
12:15	0.60	0.73	0.68	0.49	0.37	0.46	0.42	0.25	0.20	0.32
12:30	0.60	0.66	0.83	0.41	0.40	0.46	0.38	0.24	0.25	0.29
12:45	0.56	0.66	0.75	0.46	0.44	0.45	0.36	0.24	0.29	0.28
13:00	0.70	0.61	0.73	0.45	0.40	0.47	0.36	0.23	0.23	0.25
13:15	0.70	0.61	0.86	0.47	0.41	0.49	0.40	0.23	0.23	0.28
13:30	0.70	0.65	0.71	0.58	0.39	0.53	0.41	0.27	0.24	0.25
13:45	0.67	0.50	0.61	0.54	0.42	0.50	0.35	0.22	0.17	0.22
14:00	0.68	0.52	0.61	0.48	0.48	0.50	0.33	0.24	0.15	0.27
14:15	0.68	0.52	0.68	0.49	0.44	0.47	0.34	0.27	0.14	0.26
14:30	0.65	0.53	0.67	0.43	0.50	0.41	0.32	0.25	0.12	0.27
14:45	0.60	0.54	0.65	0.43	0.54	0.40	0.33	0.22	0.16	0.23

（续表）

时间	北京交通广播	北京新闻广播	北京文艺广播	中央广播电视总台文艺之声	中央广播电视总台交通广播	中央广播电视总台中国之声	中央广播电视总台经济之声	中央广播电视总台音乐之声	北京音乐广播	北京体育广播
15:00	0.70	0.62	0.70	0.49	0.44	0.39	0.34	0.27	0.13	0.25
15:15	0.69	0.57	0.65	0.46	0.47	0.43	0.30	0.26	0.12	0.23
15:30	0.70	0.56	0.62	0.49	0.47	0.46	0.37	0.24	0.14	0.27
15:45	0.84	0.56	0.62	0.50	0.46	0.43	0.32	0.24	0.18	0.28
16:00	0.83	0.53	0.55	0.40	0.46	0.38	0.29	0.22	0.16	0.24
16:15	0.80	0.49	0.52	0.40	0.46	0.35	0.25	0.17	0.16	0.24
16:30	0.83	0.49	0.52	0.41	0.46	0.39	0.31	0.19	0.18	0.28
16:45	0.76	0.49	0.57	0.47	0.52	0.44	0.34	0.19	0.19	0.26
17:00	0.76	0.63	0.62	0.45	0.54	0.44	0.31	0.26	0.22	0.24
17:15	0.74	0.67	0.71	0.44	0.49	0.41	0.28	0.29	0.21	0.26
17:30	0.73	0.70	0.76	0.44	0.53	0.42	0.35	0.39	0.27	0.28
17:45	0.88	0.78	0.92	0.48	0.52	0.41	0.36	0.42	0.33	0.26
18:00	1.00	0.97	1.03	0.45	0.52	0.38	0.53	0.48	0.34	0.30
18:15	0.93	1.02	1.10	0.44	0.45	0.43	0.47	0.47	0.29	0.31
18:30	1.01	1.04	1.20	0.48	0.48	0.47	0.49	0.45	0.29	0.33
18:45	1.09	1.05	1.29	0.51	0.51	0.46	0.48	0.45	0.30	0.36
19:00	1.00	1.04	1.14	0.50	0.50	0.41	0.43	0.37	0.34	0.33
19:15	0.93	0.99	1.11	0.51	0.48	0.37	0.42	0.36	0.34	0.33
19:30	0.89	0.85	1.04	0.52	0.48	0.34	0.47	0.29	0.31	0.34
19:45	0.89	0.73	0.89	0.53	0.46	0.33	0.52	0.22	0.28	0.24
20:00	0.82	0.61	0.89	0.55	0.46	0.34	0.50	0.27	0.25	0.26
20:15	0.72	0.57	0.79	0.45	0.40	0.33	0.43	0.26	0.21	0.30
20:30	0.68	0.50	0.75	0.39	0.37	0.33	0.37	0.23	0.16	0.25
20:45	0.66	0.50	0.77	0.36	0.37	0.33	0.36	0.22	0.17	0.23
21:00	0.69	0.50	0.73	0.38	0.44	0.28	0.38	0.27	0.20	0.25
21:15	0.66	0.40	0.66	0.39	0.34	0.26	0.38	0.27	0.18	0.24
21:30	0.61	0.39	0.60	0.35	0.35	0.29	0.37	0.23	0.15	0.22
21:45	0.53	0.39	0.67	0.35	0.31	0.28	0.33	0.21	0.20	0.23
22:00	0.49	0.34	0.66	0.30	0.33	0.26	0.26	0.20	0.19	0.19
22:15	0.52	0.30	0.69	0.28	0.34	0.25	0.28	0.19	0.17	0.21
22:30	0.54	0.29	0.60	0.37	0.35	0.28	0.30	0.24	0.17	0.19
22:45	0.51	0.24	0.54	0.34	0.34	0.29	0.29	0.21	0.14	0.16
23:00	0.48	0.23	0.54	0.34	0.30	0.26	0.34	0.20	0.12	0.16
23:15	0.43	0.28	0.49	0.28	0.28	0.22	0.33	0.15	0.13	0.16
23:30	0.36	0.28	0.38	0.28	0.25	0.22	0.34	0.14	0.09	0.13
23:45	0.33	0.24	0.37	0.25	0.24	0.18	0.28	0.13	0.07	0.14

表1.1.4 北京地区主要电台的占有率（%）

时间	北京交通广播	北京新闻广播	北京文艺广播	中央广播电视总台文艺之声	中央广播电视总台交通广播	中央广播电视总台中国之声	中央广播电视总台经济之声	中央广播电视总台音乐之声	北京音乐广播	北京体育广播
6:00	13.1	15.4	10.2	5.5	6.4	8.6	6.4	2.8	4.4	3.2
6:15	13.1	15.1	11.2	6.6	7.1	8.3	6.3	2.7	4.4	3.1
6:30	13.2	15.0	10.1	5.9	7.4	8.9	7.2	3.2	3.9	2.8
6:45	14.6	14.8	12.0	6.0	6.6	7.6	7.2	3.8	3.3	2.7
7:00	16.9	18.1	11.5	5.8	5.9	6.4	6.3	4.3	4.9	2.8
7:15	16.6	18.3	11.5	5.2	6.5	5.7	6.3	4.5	5.2	2.5
7:30	18.5	19.1	10.1	5.3	5.3	4.8	6.2	5.1	5.7	2.9
7:45	20.5	18.6	10.1	4.8	5.2	5.0	6.0	4.4	6.1	3.5
8:00	20.6	16.9	10.7	4.8	4.6	5.0	6.8	4.0	6.7	3.9
8:15	20.7	17.1	11.0	4.6	5.3	4.0	6.5	4.5	7.2	4.4
8:30	23.8	15.9	11.6	4.2	4.6	4.2	6.9	3.7	6.1	4.1
8:45	22.5	16.4	12.1	3.9	5.0	4.6	6.2	3.8	6.6	3.8
9:00	20.7	15.2	11.5	5.4	5.4	5.0	6.8	4.2	7.1	3.5
9:15	20.9	15.0	10.2	6.3	5.3	5.7	6.9	3.1	6.8	3.9
9:30	19.0	13.1	11.1	6.3	7.1	6.9	6.8	2.8	5.9	3.8
9:45	18.2	12.5	9.6	6.9	6.9	6.4	7.5	3.2	6.0	4.2
10:00	17.2	12.5	9.4	7.3	6.4	7.3	6.9	3.8	5.7	4.5
10:15	16.7	12.4	9.8	7.3	6.5	7.5	5.6	3.5	5.1	4.9
10:30	15.7	11.5	9.1	7.7	7.4	8.1	7.2	3.3	4.2	4.7
10:45	15.8	10.6	10.9	7.3	7.1	8.9	6.8	3.7	4.4	4.3
11:00	13.8	11.2	10.9	7.9	7.0	7.7	6.2	4.9	4.2	4.6
11:15	13.9	12.3	11.0	8.2	7.0	8.3	6.4	4.1	3.9	4.5
11:30	13.3	13.0	11.0	8.4	7.6	8.8	6.4	3.4	3.2	5.1
11:45	11.6	13.1	11.8	8.6	6.7	9.5	6.1	3.8	2.5	4.8
12:00	11.2	11.9	11.8	8.1	7.2	8.9	6.7	4.2	3.2	5.2
12:15	10.5	12.7	11.9	8.5	6.5	8.0	7.4	4.4	3.4	5.7
12:30	10.4	11.4	14.4	7.0	6.9	8.1	6.6	4.2	4.4	5.0
12:45	9.9	11.6	13.2	8.1	7.7	7.9	6.4	4.3	5.0	4.9
13:00	12.3	10.8	12.9	8.0	7.1	8.2	6.4	4.0	4.1	4.5
13:15	11.8	10.3	14.5	7.9	7.0	8.3	6.8	3.9	3.8	4.7
13:30	11.7	10.8	11.9	9.6	6.5	8.7	6.8	4.4	3.9	4.2
13:45	12.4	9.3	11.2	10.0	7.7	9.1	6.5	4.1	3.1	4.1
14:00	12.3	9.4	11.1	8.7	8.7	9.0	6.0	4.3	2.7	4.9
14:15	12.5	9.6	12.3	8.9	8.0	8.6	6.2	4.8	2.6	4.8
14:30	12.4	10.0	12.8	8.1	9.5	7.7	6.0	4.7	2.2	5.1
14:45	11.3	10.1	12.2	8.0	10.1	7.4	6.3	4.1	2.9	4.4

（续表）

时间	北京交通广播	北京新闻广播	北京文艺广播	中央广播电视总台文艺之声	中央广播电视总台交通广播	中央广播电视总台中国之声	中央广播电视总台经济之声	中央广播电视总台音乐之声	北京音乐广播	北京体育广播
15:00	12.2	11.0	12.3	8.6	7.6	6.9	6.0	4.8	2.3	4.3
15:15	12.4	10.3	11.8	8.4	8.4	7.8	5.5	4.7	2.1	4.1
15:30	12.2	9.8	10.8	8.7	8.2	8.0	6.4	4.2	2.4	4.8
15:45	14.4	9.6	10.6	8.6	7.9	7.3	5.6	4.1	3.0	4.7
16:00	15.4	9.9	10.2	7.5	8.5	7.1	5.3	4.1	3.0	4.5
16:15	15.7	9.6	10.1	7.8	9.0	6.9	5.0	3.3	3.1	4.7
16:30	15.5	9.2	9.7	7.8	8.6	7.3	5.8	3.6	3.3	5.3
16:45	14.1	9.1	10.6	8.7	9.7	8.2	6.3	3.6	3.5	4.8
17:00	13.0	10.8	10.7	7.7	9.3	7.6	5.3	4.5	3.8	4.1
17:15	12.9	11.5	12.3	7.6	8.5	7.1	4.9	5.0	3.7	4.5
17:30	12.1	11.6	12.5	7.2	8.8	6.9	5.8	6.5	4.5	4.6
17:45	13.2	11.7	13.8	7.1	7.8	6.2	5.4	6.3	5.0	3.9
18:00	13.4	13.1	13.8	6.1	7.0	5.1	7.1	6.4	4.5	4.0
18:15	12.7	14.0	15.0	6.1	6.2	5.9	6.5	6.4	3.9	4.3
18:30	13.2	13.6	15.6	6.2	6.3	6.1	6.3	5.9	3.8	4.4
18:45	13.6	13.0	16.0	6.3	6.4	5.7	6.0	5.6	3.7	4.5
19:00	13.5	14.0	15.4	6.7	6.7	5.5	5.8	5.0	4.6	4.5
19:15	12.9	13.8	15.3	7.1	6.6	5.1	5.9	4.9	4.7	4.6
19:30	13.0	12.4	15.2	7.6	7.0	5.0	6.9	4.2	4.5	5.0
19:45	14.0	11.4	14.0	8.3	7.1	5.2	8.2	3.5	4.3	3.8
20:00	12.9	9.6	14.1	8.7	7.2	5.4	8.0	4.3	4.0	4.1
20:15	12.5	9.9	13.7	7.9	7.0	5.7	7.4	4.5	3.6	5.1
20:30	13.2	9.7	14.5	7.6	7.1	6.3	7.1	4.4	3.1	4.8
20:45	12.9	9.7	15.0	7.1	7.2	6.3	6.9	4.3	3.3	4.4
21:00	12.9	9.4	13.8	7.2	8.2	5.2	7.1	5.0	3.7	4.8
21:15	13.5	8.2	13.5	8.1	7.0	5.3	7.7	5.6	3.6	5.0
21:30	12.8	8.1	12.6	7.4	7.2	6.1	7.6	4.8	3.2	4.7
21:45	11.5	8.4	14.6	7.5	6.6	6.1	7.2	4.6	4.4	5.0
22:00	11.5	8.0	15.6	7.1	7.8	6.1	6.1	4.8	4.5	4.4
22:15	12.6	7.1	16.5	6.8	8.2	5.9	6.6	4.6	4.2	4.9
22:30	12.5	6.6	13.8	8.4	7.9	6.5	6.9	5.4	3.9	4.4
22:45	12.7	6.0	13.5	8.5	8.5	7.2	7.1	5.2	3.4	3.9
23:00	12.2	5.9	13.7	8.6	7.5	6.6	8.5	5.0	3.1	4.0
23:15	11.7	7.6	13.3	7.7	7.8	5.9	8.9	4.2	3.4	4.3
23:30	10.8	8.5	11.6	8.4	7.5	6.8	10.3	4.2	2.6	4.0
23:45	11.1	8.1	12.2	8.4	7.9	5.9	9.4	4.4	2.4	4.5

二、上海地区收听率数据

表1.2.1 上海地区主要电台频率的平均收听率和市场份额

排名	电台名称	平均收听率（%）	市场份额（%）
1	上海人民广播电台动感101	1.02	16.2
2	上海人民广播电台上海新闻广播	0.94	14.9
3	上海人民广播电台交通广播	0.83	13.2
4	上海人民广播电台经典金曲广播 Love Radio最爱调频	0.80	12.7
5	长三角之声	0.72	11.4
6	上海经典音乐广播 经典947	0.42	6.7
7	上海人民广播电台第一财经广播	0.32	5.0
8	上海人民广播电台五星体育广播	0.20	3.1
9	上海爱乐数字音乐广播	0.18	2.9
9	中央广播电视总台中国之声	0.18	2.9

表1.2.2 上海地区主要电台频率的到达率和日到达率

排名	电台名称	到达率（%）	日到达率（%）
1	上海人民广播电台动感101	47.6	17.3
2	上海人民广播电台交通广播	42.5	18.1
3	上海人民广播电台上海新闻广播	37.2	13.7
4	长三角之声	34.7	10.0
5	上海人民广播电台经典金曲广播 Love Radio最爱调频	34.2	13.7
6	上海人民广播电台第一财经广播	25.7	8.5
7	上海经典音乐广播 经典947	21.4	8.0
8	上海人民广播电台五星体育广播	19.9	5.3
9	上海人民广播电台戏曲广播	18.6	3.7
10	上海爱乐数字音乐广播	16.2	4.7

表1.2.3　上海地区主要电台的收听率（%）

时间	上海人民广播电台动感101	上海人民广播电台上海新闻广播	上海人民广播电台交通广播	上海人民广播电台经典金曲广播Love Radio最爱调频	长三角之声	上海经典音乐广播经典947	上海人民广播电台第一财经广播	上海人民广播电台五星体育广播	上海爱乐数字音乐广播	中央广播电视总台中国之声
6:00	0.25	0.10	0.10	0.23	0.14	0.03	0.06	0.05	0.02	0.32
6:15	0.43	0.02	0.18	0.33	0.08	0.05	0.01	0.06	0.02	0.37
6:30	0.44	0.01	0.13	0.24	0.14	0.02	0.02	0.02	0.03	0.45
6:45	0.30	0.05	0.08	0.36	0.24	0.03	0.05	0.01	0.01	0.55
7:00	0.75	1.49	0.11	1.05	0.67	0.02	0.03	0.01	0.05	0.68
7:15	0.89	1.66	0.57	1.33	0.95	0.01	0.03	0.01	0.08	0.87
7:30	1.54	1.96	0.85	1.48	1.63	0.01	0.48	0.15	0.09	0.92
7:45	1.67	2.18	0.93	1.57	1.88	0.20	0.54	0.24	0.17	0.99
8:00	1.60	2.55	1.20	1.64	1.90	0.43	0.75	0.14	0.20	0.91
8:15	1.59	2.51	1.41	1.57	1.91	0.42	0.82	0.11	0.15	0.53
8:30	1.24	2.15	1.90	1.38	1.89	0.38	0.73	0.05	0.12	0.25
8:45	1.03	1.95	2.24	1.23	1.57	0.39	0.39	0.14	0.11	0.21
9:00	0.57	0.77	2.42	0.40	1.39	0.57	0.27	0.16	0.13	0.14
9:15	0.74	0.66	2.23	0.62	0.62	0.90	0.28	0.09	0.19	0.07
9:30	0.66	0.75	1.90	0.90	0.55	1.29	0.32	0.06	0.28	0.04
9:45	1.07	0.83	1.70	0.95	0.51	1.38	0.39	0.03	0.34	0.04
10:00	1.30	1.47	0.69	1.15	0.76	1.71	0.55	0.08	0.44	0.02
10:15	1.64	1.68	0.64	1.02	0.76	1.83	0.66	0.05	0.47	0.02
10:30	1.49	1.65	0.55	0.82	0.78	1.77	0.81	0.07	0.41	0.03
10:45	1.25	1.75	0.67	0.78	0.67	1.66	1.07	0.24	0.32	0.04
11:00	1.35	2.03	0.56	0.97	0.54	1.21	1.21	0.50	0.27	0.19
11:15	1.39	2.23	0.74	1.04	0.60	1.08	1.32	0.57	0.22	0.24
11:30	1.19	2.41	0.89	1.27	0.69	0.85	1.17	0.79	0.20	0.18
11:45	1.36	2.29	1.04	1.44	0.98	0.71	1.10	0.89	0.20	0.04
12:00	1.51	1.39	1.01	1.74	0.93	0.23	0.83	0.98	0.24	0.03
12:15	1.63	1.27	1.09	1.79	0.90	0.11	0.77	0.97	0.28	0.02
12:30	1.61	1.12	1.27	1.76	0.84	0.03	0.67	0.75	0.44	0.02
12:45	1.68	0.82	1.18	1.75	0.55	0.01	0.26	0.65	0.50	0.00
13:00	1.83	0.45	0.71	1.55	0.37	0.02	0.36	0.53	0.51	0.07
13:15	1.18	0.64	0.59	1.37	0.32	0.05	0.39	0.49	0.48	0.03
13:30	0.72	0.68	0.14	0.99	0.11	0.03	0.50	0.44	0.38	0.01
13:45	0.83	1.11	0.05	0.94	0.07	0.23	0.46	0.44	0.26	0.01
14:00	1.16	0.86	0.17	0.95	0.37	0.30	0.47	0.33	0.19	0.02
14:15	0.85	0.60	0.39	0.79	0.39	0.21	0.47	0.31	0.11	0.02
14:30	0.46	0.30	0.27	0.62	0.44	0.07	0.27	0.18	0.11	0.02
14:45	0.49	0.07	0.21	0.51	0.36	0.03	0.25	0.07	0.10	0.02

（续表）

时间	上海人民广播电台动感101	上海人民广播电台上海新闻广播	上海人民广播电台交通广播	上海人民广播电台经典金曲广播 Love Radio 最爱调频	长三角之声	上海经典音乐广播经典947	上海人民广播电台第一财经广播	上海人民广播电台五星体育广播	上海爱乐数字音乐广播	中央广播电视总台中国之声
15:00	0.84	0.16	0.30	0.67	0.54	0.14	0.22	0.03	0.08	0.01
15:15	0.64	0.11	0.40	0.55	0.40	0.19	0.12	0.01	0.01	0.02
15:30	0.18	0.09	0.25	0.69	0.25	0.20	0.04	0.08	0.03	0.05
15:45	1.11	0.02	0.36	0.71	0.22	0.14	0.02	0.06	0.04	0.01
16:00	1.56	0.16	0.50	0.84	0.30	0.39	0.09	0.10	0.07	0.01
16:15	1.95	0.08	0.26	0.98	0.47	0.40	0.05	0.07	0.11	0.02
16:30	2.76	0.07	0.37	1.18	0.45	0.55	0.04	0.02	0.11	0.02
16:45	3.06	0.09	0.67	1.25	0.53	0.50	0.09	0.02	0.17	0.02
17:00	3.27	0.42	0.77	0.99	0.72	0.55	0.12	0.09	0.18	0.03
17:15	3.29	0.45	0.90	0.88	0.85	0.43	0.37	0.05	0.21	0.07
17:30	2.80	0.54	1.31	0.43	0.97	0.44	0.50	0.04	0.21	0.23
17:45	2.38	0.87	1.53	0.39	1.03	0.68	0.50	0.03	0.25	0.26
18:00	1.69	1.32	1.94	0.38	1.18	0.73	0.36	0.12	0.29	0.33
18:15	1.52	1.37	2.09	0.39	1.51	0.64	0.20	0.15	0.34	0.38
18:30	1.07	1.78	2.21	0.35	2.09	0.62	0.15	0.14	0.43	0.41
18:45	0.93	2.16	2.19	0.35	2.13	0.51	0.12	0.19	0.44	0.49
19:00	0.81	2.69	1.81	0.69	1.89	0.36	0.11	0.28	0.39	0.56
19:15	0.53	2.44	1.53	0.79	1.52	0.19	0.07	0.32	0.32	0.47
19:30	0.66	2.18	1.20	1.12	0.76	0.22	0.04	0.22	0.24	0.41
19:45	0.50	1.86	1.21	1.09	0.61	0.18	0.05	0.16	0.21	0.25
20:00	0.57	1.44	1.06	0.90	0.72	0.28	0.11	0.10	0.14	0.20
20:15	0.59	0.91	0.92	0.83	0.59	0.12	0.19	0.05	0.13	0.17
20:30	0.12	0.46	0.84	0.51	0.69	0.14	0.13	0.11	0.16	0.01
20:45	0.34	0.20	0.80	0.51	0.61	0.16	0.11	0.13	0.13	0.01
21:00	0.19	0.25	0.99	0.53	0.40	0.45	0.05	0.19	0.07	0.00
21:15	0.12	0.10	0.96	0.44	0.36	0.50	0.01	0.21	0.04	0.00
21:30	0.04	0.15	0.80	0.36	0.54	0.81	0.03	0.21	0.03	0.01
21:45	0.06	0.05	0.45	0.05	0.47	0.76	0.01	0.10	0.05	0.01
22:00	0.01	0.04	0.02	0.02	0.31	0.37	0.02	0.04	0.01	0.01
22:15	0.02	0.19	0.03	0.01	0.22	0.37	0.02	0.11	0.01	0.02
22:30	0.03	0.04	0.03	0.04	0.33	0.03	0.02	0.07	0.02	0.01
22:45	0.01	0.05	0.02	0.01	0.24	0.02	0.05	0.05	0.02	0.03
23:00	0.01	0.02	0.03	0.02	0.06	0.03	0.03	0.04	0.03	0.01
23:15	0.00	0.01	0.05	0.01	0.11	0.01	0.02	0.01	0.01	0.00
23:30	0.03	0.05	0.09	0.05	0.14	0.02	0.01	0.01	0.02	0.00
23:45	0.03	0.06	0.12	0.04	0.12	0.02	0.01	0.03	0.02	0.02

表1.2.4 上海地区主要电台的占有率（%）

时间	上海人民广播电台动感101	上海人民广播电台上海新闻广播	上海人民广播电台交通广播	上海人民广播电台经典金曲广播 Love Radio 最爱调频	长三角之声	上海经典音乐广播经典947	上海人民广播电台第一财经广播	上海人民广播电台五星体育广播	上海爱乐数字音乐广播	中央广播电视总台中国之声
6:00	16.7	6.8	6.5	15.4	9.2	1.8	3.7	3.3	1.1	21.8
6:15	23.7	1.1	10.0	18.4	4.7	2.7	0.6	3.1	1.3	20.6
6:30	24.2	0.5	6.8	12.9	7.7	1.2	1.1	1.3	1.7	24.5
6:45	14.6	2.3	4.1	17.4	11.8	1.5	2.5	0.3	0.5	26.9
7:00	14.2	28.1	2.0	19.8	12.7	0.3	0.6	0.2	0.9	12.8
7:15	12.8	23.8	8.2	19.1	13.6	0.1	0.4	0.1	1.1	12.4
7:30	15.6	19.8	8.6	15.0	16.4	0.0	4.8	1.5	0.9	9.3
7:45	14.8	19.4	8.2	14.0	16.7	1.8	4.8	2.1	1.5	8.8
8:00	12.7	20.3	9.6	13.0	15.1	3.4	5.9	1.1	1.6	7.2
8:15	12.9	20.4	11.4	12.8	15.5	3.4	6.6	0.9	1.2	4.3
8:30	10.8	18.7	16.5	12.0	16.4	3.3	6.4	0.4	1.0	2.2
8:45	9.6	18.2	20.9	11.5	14.6	3.6	3.6	1.3	1.0	1.9
9:00	6.9	9.4	29.5	4.9	16.9	7.0	3.3	2.0	1.5	1.7
9:15	9.6	8.5	28.8	8.0	8.1	11.6	3.6	1.1	2.5	0.9
9:30	8.2	9.3	23.8	11.2	6.8	16.1	4.0	0.7	3.5	0.5
9:45	12.9	10.0	20.4	11.4	6.1	16.7	4.7	0.3	4.1	0.5
10:00	14.2	16.0	7.5	12.5	8.3	18.6	6.0	0.9	4.8	0.2
10:15	16.8	17.3	6.6	10.5	7.8	18.8	6.7	0.5	4.9	0.2
10:30	16.2	17.8	5.9	8.9	8.5	19.1	8.7	0.8	4.4	0.3
10:45	13.4	18.8	7.2	8.4	7.2	17.9	11.5	2.5	3.4	0.4
11:00	14.2	21.4	5.9	10.3	5.7	12.7	12.7	5.2	2.9	2.0
11:15	13.7	22.1	7.4	10.3	5.9	10.7	13.1	5.6	2.1	2.4
11:30	11.4	23.2	8.6	12.2	6.6	8.2	11.3	7.6	1.9	1.7
11:45	12.5	21.1	9.6	13.3	9.0	6.6	10.2	8.2	1.8	0.4
12:00	15.6	14.4	10.4	18.0	9.6	2.4	8.6	10.2	2.5	0.3
12:15	17.0	13.2	11.3	18.6	9.4	1.1	8.0	10.1	2.9	0.2
12:30	17.2	12.0	13.5	18.8	9.0	0.3	7.1	8.0	4.7	0.2
12:45	20.3	10.0	14.2	21.2	6.6	0.2	3.2	7.8	6.0	0.0
13:00	25.3	6.2	9.8	21.5	5.1	0.3	4.9	7.4	7.1	0.9
13:15	18.9	10.3	9.5	22.0	5.1	0.7	6.3	7.9	7.8	0.4
13:30	16.1	15.1	3.0	22.1	2.4	0.6	11.1	9.9	8.4	0.1
13:45	17.2	23.3	1.0	19.6	1.4	4.8	9.7	9.1	5.5	0.2
14:00	22.1	16.5	3.2	18.1	7.0	5.7	8.9	6.4	3.7	0.3
14:15	18.7	13.3	8.6	17.3	8.6	4.7	10.2	6.8	2.5	0.5
14:30	14.8	9.7	8.7	20.0	14.2	2.3	8.6	5.7	3.7	0.7
14:45	20.3	2.9	8.7	21.4	15.2	1.1	10.3	2.9	4.3	0.8

（续表）

时间	上海人民广播电台动感101	上海人民广播电台上海新闻广播	上海人民广播电台交通广播	上海人民广播电台经典金曲广播Love Radio最爱调频	长三角之声	上海经典音乐广播经典947	上海人民广播电台第一财经广播	上海人民广播电台五星体育广播	上海爱乐数字音乐广播	中央广播电视总台中国之声
15:00	25.4	4.7	9.0	20.2	16.4	4.1	6.6	0.9	2.4	0.3
15:15	23.6	4.1	14.6	20.2	14.8	7.1	4.5	0.4	0.4	0.5
15:30	8.5	4.2	11.4	31.9	11.4	9.1	1.9	3.9	1.5	2.3
15:45	36.3	0.8	11.8	23.0	7.0	4.6	0.8	1.8	1.3	0.4
16:00	34.6	3.7	11.2	18.6	6.6	8.8	1.9	2.1	1.6	0.2
16:15	38.5	1.5	5.1	19.3	9.2	8.0	1.1	1.3	2.2	0.4
16:30	43.2	1.1	5.8	18.5	7.0	8.7	0.6	0.4	1.8	0.3
16:45	41.9	1.2	9.1	17.2	7.3	6.9	1.2	0.3	2.4	0.3
17:00	40.2	5.1	9.5	12.2	8.9	6.8	1.4	1.1	2.2	0.3
17:15	38.7	5.3	10.5	10.3	10.0	5.0	4.4	0.6	2.5	0.8
17:30	33.0	6.4	15.5	5.1	11.5	5.2	5.8	0.4	2.5	2.7
17:45	26.4	9.6	17.0	4.3	11.4	7.5	5.5	0.3	2.8	2.8
18:00	18.0	14.0	20.7	4.0	12.6	7.8	3.9	1.3	3.1	3.5
18:15	15.8	14.2	21.7	4.1	15.6	6.7	2.1	1.6	3.5	3.9
18:30	10.4	17.4	21.6	3.4	20.5	6.1	1.5	1.4	4.2	4.1
18:45	8.9	20.6	20.8	3.3	20.2	4.9	1.1	1.8	4.2	4.7
19:00	7.8	25.7	17.3	6.6	18.0	3.5	1.0	2.7	3.7	5.4
19:15	5.8	26.8	16.7	8.7	16.7	2.1	0.7	3.5	3.5	5.1
19:30	8.4	27.5	15.1	14.2	9.6	2.8	0.5	2.7	3.0	5.2
19:45	7.2	26.7	17.3	15.6	8.7	2.6	0.6	2.3	3.0	3.6
20:00	9.0	23.0	16.8	14.4	11.5	4.4	1.8	1.5	2.3	3.1
20:15	11.4	17.5	17.8	15.9	11.4	2.3	3.7	1.0	2.5	3.3
20:30	3.2	12.1	22.2	13.4	18.2	3.6	3.4	2.8	4.2	0.3
20:45	9.5	5.7	22.3	14.2	16.9	4.5	2.9	3.7	3.6	0.2
21:00	5.1	6.7	27.0	14.4	10.7	12.3	1.3	5.2	1.8	0.1
21:15	3.7	3.0	29.8	13.7	11.3	15.7	0.2	6.6	1.2	0.1
21:30	1.2	4.5	23.7	10.6	16.0	24.0	1.0	6.2	0.8	0.3
21:45	2.3	2.1	18.9	2.2	19.8	32.0	0.2	4.2	1.9	1.2
22:00	1.1	3.2	1.6	1.3	27.5	33.4	1.3	3.2	0.5	0.6
22:15	1.7	15.8	2.1	1.0	17.8	29.8	2.0	9.3	0.4	1.6
22:30	4.1	4.8	3.6	5.1	41.9	3.2	2.2	8.9	1.8	1.1
22:45	1.8	7.4	2.9	1.8	36.6	3.4	6.9	7.3	2.4	5.1
23:00	2.1	4.2	8.8	5.1	16.0	7.1	7.3	10.9	7.7	3.5
23:15	1.0	2.2	14.7	3.4	33.4	2.9	7.1	1.9	2.2	1.0
23:30	5.2	9.5	18.0	9.6	29.5	3.5	2.9	2.2	3.0	0.3
23:45	4.8	12.1	22.7	7.2	22.3	3.4	1.6	5.0	4.5	2.9

三、广州地区收听率数据

表1.3.1 广州地区主要电台频率的平均收听率和市场份额

排名	电台名称	平均收听率（%）	市场份额（%）
1	广东广播电视台交通之声	1.33	16.0
2	广东广播电视台珠江经济台	1.15	13.8
3	广东广播电视台音乐之声	1.14	13.7
4	广州交通广播	0.85	10.3
5	广州新闻电台	0.82	9.8
6	广东广播电视台新闻广播	0.58	7.0
7	广州汽车音乐电台	0.57	6.8
8	广州青少年广播	0.29	3.5
9	广东广播电视台文体广播	0.28	3.4
10	广东广播电视台城市之声	0.23	2.7

表1.3.2 广州地区主要电台频率的到达率和日到达率

排名	电台名称	到达率（%）	日到达率（%）
1	广东广播电视台交通之声	39.9	16.2
2	广州交通广播	37.5	10.5
3	广东广播电视台珠江经济台	37.2	13.3
4	广东广播电视台音乐之声	36.9	14.6
5	广州新闻电台	35.5	11.4
6	广州汽车音乐电台	34.2	9.7
7	广东广播电视台新闻广播	20.1	7.6
8	广东广播电视台文体广播	12.9	4.2
9	广东广播电视台城市之声	11.2	3.6
10	中央广播电视总台中国之声	10.7	4.5

表1.3.3　广州地区主要电台的收听率（%）

时间	广东广播电视台交通之声	广东广播电视台珠江经济台	广东广播电视台音乐之声	广州交通广播	广州新闻电台	广东广播电视台新闻广播	广州汽车音乐电台	广州青少年广播	广东广播电视台文体广播	广东广播电视台城市之声
6:00	0.68	0.63	0.68	0.51	0.55	0.30	0.36	0.26	0.18	0.14
6:15	0.90	0.87	0.95	0.70	0.56	0.41	0.49	0.27	0.21	0.14
6:30	0.91	0.92	0.95	0.72	0.72	0.45	0.50	0.38	0.27	0.17
6:45	1.08	0.89	1.13	1.00	0.71	0.44	0.47	0.40	0.28	0.18
7:00	1.04	1.25	1.12	1.05	0.94	0.68	0.72	0.47	0.35	0.22
7:15	1.40	1.56	1.53	1.27	0.97	0.74	0.82	0.46	0.35	0.27
7:30	1.69	1.61	1.78	1.28	1.23	0.89	0.96	0.46	0.44	0.35
7:45	1.72	1.82	1.77	1.29	1.26	0.90	0.96	0.47	0.45	0.41
8:00	2.04	1.83	1.80	1.29	1.29	0.91	0.98	0.43	0.51	0.44
8:15	2.07	1.81	1.78	1.20	1.28	0.91	0.97	0.33	0.51	0.43
8:30	2.06	1.82	1.56	1.09	1.24	0.86	0.83	0.36	0.50	0.43
8:45	2.07	1.58	1.33	0.97	1.17	0.73	0.79	0.37	0.51	0.43
9:00	1.94	1.52	1.48	1.07	0.94	0.70	0.64	0.37	0.45	0.38
9:15	1.59	1.27	1.50	1.11	1.01	0.64	0.71	0.37	0.42	0.31
9:30	1.55	1.41	1.46	1.08	1.01	0.71	0.70	0.32	0.34	0.29
9:45	1.38	1.39	1.46	1.10	1.01	0.72	0.71	0.27	0.33	0.25
10:00	1.58	1.41	1.25	1.03	0.96	0.71	0.67	0.30	0.27	0.30
10:15	1.60	1.35	1.04	0.88	0.83	0.70	0.55	0.29	0.32	0.30
10:30	1.58	1.12	1.16	0.89	0.90	0.59	0.63	0.29	0.33	0.30
10:45	1.52	1.14	1.17	0.83	0.90	0.60	0.63	0.24	0.31	0.30
11:00	1.32	1.08	1.18	0.88	0.90	0.58	0.64	0.28	0.32	0.25
11:15	1.28	1.20	1.17	0.98	0.84	0.67	0.62	0.28	0.25	0.22
11:30	1.45	1.30	1.02	1.01	0.79	0.69	0.54	0.29	0.25	0.25
11:45	1.52	1.28	1.20	1.04	0.76	0.68	0.54	0.29	0.27	0.27
12:00	1.53	1.30	1.25	1.03	0.91	0.69	0.64	0.28	0.31	0.26
12:15	1.54	1.19	1.25	1.00	0.93	0.66	0.66	0.30	0.31	0.27
12:30	1.36	1.06	1.25	0.97	0.93	0.60	0.67	0.30	0.30	0.24
12:45	1.30	1.12	1.14	0.84	0.93	0.52	0.67	0.32	0.30	0.23
13:00	1.15	1.04	0.95	0.76	0.79	0.57	0.59	0.29	0.23	0.20
13:15	1.22	1.04	1.09	0.83	0.72	0.56	0.57	0.25	0.23	0.19
13:30	1.15	0.98	1.08	0.81	0.77	0.57	0.43	0.22	0.18	0.14
13:45	1.34	0.86	1.09	0.80	0.81	0.53	0.50	0.26	0.23	0.16
14:00	1.38	0.92	1.06	0.72	0.80	0.46	0.51	0.27	0.24	0.17
14:15	1.35	0.88	0.92	0.59	0.80	0.44	0.50	0.28	0.23	0.19
14:30	1.36	1.01	0.83	0.68	0.74	0.41	0.47	0.28	0.23	0.19
14:45	1.23	1.02	0.97	0.69	0.64	0.52	0.38	0.23	0.18	0.18

（续表）

时间	广东广播电视台交通之声	广东广播电视台珠江经济台	广东广播电视台音乐之声	广州交通广播	广州新闻电台	广东广播电视台新闻广播	广州汽车音乐电台	广州青少年广播	广东广播电视台文体广播	广东广播电视台城市之声
15:00	1.09	0.99	0.99	0.65	0.65	0.52	0.45	0.23	0.18	0.16
15:15	1.09	0.99	0.96	0.68	0.58	0.53	0.43	0.20	0.17	0.12
15:30	1.01	0.83	0.96	0.58	0.61	0.52	0.41	0.24	0.18	0.12
15:45	1.20	0.97	0.81	0.57	0.62	0.41	0.36	0.23	0.19	0.14
16:00	1.21	0.97	0.83	0.54	0.67	0.44	0.38	0.24	0.18	0.15
16:15	1.23	0.97	0.85	0.59	0.74	0.45	0.41	0.24	0.23	0.16
16:30	1.19	0.96	0.96	0.66	0.73	0.54	0.39	0.20	0.24	0.15
16:45	1.01	0.83	1.12	0.74	0.73	0.56	0.49	0.23	0.22	0.14
17:00	1.16	0.86	1.11	0.77	0.69	0.53	0.48	0.26	0.23	0.12
17:15	1.16	0.79	1.33	0.71	0.62	0.56	0.51	0.27	0.19	0.13
17:30	1.39	0.91	1.32	0.81	0.60	0.50	0.52	0.27	0.22	0.13
17:45	1.45	0.89	1.35	0.85	0.74	0.60	0.43	0.24	0.25	0.18
18:00	1.41	1.10	1.33	1.01	0.86	0.74	0.40	0.29	0.31	0.20
18:15	1.44	1.20	1.08	1.03	0.93	0.77	0.46	0.30	0.36	0.21
18:30	1.28	1.22	1.08	1.01	1.11	0.75	0.47	0.34	0.39	0.21
18:45	1.24	1.46	0.96	1.02	1.10	0.76	0.55	0.33	0.38	0.22
19:00	1.15	1.59	1.05	0.90	1.13	0.66	0.55	0.39	0.37	0.27
19:15	1.38	1.60	1.09	0.82	1.13	0.63	0.62	0.42	0.35	0.33
19:30	1.40	1.56	1.31	0.84	1.01	0.52	0.64	0.42	0.29	0.33
19:45	1.65	1.56	1.40	0.84	0.87	0.62	0.60	0.42	0.29	0.33
20:00	1.67	1.23	1.48	0.93	0.74	0.63	0.76	0.42	0.26	0.33
20:15	1.64	1.31	1.45	1.03	0.83	0.61	0.77	0.34	0.32	0.28
20:30	1.65	1.29	1.45	1.04	0.83	0.61	0.77	0.32	0.33	0.21
20:45	1.49	1.29	1.32	1.02	0.82	0.48	0.76	0.24	0.32	0.20
21:00	1.13	1.15	1.13	1.01	0.80	0.50	0.59	0.27	0.32	0.18
21:15	1.28	1.06	0.93	0.85	0.63	0.53	0.58	0.28	0.26	0.22
21:30	1.29	1.09	1.05	0.67	0.64	0.52	0.46	0.26	0.24	0.23
21:45	1.24	1.06	1.00	0.73	0.56	0.51	0.53	0.24	0.19	0.22
22:00	1.23	1.00	1.02	0.75	0.67	0.38	0.53	0.21	0.24	0.21
22:15	1.05	0.78	0.91	0.72	0.66	0.43	0.51	0.19	0.24	0.17
22:30	0.83	0.82	0.67	0.71	0.65	0.43	0.49	0.20	0.24	0.13
22:45	0.89	0.85	0.75	0.54	0.62	0.43	0.39	0.20	0.24	0.15
23:00	0.84	0.80	0.71	0.53	0.45	0.39	0.30	0.18	0.17	0.14
23:15	0.78	0.76	0.64	0.41	0.39	0.32	0.28	0.14	0.15	0.14
23:30	0.69	0.63	0.59	0.40	0.37	0.28	0.24	0.12	0.14	0.12
23:45	0.65	0.60	0.55	0.36	0.34	0.25	0.24	0.11	0.14	0.10

表1.3.4　广州地区主要电台的占有率（％）

时间	广东广播电视台交通之声	广东广播电视台珠江经济台	广东广播电视台音乐之声	广州交通广播	广州新闻电台	广东广播电视台新闻广播	广州汽车音乐电台	广州青少年广播	广东广播电视台文体广播	广东广播电视台城市之声
6:00	13.6	12.7	13.8	10.3	11.1	6.1	7.3	5.2	3.7	2.7
6:15	14.4	13.9	15.1	11.2	8.9	6.5	7.8	4.3	3.3	2.2
6:30	13.2	13.3	13.7	10.4	10.3	6.5	7.3	5.5	3.9	2.5
6:45	14.3	11.8	15.0	13.2	9.4	5.8	6.3	5.3	3.7	2.4
7:00	11.6	13.9	12.4	11.6	10.4	7.5	8.0	5.2	3.9	2.5
7:15	13.1	14.6	14.3	11.9	9.0	6.9	7.7	4.3	3.3	2.6
7:30	13.8	13.1	14.6	10.4	10.0	7.3	7.9	3.8	3.6	2.9
7:45	13.5	14.3	14.0	10.1	9.9	7.0	7.5	3.7	3.5	3.2
8:00	15.3	13.7	13.6	9.7	9.7	6.8	7.3	3.2	3.8	3.3
8:15	15.7	13.8	13.5	9.1	9.7	6.9	7.4	2.5	3.9	3.3
8:30	16.4	14.5	12.4	8.7	9.9	6.8	6.6	2.9	4.0	3.4
8:45	17.7	13.5	11.4	8.3	10.0	6.3	6.8	3.2	4.3	3.7
9:00	17.6	13.8	13.5	9.7	8.6	6.4	5.8	3.4	4.1	3.5
9:15	15.3	12.2	14.5	10.7	9.8	6.2	6.8	3.6	4.0	2.9
9:30	15.3	13.9	14.4	10.7	10.0	7.0	6.9	3.1	3.4	2.9
9:45	14.0	14.1	14.8	11.1	10.2	7.3	7.2	2.7	3.3	2.5
10:00	16.2	14.4	12.9	10.6	9.8	7.3	6.9	3.1	2.8	3.1
10:15	17.6	14.9	11.5	9.6	9.1	7.7	6.0	3.2	3.6	3.3
10:30	17.6	12.5	12.9	9.9	10.1	6.6	7.0	3.3	3.6	3.3
10:45	17.4	13.1	13.5	9.5	10.3	6.9	7.3	2.8	3.6	3.5
11:00	15.6	12.8	14.0	10.5	10.7	6.8	7.5	3.3	3.8	2.9
11:15	15.2	14.2	13.9	11.6	9.9	7.9	7.3	3.3	2.9	2.5
11:30	16.9	15.1	11.9	11.7	9.2	8.0	6.2	3.4	3.0	2.9
11:45	17.1	14.3	13.4	11.6	8.5	7.7	6.0	3.2	3.0	3.0
12:00	16.4	13.9	13.3	11.0	9.8	7.4	6.8	3.0	3.3	2.8
12:15	16.4	12.7	13.4	10.7	9.9	7.1	7.0	3.2	3.3	2.9
12:30	15.2	11.9	14.0	10.9	10.4	6.8	7.5	3.4	3.4	2.6
12:45	15.3	13.2	13.4	9.9	11.0	6.1	8.0	3.7	3.5	2.7
13:00	15.1	13.6	12.4	10.0	10.3	7.5	7.8	3.8	3.0	2.7
13:15	16.1	13.8	14.4	10.9	9.4	7.4	7.5	3.3	3.0	2.5
13:30	16.0	13.6	15.0	11.3	10.8	7.9	6.0	3.1	2.5	2.0
13:45	18.2	11.6	14.7	10.8	11.0	7.2	6.7	3.6	3.1	2.2
14:00	18.7	12.4	14.4	9.8	10.8	6.2	6.9	3.6	3.2	2.3
14:15	19.1	12.5	13.1	8.3	11.3	6.2	7.1	4.0	3.2	2.7
14:30	19.2	14.3	11.7	9.7	10.5	5.8	6.7	3.9	3.2	2.8
14:45	17.9	14.9	14.1	10.0	9.4	7.5	5.6	3.4	2.6	2.6

（续表）

时间	广东广播电视台交通之声	广东广播电视台珠江经济台	广东广播电视台音乐之声	广州交通广播	广州新闻电台	广东广播电视台新闻广播	广州汽车音乐电台	广州青少年广播	广东广播电视台文体广播	广东广播电视台城市之声
15:00	16.4	14.9	14.9	9.8	9.7	7.9	6.7	3.5	2.6	2.5
15:15	16.8	15.3	14.8	10.4	8.9	8.1	6.6	3.0	2.6	1.9
15:30	16.4	13.4	15.6	9.4	9.8	8.4	6.6	3.8	2.9	1.9
15:45	19.2	15.6	13.0	9.1	9.9	6.5	5.7	3.6	3.1	2.2
16:00	19.0	15.2	13.0	8.4	10.5	7.0	5.9	3.8	2.9	2.3
16:15	18.5	14.7	12.8	8.8	11.2	6.7	6.2	3.6	3.4	2.4
16:30	17.4	14.1	14.1	9.7	10.7	7.8	5.8	2.9	3.5	2.2
16:45	14.7	12.0	16.3	10.8	10.6	8.1	7.1	3.4	3.1	2.1
17:00	16.4	12.1	15.6	10.8	9.8	7.5	6.8	3.7	3.2	1.7
17:15	16.1	10.9	18.4	9.9	8.5	7.7	7.1	3.7	2.6	1.8
17:30	18.4	12.0	17.4	10.7	7.8	6.6	6.8	3.6	2.9	1.8
17:45	18.3	11.3	17.1	10.8	9.3	7.5	5.5	3.0	3.2	2.3
18:00	16.5	12.8	15.5	11.8	10.0	8.6	4.7	3.4	3.7	2.3
18:15	16.5	13.8	12.5	11.9	10.7	8.8	5.2	3.5	4.2	2.4
18:30	14.5	13.9	12.3	11.5	12.6	8.5	5.3	3.8	4.4	2.4
18:45	13.7	16.1	10.6	11.3	12.2	8.4	6.0	3.6	4.2	2.5
19:00	12.4	17.2	11.3	9.7	12.3	7.1	6.0	4.2	4.0	2.9
19:15	14.3	16.6	11.3	8.5	11.7	6.5	6.4	4.4	3.7	3.4
19:30	14.5	16.1	13.5	8.7	10.4	5.4	6.7	4.3	3.0	3.4
19:45	16.6	15.7	14.1	8.4	8.8	6.2	6.0	4.2	2.9	3.3
20:00	17.0	12.5	15.0	9.4	7.6	6.4	7.7	4.2	2.6	3.4
20:15	16.5	13.2	14.7	10.4	8.4	6.2	7.7	3.4	3.2	2.8
20:30	16.8	13.1	14.8	10.6	8.5	6.2	7.8	3.2	3.3	2.1
20:45	16.3	14.1	14.4	11.1	8.9	5.3	8.3	2.6	3.5	2.1
21:00	13.8	14.0	13.8	12.3	9.7	6.1	7.2	3.3	3.9	2.2
21:15	16.9	14.0	12.2	11.3	8.3	6.9	7.6	3.6	3.4	2.8
21:30	17.4	14.7	14.1	9.0	8.7	7.0	6.2	3.6	3.3	3.1
21:45	17.1	14.6	13.8	10.1	7.8	7.1	7.4	3.3	2.6	3.0
22:00	17.2	14.0	14.2	10.5	9.3	5.4	7.4	2.9	3.4	2.9
22:15	15.9	11.8	13.7	10.9	10.0	6.6	7.8	2.9	3.7	2.6
22:30	13.7	13.7	11.1	11.8	10.8	7.2	8.1	3.4	3.9	2.1
22:45	15.2	14.5	12.8	9.2	10.6	7.4	6.6	3.3	4.0	2.6
23:00	16.1	15.4	13.6	10.2	8.6	7.4	5.8	3.4	3.3	2.8
23:15	16.9	16.4	13.8	8.9	8.5	6.9	6.0	3.0	3.3	2.9
23:30	16.6	15.3	14.2	9.6	8.8	6.8	5.8	2.9	3.5	2.8
23:45	16.9	15.6	14.2	9.5	8.9	6.6	6.1	2.9	3.5	2.7

四、天津地区收听率数据

表1.4.1 天津地区主要电台频率的平均收听率和市场份额

排名	电台名称	平均收听率（%）	市场份额（%）
1	天津交通广播	2.17	26.0
2	天津音乐广播	1.87	22.5
3	天津相声广播	1.30	15.6
4	天津新闻广播	0.56	6.7
5	天津经济广播	0.54	6.5
6	天津文艺广播	0.45	5.4
7	天津滨海广播私家车878	0.39	4.7
8	天津生活广播	0.38	4.6
9	天津经典音乐广播	0.25	2.9
10	中央广播电视总台中国之声	0.11	1.4

表1.4.2 天津地区主要电台频率的到达率和日到达率

排名	电台名称	到达率（%）	日到达率（%）
1	天津交通广播	49.2	27.0
2	天津相声广播	47.8	17.8
3	天津音乐广播	43.5	14.5
4	天津新闻广播	26.0	11.3
5	天津经济广播	23.5	10.8
6	天津滨海广播私家车878	17.4	8.6
7	天津文艺广播	17.0	9.8
8	天津生活广播	14.8	8.6
9	天津经典音乐广播	9.0	5.0
10	中央广播电视总台中国之声	8.2	2.5

表1.4.3　天津地区主要电台的收听率（%）

时间	天津交通广播	天津音乐广播	天津相声广播	天津新闻广播	天津经济广播	天津文艺广播	天津滨海广播私家车878	天津生活广播	天津经典音乐广播	中央广播电视总台中国之声
6:00	1.10	0.92	0.62	0.38	0.42	0.21	0.25	0.11	0.13	0.07
6:15	1.50	1.15	0.66	0.39	0.49	0.21	0.31	0.12	0.14	0.08
6:30	1.71	1.32	0.55	0.52	0.54	0.27	0.37	0.16	0.19	0.08
6:45	2.23	1.30	0.60	0.54	0.59	0.26	0.40	0.14	0.18	0.09
7:00	2.44	2.13	0.60	0.84	0.66	0.53	0.50	0.35	0.26	0.10
7:15	2.95	2.55	0.65	1.01	0.89	0.71	0.59	0.37	0.27	0.13
7:30	3.08	2.75	0.79	1.02	0.97	0.75	0.65	0.57	0.27	0.16
7:45	3.06	2.81	0.87	1.01	0.96	0.77	0.66	0.69	0.30	0.18
8:00	3.01	2.88	1.51	0.89	0.86	0.75	0.64	0.68	0.28	0.18
8:15	2.98	2.85	1.78	0.86	0.93	0.75	0.65	0.70	0.36	0.19
8:30	2.73	2.30	2.02	0.83	0.82	0.61	0.57	0.69	0.38	0.18
8:45	2.29	2.25	2.08	0.69	0.62	0.54	0.56	0.63	0.37	0.18
9:00	2.47	1.79	2.00	0.62	0.63	0.23	0.45	0.42	0.38	0.15
9:15	2.47	1.80	2.02	0.63	0.61	0.19	0.53	0.39	0.40	0.12
9:30	2.44	1.91	1.72	0.60	0.59	0.17	0.53	0.19	0.40	0.11
9:45	2.21	2.01	1.16	0.54	0.48	0.16	0.53	0.17	0.32	0.10
10:00	2.12	2.06	0.82	0.51	0.35	0.18	0.53	0.15	0.28	0.12
10:15	2.17	2.02	0.69	0.60	0.32	0.20	0.44	0.14	0.22	0.13
10:30	2.13	1.95	0.72	0.60	0.33	0.22	0.39	0.14	0.20	0.14
10:45	1.98	1.73	0.71	0.62	0.34	0.25	0.37	0.16	0.17	0.13
11:00	1.93	1.99	0.72	0.57	0.46	0.35	0.39	0.19	0.16	0.12
11:15	2.08	2.16	0.67	0.68	0.47	0.54	0.41	0.21	0.16	0.10
11:30	2.34	2.24	0.74	0.70	0.62	0.58	0.45	0.38	0.17	0.10
11:45	2.34	2.23	0.76	0.71	0.63	0.59	0.44	0.52	0.17	0.10
12:00	2.33	2.21	1.33	0.71	0.62	0.60	0.43	0.55	0.22	0.13
12:15	2.28	2.17	1.57	0.58	0.62	0.59	0.41	0.51	0.23	0.12
12:30	2.00	1.81	1.62	0.56	0.48	0.55	0.34	0.53	0.29	0.12
12:45	1.92	1.79	1.58	0.43	0.46	0.43	0.33	0.49	0.30	0.12
13:00	2.04	1.57	1.59	0.47	0.32	0.25	0.33	0.44	0.29	0.09
13:15	1.98	1.80	1.39	0.43	0.31	0.23	0.35	0.35	0.29	0.09
13:30	1.89	1.82	1.33	0.44	0.31	0.22	0.33	0.38	0.27	0.07
13:45	1.71	1.80	1.01	0.37	0.34	0.23	0.31	0.35	0.26	0.10
14:00	1.92	1.78	0.56	0.28	0.47	0.30	0.27	0.45	0.18	0.10
14:15	2.06	1.50	0.51	0.25	0.47	0.33	0.23	0.45	0.17	0.10
14:30	2.07	1.33	0.49	0.25	0.45	0.41	0.28	0.47	0.15	0.10
14:45	2.09	1.57	0.53	0.25	0.43	0.46	0.28	0.47	0.19	0.08

（续表）

时间	天津交通广播	天津音乐广播	天津相声广播	天津新闻广播	天津经济广播	天津文艺广播	天津滨海广播私家车878	天津生活广播	天津经典音乐广播	中央广播电视总台中国之声
15:00	1.98	1.54	0.67	0.42	0.30	0.49	0.30	0.40	0.18	0.07
15:15	1.90	1.57	0.75	0.46	0.28	0.49	0.30	0.38	0.19	0.07
15:30	1.80	1.45	0.83	0.47	0.27	0.48	0.26	0.27	0.19	0.08
15:45	1.63	1.24	0.76	0.46	0.30	0.45	0.24	0.26	0.15	0.08
16:00	1.73	1.32	1.07	0.27	0.36	0.30	0.22	0.16	0.13	0.08
16:15	1.79	1.26	1.15	0.28	0.36	0.28	0.21	0.16	0.13	0.07
16:30	1.73	1.37	1.21	0.26	0.46	0.27	0.24	0.14	0.13	0.07
16:45	1.78	1.31	1.27	0.33	0.58	0.27	0.28	0.17	0.15	0.10
17:00	1.61	1.75	1.41	0.42	0.58	0.39	0.29	0.29	0.20	0.10
17:15	1.50	1.80	1.48	0.64	0.59	0.45	0.30	0.29	0.20	0.14
17:30	1.98	2.23	1.64	0.65	0.58	0.51	0.30	0.41	0.27	0.13
17:45	2.12	2.29	1.60	0.65	0.49	0.57	0.28	0.42	0.28	0.13
18:00	2.20	2.25	1.56	0.64	0.53	0.55	0.25	0.54	0.28	0.14
18:15	2.17	2.29	1.55	0.46	0.58	0.56	0.31	0.62	0.28	0.10
18:30	2.13	2.07	1.44	0.51	0.75	0.55	0.34	0.62	0.23	0.08
18:45	1.82	1.57	1.37	0.53	0.76	0.47	0.36	0.62	0.23	0.11
19:00	1.99	1.77	1.59	0.51	0.76	0.45	0.35	0.62	0.21	0.11
19:15	2.20	1.80	1.70	0.52	0.75	0.51	0.37	0.60	0.25	0.11
19:30	2.40	1.82	1.75	0.45	0.62	0.52	0.42	0.46	0.28	0.11
19:45	2.59	1.81	1.81	0.48	0.53	0.54	0.44	0.44	0.30	0.09
20:00	2.78	1.57	1.96	0.53	0.55	0.51	0.52	0.27	0.33	0.11
20:15	2.77	1.85	2.02	0.58	0.60	0.60	0.52	0.24	0.35	0.12
20:30	2.76	1.86	2.04	0.64	0.60	0.64	0.52	0.24	0.34	0.16
20:45	2.63	2.23	2.01	0.69	0.58	0.66	0.52	0.24	0.34	0.15
21:00	2.00	2.30	1.98	0.68	0.55	0.67	0.43	0.35	0.32	0.15
21:15	2.20	2.27	1.91	0.66	0.50	0.65	0.37	0.43	0.26	0.16
21:30	2.19	2.24	1.77	0.64	0.50	0.63	0.31	0.43	0.25	0.12
21:45	2.15	2.18	1.42	0.50	0.46	0.59	0.28	0.44	0.19	0.10
22:00	2.05	1.57	1.55	0.48	0.47	0.42	0.32	0.44	0.23	0.10
22:15	1.53	1.51	1.50	0.35	0.46	0.41	0.31	0.38	0.23	0.10
22:30	1.62	1.05	1.48	0.35	0.41	0.30	0.30	0.29	0.23	0.10
22:45	1.56	1.06	1.34	0.38	0.43	0.32	0.28	0.29	0.23	0.08
23:00	1.47	0.83	1.12	0.37	0.38	0.30	0.21	0.21	0.17	0.06
23:15	1.30	0.82	0.87	0.35	0.34	0.28	0.19	0.19	0.13	0.06
23:30	1.17	0.78	0.82	0.32	0.31	0.25	0.18	0.17	0.12	0.06
23:45	1.08	0.72	0.75	0.29	0.28	0.23	0.16	0.16	0.11	0.05

表1.4.4　天津地区主要电台的占有率（%）

时间	天津交通广播	天津音乐广播	天津相声广播	天津新闻广播	天津经济广播	天津文艺广播	天津滨海广播私家车878	天津生活广播	天津经典音乐广播	中央广播电视总台中国之声
6:00	24.9	20.7	13.9	8.6	9.6	4.7	5.7	2.4	2.9	1.6
6:15	28.4	21.9	12.5	7.3	9.2	4.1	5.8	2.2	2.6	1.4
6:30	28.5	21.9	9.1	8.7	9.0	4.4	6.2	2.6	3.2	1.3
6:45	33.5	19.5	8.9	8.1	8.9	3.9	5.9	2.1	2.7	1.3
7:00	27.8	24.3	6.8	9.6	7.5	6.0	5.7	3.9	3.0	1.2
7:15	28.1	24.3	6.2	9.6	8.5	6.7	5.6	3.5	2.6	1.2
7:30	26.9	24.0	6.9	8.9	8.5	6.5	5.6	5.0	2.4	1.4
7:45	26.0	23.9	7.4	8.5	8.2	6.5	5.6	5.8	2.5	1.5
8:00	24.7	23.6	12.4	7.3	7.1	6.2	5.3	5.6	2.3	1.5
8:15	23.6	22.6	14.1	6.8	7.4	6.0	5.1	5.5	2.9	1.5
8:30	23.4	19.7	17.3	7.1	7.0	5.2	4.9	5.9	3.3	1.6
8:45	21.4	21.0	19.4	6.5	5.8	5.0	5.2	5.9	3.5	1.7
9:00	25.8	18.7	20.9	6.5	6.6	2.3	4.7	4.4	4.0	1.6
9:15	25.9	18.9	21.1	6.6	6.4	2.0	5.5	4.1	4.1	1.3
9:30	27.1	21.3	19.1	6.6	6.5	1.8	5.8	2.1	4.4	1.2
9:45	27.7	25.2	14.5	6.8	6.1	2.0	6.6	2.1	4.0	1.2
10:00	28.6	27.8	11.1	6.9	4.7	2.5	7.1	2.0	3.8	1.6
10:15	30.1	28.1	9.7	8.3	4.5	2.8	6.2	1.9	3.1	1.8
10:30	30.1	27.5	10.2	8.4	4.6	3.2	5.5	2.0	2.8	1.9
10:45	29.4	25.6	10.5	9.2	5.0	3.8	5.5	2.4	2.5	1.9
11:00	26.9	27.6	10.1	7.9	6.3	4.8	5.4	2.6	2.3	1.6
11:15	26.6	27.7	8.6	8.7	6.0	6.9	5.3	2.7	2.1	1.3
11:30	27.1	25.9	8.5	8.1	7.2	6.7	5.2	4.4	2.0	1.1
11:45	26.5	25.3	8.6	8.0	7.1	6.7	5.0	5.9	1.9	1.1
12:00	24.6	23.3	14.1	7.5	6.6	6.3	4.5	5.8	2.3	1.3
12:15	24.2	23.0	16.6	6.1	6.6	6.2	4.3	5.4	2.4	1.3
12:30	23.2	21.0	18.7	6.5	5.6	6.4	3.9	6.1	3.3	1.4
12:45	23.5	22.0	19.4	5.3	5.6	5.2	4.1	6.0	3.6	1.4
13:00	26.6	20.6	20.9	6.2	4.2	3.2	4.3	5.8	3.8	1.2
13:15	26.6	24.2	18.7	5.8	4.2	3.0	4.6	4.8	3.9	1.1
13:30	26.0	25.0	18.3	6.1	4.2	3.1	4.6	5.2	3.7	1.0
13:45	25.6	26.9	15.1	5.6	5.0	3.5	4.7	5.2	3.8	1.5
14:00	29.5	27.2	8.6	4.2	7.2	4.6	4.1	6.8	2.7	1.5
14:15	32.6	23.8	8.1	4.0	7.5	5.3	3.7	7.1	2.8	1.6
14:30	33.1	21.4	7.9	3.9	7.2	6.6	4.5	7.6	2.3	1.7
14:45	31.8	23.9	8.1	3.8	6.5	7.0	4.3	7.1	2.8	1.2

（续表）

时间	天津交通广播	天津音乐广播	天津相声广播	天津新闻广播	天津经济广播	天津文艺广播	天津滨海广播私家车878	天津生活广播	天津经典音乐广播	中央广播电视总台中国之声
15:00	30.0	23.4	10.2	6.3	4.5	7.4	4.5	6.0	2.7	1.1
15:15	28.6	23.7	11.4	7.0	4.2	7.4	4.4	5.7	2.8	1.1
15:30	28.5	23.0	13.0	7.5	4.2	7.6	4.2	4.2	2.9	1.3
15:45	28.2	21.5	13.1	8.0	5.1	7.7	4.1	4.4	2.6	1.5
16:00	29.6	22.6	18.4	4.6	6.2	5.2	3.8	2.7	2.3	1.4
16:15	30.5	21.5	19.6	4.8	6.1	4.7	3.6	2.7	2.2	1.2
16:30	28.6	22.6	19.9	4.2	7.6	4.5	3.9	2.4	2.2	1.1
16:45	27.8	20.4	19.8	5.1	9.0	4.1	4.3	2.6	2.3	1.5
17:00	22.1	24.0	19.3	5.7	8.0	5.4	4.0	3.9	2.8	1.3
17:15	19.5	23.5	19.4	8.3	7.6	5.8	4.0	3.8	2.6	1.8
17:30	22.0	24.7	18.2	7.2	6.5	5.7	3.3	4.6	3.0	1.4
17:45	23.3	25.1	17.5	7.1	5.3	6.2	3.0	4.6	3.0	1.4
18:00	23.8	24.3	16.8	6.9	5.7	6.0	2.7	5.9	3.0	1.5
18:15	23.6	24.8	16.8	5.0	6.3	6.1	3.3	6.7	3.0	1.1
18:30	23.6	23.0	15.9	5.7	8.3	6.1	3.8	6.8	2.5	0.9
18:45	22.3	19.2	16.8	6.5	9.3	5.7	4.4	7.5	2.8	1.3
19:00	22.9	20.4	18.4	5.9	8.7	5.2	4.0	7.2	2.4	1.2
19:15	24.1	19.7	18.6	5.7	8.2	5.6	4.1	6.6	2.7	1.2
19:30	26.4	20.0	19.2	4.9	6.8	5.7	4.6	5.0	3.0	1.2
19:45	27.8	19.4	19.4	5.1	5.7	5.8	4.7	4.7	3.2	0.9
20:00	29.4	16.6	20.7	5.6	5.8	5.4	5.5	2.8	3.5	1.2
20:15	27.8	18.5	20.2	5.9	6.0	6.0	5.2	2.4	3.5	1.2
20:30	27.3	18.4	20.2	6.3	5.9	6.3	5.2	2.4	3.4	1.5
20:45	25.3	21.5	19.4	6.6	5.6	6.3	5.0	2.3	3.3	1.5
21:00	20.4	23.4	20.2	6.9	5.6	6.8	4.4	3.6	3.3	1.6
21:15	22.5	23.3	19.5	6.8	5.1	6.7	3.7	4.4	2.7	1.6
21:30	23.4	23.8	18.9	6.8	5.4	6.7	3.3	4.6	2.7	1.3
21:45	25.0	25.3	16.5	5.8	5.3	6.8	3.2	5.1	2.3	1.2
22:00	25.9	19.8	19.6	6.1	6.0	5.2	4.0	5.6	3.0	1.2
22:15	21.7	21.3	21.3	5.0	6.5	5.8	4.4	5.4	3.3	1.4
22:30	25.3	16.4	23.3	5.5	6.4	4.7	4.7	4.5	3.6	1.5
22:45	25.3	17.1	21.7	6.2	6.9	5.2	4.5	4.7	3.7	1.2
23:00	27.5	15.6	21.1	6.9	7.2	5.7	4.0	3.8	3.2	1.2
23:15	27.7	17.4	18.5	7.5	7.3	5.8	4.0	4.0	2.8	1.4
23:30	27.2	18.1	19.0	7.5	7.1	5.7	4.1	4.0	2.7	1.3
23:45	27.4	18.2	19.0	7.4	7.1	5.8	4.1	4.0	2.7	1.3

五、沈阳地区收听率数据

表1.5.1 沈阳地区主要电台频率的平均收听率和市场份额

排名	电台名称	平均收听率（%）	市场份额（%）
1	沈阳都市广播	1.02	15.7
1	辽宁广播电视台交通广播	1.02	15.6
3	沈阳交通广播	0.99	15.2
4	沈阳新闻广播	0.58	8.9
5	辽宁广播电视台综合广播	0.51	7.9
6	中央广播电视总台中国之声	0.50	7.6
7	中央广播电视总台经济之声	0.29	4.5
8	中央广播电视总台交通广播	0.28	4.2
9	辽宁广播电视台经济广播	0.25	3.9
10	中央广播电视总台音乐之声	0.24	3.7

表1.5.2 沈阳地区主要电台频率的到达率和日到达率

排名	电台名称	到达率（%）	日到达率（%）
1	沈阳交通广播	26.3	6.3
2	辽宁广播电视台交通广播	22.8	6.9
3	沈阳都市广播	22.5	9.6
4	中央广播电视总台中国之声	19.1	5.3
5	中央广播电视总台交通广播	17.2	3.2
6	沈阳新闻广播	17.1	4.5
7	辽宁广播电视台综合广播	16.2	4.3
8	辽宁广播电视台经济广播	11.2	2.1
9	中央广播电视总台音乐之声	10.7	1.8
10	中央广播电视总台经济之声	10.5	2.2

表1.5.3　沈阳地区主要电台的收听率（%）

时间	沈阳都市广播	辽宁广播电视台交通广播	沈阳交通广播	沈阳新闻广播	辽宁广播电视台综合广播	中央广播电视总台中国之声	中央广播电视总台经济之声	中央广播电视总台交通广播	辽宁广播电视台经济广播	中央广播电视总台音乐之声
6:00	0.64	0.52	0.00	0.33	0.37	0.35	0.12	0.27	0.13	0.14
6:15	0.90	0.49	0.00	0.31	0.39	0.40	0.12	0.29	0.13	0.16
6:30	0.68	0.54	0.72	0.22	0.47	0.46	0.13	0.33	0.11	0.16
6:45	0.91	0.47	1.08	0.21	0.48	0.52	0.11	0.32	0.14	0.17
7:00	1.20	0.73	1.19	0.21	0.66	0.73	0.26	0.31	0.20	0.25
7:15	1.62	0.91	1.12	0.25	0.62	0.72	0.29	0.27	0.20	0.22
7:30	1.50	0.75	1.17	0.30	0.61	0.66	0.29	0.30	0.20	0.21
7:45	1.74	0.98	1.01	0.31	0.54	0.56	0.29	0.33	0.31	0.21
8:00	1.31	1.20	1.18	0.30	0.54	0.55	0.29	0.29	0.33	0.25
8:15	1.16	1.38	1.17	0.35	0.76	0.56	0.28	0.32	0.33	0.24
8:30	1.27	1.15	1.25	0.54	0.79	0.57	0.26	0.44	0.45	0.26
8:45	1.47	1.37	1.39	0.61	0.76	0.65	0.28	0.38	0.42	0.25
9:00	1.28	1.27	1.49	0.73	0.83	0.58	0.32	0.39	0.40	0.29
9:15	1.36	1.51	1.74	0.76	0.77	0.54	0.46	0.37	0.36	0.27
9:30	1.19	1.37	1.71	0.75	0.82	0.56	0.43	0.34	0.28	0.24
9:45	0.86	1.39	1.45	0.72	0.73	0.50	0.40	0.33	0.26	0.23
10:00	0.67	1.51	1.33	0.61	0.83	0.49	0.38	0.32	0.35	0.19
10:15	0.57	1.20	1.30	0.54	0.80	0.48	0.36	0.33	0.26	0.17
10:30	0.71	1.42	1.61	0.62	0.75	0.47	0.34	0.33	0.25	0.22
10:45	0.82	1.43	1.31	0.69	0.78	0.50	0.31	0.36	0.25	0.25
11:00	1.10	1.72	1.22	0.68	0.71	0.56	0.34	0.30	0.22	0.21
11:15	1.03	1.33	1.40	0.75	0.82	0.55	0.48	0.28	0.23	0.20
11:30	1.04	1.04	1.37	0.77	0.77	0.52	0.41	0.34	0.21	0.17
11:45	1.13	0.93	1.12	0.68	0.55	0.51	0.39	0.31	0.25	0.16
12:00	1.26	0.77	1.21	0.64	0.65	0.55	0.37	0.31	0.21	0.18
12:15	1.27	0.80	1.34	0.84	0.72	0.56	0.37	0.31	0.28	0.22
12:30	1.43	1.01	1.19	0.79	0.53	0.47	0.37	0.31	0.23	0.21
12:45	1.38	1.04	0.85	0.91	0.48	0.52	0.37	0.33	0.18	0.21
13:00	1.36	0.96	1.16	1.09	0.58	0.51	0.37	0.33	0.33	0.22
13:15	1.27	0.88	0.96	1.09	0.45	0.49	0.42	0.35	0.18	0.18
13:30	1.11	1.01	1.10	1.05	0.42	0.45	0.43	0.37	0.14	0.23
13:45	1.10	0.82	0.99	0.86	0.46	0.51	0.34	0.30	0.16	0.23
14:00	1.11	0.97	1.25	0.74	0.45	0.54	0.30	0.29	0.20	0.26
14:15	1.24	0.95	0.95	0.73	0.45	0.55	0.25	0.32	0.16	0.27
14:30	1.29	0.91	1.16	0.66	0.38	0.62	0.21	0.33	0.33	0.24
14:45	0.86	0.92	1.22	0.65	0.31	0.69	0.23	0.29	0.35	0.22

（续表）

时间	沈阳都市广播	辽宁广播电视台交通广播	沈阳交通广播	沈阳新闻广播	辽宁广播电视台综合广播	中央广播电视总台中国之声	中央广播电视总台经济之声	中央广播电视总台交通广播	辽宁广播电视台经济广播	中央广播电视总台音乐之声
15:00	0.94	0.95	1.26	0.66	0.50	0.65	0.20	0.29	0.26	0.23
15:15	0.98	1.01	1.36	0.53	0.51	0.62	0.20	0.32	0.32	0.25
15:30	0.87	0.83	1.28	0.69	0.42	0.46	0.22	0.31	0.20	0.21
15:45	0.73	0.99	1.23	0.66	0.38	0.51	0.34	0.32	0.17	0.31
16:00	0.74	0.99	1.31	0.53	0.37	0.38	0.32	0.30	0.21	0.34
16:15	0.60	0.77	1.19	0.47	0.37	0.40	0.34	0.28	0.19	0.26
16:30	0.64	0.68	1.11	0.48	0.35	0.41	0.32	0.28	0.23	0.22
16:45	0.66	1.01	0.94	0.56	0.37	0.47	0.32	0.31	0.21	0.23
17:00	0.94	1.14	1.23	0.52	0.41	0.44	0.37	0.28	0.17	0.24
17:15	1.05	1.33	1.20	0.55	0.46	0.46	0.33	0.26	0.17	0.23
17:30	1.27	1.25	1.59	0.79	0.45	0.62	0.35	0.27	0.35	0.26
17:45	1.09	1.37	1.66	0.76	0.46	0.56	0.30	0.25	0.24	0.27
18:00	1.21	1.32	1.80	0.83	0.37	0.56	0.31	0.24	0.23	0.29
18:15	1.34	1.67	1.59	0.84	0.43	0.57	0.32	0.24	0.31	0.30
18:30	1.25	1.61	1.60	0.90	0.44	0.60	0.35	0.23	0.33	0.38
18:45	1.32	1.48	1.55	0.75	0.41	0.65	0.42	0.23	0.28	0.42
19:00	1.53	1.37	1.62	0.79	0.47	0.60	0.39	0.26	0.42	0.47
19:15	1.61	1.26	1.58	0.65	0.54	0.73	0.41	0.23	0.27	0.47
19:30	1.47	1.33	1.36	0.71	0.48	0.65	0.41	0.22	0.24	0.44
19:45	1.60	1.12	1.44	0.68	0.51	0.64	0.40	0.24	0.26	0.46
20:00	1.38	1.19	1.05	0.63	0.62	0.64	0.44	0.23	0.27	0.38
20:15	1.30	1.28	0.73	0.52	0.46	0.55	0.35	0.22	0.21	0.32
20:30	1.08	0.98	0.00	0.54	0.53	0.52	0.28	0.22	0.33	0.29
20:45	0.91	0.79	0.00	0.50	0.55	0.41	0.19	0.18	0.31	0.27
21:00	0.71	0.91	0.00	0.54	0.42	0.33	0.16	0.19	0.27	0.28
21:15	0.73	1.00	0.00	0.58	0.42	0.32	0.14	0.20	0.30	0.28
21:30	0.54	0.99	0.00	0.40	0.39	0.36	0.19	0.18	0.21	0.26
21:45	0.66	1.04	0.00	0.36	0.45	0.34	0.17	0.18	0.26	0.28
22:00	0.77	0.87	0.00	0.26	0.43	0.30	0.17	0.16	0.19	0.22
22:15	0.69	0.66	0.00	0.32	0.25	0.31	0.15	0.15	0.32	0.20
22:30	0.44	0.73	0.00	0.23	0.19	0.27	0.18	0.15	0.17	0.18
22:45	0.63	0.58	0.00	0.26	0.33	0.28	0.12	0.19	0.28	0.14
23:00	0.59	0.59	0.00	0.32	0.31	0.28	0.10	0.14	0.28	0.13
23:15	0.24	0.27	0.00	0.25	0.25	0.20	0.12	0.16	0.17	0.10
23:30	0.17	0.33	0.00	0.28	0.38	0.18	0.10	0.18	0.27	0.08
23:45	0.28	0.18	0.00	0.25	0.32	0.21	0.08	0.14	0.26	0.07

表1.5.4 沈阳地区主要电台的占有率（%）

时间	沈阳都市广播	辽宁广播电视台交通广播	沈阳交通广播	沈阳新闻广播	辽宁广播电视台综合广播	中央广播电视总台中国之声	中央广播电视总台经济之声	中央广播电视总台交通广播	辽宁广播电视台经济广播	中央广播电视总台音乐之声
6:00	19.4	15.8	0.0	10.0	11.4	10.5	3.6	8.2	4.0	4.1
6:15	24.0	13.2	0.0	8.3	10.3	10.7	3.1	7.8	3.3	4.2
6:30	15.5	12.3	16.5	4.9	10.7	10.4	2.9	7.6	2.6	3.7
6:45	18.2	9.4	21.6	4.2	9.6	10.5	2.2	6.4	2.9	3.5
7:00	18.2	11.1	18.2	3.2	10.1	11.1	4.0	4.7	3.1	3.8
7:15	23.1	12.9	15.9	3.6	8.8	10.2	4.1	3.9	2.9	3.1
7:30	21.8	10.8	16.9	4.4	8.9	9.5	4.2	4.4	2.9	3.0
7:45	24.3	13.6	14.1	4.3	7.6	7.8	4.1	4.6	4.4	2.9
8:00	18.2	16.7	16.4	4.1	7.6	7.6	4.0	4.1	4.6	3.5
8:15	15.6	18.5	15.7	4.7	10.1	7.6	3.7	4.3	4.4	3.2
8:30	15.9	14.3	15.5	6.8	9.8	7.0	3.2	5.5	5.6	3.2
8:45	17.0	15.9	16.1	7.0	8.8	7.6	3.2	4.4	4.8	2.9
9:00	14.7	14.6	17.1	8.4	9.5	6.6	3.6	4.4	4.6	3.3
9:15	14.6	16.2	18.7	8.1	8.2	5.8	5.0	3.9	3.9	2.9
9:30	13.6	15.6	19.4	8.5	9.4	6.3	4.9	3.8	3.2	2.7
9:45	10.8	17.4	18.2	9.0	9.1	6.3	5.0	4.2	3.2	2.8
10:00	8.7	19.7	17.3	7.9	10.8	6.4	5.0	4.2	4.6	2.4
10:15	8.0	17.0	18.5	7.7	11.3	6.9	5.1	4.6	3.6	2.4
10:30	9.3	18.5	20.9	8.1	9.8	6.1	4.5	4.3	3.3	2.9
10:45	10.6	18.7	17.1	9.0	10.2	6.5	4.1	4.6	3.3	3.3
11:00	13.9	21.6	15.3	8.6	8.9	7.0	4.3	3.8	2.8	2.6
11:15	12.7	16.4	17.3	9.3	10.2	6.8	6.0	3.5	2.9	2.5
11:30	13.7	13.7	18.1	10.1	10.1	6.8	5.4	4.5	2.8	2.2
11:45	16.2	13.4	16.0	9.8	7.9	7.4	5.6	4.4	3.6	2.2
12:00	17.9	10.9	17.2	9.2	9.3	7.9	5.3	4.3	2.9	2.5
12:15	16.6	10.5	17.5	11.0	9.4	7.3	4.8	4.0	3.7	2.8
12:30	19.8	14.0	16.4	10.9	7.3	6.5	5.1	4.3	3.2	2.8
12:45	19.3	14.5	11.8	12.8	6.7	7.3	5.1	4.6	2.5	3.0
13:00	17.7	12.5	15.1	14.2	7.6	6.6	4.8	4.3	4.3	2.8
13:15	17.9	12.4	13.4	15.3	6.3	6.8	5.9	4.8	2.5	2.6
13:30	15.9	14.5	15.8	15.1	6.1	6.5	6.1	5.2	2.0	3.3
13:45	16.6	12.3	14.9	12.9	6.9	7.7	5.1	4.5	2.3	3.4
14:00	16.2	14.1	18.2	10.8	6.6	7.8	4.3	4.2	2.9	3.8
14:15	18.8	14.3	14.4	11.0	6.8	8.4	3.8	4.9	2.5	4.0
14:30	18.5	13.0	16.7	9.4	5.4	9.0	3.0	4.7	4.7	3.4
14:45	13.4	14.3	18.9	10.0	4.8	10.7	3.5	4.5	5.4	3.4

（续表）

时间	沈阳都市广播	辽宁广播电视台交通广播	沈阳交通广播	沈阳新闻广播	辽宁广播电视台综合广播	中央广播电视总台中国之声	中央广播电视总台经济之声	中央广播电视总台交通广播	辽宁广播电视台经济广播	中央广播电视总台音乐之声
15:00	13.8	14.0	18.5	9.7	7.4	9.5	2.9	4.2	3.8	3.3
15:15	14.2	14.6	19.6	7.7	7.4	9.0	2.9	4.7	4.6	3.7
15:30	13.8	13.2	20.3	11.0	6.6	7.3	3.5	4.9	3.2	3.4
15:45	11.0	15.0	18.6	10.1	5.8	7.7	5.2	4.8	2.6	4.7
16:00	11.4	15.2	20.1	8.1	5.7	5.9	4.8	4.6	3.2	5.1
16:15	10.2	13.1	20.3	8.0	6.3	6.9	5.8	4.9	3.2	4.5
16:30	11.3	12.0	19.8	8.6	6.2	7.2	5.7	5.1	4.1	3.9
16:45	11.0	16.7	15.6	9.3	6.2	7.7	5.3	5.1	3.5	3.7
17:00	14.1	17.1	18.5	7.8	6.2	6.6	5.6	4.2	2.6	3.6
17:15	15.1	19.2	17.4	7.9	6.7	6.7	4.7	3.8	2.5	3.3
17:30	15.7	15.4	19.6	9.8	5.6	7.6	4.3	3.3	4.3	3.2
17:45	13.7	17.3	20.9	9.6	5.7	7.1	3.8	3.1	3.0	3.4
18:00	15.1	16.5	22.4	10.3	4.6	7.0	3.8	3.0	2.9	3.6
18:15	15.8	19.8	18.7	9.9	5.1	6.7	3.8	2.9	3.7	3.5
18:30	14.6	18.9	18.7	10.5	5.2	7.0	4.1	2.7	3.9	4.5
18:45	15.7	17.5	18.5	8.9	4.9	7.7	5.0	2.8	3.4	5.0
19:00	17.3	15.6	18.4	9.0	5.3	6.8	4.5	2.9	4.8	5.3
19:15	18.6	14.5	18.2	7.5	6.2	8.4	4.8	2.7	3.1	5.4
19:30	17.7	16.1	16.4	8.5	5.8	7.8	4.9	2.6	2.9	5.5
19:45	19.4	13.5	17.4	8.3	6.2	7.7	4.9	2.9	3.2	5.5
20:00	17.8	15.4	13.6	8.1	8.0	8.3	5.7	3.0	3.5	4.9
20:15	19.1	18.8	10.7	7.6	6.8	8.1	5.1	3.3	3.1	4.7
20:30	19.8	17.9	0.0	9.9	9.6	9.5	5.1	4.0	6.0	5.4
20:45	19.3	16.8	0.0	10.6	11.5	8.6	4.0	3.8	6.6	5.7
21:00	15.9	20.4	0.0	12.1	9.3	7.4	3.5	4.3	6.0	6.2
21:15	15.7	21.6	0.0	12.5	9.0	6.8	3.1	4.2	6.5	6.2
21:30	13.1	24.2	0.0	9.8	9.4	8.9	4.6	4.3	5.1	6.4
21:45	15.3	24.1	0.0	8.5	10.4	7.9	4.0	4.1	6.0	6.5
22:00	19.2	21.6	0.0	6.5	10.7	7.4	4.3	4.1	4.8	5.5
22:15	19.0	18.1	0.0	8.7	6.8	8.4	4.2	4.0	8.7	5.4
22:30	14.5	23.9	0.0	7.6	6.1	9.0	5.9	4.9	5.7	5.8
22:45	19.0	17.5	0.0	7.8	10.0	8.5	3.7	5.6	8.3	4.3
23:00	17.9	18.1	0.0	9.7	9.5	8.6	3.0	4.4	8.4	4.1
23:15	10.2	11.4	0.0	10.7	10.5	8.5	5.3	7.0	7.1	4.2
23:30	6.5	12.6	0.0	10.7	14.6	6.8	3.7	6.7	10.1	3.2
23:45	12.5	8.2	0.0	11.3	14.7	9.3	3.6	6.5	11.6	3.3

六、西安地区收听率数据

表1.6.1 西安地区主要电台频率的平均收听率和市场份额

排名	电台名称	平均收听率（%）	市场份额（%）
1	西安交通旅游广播	0.48	11.0
2	西安新闻广播	0.43	10.0
3	陕西交通广播	0.41	9.5
4	中央广播电视总台交通广播	0.33	7.5
5	陕广新闻广播	0.32	7.3
6	陕西音乐广播	0.31	7.1
7	西安音乐广播	0.30	6.9
8	陕西秦腔广播	0.23	5.3
8	西安综艺广播	0.23	5.3
8	陕西896汽车调频广播	0.23	5.2

表1.6.2 西安地区主要电台频率的到达率和日到达率

排名	电台名称	到达率（%）	日到达率（%）
1	陕西交通广播	28.5	4.8
2	陕西音乐广播	25.9	3.1
3	中央广播电视总台交通广播	24.8	5.0
4	陕广新闻广播	24.6	4.9
5	西安综艺广播	22.1	3.8
6	陕西秦腔广播	21.1	4.0
7	西安交通旅游广播	21.0	4.5
8	陕西896汽车调频广播	20.8	2.5
9	西安音乐广播	16.1	3.2
10	西安新闻广播	13.7	3.1

表1.6.3　西安地区主要电台的收听率（%）

时间	西安交通旅游广播	西安新闻广播	陕西交通广播	中央广播电视总台交通广播	陕广新闻广播	陕西音乐广播	西安音乐广播	陕西秦腔广播	西安综艺广播	陕西896汽车调频广播
6:00	0.00	0.21	0.21	0.21	0.22	0.07	0.06	0.14	0.20	0.00
6:15	0.00	0.31	0.23	0.27	0.25	0.12	0.08	0.21	0.22	0.00
6:30	0.00	0.40	0.24	0.34	0.27	0.14	0.11	0.16	0.21	0.00
6:45	0.00	0.42	0.36	0.46	0.37	0.20	0.16	0.18	0.21	0.00
7:00	0.53	0.53	0.41	0.43	0.33	0.30	0.25	0.26	0.28	0.18
7:15	0.64	0.62	0.43	0.42	0.38	0.30	0.23	0.27	0.34	0.28
7:30	0.71	0.67	0.46	0.41	0.40	0.30	0.25	0.28	0.34	0.30
7:45	0.70	0.67	0.52	0.38	0.39	0.34	0.26	0.29	0.31	0.27
8:00	0.68	0.76	0.62	0.38	0.42	0.30	0.26	0.37	0.39	0.30
8:15	0.73	0.79	0.71	0.48	0.46	0.30	0.31	0.38	0.36	0.33
8:30	0.80	0.80	0.79	0.49	0.51	0.34	0.40	0.37	0.40	0.36
8:45	0.80	0.83	0.91	0.52	0.55	0.36	0.46	0.46	0.44	0.32
9:00	0.87	0.83	1.07	0.58	0.61	0.35	0.53	0.46	0.49	0.31
9:15	0.86	0.79	0.97	0.56	0.57	0.34	0.60	0.43	0.43	0.31
9:30	0.78	0.69	0.93	0.45	0.53	0.31	0.54	0.41	0.37	0.30
9:45	0.72	0.68	0.90	0.44	0.49	0.29	0.51	0.39	0.35	0.28
10:00	0.71	0.63	0.82	0.42	0.47	0.27	0.47	0.36	0.29	0.23
10:15	0.71	0.57	0.75	0.42	0.43	0.30	0.49	0.36	0.29	0.20
10:30	0.67	0.55	0.76	0.39	0.41	0.34	0.41	0.30	0.27	0.25
10:45	0.68	0.49	0.61	0.37	0.36	0.32	0.34	0.26	0.31	0.29
11:00	0.68	0.45	0.53	0.35	0.36	0.33	0.37	0.27	0.29	0.28
11:15	0.67	0.47	0.51	0.31	0.43	0.35	0.31	0.31	0.30	0.27
11:30	0.61	0.41	0.36	0.32	0.41	0.37	0.32	0.28	0.28	0.23
11:45	0.61	0.41	0.38	0.29	0.40	0.34	0.29	0.22	0.24	0.24
12:00	0.52	0.41	0.40	0.28	0.41	0.35	0.25	0.20	0.22	0.25
12:15	0.58	0.39	0.37	0.26	0.39	0.36	0.27	0.19	0.21	0.24
12:30	0.53	0.40	0.42	0.23	0.35	0.35	0.28	0.21	0.17	0.27
12:45	0.43	0.39	0.40	0.32	0.27	0.33	0.25	0.18	0.15	0.24
13:00	0.37	0.38	0.36	0.28	0.00	0.37	0.28	0.19	0.18	0.24
13:15	0.42	0.33	0.36	0.28	0.00	0.35	0.32	0.16	0.23	0.28
13:30	0.50	0.35	0.35	0.28	0.38	0.34	0.34	0.12	0.25	0.36
13:45	0.46	0.37	0.32	0.29	0.37	0.35	0.33	0.17	0.18	0.33
14:00	0.48	0.38	0.31	0.22	0.40	0.30	0.34	0.13	0.20	0.34
14:15	0.42	0.35	0.35	0.21	0.38	0.32	0.33	0.15	0.21	0.29
14:30	0.37	0.35	0.35	0.25	0.36	0.29	0.31	0.13	0.20	0.33
14:45	0.35	0.31	0.33	0.27	0.35	0.29	0.25	0.14	0.18	0.25

（续表）

时间	西安交通旅游广播	西安新闻广播	陕西交通广播	中央广播电视总台交通广播	陕广新闻广播	陕西音乐广播	西安音乐广播	陕西秦腔广播	西安综艺广播	陕西896汽车调频广播
15:00	0.37	0.30	0.32	0.24	0.31	0.30	0.28	0.13	0.18	0.28
15:15	0.38	0.33	0.32	0.25	0.29	0.27	0.25	0.12	0.15	0.25
15:30	0.38	0.36	0.36	0.28	0.33	0.30	0.25	0.15	0.17	0.25
15:45	0.43	0.33	0.30	0.29	0.33	0.28	0.33	0.18	0.21	0.23
16:00	0.45	0.34	0.28	0.29	0.26	0.27	0.30	0.17	0.19	0.22
16:15	0.44	0.30	0.25	0.31	0.26	0.25	0.28	0.14	0.17	0.17
16:30	0.44	0.28	0.28	0.35	0.32	0.22	0.23	0.14	0.17	0.22
16:45	0.43	0.30	0.30	0.31	0.33	0.25	0.22	0.13	0.15	0.25
17:00	0.48	0.29	0.33	0.32	0.33	0.27	0.22	0.16	0.14	0.27
17:15	0.51	0.31	0.36	0.31	0.34	0.28	0.23	0.15	0.18	0.26
17:30	0.51	0.32	0.40	0.37	0.36	0.36	0.29	0.18	0.17	0.27
17:45	0.51	0.36	0.40	0.34	0.34	0.40	0.28	0.25	0.19	0.23
18:00	0.54	0.38	0.46	0.37	0.33	0.48	0.32	0.24	0.23	0.26
18:15	0.58	0.47	0.46	0.32	0.33	0.50	0.33	0.26	0.26	0.26
18:30	0.60	0.44	0.58	0.31	0.29	0.51	0.36	0.25	0.26	0.22
18:45	0.61	0.39	0.60	0.34	0.27	0.54	0.40	0.25	0.25	0.27
19:00	0.63	0.42	0.53	0.34	0.25	0.56	0.41	0.27	0.24	0.28
19:15	0.62	0.43	0.52	0.38	0.25	0.51	0.41	0.30	0.31	0.26
19:30	0.58	0.48	0.43	0.37	0.26	0.46	0.46	0.33	0.33	0.27
19:45	0.54	0.48	0.37	0.39	0.25	0.43	0.48	0.34	0.29	0.30
20:00	0.54	0.47	0.31	0.31	0.20	0.36	0.47	0.35	0.26	0.31
20:15	0.56	0.48	0.30	0.34	0.22	0.32	0.41	0.31	0.22	0.28
20:30	0.49	0.47	0.30	0.33	0.26	0.27	0.32	0.29	0.19	0.22
20:45	0.42	0.45	0.26	0.30	0.21	0.29	0.31	0.27	0.17	0.20
21:00	0.39	0.39	0.24	0.29	0.20	0.26	0.31	0.22	0.16	0.20
21:15	0.40	0.35	0.25	0.26	0.19	0.27	0.28	0.17	0.14	0.14
21:30	0.37	0.29	0.19	0.27	0.21	0.23	0.26	0.19	0.16	0.12
21:45	0.34	0.30	0.22	0.31	0.22	0.24	0.23	0.19	0.09	0.17
22:00	0.31	0.35	0.17	0.28	0.23	0.23	0.20	0.12	0.08	0.14
22:15	0.35	0.33	0.14	0.21	0.23	0.22	0.21	0.16	0.12	0.17
22:30	0.26	0.29	0.13	0.21	0.25	0.21	0.19	0.12	0.10	0.19
22:45	0.25	0.29	0.14	0.23	0.19	0.17	0.13	0.10	0.12	0.18
23:00	0.00	0.27	0.13	0.22	0.17	0.15	0.08	0.11	0.12	0.00
23:15	0.00	0.25	0.16	0.23	0.15	0.13	0.10	0.14	0.07	0.00
23:30	0.00	0.21	0.10	0.19	0.16	0.13	0.08	0.11	0.08	0.00
23:45	0.00	0.14	0.08	0.12	0.13	0.12	0.10	0.07	0.08	0.00

表1.6.4　西安地区主要电台的占有率（%）

时间	西安交通旅游广播	西安新闻广播	陕西交通广播	中央广播电视总台交通广播	陕广新闻广播	陕西音乐广播	西安音乐广播	陕西秦腔广播	西安综艺广播	陕西896汽车调频广播
6:00	0.0	9.7	9.5	9.3	10.0	3.1	2.7	6.5	9.3	0.0
6:15	0.0	11.9	8.9	10.2	9.4	4.5	3.1	8.0	8.4	0.0
6:30	0.0	14.3	8.7	12.4	9.8	5.2	3.9	5.8	7.6	0.0
6:45	0.0	12.3	10.6	13.4	10.9	5.8	4.7	5.4	6.3	0.0
7:00	11.1	11.1	8.6	9.0	7.0	6.2	5.3	5.4	6.0	3.9
7:15	12.2	11.7	8.1	8.0	7.2	5.7	4.4	5.2	6.5	5.4
7:30	12.8	12.0	8.3	7.4	7.3	5.4	4.4	5.1	6.2	5.4
7:45	12.4	11.9	9.3	6.8	6.8	6.1	4.7	5.2	5.4	4.7
8:00	11.4	12.7	10.4	6.3	7.1	5.0	4.4	6.3	6.6	5.0
8:15	11.3	12.2	11.0	7.5	7.1	4.7	4.8	5.8	5.6	5.1
8:30	11.6	11.5	11.3	7.0	7.3	4.9	5.8	5.4	5.8	5.2
8:45	11.0	11.3	12.3	7.0	7.5	4.9	6.3	6.3	6.0	4.3
9:00	11.0	10.4	13.5	7.3	7.7	4.5	6.7	5.8	6.2	3.9
9:15	11.3	10.4	12.6	7.3	7.5	4.5	7.9	5.6	5.6	4.0
9:30	11.2	10.0	13.4	6.4	7.6	4.4	7.8	5.8	5.3	4.3
9:45	10.7	10.1	13.4	6.5	7.3	4.3	7.6	5.9	5.3	4.1
10:00	11.5	10.3	13.3	6.8	7.6	4.4	7.7	5.8	4.7	3.7
10:15	12.0	9.7	12.9	7.2	7.3	5.1	8.3	6.1	5.0	3.5
10:30	11.9	9.7	13.3	6.9	7.2	5.9	7.3	5.3	4.8	4.3
10:45	12.9	9.3	11.6	7.0	6.8	6.1	6.6	4.9	5.8	5.4
11:00	13.2	8.7	10.2	6.7	7.0	6.4	7.1	5.3	5.5	5.5
11:15	12.9	9.1	9.7	6.0	8.2	6.6	6.0	5.9	5.7	5.2
11:30	12.7	8.5	7.6	6.6	8.5	7.6	6.7	5.8	5.8	4.8
11:45	13.7	9.2	8.4	6.5	8.9	7.6	6.4	4.9	5.4	5.5
12:00	12.1	9.5	9.3	6.7	9.5	8.1	5.9	4.7	5.2	5.9
12:15	13.6	9.2	8.7	6.1	9.1	8.4	6.3	4.4	4.8	5.6
12:30	12.9	9.8	10.2	5.6	8.5	8.5	6.8	5.2	4.1	6.6
12:45	10.7	9.7	10.1	8.0	6.9	8.4	6.4	4.5	3.9	6.9
13:00	9.9	10.1	9.7	7.6	0.0	9.8	7.6	5.0	4.9	6.4
13:15	11.0	8.7	9.6	7.4	0.0	9.3	8.5	4.3	6.0	7.3
13:30	11.5	8.1	8.1	6.4	8.7	7.9	7.9	2.7	5.7	8.2
13:45	11.2	8.9	7.7	6.9	8.8	8.4	7.9	4.0	4.3	7.9
14:00	12.0	9.4	7.7	5.5	9.9	7.5	8.4	3.2	4.9	8.3
14:15	10.3	8.6	8.6	5.2	9.3	7.8	8.1	3.5	5.0	7.1
14:30	9.3	8.9	8.9	6.4	8.9	7.3	7.6	3.2	5.0	8.3
14:45	9.5	8.5	8.8	7.2	9.4	7.8	6.7	3.9	4.8	6.7

（续表）

时间	西安交通旅游广播	西安新闻广播	陕西交通广播	中央广播电视总台交通广播	陕广新闻广播	陕西音乐广播	西安音乐广播	陕西秦腔广播	西安综艺广播	陕西896汽车调频广播
15:00	9.8	8.1	8.6	6.3	8.4	8.0	7.5	3.6	4.8	7.6
15:15	10.6	9.4	9.1	6.9	8.2	7.6	7.1	3.4	4.2	7.1
15:30	10.1	9.5	9.5	7.5	8.9	8.0	6.6	4.0	4.4	6.7
15:45	11.0	8.4	7.8	7.5	8.4	7.1	8.4	4.6	5.5	6.0
16:00	11.9	9.1	7.5	7.7	6.8	7.1	8.0	4.4	5.0	5.8
16:15	12.6	8.7	7.2	9.0	7.4	7.3	8.1	3.9	4.9	5.0
16:30	12.4	8.0	8.0	9.8	9.0	6.3	6.5	3.8	4.9	6.2
16:45	12.2	8.5	8.4	8.8	9.2	7.0	6.2	3.6	4.2	7.1
17:00	13.0	7.7	8.8	8.7	8.8	7.3	5.9	4.2	3.9	7.6
17:15	12.7	7.8	9.1	7.7	8.4	7.0	5.9	3.8	4.6	6.5
17:30	12.1	7.6	9.3	8.7	8.5	8.5	6.7	4.2	3.9	6.3
17:45	11.9	8.3	9.3	8.0	7.8	9.4	6.5	5.9	4.4	5.3
18:00	11.7	8.3	9.8	8.1	7.0	10.4	6.8	5.3	5.0	5.6
18:15	12.1	9.9	9.5	6.6	6.8	10.5	6.9	5.4	5.4	5.5
18:30	12.4	9.1	11.9	6.4	6.0	10.6	7.4	5.1	5.4	4.6
18:45	12.3	7.9	12.0	6.8	5.5	11.0	8.0	4.9	4.9	5.4
19:00	12.5	8.4	10.6	6.8	5.0	11.1	8.2	5.4	4.8	5.5
19:15	12.2	8.4	10.2	7.4	4.9	9.9	8.0	5.9	6.1	5.1
19:30	11.5	9.4	8.5	7.3	5.1	9.1	9.0	6.4	6.4	5.3
19:45	10.6	9.3	7.3	7.5	4.9	8.3	9.4	6.7	5.7	5.9
20:00	11.3	9.9	6.5	6.4	4.1	7.5	9.9	7.3	5.5	6.5
20:15	12.2	10.4	6.5	7.4	4.8	7.0	8.9	6.8	4.8	6.0
20:30	11.8	11.2	7.1	7.9	6.2	6.5	7.6	6.9	4.5	5.2
20:45	11.2	11.8	6.8	7.9	5.5	7.6	8.2	7.1	4.5	5.3
21:00	11.0	11.1	6.8	8.3	5.7	7.4	8.7	6.1	4.6	5.7
21:15	12.2	10.6	7.4	8.1	5.8	8.1	8.6	5.3	4.2	4.4
21:30	11.8	9.4	6.2	8.7	6.8	7.4	8.5	6.1	5.3	3.9
21:45	11.0	10.0	7.1	10.0	7.1	7.7	7.5	6.3	2.9	5.6
22:00	11.1	12.5	6.1	10.1	8.2	8.2	7.2	4.5	2.9	5.0
22:15	13.0	12.4	5.3	7.6	8.6	8.2	7.7	5.7	3.8	6.2
22:30	10.1	11.3	4.9	8.1	9.7	8.0	7.3	4.6	4.0	7.1
22:45	10.5	12.1	5.7	9.4	8.1	7.3	5.3	4.1	5.1	7.3
23:00	0.0	15.2	6.9	12.4	9.6	8.0	4.6	5.9	6.6	0.0
23:15	0.0	13.9	8.8	13.0	8.6	7.0	5.5	7.6	4.0	0.0
23:30	0.0	13.2	6.3	12.2	10.1	8.6	4.9	7.0	5.3	0.0
23:45	0.0	10.7	6.0	9.3	10.0	9.4	8.0	5.4	6.2	0.0

七、杭州地区收听率数据

表1.7.1 杭州地区主要电台频率的平均收听率和市场份额

排名	电台名称	平均收听率（%）	市场份额（%）
1	FM91.8交通经济广播	1.07	17.0
2	浙江交通之声	1.00	15.8
3	浙江城市之声	0.89	14.0
4	浙江之声	0.74	11.7
5	FM105.4西湖之声	0.53	8.4
5	浙江动听968音乐调频	0.53	8.3
7	浙江电台FM95经济广播	0.39	6.1
8	FM89杭州之声	0.32	5.1
9	中央广播电视总台交通广播	0.27	4.3
10	浙江旅游之声	0.14	2.2

表1.7.2 杭州地区主要电台频率的到达率和日到达率

排名	电台名称	到达率（%）	日到达率（%）
1	FM91.8交通经济广播	27.9	14.6
2	浙江城市之声	21.3	7.4
3	浙江交通之声	20.0	11.9
4	浙江之声	17.9	8.4
5	浙江电台FM95经济广播	14.4	6.4
5	浙江动听968音乐调频	14.4	8.8
7	FM105.4西湖之声	14.3	7.8
8	FM89杭州之声	11.0	4.4
9	浙江民生资讯广播	6.5	2.3
10	浙江旅游之声	6.0	2.4

表1.7.3 杭州地区主要电台的收听率（%）

时间	FM91.8交通经济广播	浙江交通之声	浙江城市之声	浙江之声	FM105.4西湖之声	浙江动听968音乐调频	浙江电台FM95经济广播	FM89杭州之声	中央广播电视总台交通广播	浙江旅游之声
6:00	0.25	0.22	0.22	0.20	0.13	0.10	0.10	0.11	0.06	0.03
6:15	0.48	0.34	0.38	0.30	0.22	0.17	0.14	0.19	0.13	0.04
6:30	0.82	0.51	0.59	0.54	0.33	0.33	0.20	0.29	0.18	0.07
6:45	1.27	0.71	0.84	0.68	0.45	0.45	0.26	0.39	0.23	0.11
7:00	1.72	1.05	1.09	0.88	0.57	0.61	0.34	0.51	0.30	0.14
7:15	1.97	1.44	1.39	1.16	0.68	0.75	0.44	0.64	0.38	0.17
7:30	2.36	1.86	1.64	1.35	0.79	0.91	0.55	0.75	0.44	0.18
7:45	2.58	2.11	1.94	1.51	0.88	1.08	0.67	0.82	0.51	0.20
8:00	2.82	2.40	2.17	1.63	0.96	1.24	0.76	0.89	0.56	0.22
8:15	2.97	2.61	2.34	1.72	1.08	1.33	0.87	0.92	0.60	0.23
8:30	3.15	2.73	2.44	1.82	1.20	1.42	0.93	0.92	0.65	0.23
8:45	3.23	2.74	2.44	1.81	1.32	1.46	0.96	0.87	0.67	0.23
9:00	3.24	2.71	2.35	1.73	1.35	1.44	0.95	0.81	0.70	0.24
9:15	3.13	2.64	2.18	1.59	1.36	1.39	0.92	0.71	0.72	0.23
9:30	2.96	2.43	1.93	1.46	1.31	1.32	0.85	0.59	0.74	0.21
9:45	2.67	2.21	1.66	1.26	1.21	1.29	0.75	0.48	0.73	0.21
10:00	2.43	1.94	1.39	1.13	1.07	1.20	0.58	0.39	0.70	0.21
10:15	2.21	1.70	1.12	1.00	0.93	1.07	0.49	0.32	0.63	0.20
10:30	1.81	1.53	0.91	0.91	0.82	0.93	0.40	0.27	0.55	0.19
10:45	1.58	1.49	0.81	0.78	0.66	0.84	0.35	0.24	0.47	0.18
11:00	1.27	1.47	0.75	0.68	0.57	0.78	0.32	0.23	0.38	0.17
11:15	1.15	1.37	0.78	0.59	0.45	0.72	0.29	0.23	0.34	0.16
11:30	0.99	1.33	0.82	0.56	0.40	0.67	0.26	0.22	0.28	0.13
11:45	0.81	1.32	0.85	0.53	0.38	0.62	0.24	0.23	0.25	0.13
12:00	0.75	1.31	0.89	0.53	0.38	0.58	0.24	0.22	0.25	0.11
12:15	0.70	1.30	0.89	0.55	0.39	0.49	0.25	0.21	0.26	0.11
12:30	0.65	1.23	0.87	0.61	0.38	0.43	0.26	0.20	0.26	0.12
12:45	0.62	1.13	0.84	0.62	0.33	0.38	0.28	0.19	0.25	0.13
13:00	0.57	0.90	0.79	0.66	0.27	0.33	0.31	0.18	0.23	0.14
13:15	0.53	0.80	0.69	0.66	0.25	0.30	0.31	0.16	0.21	0.16
13:30	0.44	0.71	0.64	0.62	0.24	0.29	0.30	0.14	0.18	0.16
13:45	0.43	0.69	0.65	0.58	0.30	0.28	0.30	0.15	0.17	0.18
14:00	0.44	0.65	0.73	0.54	0.33	0.28	0.33	0.18	0.17	0.18
14:15	0.51	0.62	0.85	0.53	0.38	0.27	0.36	0.21	0.17	0.19
14:30	0.57	0.57	0.97	0.51	0.47	0.26	0.38	0.25	0.17	0.19
14:45	0.61	0.55	1.08	0.50	0.53	0.23	0.42	0.27	0.18	0.18

（续表）

时间	FM91.8 交通经济广播	浙江交通之声	浙江城市之声	浙江之声	FM105.4 西湖之声	浙江动听968音乐调频	浙江电台FM95经济广播	FM89杭州之声	中央广播电视总台交通广播	浙江旅游之声
15:00	0.63	0.47	1.18	0.53	0.59	0.22	0.45	0.29	0.19	0.16
15:15	0.72	0.46	1.24	0.55	0.64	0.24	0.50	0.30	0.19	0.14
15:30	0.77	0.46	1.27	0.63	0.65	0.30	0.53	0.32	0.18	0.14
15:45	0.80	0.49	1.24	0.73	0.69	0.35	0.57	0.33	0.17	0.15
16:00	0.83	0.66	1.18	0.82	0.70	0.38	0.59	0.37	0.17	0.16
16:15	0.95	0.78	1.11	0.94	0.69	0.40	0.63	0.40	0.17	0.18
16:30	1.11	0.98	0.97	1.02	0.64	0.39	0.63	0.45	0.18	0.20
16:45	1.28	1.13	0.87	1.04	0.55	0.39	0.60	0.48	0.22	0.20
17:00	1.42	1.26	0.81	1.07	0.47	0.36	0.58	0.50	0.24	0.21
17:15	1.52	1.29	0.76	1.05	0.45	0.36	0.54	0.48	0.26	0.22
17:30	1.46	1.22	0.68	0.95	0.42	0.39	0.49	0.44	0.27	0.21
17:45	1.30	1.09	0.70	0.87	0.41	0.43	0.45	0.37	0.27	0.20
18:00	1.01	0.89	0.71	0.75	0.40	0.45	0.42	0.30	0.25	0.18
18:15	0.74	0.73	0.69	0.64	0.37	0.46	0.38	0.26	0.22	0.15
18:30	0.67	0.64	0.64	0.58	0.36	0.49	0.36	0.24	0.18	0.12
18:45	0.57	0.60	0.54	0.56	0.35	0.50	0.35	0.24	0.17	0.11
19:00	0.53	0.55	0.47	0.52	0.35	0.52	0.34	0.24	0.17	0.10
19:15	0.48	0.52	0.41	0.50	0.35	0.53	0.31	0.22	0.18	0.10
19:30	0.45	0.49	0.40	0.52	0.38	0.54	0.27	0.22	0.19	0.09
19:45	0.44	0.43	0.38	0.56	0.48	0.51	0.24	0.21	0.18	0.09
20:00	0.48	0.42	0.32	0.62	0.56	0.46	0.21	0.20	0.17	0.08
20:15	0.49	0.40	0.34	0.64	0.60	0.41	0.20	0.18	0.15	0.09
20:30	0.46	0.39	0.36	0.61	0.59	0.36	0.19	0.17	0.14	0.09
20:45	0.42	0.42	0.36	0.56	0.48	0.29	0.19	0.17	0.14	0.08
21:00	0.37	0.46	0.38	0.50	0.35	0.25	0.17	0.17	0.13	0.08
21:15	0.34	0.51	0.37	0.42	0.28	0.23	0.16	0.17	0.12	0.07
21:30	0.30	0.50	0.35	0.37	0.26	0.21	0.14	0.17	0.11	0.06
21:45	0.30	0.42	0.33	0.33	0.25	0.20	0.14	0.16	0.11	0.06
22:00	0.33	0.35	0.30	0.31	0.25	0.20	0.14	0.14	0.09	0.05
22:15	0.31	0.32	0.28	0.29	0.25	0.20	0.14	0.12	0.09	0.06
22:30	0.28	0.29	0.28	0.28	0.23	0.18	0.13	0.11	0.09	0.05
22:45	0.25	0.27	0.29	0.25	0.21	0.15	0.12	0.11	0.08	0.05
23:00	0.21	0.24	0.25	0.20	0.16	0.13	0.11	0.10	0.08	0.05
23:15	0.19	0.22	0.22	0.16	0.13	0.12	0.09	0.09	0.07	0.04
23:30	0.15	0.16	0.17	0.15	0.13	0.11	0.07	0.07	0.05	0.03
23:45	0.11	0.13	0.12	0.10	0.09	0.07	0.04	0.04	0.03	0.02

表1.7.4　杭州地区主要电台的占有率（％）

时间	FM91.8交通经济广播	浙江交通之声	浙江城市之声	浙江之声	FM105.4西湖之声	浙江动听968音乐调频	浙江电台FM95经济广播	FM89杭州之声	中央广播电视总台交通广播	浙江旅游之声
6:00	16.9	14.9	15.0	13.6	8.6	6.7	6.5	7.7	4.4	1.8
6:15	19.3	13.6	15.3	12.1	8.7	6.9	5.8	7.8	5.3	1.6
6:30	20.5	12.6	14.8	13.3	8.2	8.1	5.1	7.1	4.6	1.7
6:45	22.7	12.7	15.1	12.1	8.0	8.1	4.7	7.0	4.2	1.9
7:00	23.0	14.1	14.6	11.7	7.6	8.2	4.5	6.8	4.0	1.8
7:15	21.0	15.3	14.9	12.4	7.2	8.0	4.7	6.8	4.1	1.8
7:30	20.9	16.4	14.5	11.9	7.0	8.1	4.9	6.6	3.9	1.6
7:45	20.1	16.4	15.1	11.7	6.8	8.4	5.2	6.4	4.0	1.6
8:00	19.7	16.8	15.2	11.4	6.7	8.6	5.3	6.2	3.9	1.5
8:15	19.3	16.9	15.2	11.1	7.0	8.6	5.6	6.0	3.9	1.5
8:30	19.3	16.7	14.9	11.1	7.4	8.7	5.7	5.6	4.0	1.4
8:45	19.5	16.5	14.7	10.9	8.0	8.8	5.8	5.2	4.1	1.4
9:00	19.8	16.6	14.3	10.6	8.3	8.8	5.8	4.9	4.3	1.4
9:15	19.9	16.8	13.8	10.1	8.6	8.8	5.9	4.5	4.6	1.5
9:30	20.2	16.6	13.1	10.0	8.9	9.0	5.8	4.0	5.0	1.5
9:45	20.1	16.6	12.5	9.5	9.1	9.7	5.7	3.6	5.5	1.6
10:00	20.5	16.4	11.7	9.5	9.0	10.2	4.9	3.3	5.9	1.8
10:15	21.3	16.3	10.8	9.6	9.0	10.3	4.7	3.1	6.0	2.0
10:30	20.2	17.0	10.1	10.2	9.1	10.4	4.4	3.0	6.2	2.1
10:45	19.8	18.6	10.1	9.8	8.3	10.5	4.3	2.9	5.9	2.2
11:00	17.7	20.6	10.5	9.5	8.0	10.9	4.5	3.2	5.3	2.3
11:15	17.5	20.9	11.9	9.0	6.8	11.0	4.3	3.4	5.2	2.4
11:30	16.1	21.7	13.4	9.1	6.5	10.9	4.2	3.6	4.6	2.2
11:45	13.9	22.8	14.6	9.1	6.6	10.8	4.1	3.9	4.4	2.2
12:00	13.2	23.0	15.7	9.4	6.8	10.2	4.2	3.8	4.5	2.0
12:15	12.6	23.5	16.0	10.0	7.0	8.9	4.5	3.8	4.6	2.0
12:30	12.1	22.8	16.0	11.2	7.0	7.9	4.9	3.6	4.8	2.2
12:45	12.1	21.9	16.3	12.0	6.4	7.3	5.5	3.7	4.8	2.4
13:00	12.0	18.8	16.6	13.8	5.7	6.9	6.4	3.7	4.9	3.0
13:15	11.8	17.9	15.5	14.7	5.5	6.8	7.0	3.5	4.7	3.5
13:30	10.5	17.2	15.6	15.1	5.9	6.9	7.2	3.5	4.4	3.9
13:45	10.5	16.7	15.9	14.1	7.3	6.8	7.4	3.6	4.0	4.3
14:00	10.5	15.3	17.4	12.8	7.9	6.6	7.8	4.3	4.0	4.4
14:15	11.5	13.9	19.0	11.9	8.5	6.1	8.2	4.8	3.8	4.3
14:30	12.1	12.1	20.7	10.9	9.9	5.5	8.2	5.2	3.7	4.0
14:45	12.4	11.2	22.0	10.1	10.9	4.6	8.5	5.4	3.7	3.6

（续表）

时间	FM91.8 交通经济广播	浙江交通之声	浙江城市之声	浙江之声	FM105.4 西湖之声	浙江动听968音乐调频	浙江电台FM95经济广播	FM89杭州之声	中央广播电视总台交通广播	浙江旅游之声
15:00	12.4	9.3	23.1	10.3	11.5	4.3	8.9	5.7	3.8	3.1
15:15	13.3	8.6	22.9	10.2	11.9	4.5	9.2	5.6	3.4	2.7
15:30	13.5	8.1	22.4	11.1	11.5	5.3	9.3	5.6	3.1	2.5
15:45	13.4	8.3	20.9	12.2	11.5	5.9	9.5	5.5	2.8	2.4
16:00	13.2	10.5	18.7	13.0	11.2	6.0	9.4	5.8	2.6	2.6
16:15	14.2	11.7	16.5	14.1	10.3	5.9	9.3	6.0	2.5	2.7
16:30	15.8	14.0	13.8	14.5	9.0	5.6	8.9	6.4	2.5	2.8
16:45	17.7	15.6	12.0	14.4	7.6	5.4	8.3	6.6	3.1	2.8
17:00	19.2	17.1	11.0	14.4	6.4	4.9	7.9	6.7	3.3	2.9
17:15	20.5	17.4	10.2	14.2	6.0	4.9	7.2	6.5	3.6	2.9
17:30	20.8	17.3	9.6	13.5	6.0	5.6	7.0	6.3	3.8	3.0
17:45	19.8	16.6	10.5	13.2	6.2	6.5	6.8	5.5	4.0	3.0
18:00	17.2	15.1	12.1	12.7	6.7	7.6	7.2	5.1	4.3	3.0
18:15	14.3	14.2	13.2	12.4	7.2	8.9	7.3	5.1	4.2	2.8
18:30	13.9	13.3	13.2	12.1	7.5	10.1	7.5	5.0	3.8	2.6
18:45	12.6	13.2	11.9	12.4	7.8	11.0	7.8	5.3	3.8	2.5
19:00	12.3	12.8	10.9	12.0	8.0	12.2	7.8	5.5	3.9	2.4
19:15	11.7	12.6	10.0	12.2	8.4	12.9	7.6	5.3	4.3	2.3
19:30	11.1	12.0	9.8	12.7	9.4	13.3	6.7	5.4	4.6	2.3
19:45	10.8	10.7	9.5	13.9	11.8	12.5	5.8	5.2	4.4	2.1
20:00	12.0	10.3	8.0	15.3	13.9	11.5	5.2	4.9	4.1	2.1
20:15	12.4	10.0	8.4	15.9	15.1	10.4	4.9	4.4	3.9	2.1
20:30	12.0	10.3	9.4	16.0	15.5	9.5	5.0	4.5	3.8	2.3
20:45	11.8	12.0	10.3	15.9	13.6	8.3	5.3	4.7	3.9	2.5
21:00	11.5	14.3	11.9	15.4	10.8	7.7	5.2	5.2	4.1	2.5
21:15	11.4	16.9	12.2	14.2	9.2	7.5	5.3	5.8	4.0	2.2
21:30	10.8	17.9	12.6	13.4	9.3	7.6	5.0	6.2	3.9	2.1
21:45	11.6	16.3	12.6	12.9	9.6	7.8	5.5	6.3	3.9	2.1
22:00	13.4	14.4	12.4	12.8	10.3	8.1	5.9	5.9	3.7	2.2
22:15	13.5	14.1	12.3	12.8	10.8	8.6	6.1	5.3	3.7	2.4
22:30	13.0	13.3	13.0	12.9	10.9	8.2	6.0	5.2	3.9	2.5
22:45	12.5	13.3	14.2	12.3	10.2	7.2	5.9	5.5	4.0	2.6
23:00	12.3	13.7	14.3	11.5	9.2	7.5	6.1	5.9	4.4	2.7
23:15	12.6	14.2	14.3	10.7	8.8	7.9	5.7	5.6	4.7	2.7
23:30	12.0	13.4	13.9	11.9	10.2	8.7	5.6	5.3	4.2	2.6
23:45	12.5	14.7	13.4	12.0	10.2	8.2	4.8	4.8	3.6	2.5

八、武汉地区收听率数据

表1.8.1 武汉地区主要电台频率的平均收听率和市场份额

排名	电台名称	平均收听率（%）	市场份额（%）
1	楚天交通广播	1.08	16.7
2	湖北楚天音乐广播	0.94	14.5
3	湖北之声	0.83	12.9
4	湖北城市之声	0.62	9.5
5	湖北经典音乐广播	0.54	8.4
6	武汉交通广播	0.53	8.2
7	湖北经济广播	0.42	6.5
8	武汉新闻广播	0.36	5.6
9	中央广播电视总台交通广播	0.29	4.5
10	武汉音乐广播	0.26	4.1

表1.8.2 武汉地区主要电台频率的到达率和日到达率

排名	电台名称	到达率（%）	日到达率（%）
1	楚天交通广播	25.0	16.0
2	湖北楚天音乐广播	22.0	13.2
3	湖北之声	18.4	11.0
4	湖北城市之声	16.3	8.9
5	武汉交通广播	13.3	8.2
6	湖北经典音乐广播	10.8	6.1
7	湖北经济广播	6.8	4.3
8	湖北生活广播	5.4	0.4
9	中央广播电视总台交通广播	5.3	3.5
10	武汉新闻广播	5.2	3.2

表1.8.3　武汉地区主要电台的收听率（％）

时间	楚天交通广播	湖北楚天音乐广播	湖北之声	湖北城市之声	湖北经典音乐广播	武汉交通广播	湖北经济广播	武汉新闻广播	中央广播电视总台交通广播	武汉音乐广播
6:00	0.18	0.01	0.06	0.05	0.01	0.00	0.03	0.02	0.01	0.00
6:15	0.22	0.12	0.18	0.07	0.01	0.00	0.04	0.04	0.03	0.01
6:30	0.34	0.15	0.23	0.18	0.04	0.01	0.07	0.06	0.04	0.01
6:45	0.63	0.24	0.42	0.24	0.07	0.04	0.11	0.15	0.10	0.03
7:00	1.38	0.64	0.63	0.61	0.15	0.20	0.14	0.17	0.08	0.08
7:15	1.63	0.64	1.14	0.75	0.27	0.22	0.21	0.47	0.15	0.13
7:30	2.26	1.32	1.21	1.10	0.48	0.59	0.40	0.56	0.18	0.19
7:45	2.44	1.65	1.80	1.24	0.71	0.63	0.43	0.73	0.25	0.30
8:00	2.54	1.89	1.99	1.44	1.08	1.01	0.62	0.87	0.27	0.44
8:15	2.57	1.92	2.13	1.46	1.31	1.15	0.65	0.90	0.31	0.46
8:30	2.42	1.91	2.11	1.43	1.37	1.39	0.84	0.89	0.34	0.51
8:45	2.06	1.75	1.95	1.27	1.36	1.44	0.85	0.85	0.40	0.54
9:00	1.67	1.40	1.67	1.00	1.29	1.44	0.91	0.64	0.47	0.51
9:15	1.48	1.13	1.36	0.92	1.08	1.39	0.89	0.57	0.51	0.47
9:30	1.32	1.08	1.33	0.86	0.91	1.07	0.78	0.47	0.55	0.45
9:45	1.26	1.02	1.26	0.89	0.81	0.90	0.68	0.44	0.54	0.40
10:00	1.34	1.01	1.23	0.96	0.73	0.84	0.55	0.43	0.52	0.38
10:15	1.36	1.15	1.18	1.00	0.70	0.83	0.50	0.44	0.48	0.41
10:30	1.51	1.21	1.12	1.06	0.74	0.85	0.43	0.43	0.43	0.41
10:45	1.51	1.37	1.13	1.04	0.73	0.85	0.43	0.45	0.38	0.43
11:00	1.48	1.40	1.16	0.98	0.77	0.83	0.40	0.54	0.36	0.44
11:15	1.31	1.50	1.20	0.91	0.77	0.74	0.43	0.56	0.39	0.42
11:30	1.08	1.43	1.19	0.78	0.75	0.65	0.50	0.58	0.41	0.40
11:45	1.02	1.28	1.08	0.71	0.73	0.60	0.51	0.57	0.45	0.38
12:00	1.02	1.11	1.00	0.68	0.62	0.53	0.57	0.49	0.46	0.36
12:15	1.03	0.98	0.81	0.63	0.62	0.46	0.62	0.48	0.44	0.35
12:30	1.09	0.88	0.74	0.57	0.62	0.41	0.64	0.45	0.41	0.35
12:45	1.12	0.84	0.63	0.59	0.68	0.39	0.63	0.42	0.36	0.32
13:00	1.22	0.88	0.55	0.56	0.70	0.41	0.58	0.35	0.33	0.31
13:15	1.24	0.87	0.51	0.62	0.69	0.40	0.55	0.35	0.33	0.30
13:30	1.25	0.83	0.46	0.66	0.63	0.47	0.49	0.33	0.36	0.29
13:45	1.19	0.83	0.45	0.68	0.57	0.48	0.48	0.36	0.38	0.28
14:00	1.06	0.69	0.41	0.63	0.47	0.51	0.43	0.35	0.37	0.28
14:15	1.00	0.74	0.39	0.59	0.47	0.53	0.41	0.36	0.38	0.24
14:30	1.02	0.69	0.38	0.51	0.45	0.53	0.39	0.34	0.34	0.23
14:45	1.08	0.71	0.40	0.51	0.43	0.53	0.37	0.35	0.31	0.24

（续表）

时间	楚天交通广播	湖北楚天音乐广播	湖北之声	湖北城市之声	湖北经典音乐广播	武汉交通广播	湖北经济广播	武汉新闻广播	中央广播电视总台交通广播	武汉音乐广播
15:00	1.11	0.79	0.39	0.62	0.44	0.52	0.36	0.34	0.32	0.21
15:15	1.09	0.81	0.44	0.68	0.48	0.52	0.39	0.33	0.33	0.21
15:30	1.07	0.85	0.42	0.72	0.50	0.48	0.40	0.31	0.34	0.21
15:45	0.96	0.88	0.51	0.76	0.53	0.45	0.47	0.30	0.40	0.21
16:00	0.93	0.89	0.53	0.68	0.55	0.45	0.47	0.27	0.42	0.22
16:15	0.93	1.02	0.72	0.63	0.69	0.48	0.47	0.29	0.48	0.26
16:30	1.11	0.96	0.83	0.60	0.73	0.52	0.55	0.31	0.51	0.25
16:45	1.19	1.25	0.95	0.56	0.92	0.57	0.54	0.33	0.55	0.33
17:00	1.65	1.49	1.34	0.64	1.03	0.79	0.69	0.43	0.54	0.35
17:15	1.83	1.77	1.46	0.74	1.10	0.90	0.74	0.52	0.51	0.43
17:30	2.05	2.06	1.72	0.82	1.10	1.04	0.82	0.60	0.46	0.42
17:45	2.19	2.24	1.81	0.94	1.00	1.10	0.85	0.66	0.40	0.43
18:00	2.18	2.24	1.80	0.99	0.86	1.10	0.84	0.65	0.38	0.42
18:15	1.98	2.18	1.72	0.99	0.71	1.06	0.80	0.62	0.37	0.36
18:30	1.78	2.00	1.40	0.90	0.54	0.90	0.66	0.57	0.36	0.36
18:45	1.29	1.48	1.11	0.74	0.48	0.66	0.55	0.46	0.32	0.34
19:00	0.97	1.04	0.83	0.64	0.38	0.55	0.44	0.36	0.26	0.29
19:15	0.82	0.93	0.69	0.44	0.31	0.41	0.38	0.34	0.21	0.27
19:30	0.60	0.70	0.56	0.41	0.30	0.36	0.34	0.25	0.18	0.22
19:45	0.49	0.54	0.38	0.34	0.22	0.26	0.27	0.23	0.15	0.20
20:00	0.37	0.49	0.38	0.31	0.22	0.17	0.24	0.19	0.16	0.18
20:15	0.35	0.41	0.29	0.29	0.20	0.16	0.21	0.17	0.15	0.17
20:30	0.34	0.37	0.28	0.25	0.19	0.14	0.19	0.15	0.16	0.17
20:45	0.35	0.32	0.28	0.25	0.21	0.15	0.20	0.15	0.14	0.15
21:00	0.33	0.33	0.25	0.20	0.20	0.15	0.19	0.15	0.12	0.15
21:15	0.27	0.31	0.26	0.17	0.21	0.15	0.17	0.13	0.11	0.13
21:30	0.23	0.32	0.22	0.14	0.21	0.14	0.14	0.12	0.10	0.13
21:45	0.15	0.30	0.23	0.12	0.16	0.09	0.11	0.08	0.10	0.10
22:00	0.14	0.25	0.17	0.12	0.13	0.08	0.10	0.07	0.10	0.09
22:15	0.16	0.24	0.16	0.11	0.13	0.08	0.08	0.09	0.08	0.08
22:30	0.15	0.21	0.17	0.09	0.10	0.06	0.08	0.08	0.05	0.08
22:45	0.12	0.16	0.16	0.10	0.11	0.06	0.07	0.08	0.05	0.07
23:00	0.11	0.18	0.16	0.08	0.08	0.07	0.05	0.06	0.03	0.05
23:15	0.08	0.13	0.09	0.05	0.07	0.07	0.05	0.05	0.03	0.05
23:30	0.10	0.14	0.08	0.07	0.04	0.05	0.04	0.04	0.02	0.03
23:45	0.11	0.11	0.07	0.05	0.04	0.05	0.03	0.03	0.03	0.03

表1.8.4　武汉地区主要电台的占有率（％）

时间	楚天交通广播	湖北楚天音乐广播	湖北之声	湖北城市之声	湖北经典音乐广播	武汉交通广播	湖北经济广播	武汉新闻广播	中央广播电视总台交通广播	武汉音乐广播
6:00	46.9	2.4	16.2	13.8	1.6	0.7	9.0	5.5	2.0	0.0
6:15	29.7	16.6	24.8	9.9	0.8	0.5	5.7	5.4	4.2	0.7
6:30	29.3	12.7	20.0	15.5	3.3	1.1	5.8	5.1	3.6	1.3
6:45	30.2	11.5	20.1	11.5	3.4	1.9	5.1	7.3	4.6	1.5
7:00	33.0	15.3	15.1	14.6	3.6	4.8	3.3	4.0	2.0	2.0
7:15	28.2	11.1	19.7	13.0	4.7	3.7	3.6	8.1	2.6	2.3
7:30	26.5	15.4	14.2	12.9	5.7	6.9	4.6	6.6	2.1	2.2
7:45	23.2	15.7	17.1	11.8	6.7	6.0	4.1	7.0	2.4	2.8
8:00	20.2	15.0	15.8	11.5	8.5	8.1	4.9	6.9	2.1	3.5
8:15	19.3	14.4	16.0	10.9	9.8	8.6	4.9	6.7	2.3	3.4
8:30	17.6	13.9	15.4	10.4	10.0	10.1	6.1	6.5	2.5	3.7
8:45	15.8	13.4	15.0	9.7	10.4	11.0	6.6	6.5	3.1	4.1
9:00	14.4	12.1	14.4	8.6	11.1	12.5	7.8	5.5	4.1	4.4
9:15	14.2	10.9	13.1	8.8	10.4	13.3	8.6	5.4	4.9	4.5
9:30	14.0	11.4	14.2	9.1	9.7	11.3	8.3	5.0	5.8	4.7
9:45	14.4	11.6	14.3	10.1	9.2	10.2	7.7	5.0	6.1	4.6
10:00	15.6	11.8	14.3	11.2	8.5	9.8	6.3	5.0	6.1	4.4
10:15	15.7	13.3	13.6	11.6	8.1	9.6	5.7	5.0	5.5	4.7
10:30	17.1	13.7	12.6	12.1	8.3	9.6	4.8	4.8	4.9	4.7
10:45	16.8	15.2	12.5	11.6	8.1	9.5	4.8	5.0	4.2	4.7
11:00	16.4	15.5	12.8	10.8	8.5	9.2	4.4	5.9	4.0	4.8
11:15	14.7	16.8	13.4	10.2	8.6	8.3	4.8	6.2	4.3	4.6
11:30	12.7	16.8	14.0	9.1	8.7	7.6	5.8	6.8	4.9	4.7
11:45	12.6	15.8	13.4	8.8	9.1	7.5	6.4	7.0	5.5	4.6
12:00	13.4	14.6	13.2	9.0	8.1	7.0	7.5	6.4	6.0	4.8
12:15	14.3	13.7	11.3	8.8	8.7	6.4	8.6	6.7	6.1	4.9
12:30	15.9	12.8	10.8	8.2	9.0	5.9	9.2	6.5	5.9	5.0
12:45	16.8	12.5	9.4	8.8	10.1	5.8	9.4	6.3	5.3	4.8
13:00	18.4	13.3	8.3	8.4	10.6	6.2	8.8	5.3	5.0	4.7
13:15	18.8	13.2	7.8	9.4	10.5	6.1	8.4	5.4	5.0	4.5
13:30	19.2	12.7	7.0	10.1	9.8	7.2	7.6	5.1	5.6	4.5
13:45	18.7	12.9	7.0	10.6	8.8	7.5	7.5	5.6	5.9	4.4
14:00	17.9	11.7	6.9	10.8	8.0	8.6	7.2	5.9	6.3	4.7
14:15	17.3	12.7	6.8	10.2	8.1	9.2	7.0	6.2	6.6	4.1
14:30	18.3	12.3	6.8	9.2	8.1	9.4	6.9	6.1	6.1	4.2
14:45	19.2	12.5	7.2	9.1	7.6	9.3	6.6	6.3	5.6	4.3

（续表）

时间	楚天交通广播	湖北楚天音乐广播	湖北之声	湖北城市之声	湖北经典音乐广播	武汉交通广播	湖北经济广播	武汉新闻广播	中央广播电视总台交通广播	武汉音乐广播
15:00	19.1	13.7	6.8	10.6	7.6	8.9	6.3	5.9	5.5	3.7
15:15	18.2	13.5	7.4	11.4	7.9	8.7	6.5	5.6	5.4	3.4
15:30	17.9	14.1	7.0	12.0	8.3	7.9	6.6	5.1	5.7	3.5
15:45	15.5	14.2	8.2	12.2	8.6	7.2	7.5	4.8	6.4	3.4
16:00	15.1	14.5	8.5	11.0	9.0	7.4	7.5	4.5	6.8	3.6
16:15	13.8	15.2	10.6	9.3	10.2	7.2	6.9	4.2	7.2	3.9
16:30	15.5	13.5	11.6	8.4	10.3	7.2	7.7	4.3	7.1	3.5
16:45	14.9	15.6	11.9	7.0	11.5	7.2	6.8	4.1	6.8	4.2
17:00	16.9	15.3	13.8	6.6	10.6	8.1	7.1	4.4	5.6	3.6
17:15	16.8	16.3	13.5	6.8	10.2	8.3	6.9	4.8	4.7	3.9
17:30	17.0	17.1	14.3	6.8	9.2	8.6	6.9	5.0	3.8	3.5
17:45	17.4	17.8	14.3	7.5	8.0	8.8	6.7	5.2	3.2	3.4
18:00	17.5	17.9	14.4	7.9	6.9	8.8	6.7	5.2	3.0	3.4
18:15	16.7	18.3	14.5	8.3	6.0	8.9	6.7	5.2	3.1	3.0
18:30	16.8	18.8	13.2	8.5	5.1	8.5	6.2	5.3	3.4	3.4
18:45	15.0	17.2	13.0	8.7	5.6	7.7	6.4	5.4	3.7	3.9
19:00	14.2	15.2	12.1	9.4	5.6	8.0	6.5	5.2	3.9	4.3
19:15	14.1	16.0	11.9	7.5	5.4	7.0	6.6	5.8	3.7	4.6
19:30	12.5	14.5	11.6	8.5	6.3	7.5	7.1	5.2	3.8	4.5
19:45	12.6	14.0	9.8	8.9	5.6	6.6	6.9	5.9	4.0	5.1
20:00	10.7	14.4	11.2	9.1	6.4	4.9	7.1	5.5	4.8	5.2
20:15	11.3	13.5	9.4	9.4	6.5	5.2	6.9	5.5	4.7	5.5
20:30	11.9	12.7	9.8	8.8	6.4	5.0	6.7	5.3	5.5	5.9
20:45	12.4	11.5	9.9	9.0	7.4	5.3	7.0	5.3	4.9	5.5
21:00	12.7	12.6	9.6	7.6	7.7	5.9	7.3	5.8	4.5	5.8
21:15	11.0	12.9	10.8	7.2	8.8	6.1	7.2	5.3	4.5	5.5
21:30	10.7	14.7	9.8	6.3	9.6	6.2	6.6	5.3	4.4	5.9
21:45	8.3	16.2	12.5	6.3	8.7	4.9	5.8	4.5	5.6	5.5
22:00	8.2	15.4	10.5	7.2	7.6	4.9	6.2	4.2	5.9	5.5
22:15	10.2	15.0	10.2	6.6	8.3	5.0	5.0	5.5	4.9	4.8
22:30	10.2	14.6	11.7	6.4	7.1	4.0	5.7	5.7	3.4	5.4
22:45	9.2	12.1	12.2	7.4	8.7	4.4	5.4	5.9	3.9	5.4
23:00	9.3	15.9	14.4	7.4	6.9	5.7	4.0	5.3	2.8	4.6
23:15	9.1	14.6	9.6	5.7	8.4	7.3	5.3	5.9	3.2	5.7
23:30	12.5	17.7	10.6	8.4	5.2	6.1	4.5	4.9	2.8	4.3
23:45	15.5	15.5	9.1	7.1	6.0	7.0	4.4	4.5	3.3	4.5

九、长沙地区收听率数据

表1.9.1　长沙地区主要电台频率的平均收听率和市场份额

排名	电台名称	平均收听率（%）	市场份额（%）
1	湖南交通频道	2.01	30.6
2	金鹰955	0.85	12.9
3	音乐之声芒果音乐台	0.84	12.8
4	长沙交通电台	0.45	6.9
5	1069旅游广播	0.35	5.3
6	FM105.0长沙新闻广播	0.34	5.2
7	潇湘之声	0.33	5.0
8	湖南经广901	0.32	4.8
9	湖南文艺频道摩登音乐台	0.30	4.6
9	湖南新闻综合频道	0.30	4.6

表1.9.2　长沙地区主要电台频率的到达率和日到达率

排名	电台名称	到达率（%）	日到达率（%）
1	湖南交通频道	42.0	20.7
2	金鹰955	24.2	12.5
3	音乐之声芒果音乐台	23.9	10.9
4	长沙交通电台	21.3	6.7
5	FM105.0长沙新闻广播	15.2	6.1
6	湖南新闻综合频道	14.6	3.8
7	1069旅游广播	14.3	4.3
8	长沙电台城市之声	12.9	5.2
9	潇湘之声	12.5	5.4
10	湖南经广901	12.2	5.2

表1.9.3 长沙地区主要电台的收听率（%）

时间	湖南交通频道	金鹰955	音乐之声芒果音乐台	长沙交通电台	1069旅游广播	FM105.0长沙新闻广播	潇湘之声	湖南经广901	湖南文艺频道摩登音乐台	湖南新闻综合频道
6:00	0.02	0.36	0.04	0.02	0.03	0.04	0.00	0.00	0.11	0.02
6:15	0.01	0.54	0.01	0.00	0.01	0.08	0.05	0.00	0.10	0.02
6:30	0.04	0.47	0.02	0.01	0.03	0.03	0.13	0.00	0.16	0.08
6:45	0.04	0.71	0.01	0.04	0.05	0.08	0.15	0.01	0.16	0.10
7:00	1.29	1.08	0.03	0.03	0.14	0.17	0.21	0.01	0.24	0.07
7:15	1.30	1.39	0.01	0.05	0.29	0.29	0.29	0.02	0.26	0.06
7:30	1.63	1.58	0.02	0.34	0.47	0.53	0.36	0.15	0.34	0.07
7:45	3.34	2.01	0.04	0.37	0.57	0.67	0.44	0.37	0.50	0.12
8:00	4.72	3.14	0.43	0.84	0.91	0.96	0.56	0.64	0.52	0.28
8:15	6.41	3.60	1.16	0.92	1.33	0.94	0.63	0.75	0.63	0.71
8:30	8.61	3.50	1.71	0.98	1.43	0.87	0.78	0.86	0.67	0.81
8:45	8.81	3.26	1.88	1.23	1.41	0.76	0.67	0.96	0.73	0.89
9:00	8.28	3.12	1.97	1.28	1.33	0.63	0.57	1.25	0.81	0.92
9:15	7.49	2.62	1.85	1.22	1.30	0.59	0.60	1.41	0.81	0.94
9:30	6.55	1.00	1.77	1.05	0.97	0.43	0.54	1.17	0.78	0.87
9:45	4.76	0.87	1.78	0.97	0.86	0.41	0.56	0.95	0.76	0.82
10:00	3.95	0.31	1.63	0.57	0.71	0.10	0.49	0.32	0.54	0.61
10:15	3.17	0.27	1.60	0.50	0.50	0.10	0.50	0.28	0.41	0.52
10:30	2.16	0.44	1.49	0.44	0.42	0.14	0.48	0.17	0.40	0.47
10:45	1.57	0.19	1.41	0.35	0.14	0.12	0.42	0.19	0.25	0.43
11:00	1.56	0.14	0.95	0.25	0.15	0.25	0.39	0.06	0.06	0.37
11:15	1.95	0.09	0.63	0.27	0.04	0.32	0.35	0.23	0.04	0.33
11:30	2.44	0.16	0.61	0.18	0.06	0.23	0.22	0.19	0.13	0.44
11:45	2.80	0.67	0.41	0.37	0.24	0.48	0.23	0.17	0.36	0.50
12:00	2.78	0.76	0.37	0.41	0.28	0.72	0.38	0.16	0.41	0.61
12:15	3.06	1.07	0.99	0.89	0.36	0.73	0.42	0.36	0.42	0.66
12:30	2.94	1.33	1.18	0.94	0.40	0.63	0.52	0.55	0.37	0.64
12:45	1.68	1.25	1.34	1.02	0.34	0.57	0.60	0.53	0.34	0.57
13:00	1.30	0.85	0.83	0.99	0.37	0.30	0.58	0.45	0.33	0.39
13:15	1.50	0.55	0.77	0.94	0.26	0.24	0.50	0.25	0.21	0.07
13:30	0.58	0.24	0.86	0.68	0.25	0.17	0.44	0.22	0.24	0.06
13:45	0.48	0.15	0.61	0.60	0.21	0.14	0.33	0.22	0.19	0.03
14:00	1.04	0.04	0.36	0.49	0.16	0.10	0.21	0.21	0.21	0.15
14:15	0.33	0.05	0.44	0.38	0.11	0.12	0.13	0.09	0.24	0.14
14:30	0.37	0.17	0.69	0.47	0.03	0.16	0.20	0.07	0.30	0.10
14:45	0.31	0.11	0.57	0.30	0.02	0.16	0.16	0.05	0.30	0.05

（续表）

时间	湖南交通频道	金鹰955	音乐之声芒果音乐台	长沙交通电台	1069旅游广播	FM105.0长沙新闻广播	潇湘之声	湖南经广901	湖南文艺频道摩登音乐台	湖南新闻综合频道
15:00	0.15	0.08	0.24	0.33	0.10	0.05	0.09	0.07	0.06	0.02
15:15	0.32	0.06	0.25	0.27	0.05	0.06	0.10	0.14	0.06	0.01
15:30	0.33	0.06	0.34	0.14	0.01	0.07	0.15	0.12	0.03	0.05
15:45	0.60	0.07	0.23	0.21	0.04	0.09	0.10	0.26	0.06	0.04
16:00	0.29	0.11	0.31	0.38	0.05	0.06	0.05	0.06	0.06	0.18
16:15	0.34	0.12	0.21	0.44	0.14	0.01	0.10	0.12	0.11	0.23
16:30	0.90	0.18	0.52	0.81	0.15	0.22	0.08	0.23	0.11	0.38
16:45	1.06	0.25	0.85	0.87	0.15	0.30	0.24	0.24	0.15	0.53
17:00	0.85	0.46	1.11	0.90	0.18	0.33	0.33	0.25	0.20	0.60
17:15	2.19	0.68	1.39	0.90	0.13	0.48	0.52	0.42	0.36	0.63
17:30	2.08	0.78	1.85	0.87	0.16	0.91	0.64	0.55	0.57	0.70
17:45	3.18	0.94	1.98	0.89	0.29	1.00	0.76	0.59	0.70	0.74
18:00	3.71	1.03	2.43	0.93	0.37	0.98	0.80	0.82	0.91	0.71
18:15	4.31	1.35	2.90	0.89	0.63	1.01	0.89	0.88	1.02	0.65
18:30	3.97	1.89	2.84	0.78	0.74	1.07	0.94	0.87	0.94	0.60
18:45	4.00	2.51	2.47	0.71	0.79	0.96	0.81	0.87	0.79	0.44
19:00	3.81	2.52	1.93	0.46	0.77	0.90	0.54	0.54	0.38	0.31
19:15	2.84	2.14	0.86	0.20	0.74	0.42	0.38	0.51	0.20	0.21
19:30	2.29	1.59	0.59	0.22	0.72	0.34	0.35	0.38	0.12	0.16
19:45	1.72	1.37	0.72	0.26	0.65	0.19	0.33	0.32	0.11	0.08
20:00	1.33	1.17	0.68	0.23	0.55	0.18	0.32	0.21	0.14	0.04
20:15	0.28	0.90	0.85	0.19	0.46	0.22	0.24	0.20	0.10	0.03
20:30	0.57	0.68	0.89	0.09	0.31	0.17	0.22	0.14	0.15	0.05
20:45	0.80	0.45	0.94	0.10	0.13	0.16	0.09	0.10	0.19	0.03
21:00	0.89	0.18	0.69	0.12	0.07	0.24	0.06	0.08	0.20	0.02
21:15	0.52	0.14	0.64	0.04	0.12	0.28	0.05	0.06	0.25	0.01
21:30	0.11	0.14	0.20	0.01	0.06	0.07	0.02	0.05	0.18	0.01
21:45	0.49	0.05	0.21	0.01	0.03	0.05	0.10	0.05	0.14	0.03
22:00	0.19	0.17	0.42	0.02	0.06	0.07	0.11	0.05	0.05	0.03
22:15	0.25	0.14	0.19	0.02	0.03	0.06	0.05	0.04	0.03	0.05
22:30	0.06	0.11	0.20	0.00	0.02	0.04	0.08	0.06	0.03	0.05
22:45	0.26	0.05	0.02	0.02	0.03	0.06	0.01	0.07	0.06	0.03
23:00	0.25	0.10	0.05	0.02	0.00	0.03	0.04	0.05	0.03	0.01
23:15	0.02	0.09	0.04	0.01	0.02	0.05	0.01	0.03	0.07	0.03
23:30	0.09	0.30	0.07	0.01	0.03	0.04	0.03	0.04	0.03	0.01
23:45	0.30	0.20	0.01	0.01	0.00	0.03	0.00	0.01	0.00	0.02

表1.9.4　长沙地区主要电台的占有率（%）

时间	湖南交通频道	金鹰955	音乐之声芒果音乐台	长沙交通电台	1069旅游广播	FM105.0长沙新闻广播	潇湘之声	湖南经广901	湖南文艺频道摩登音乐台	湖南新闻综合频道
6:00	2.3	42.6	4.1	2.7	3.3	5.1	0.3	0.3	12.9	2.9
6:15	1.0	50.9	1.1	0.3	0.6	7.1	4.4	0.1	9.4	2.2
6:30	2.6	34.6	1.2	1.1	2.3	1.8	9.5	0.3	11.7	5.9
6:45	2.1	37.6	0.3	2.2	2.6	4.5	8.1	0.4	8.6	5.1
7:00	32.6	27.1	0.8	0.8	3.5	4.3	5.2	0.2	6.0	1.9
7:15	27.1	28.9	0.1	0.9	6.1	6.0	6.1	0.4	5.5	1.2
7:30	25.1	24.3	0.3	5.3	7.3	8.1	5.5	2.3	5.2	1.1
7:45	34.7	20.9	0.5	3.8	5.9	7.0	4.6	3.8	5.1	1.3
8:00	32.1	21.4	2.9	5.7	6.2	6.5	3.8	4.4	3.5	1.9
8:15	34.4	19.3	6.2	4.9	7.1	5.1	3.4	4.0	3.4	3.8
8:30	40.1	16.3	8.0	4.6	6.6	4.0	3.6	4.0	3.1	3.8
8:45	40.6	15.0	8.6	5.7	6.5	3.5	3.1	4.4	3.3	4.1
9:00	39.5	14.9	9.4	6.1	6.3	3.0	2.7	6.0	3.9	4.4
9:15	38.6	13.5	9.5	6.3	6.7	3.0	3.1	7.3	4.2	4.9
9:30	42.5	6.5	11.5	6.8	6.3	2.8	3.5	7.6	5.1	5.6
9:45	36.9	6.7	13.8	7.5	6.6	3.2	4.3	7.4	5.8	6.4
10:00	42.4	3.3	17.4	6.1	7.6	1.0	5.2	3.4	5.8	6.5
10:15	39.8	3.4	20.1	6.3	6.3	1.2	6.3	3.5	5.2	6.5
10:30	32.3	6.6	22.3	6.6	6.4	2.0	7.2	2.5	6.0	7.1
10:45	30.4	3.7	27.4	6.8	2.8	2.3	8.1	3.6	4.8	8.3
11:00	36.0	3.3	22.0	5.8	3.3	5.8	8.9	1.4	1.4	8.6
11:15	44.9	2.1	14.6	6.1	0.9	7.4	8.0	5.4	1.0	7.6
11:30	50.8	3.2	12.6	3.8	1.3	4.8	4.5	3.9	2.6	9.1
11:45	42.0	10.1	6.1	5.6	3.5	7.2	3.5	2.6	5.5	7.6
12:00	36.3	9.9	4.8	5.4	3.6	9.4	5.0	2.1	5.4	7.9
12:15	32.1	11.2	10.4	9.3	3.8	7.6	4.4	3.8	4.4	6.9
12:30	29.2	13.2	11.7	9.3	4.0	6.3	5.1	5.5	3.7	6.3
12:45	19.3	14.4	15.3	11.7	3.9	6.5	6.9	6.1	3.9	6.5
13:00	19.2	12.6	12.3	14.7	5.5	4.4	8.6	6.7	4.8	5.7
13:15	27.5	10.2	14.1	17.2	4.7	4.3	9.2	4.6	3.8	1.4
13:30	14.8	6.1	22.0	17.4	6.4	4.4	11.3	5.8	6.1	1.5
13:45	15.7	4.8	19.8	19.5	6.8	4.4	10.6	7.1	6.1	0.8
14:00	31.7	1.1	10.9	14.9	4.8	3.1	6.3	6.5	6.4	4.7
14:15	14.4	2.1	19.2	16.9	4.8	5.4	5.9	4.0	10.5	5.9
14:30	13.9	6.2	25.7	17.6	1.3	5.8	7.3	2.6	11.2	3.6
14:45	13.7	4.7	25.6	13.4	1.1	7.1	7.4	2.2	13.5	2.4

（续表）

时间	湖南交通频道	金鹰955	音乐之声芒果音乐台	长沙交通电台	1069旅游广播	FM105.0长沙新闻广播	潇湘之声	湖南经广901	湖南文艺频道摩登音乐台	湖南新闻综合频道
15:00	11.0	6.2	17.8	24.3	7.1	3.7	6.4	5.2	4.7	1.8
15:15	23.2	4.1	17.9	19.5	3.7	4.1	7.2	10.0	4.2	0.5
15:30	23.1	4.5	23.7	10.0	0.6	4.6	10.8	8.6	2.3	3.6
15:45	33.2	4.0	12.8	11.6	2.1	4.8	5.6	14.3	3.0	2.3
16:00	16.7	6.3	18.1	22.0	3.1	3.7	2.6	3.6	3.4	10.5
16:15	17.4	5.9	10.9	22.4	7.3	0.7	5.0	6.0	5.5	11.9
16:30	24.3	5.0	14.1	22.0	4.1	6.1	2.3	6.3	2.8	10.4
16:45	22.1	5.2	17.8	18.2	3.2	6.2	5.1	4.9	3.2	11.1
17:00	15.6	8.4	20.4	16.5	3.2	6.1	6.1	4.6	3.6	11.0
17:15	27.3	8.4	17.3	11.2	1.6	5.9	6.5	5.3	4.4	7.8
17:30	21.5	8.0	19.1	9.0	1.6	9.4	6.6	5.7	5.9	7.2
17:45	26.9	7.9	16.8	7.5	2.4	8.4	6.5	5.0	5.9	6.2
18:00	26.7	7.4	17.5	6.7	2.7	7.0	5.7	5.9	6.6	5.1
18:15	27.4	8.5	18.4	5.7	4.0	6.4	5.6	5.5	6.4	4.1
18:30	24.6	11.7	17.6	4.9	4.6	6.6	5.8	5.4	5.8	3.7
18:45	25.1	15.7	15.5	4.5	4.9	6.0	5.1	5.5	5.0	2.7
19:00	28.1	18.5	14.2	3.4	5.6	6.6	4.0	3.9	2.8	2.3
19:15	29.4	22.1	8.9	2.1	7.7	4.3	3.9	5.3	2.0	2.2
19:30	29.4	20.4	7.6	2.8	9.2	4.3	4.5	4.9	1.5	2.0
19:45	26.0	20.8	10.9	4.0	9.9	2.9	4.9	4.8	1.6	1.2
20:00	23.8	21.0	12.3	4.1	9.9	3.2	5.7	3.8	2.4	0.6
20:15	6.8	21.8	20.6	4.6	11.2	5.3	5.9	4.8	2.4	0.6
20:30	14.7	17.5	23.0	2.3	8.1	4.5	5.7	3.7	3.9	1.2
20:45	23.8	13.2	27.8	2.8	3.7	4.9	2.8	2.9	5.5	0.9
21:00	31.6	6.5	24.4	4.1	2.4	8.5	2.2	2.7	7.0	0.8
21:15	22.2	5.9	27.3	1.7	5.1	11.8	2.1	2.4	10.5	0.5
21:30	11.7	14.4	21.0	0.9	6.8	7.6	2.3	5.7	19.3	1.2
21:45	39.7	4.1	16.8	0.4	2.6	4.1	8.5	4.3	11.3	2.6
22:00	15.6	14.2	34.6	1.4	5.0	6.1	8.8	4.0	3.9	2.6
22:15	27.3	15.4	20.2	1.6	2.7	5.9	4.8	4.5	3.3	5.3
22:30	8.4	15.5	28.8	0.5	2.1	5.0	12.1	9.1	3.6	6.4
22:45	39.8	8.0	2.7	2.4	5.2	8.4	1.4	10.1	8.6	4.3
23:00	37.2	15.2	7.2	2.5	0.5	4.1	6.0	7.0	3.9	1.4
23:15	5.8	22.8	8.4	2.8	4.4	12.2	2.4	8.1	17.0	8.2
23:30	12.0	41.4	9.7	0.9	3.7	5.4	4.6	5.9	3.9	0.8
23:45	49.4	32.6	2.0	1.4	0.7	4.8	0.4	0.8	0.2	2.5

十、昆明地区收听率数据

表1.10.1　昆明地区主要电台频率的平均收听率和市场份额

排名	电台名称	平均收听率（%）	市场份额（%）
1	云南台交通广播	1.19	18.7
2	昆明汽车音乐广播	1.08	16.9
3	云南台音乐广播	0.88	13.8
4	昆明文艺旅游广播	0.67	10.6
5	云南台新闻广播	0.66	10.4
6	云南台旅游广播	0.55	8.7
7	云南台私家车广播	0.53	8.3
8	昆明老年广播	0.29	4.6
9	昆明综合广播	0.16	2.4
10	云南台教育广播	0.15	2.3

表1.10.2　昆明地区主要电台频率的到达率和日到达率

排名	电台名称	到达率（%）	日到达率（%）
1	云南台交通广播	33.1	15.7
2	云南台音乐广播	29.8	13.2
3	昆明汽车音乐广播	25.2	15.0
4	云南台旅游广播	22.8	9.3
5	云南台新闻广播	22.0	11.8
6	云南台私家车广播	20.8	9.9
7	昆明文艺旅游广播	16.9	8.9
8	昆明老年广播	8.9	3.7
9	云南台国际广播	8.6	2.3
10	昆明综合广播	5.3	2.1

表1.10.3　昆明地区主要电台的收听率（%）

时间	云南台交通广播	昆明汽车音乐广播	云南台音乐广播	昆明文艺旅游广播	云南台新闻广播	云南台旅游广播	云南台私家车广播	昆明老年广播	昆明综合广播	云南台教育广播
6:00	0.09	0.01	0.02	0.02	0.05	0.00	0.01	0.00	0.00	0.00
6:15	0.09	0.03	0.03	0.02	0.07	0.03	0.04	0.00	0.00	0.00
6:30	0.13	0.01	0.03	0.02	0.13	0.02	0.06	0.01	0.00	0.00
6:45	0.14	0.04	0.10	0.03	0.12	0.04	0.03	0.01	0.00	0.01
7:00	0.27	0.11	0.18	0.08	0.21	0.14	0.11	0.04	0.01	0.01
7:15	0.39	0.13	0.23	0.07	0.28	0.15	0.18	0.04	0.02	0.01
7:30	0.59	0.17	0.45	0.16	0.33	0.19	0.41	0.10	0.04	0.02
7:45	1.14	0.30	0.48	0.24	0.60	0.21	0.48	0.11	0.05	0.03
8:00	1.16	0.69	1.04	0.42	1.02	0.45	0.57	0.16	0.06	0.05
8:15	1.70	0.83	1.21	0.56	1.26	0.57	0.74	0.16	0.06	0.06
8:30	1.82	1.32	1.34	0.70	1.43	0.76	0.81	0.25	0.08	0.08
8:45	2.14	1.71	1.41	1.06	1.47	0.83	0.88	0.30	0.09	0.09
9:00	2.15	1.84	1.43	1.10	1.41	1.04	0.89	0.37	0.12	0.09
9:15	2.09	1.83	1.39	1.11	1.31	1.05	0.83	0.40	0.13	0.09
9:30	1.95	1.79	1.23	1.12	0.99	1.05	0.69	0.43	0.16	0.08
9:45	1.50	1.48	1.13	1.00	0.97	1.03	0.58	0.42	0.16	0.07
10:00	1.17	1.33	0.94	0.87	1.00	0.87	0.56	0.40	0.15	0.08
10:15	1.05	1.16	0.93	0.75	1.05	0.71	0.46	0.37	0.15	0.09
10:30	1.01	1.15	0.94	0.75	1.06	0.72	0.46	0.33	0.14	0.09
10:45	1.01	1.20	0.95	0.74	1.08	0.65	0.43	0.31	0.15	0.10
11:00	1.12	1.20	0.97	0.75	0.98	0.62	0.44	0.29	0.14	0.10
11:15	1.13	1.36	0.97	0.68	0.87	0.61	0.45	0.29	0.16	0.10
11:30	1.24	1.39	0.96	0.75	0.80	0.66	0.57	0.29	0.15	0.10
11:45	1.22	1.37	0.99	0.72	0.73	0.64	0.56	0.31	0.15	0.12
12:00	1.22	1.34	0.94	0.76	0.78	0.62	0.65	0.34	0.15	0.14
12:15	1.26	1.18	0.91	0.75	0.82	0.55	0.66	0.34	0.16	0.15
12:30	1.18	1.08	0.86	0.74	0.80	0.63	0.62	0.33	0.17	0.16
12:45	1.14	1.00	0.87	0.71	0.79	0.66	0.63	0.33	0.17	0.17
13:00	1.08	1.01	1.04	0.64	0.71	0.62	0.60	0.30	0.17	0.17
13:15	1.09	1.10	1.06	0.58	0.59	0.61	0.65	0.36	0.15	0.18
13:30	1.06	1.12	1.08	0.58	0.61	0.53	0.72	0.36	0.15	0.16
13:45	1.13	1.06	1.04	0.57	0.55	0.50	0.74	0.39	0.15	0.16
14:00	1.17	1.02	0.89	0.56	0.54	0.48	0.74	0.36	0.16	0.17
14:15	1.20	0.96	0.87	0.62	0.63	0.46	0.72	0.37	0.16	0.17
14:30	1.35	1.10	0.88	0.69	0.62	0.46	0.60	0.33	0.15	0.17
14:45	1.36	1.16	0.86	0.76	0.59	0.44	0.50	0.30	0.14	0.17

（续表）

时间	云南台交通广播	昆明汽车音乐广播	云南台音乐广播	昆明文艺旅游广播	云南台新闻广播	云南台旅游广播	云南台私家车广播	昆明老年广播	昆明综合广播	云南台教育广播
15:00	1.60	1.36	0.88	0.84	0.65	0.44	0.49	0.29	0.14	0.16
15:15	1.60	1.36	0.87	0.90	0.59	0.40	0.43	0.32	0.14	0.16
15:30	1.57	1.42	0.93	0.91	0.56	0.43	0.46	0.32	0.15	0.16
15:45	1.53	1.39	0.94	0.90	0.51	0.39	0.40	0.34	0.15	0.16
16:00	1.34	1.30	0.97	0.86	0.57	0.44	0.41	0.37	0.15	0.19
16:15	1.31	1.20	1.04	0.77	0.57	0.47	0.51	0.40	0.14	0.21
16:30	1.35	1.19	1.22	0.79	0.70	0.49	0.55	0.39	0.15	0.26
16:45	1.40	1.21	1.35	0.77	0.71	0.61	0.66	0.51	0.16	0.29
17:00	1.59	1.39	1.45	0.83	0.86	0.63	0.74	0.53	0.18	0.32
17:15	1.69	1.52	1.49	0.93	0.95	0.73	0.83	0.58	0.18	0.34
17:30	1.87	1.79	1.49	0.97	1.04	0.72	0.97	0.57	0.21	0.35
17:45	2.01	1.86	1.39	1.11	1.04	0.80	1.06	0.53	0.23	0.33
18:00	2.00	1.91	1.17	1.13	1.04	0.86	1.07	0.52	0.28	0.30
18:15	1.96	1.85	1.07	1.12	0.92	0.83	1.04	0.44	0.31	0.27
18:30	1.80	1.68	1.04	1.06	0.69	0.79	0.97	0.39	0.33	0.23
18:45	1.50	1.42	0.96	0.85	0.56	0.80	0.76	0.31	0.34	0.20
19:00	1.19	1.34	0.95	0.72	0.47	0.61	0.65	0.26	0.32	0.18
19:15	1.11	1.12	0.90	0.64	0.35	0.48	0.43	0.25	0.28	0.16
19:30	0.90	0.94	0.81	0.63	0.34	0.53	0.31	0.22	0.25	0.16
19:45	0.83	0.89	0.72	0.59	0.32	0.52	0.25	0.20	0.20	0.15
20:00	0.71	0.69	0.59	0.60	0.27	0.53	0.18	0.19	0.17	0.15
20:15	0.50	0.68	0.48	0.55	0.27	0.53	0.19	0.19	0.17	0.15
20:30	0.47	0.54	0.41	0.46	0.23	0.44	0.17	0.16	0.16	0.15
20:45	0.41	0.55	0.38	0.41	0.17	0.40	0.19	0.14	0.14	0.15
21:00	0.41	0.52	0.33	0.38	0.16	0.32	0.13	0.10	0.13	0.16
21:15	0.44	0.51	0.31	0.33	0.12	0.28	0.14	0.11	0.13	0.14
21:30	0.45	0.43	0.31	0.28	0.15	0.26	0.12	0.09	0.13	0.14
21:45	0.51	0.34	0.26	0.23	0.13	0.22	0.13	0.10	0.11	0.10
22:00	0.48	0.32	0.25	0.18	0.07	0.18	0.11	0.08	0.10	0.07
22:15	0.44	0.25	0.15	0.19	0.09	0.11	0.10	0.08	0.08	0.06
22:30	0.33	0.21	0.10	0.14	0.10	0.12	0.09	0.08	0.06	0.05
22:45	0.19	0.16	0.12	0.15	0.06	0.11	0.08	0.07	0.06	0.05
23:00	0.11	0.11	0.09	0.09	0.04	0.09	0.07	0.05	0.05	0.05
23:15	0.11	0.12	0.07	0.08	0.05	0.06	0.07	0.04	0.04	0.04
23:30	0.10	0.09	0.06	0.05	0.04	0.08	0.05	0.03	0.04	0.03
23:45	0.08	0.08	0.06	0.05	0.04	0.06	0.05	0.03	0.03	0.03

表1.10.4 昆明地区主要电台的占有率（%）

时间	云南台交通广播	昆明汽车音乐广播	云南台音乐广播	昆明文艺旅游广播	云南台新闻广播	云南台旅游广播	云南台私家车广播	昆明老年广播	昆明综合广播	云南台教育广播
6:00	47.2	2.8	9.2	8.9	24.7	0.0	6.1	1.2	0.0	0.0
6:15	31.3	8.5	9.5	5.4	21.8	8.5	13.0	1.5	0.2	0.0
6:30	31.9	2.2	6.6	5.7	31.3	4.5	14.9	2.4	0.0	0.3
6:45	26.8	7.5	19.0	5.3	22.8	8.5	5.8	2.0	0.6	1.0
7:00	22.5	8.9	15.0	6.8	18.1	12.1	9.3	3.0	0.9	0.8
7:15	25.3	8.4	14.7	4.5	17.9	9.9	11.5	2.5	1.5	0.9
7:30	23.4	6.9	17.8	6.2	13.1	7.6	16.4	3.8	1.6	1.0
7:45	30.7	8.0	12.8	6.5	16.2	5.7	12.9	3.0	1.3	0.7
8:00	20.3	12.0	18.2	7.3	17.9	7.8	9.9	2.8	1.0	0.9
8:15	23.4	11.4	16.7	7.7	17.3	7.8	10.2	2.2	0.8	0.8
8:30	20.8	15.1	15.3	8.0	16.4	8.7	9.2	2.9	0.9	0.9
8:45	21.1	16.9	13.9	10.4	14.5	8.2	8.6	2.9	0.9	0.9
9:00	20.3	17.3	13.4	10.4	13.3	9.8	8.3	3.5	1.1	0.8
9:15	20.0	17.6	13.4	10.7	12.6	10.1	7.9	3.8	1.2	0.8
9:30	20.1	18.5	12.7	11.5	10.2	10.8	7.1	4.4	1.6	0.8
9:45	17.6	17.3	13.1	11.6	11.3	12.1	6.8	4.9	1.9	0.8
10:00	15.4	17.5	12.5	11.6	13.2	11.4	7.4	5.2	2.0	1.0
10:15	15.1	16.8	13.4	10.9	15.1	10.2	6.7	5.3	2.1	1.2
10:30	14.7	16.8	13.6	10.8	15.5	10.4	6.7	4.8	2.1	1.3
10:45	14.8	17.5	13.9	10.8	15.7	9.6	6.3	4.6	2.1	1.5
11:00	16.4	17.6	14.2	11.0	14.3	9.1	6.5	4.2	2.0	1.4
11:15	16.5	19.8	14.1	9.9	12.6	8.9	6.6	4.2	2.3	1.5
11:30	17.3	19.4	13.5	10.5	11.1	9.2	7.9	4.1	2.1	1.4
11:45	17.2	19.4	13.9	10.2	10.3	9.0	7.9	4.4	2.2	1.6
12:00	16.9	18.5	13.1	10.5	10.8	8.6	9.0	4.7	2.1	1.9
12:15	17.8	16.8	12.9	10.7	11.7	7.7	9.3	4.8	2.3	2.1
12:30	17.3	15.8	12.6	10.9	11.7	9.2	9.1	4.9	2.4	2.3
12:45	17.1	14.9	12.9	10.6	11.7	9.8	9.4	2.5	2.5	2.6
13:00	16.4	15.3	15.8	9.7	10.7	9.5	9.0	4.6	2.6	2.6
13:15	16.4	16.6	16.1	8.8	9.0	9.3	9.9	5.4	2.3	2.4
13:30	16.1	16.9	16.3	8.9	9.3	8.0	10.9	5.4	2.3	2.4
13:45	17.4	16.2	16.0	8.8	8.5	7.6	11.3	5.9	2.3	2.5
14:00	18.6	16.2	14.2	8.9	8.6	7.6	11.7	5.7	2.5	2.7
14:15	18.8	15.1	13.6	9.7	9.9	7.3	11.3	5.7	2.5	2.7
14:30	20.6	16.9	13.4	10.5	9.4	7.1	9.2	5.0	2.3	2.6
14:45	21.1	17.9	13.3	11.8	9.2	6.8	7.7	4.6	2.1	2.6

（续表）

时间	云南台交通广播	昆明汽车音乐广播	云南台音乐广播	昆明文艺旅游广播	云南台新闻广播	云南台旅游广播	云南台私家车广播	昆明老年广播	昆明综合广播	云南台教育广播
15:00	22.8	19.3	12.5	11.9	9.3	6.2	7.0	4.1	2.0	2.2
15:15	22.9	19.5	12.5	12.9	8.5	5.7	6.2	4.6	2.1	2.3
15:30	22.2	20.1	13.1	12.9	7.9	6.0	6.4	4.6	2.1	2.2
15:45	22.2	20.1	13.7	13.1	7.4	5.7	5.8	4.9	2.1	2.4
16:00	19.8	19.2	14.4	12.7	8.4	6.5	6.0	5.4	2.2	2.8
16:15	19.2	17.7	15.3	11.3	8.3	6.9	7.6	5.9	2.1	3.1
16:30	18.5	16.4	16.7	10.8	9.6	6.8	7.6	5.4	2.1	3.6
16:45	17.8	15.4	17.2	9.8	9.0	7.7	8.4	6.5	2.1	3.6
17:00	18.3	16.0	16.7	9.5	9.9	7.3	8.5	6.0	2.0	3.7
17:15	17.9	16.1	15.9	9.9	10.1	7.7	8.8	6.1	1.9	3.6
17:30	18.4	17.6	14.6	9.5	10.3	7.0	9.5	5.6	2.1	3.4
17:45	19.0	17.6	13.2	10.5	9.9	7.5	10.0	5.1	2.1	3.1
18:00	19.0	18.1	11.1	10.7	9.9	8.2	10.2	4.9	2.7	2.8
18:15	19.4	18.3	10.6	11.1	9.2	8.3	10.3	4.4	3.1	2.7
18:30	19.4	18.1	11.3	11.4	7.5	8.5	10.5	4.2	3.6	2.5
18:45	18.7	17.8	12.0	10.6	7.0	10.0	9.5	3.9	4.2	2.5
19:00	17.0	19.2	13.6	10.3	6.7	8.7	9.3	3.7	4.5	2.6
19:15	18.5	18.8	15.1	10.7	5.8	8.0	7.1	4.2	4.7	2.7
19:30	16.7	17.6	15.1	11.8	6.3	9.8	5.9	4.0	4.7	3.0
19:45	16.9	18.1	14.6	12.0	6.5	10.5	5.0	4.2	4.1	3.1
20:00	16.4	15.9	13.6	13.9	6.1	12.2	4.2	4.3	4.0	3.5
20:15	12.6	17.1	12.3	13.8	6.8	13.4	4.9	4.7	4.3	3.7
20:30	13.8	15.8	12.0	13.3	6.7	12.8	4.8	4.7	4.6	4.3
20:45	12.9	17.2	12.0	12.9	5.5	12.7	5.9	4.4	4.5	4.7
21:00	14.1	18.0	11.5	13.2	5.6	11.2	4.6	3.6	4.6	5.4
21:15	16.3	18.6	11.3	12.3	4.2	10.4	5.0	4.1	4.9	5.2
21:30	17.7	16.9	11.9	10.9	5.7	10.0	4.5	3.4	5.0	5.6
21:45	22.1	14.6	11.2	9.9	5.7	9.2	5.7	4.3	4.8	4.4
22:00	23.9	16.0	12.8	9.2	3.5	8.9	5.4	4.0	4.9	3.7
22:15	26.4	14.7	8.7	11.2	5.5	6.7	6.0	4.9	4.8	3.4
22:30	23.8	14.7	7.3	10.2	7.0	8.8	6.3	5.7	4.6	3.8
22:45	16.9	14.0	10.6	13.2	5.2	9.5	7.3	6.2	5.0	4.6
23:00	14.0	13.2	11.6	10.7	4.5	11.6	8.8	5.6	5.7	5.6
23:15	14.7	15.8	8.8	11.1	7.1	8.5	9.1	5.0	5.7	5.8
23:30	15.6	14.6	10.0	8.2	6.7	12.5	8.1	5.2	5.7	5.7
23:45	15.4	13.8	10.4	8.8	7.1	10.6	9.2	4.8	5.5	5.9

十一、深圳地区收听率数据

表1.11.1　深圳地区主要电台频率的平均收听率和市场份额

排名	电台名称	平均收听率（%）	市场份额（%）
1	深圳交通频率	0.67	12.6
1	深圳音乐频率	0.67	12.5
3	深圳生活频率	0.65	12.2
4	深圳新闻频率	0.64	12.0
5	广东广播电视台珠江之声	0.62	11.7
6	中央广播电视总台中国之声	0.21	3.9
7	中央广播电视总台粤港澳大湾区之声	0.20	3.7
8	广东广播电视台音乐之声	0.19	3.6
9	宝安缤纷1043	0.16	3.0
10	香港电台第一台	0.12	2.3

表1.11.2　深圳地区主要电台频率的到达率和日到达率

排名	电台名称	到达率（%）	日到达率（%）
1	深圳生活频率	11.8	3.1
2	广东广播电视台珠江之声	10.3	4.0
3	深圳新闻频率	10.0	3.3
4	中央广播电视总台中国之声	8.8	2.7
5	深圳交通频率	7.9	2.2
6	深圳音乐频率	7.8	2.0
7	宝安缤纷1043	4.5	0.9
8	香港电台第一台	3.9	1.0
9	中央广播电视总台粤港澳大湾区之声	3.7	1.5
9	中国国际电台环球资讯广播	3.7	1.5

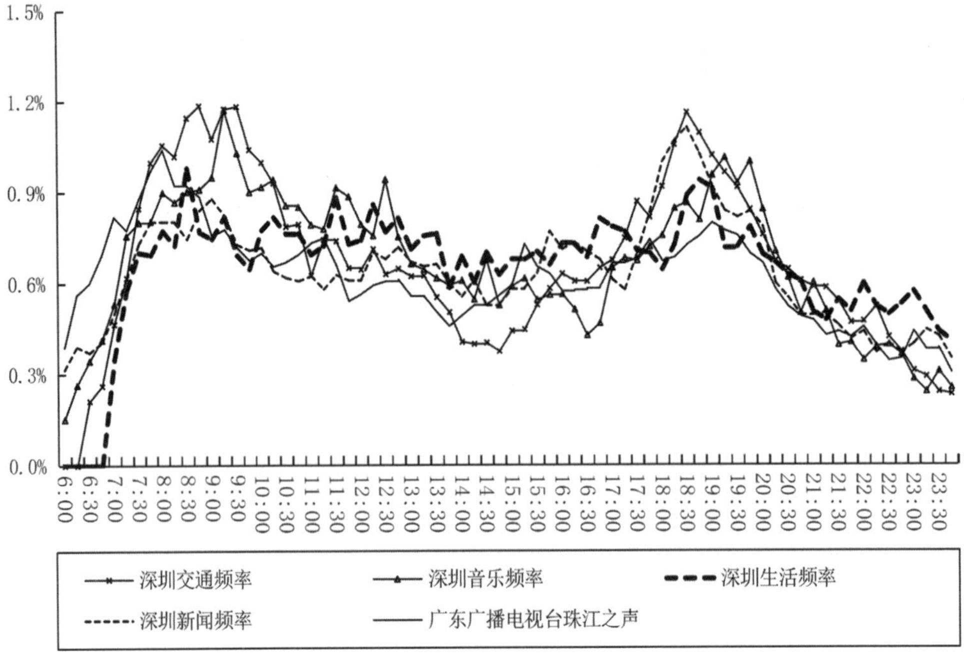

图1.11.1 深圳地区主要电台的时段收听率-1

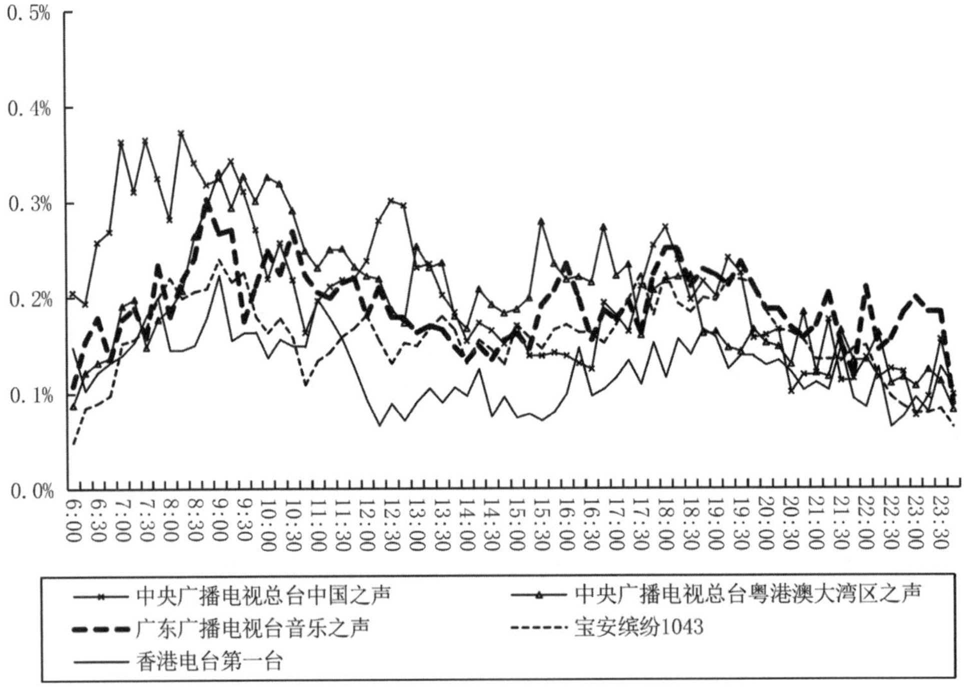

图1.11.2 深圳地区主要电台的时段收听率-2

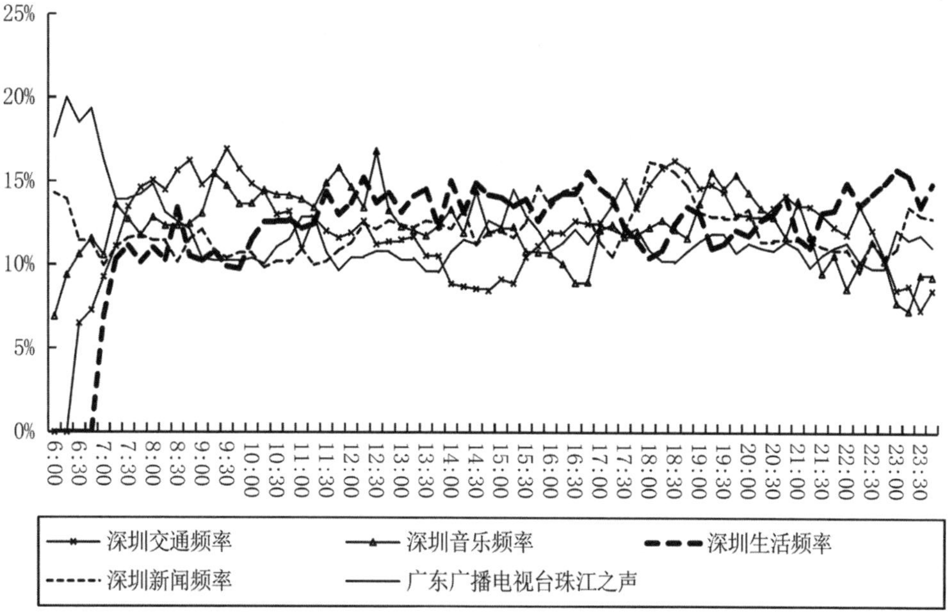

图1.11.3 深圳地区主要电台的时段占有率-1

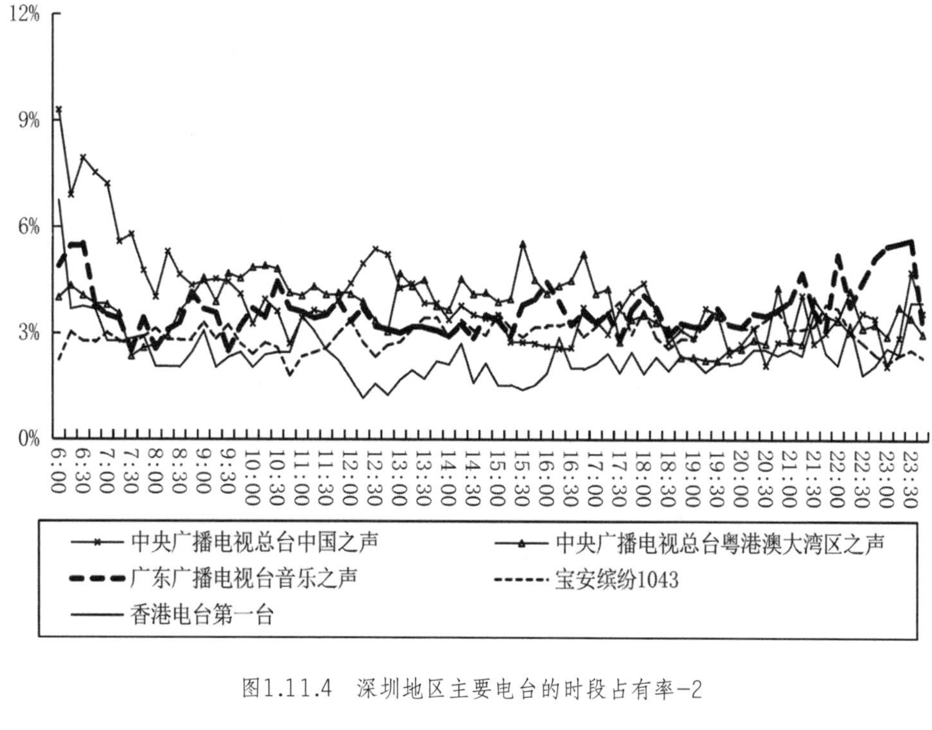

图1.11.4 深圳地区主要电台的时段占有率-2

十二、重庆地区收听率数据

表1.12.1 重庆地区主要电台频率的平均收听率和市场份额

排名	电台名称	平均收听率（%）	市场份额（%）
1	重庆交通广播	1.05	21.3
2	重庆之声	1.02	20.8
2	重庆都市广播私家车938	1.02	20.8
4	重庆音乐广播	0.76	15.5
5	重庆经济广播	0.24	4.9
5	中央广播电视总台中国之声	0.24	4.9
7	中央广播电视总台音乐之声	0.13	2.7
7	中央广播电视总台经济之声	0.13	2.6
7	中国国际电台环球资讯广播	0.13	2.6
10	中央广播电视总台交通广播	0.04	0.8

表1.12.2 重庆地区主要电台频率的到达率和日到达率

排名	电台名称	到达率（%）	日到达率（%）
1	重庆交通广播	28.1	12.1
2	重庆都市广播私家车938	19.1	7.4
3	重庆之声	18.7	7.3
4	重庆音乐广播	17.0	5.1
5	中央广播电视总台中国之声	5.4	1.8
6	重庆经济广播	4.9	1.1
7	中央广播电视总台经济之声	4.3	1.3
8	中央广播电视总台音乐之声	3.8	1.1
9	中国国际电台环球资讯广播	2.7	0.7
10	中央广播电视总台交通广播	1.4	0.2

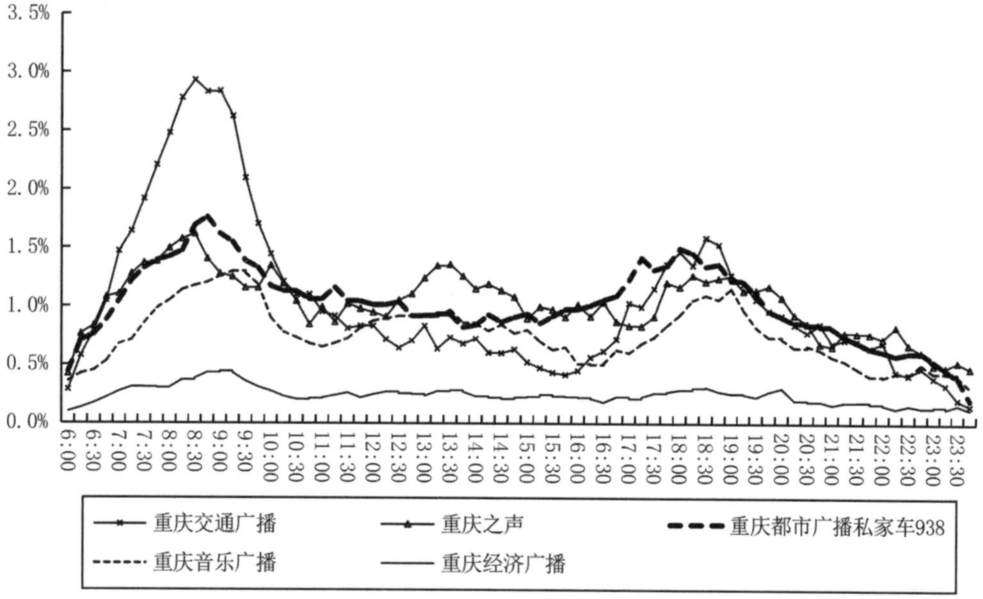

图1.12.1 重庆地区主要电台的时段收听率-1

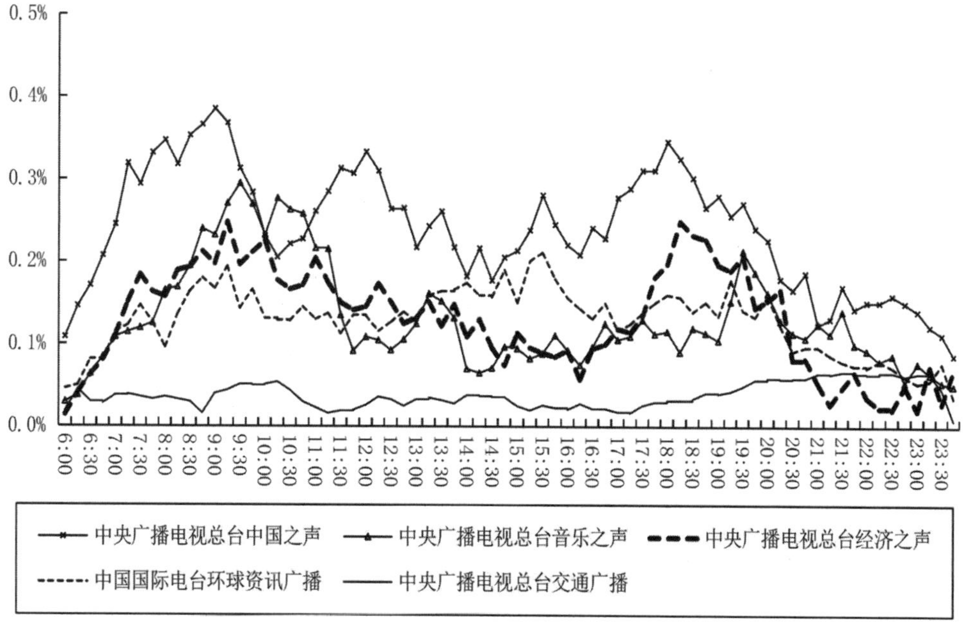

图例：重庆交通广播　重庆之声　重庆都市广播私家车938　重庆音乐广播　重庆经济广播

图例：中央广播电视总台中国之声　中央广播电视总台音乐之声　中央广播电视总台经济之声　中国国际电台环球资讯广播　中央广播电视总台交通广播

图1.12.2 重庆地区主要电台的时段收听率-2

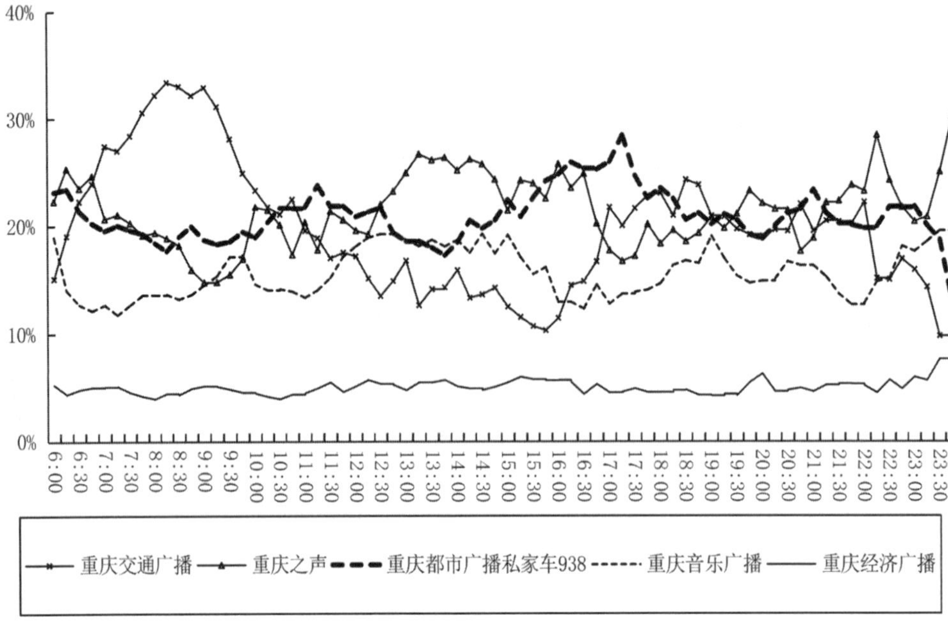

图1.12.3 重庆地区主要电台的时段占有率-1

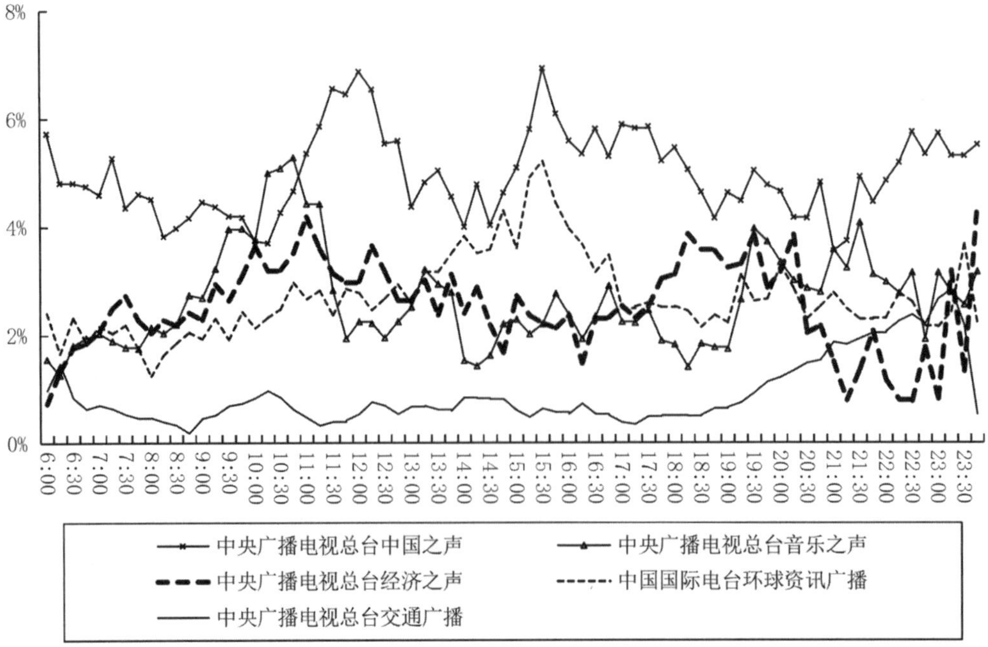

图1.12.4 重庆地区主要电台的时段占有率-2

十三、成都地区收听率数据

表1.13.1　成都地区主要电台频率的平均收听率和市场份额

排名	电台名称	平均收听率（%）	市场份额（%）
1	四川交通广播	1.43	18.9
2	成都电台交通文艺广播	0.96	12.7
3	成都电台新闻广播	0.70	9.3
4	四川新闻广播	0.69	9.1
5	四川岷江音乐	0.66	8.7
6	成都电台经济广播	0.47	6.2
6	四川天府之声	0.47	6.1
8	四川城市之音	0.46	6.0
9	FM946	0.44	5.8
10	四川财富生活广播	0.43	5.6

表1.13.2　成都地区主要电台频率的到达率和日到达率

排名	电台名称	到达率（%）	日到达率（%）
1	四川交通广播	42.9	22.9
2	成都电台交通文艺广播	37.6	16.4
3	成都电台新闻广播	33.4	13.7
4	四川岷江音乐	29.9	14.0
5	四川新闻广播	29.7	12.8
6	四川综合广播	22.4	7.9
7	FM946	21.5	9.3
8	成都电台经济广播	21.4	9.5
9	四川财富生活广播	20.4	8.2
10	四川天府之声	20.2	9.9

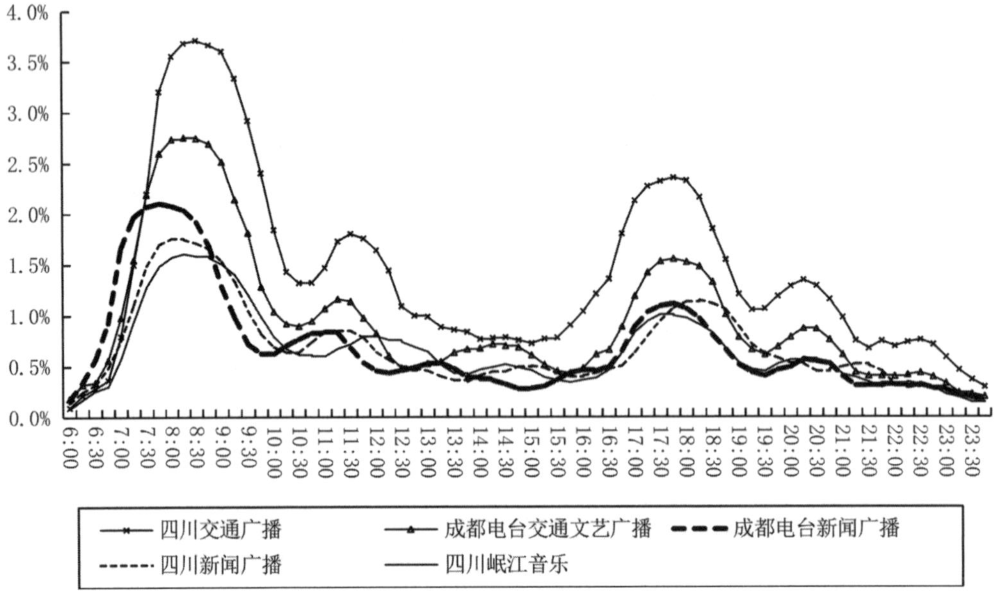

图1.13.1 成都地区主要电台的时段收听率-1

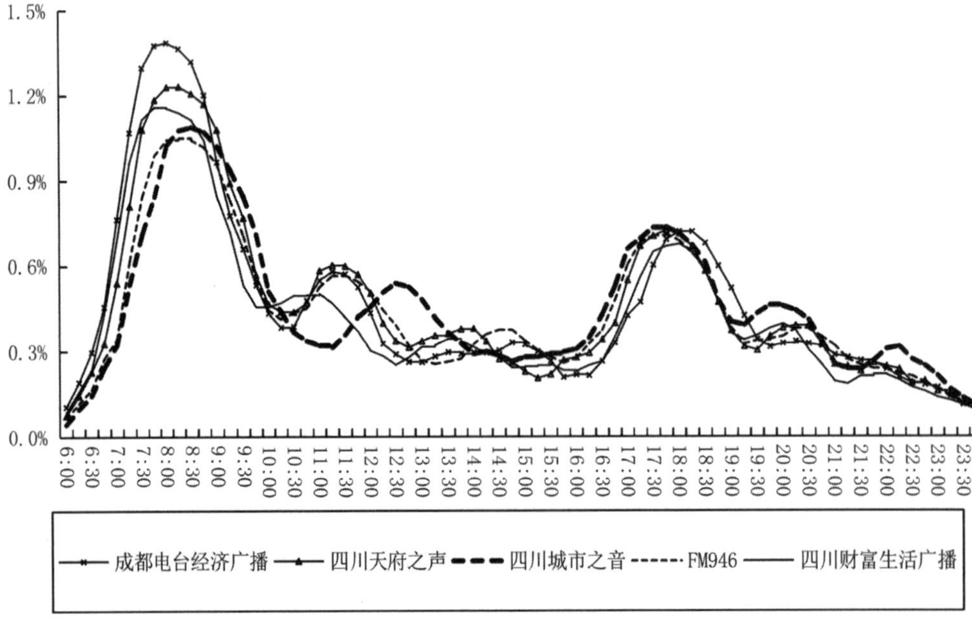

图1.13.2 成都地区主要电台的时段收听率-2

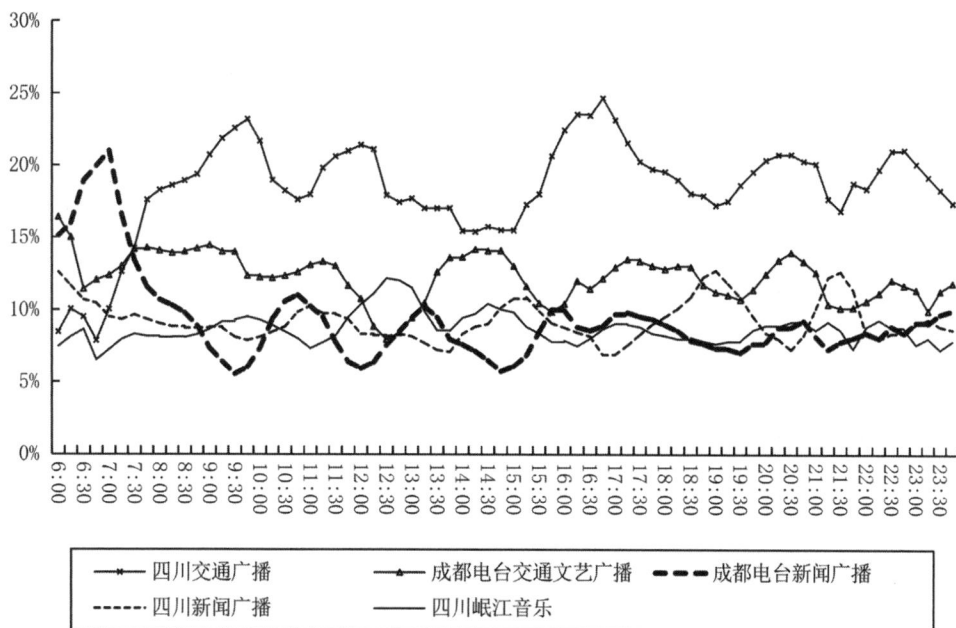

图1.13.3　成都地区主要电台的时段占有率-1

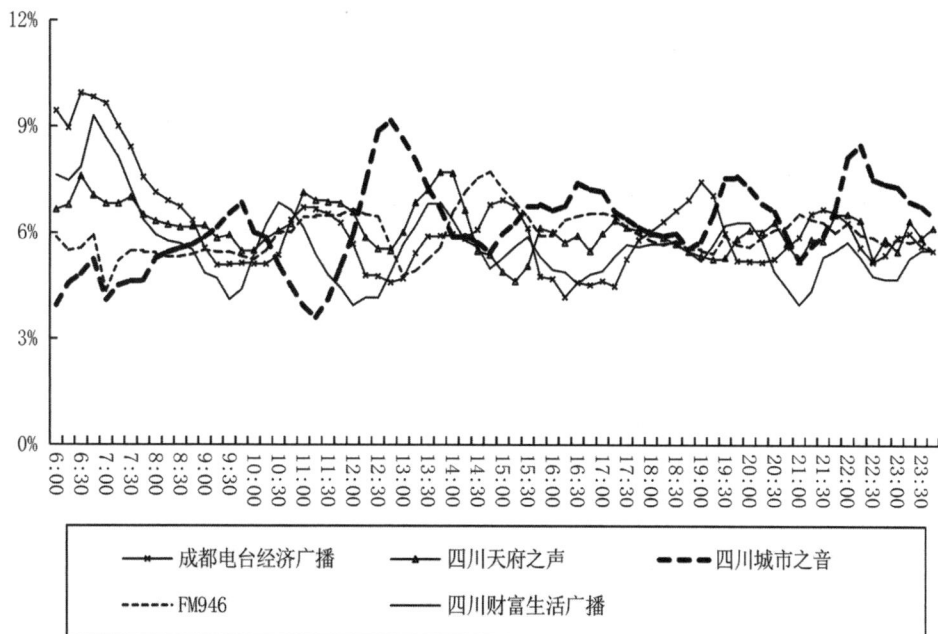

图1.13.4　成都地区主要电台的时段占有率-2

十四、哈尔滨地区收听率数据

表1.14.1　哈尔滨地区主要电台频率的平均收听率和市场份额

排名	电台名称	平均收听率（%）	市场份额（%）
1	哈尔滨新闻广播	1.03	12.6
1	哈尔滨文艺广播	1.03	12.6
3	哈尔滨交通广播	0.99	12.2
4	龙广都市女性台	0.98	12.0
5	龙广交通台	0.95	11.6
6	龙广爱家频道	0.93	11.4
7	龙广新闻台	0.64	7.8
8	龙广私家车频道	0.63	7.7
9	哈尔滨音乐广播	0.27	3.3
10	龙广音乐台	0.18	2.2

表1.14.2　哈尔滨地区主要电台频率的到达率和日到达率

排名	电台名称	到达率（%）	日到达率（%）
1	哈尔滨交通广播	37.5	11.9
2	哈尔滨文艺广播	36.2	11.2
3	龙广都市女性台	34.3	9.2
4	龙广交通台	33.8	7.3
5	哈尔滨新闻广播	32.8	12.3
6	龙广爱家频道	32.2	5.2
7	龙广新闻台	16.7	3.8
8	龙广私家车频道	16.1	5.8
9	哈尔滨音乐广播	12.6	4.1
10	龙广音乐台	11.8	2.5

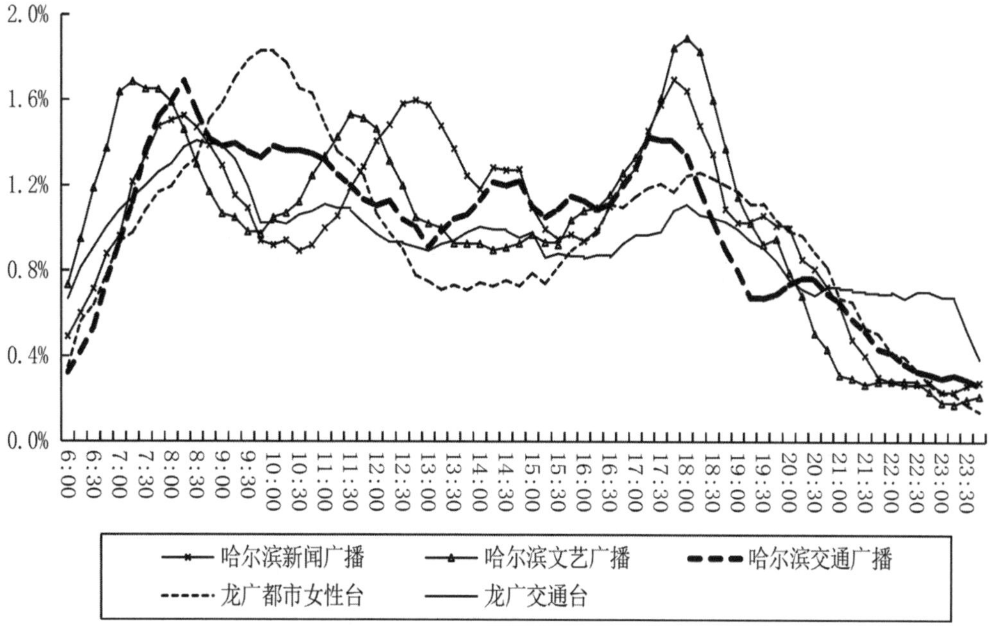

图1.14.1　哈尔滨地区主要电台的时段收听率-1

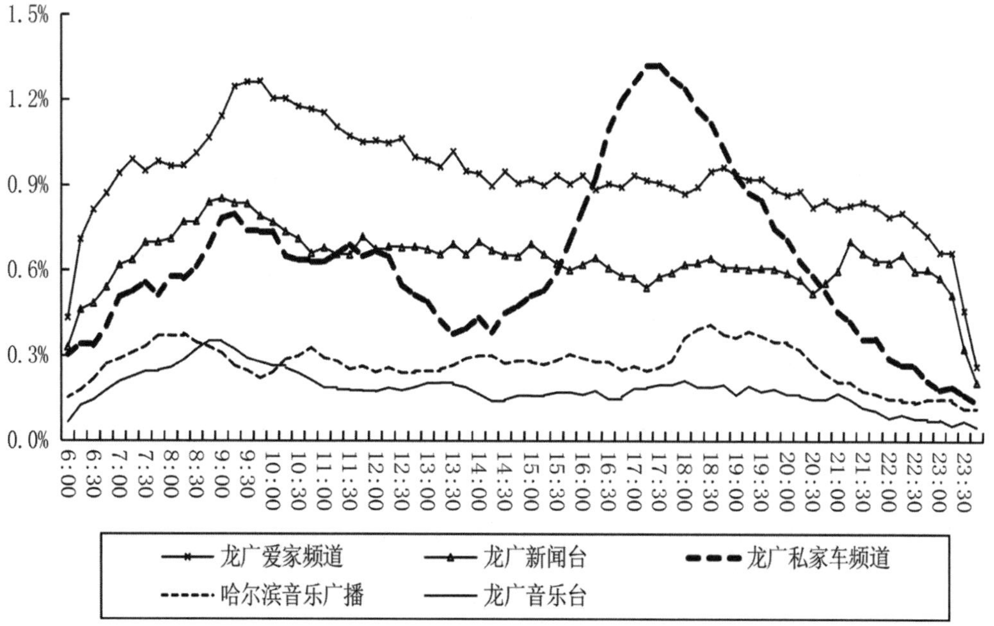

图1.14.2　哈尔滨地区主要电台的时段收听率-2

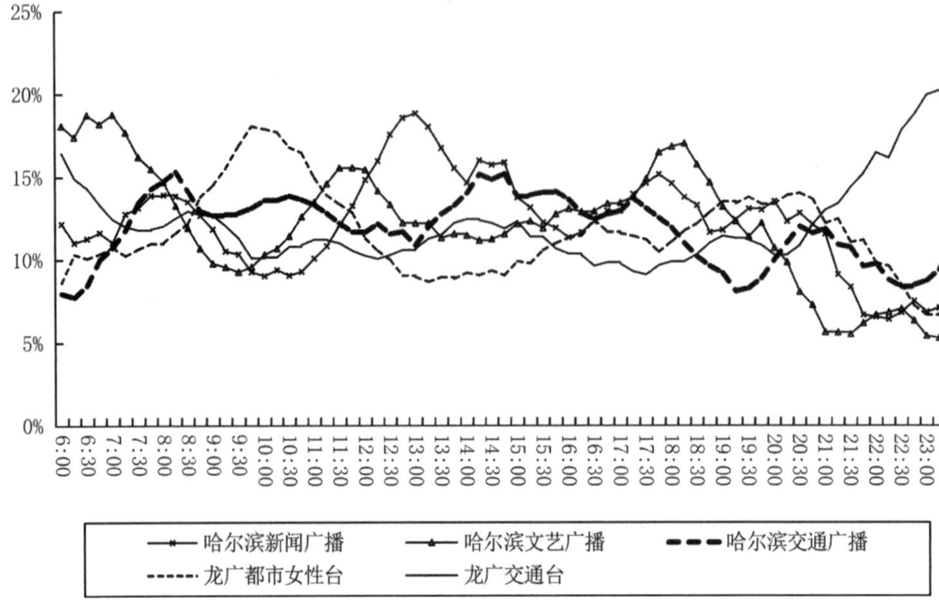

图1.14.3　哈尔滨地区主要电台的时段占有率-1

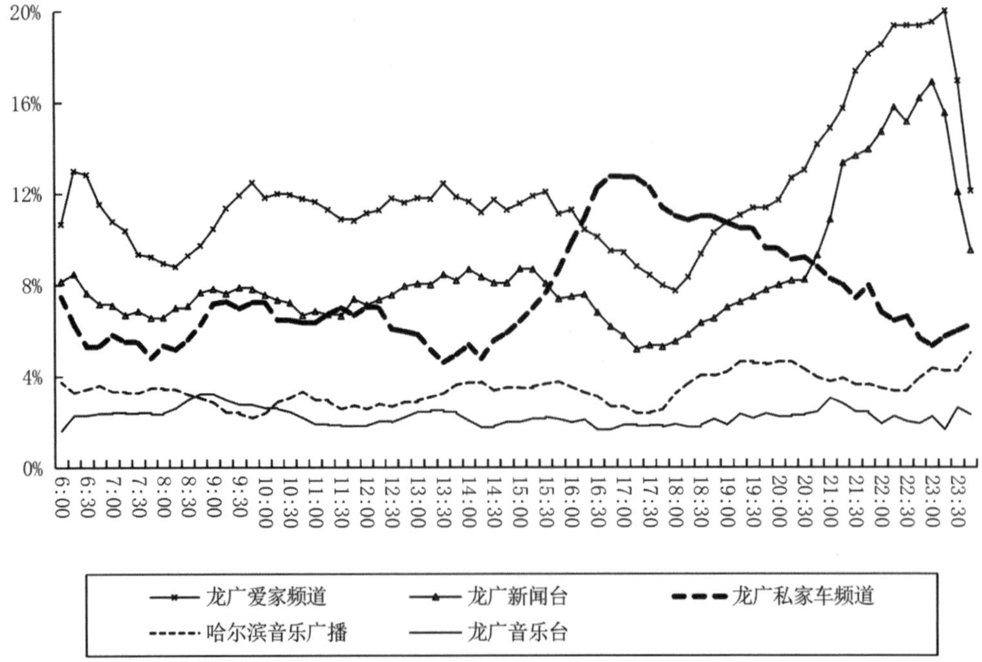

图1.14.4　哈尔滨地区主要电台的时段占有率-2

十五、长春地区收听率数据

表1.15.1　长春地区主要电台频率的平均收听率和市场份额

排名	电台名称	平均收听率（%）	市场份额（%）
1	长春交通之声	1.17	20.6
2	吉林交通广播	0.72	12.7
3	吉林新闻综合广播	0.66	11.7
4	中央广播电视总台中国之声	0.39	6.9
5	长春新闻广播	0.36	6.3
5	吉林音乐广播	0.36	6.2
7	吉林资讯广播	0.35	6.2
8	长春UFM88.0	0.27	4.8
9	长春乡村戏曲广播 多彩90	0.26	4.5
10	吉林健康娱乐广播	0.23	4.0

表1.15.2　长春地区主要电台频率的到达率和日到达率

排名	电台名称	到达率（%）	日到达率（%）
1	长春交通之声	29.1	14.6
2	吉林交通广播	25.3	10.8
3	吉林新闻综合广播	24.6	9.7
4	吉林音乐广播	20.3	6.8
4	长春新闻广播	20.3	5.7
6	中央广播电视总台中国之声	17.6	7.3
7	吉林资讯广播	17.3	6.9
8	长春城市生活广播	16.4	4.5
9	长春UFM88.0	15.9	5.2
9	吉林健康娱乐广播	15.9	5.4

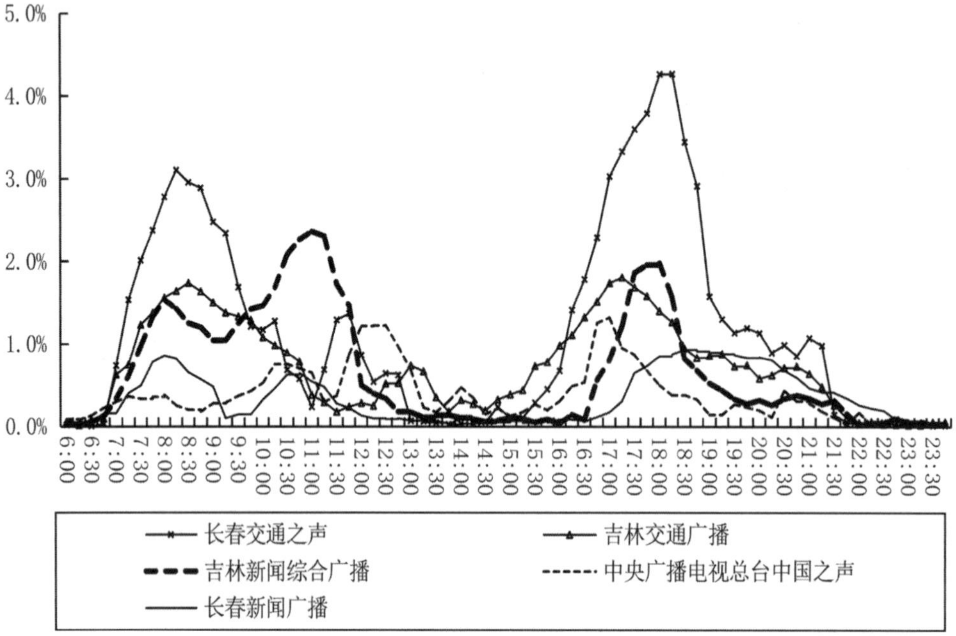

图1.15.1　长春地区主要电台的时段收听率-1

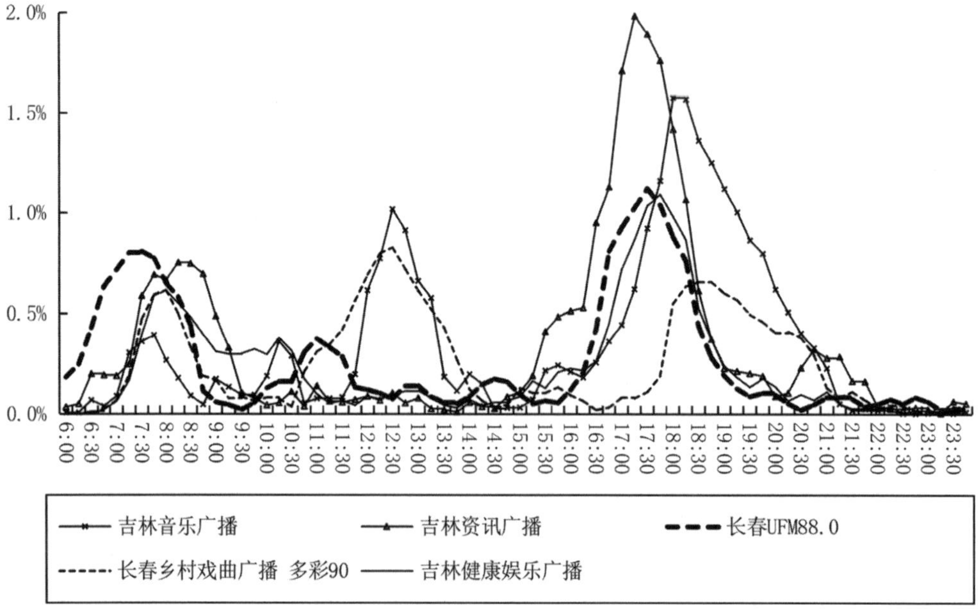

图1.15.2　长春地区主要电台的时段收听率-2

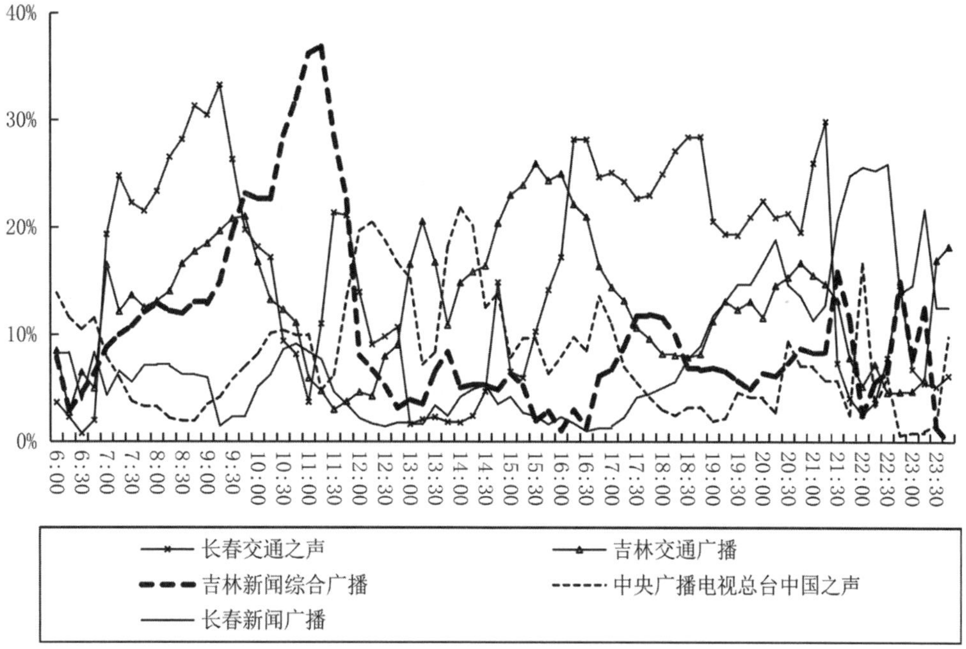

图1.15.3　长春地区主要电台的时段占有率-1

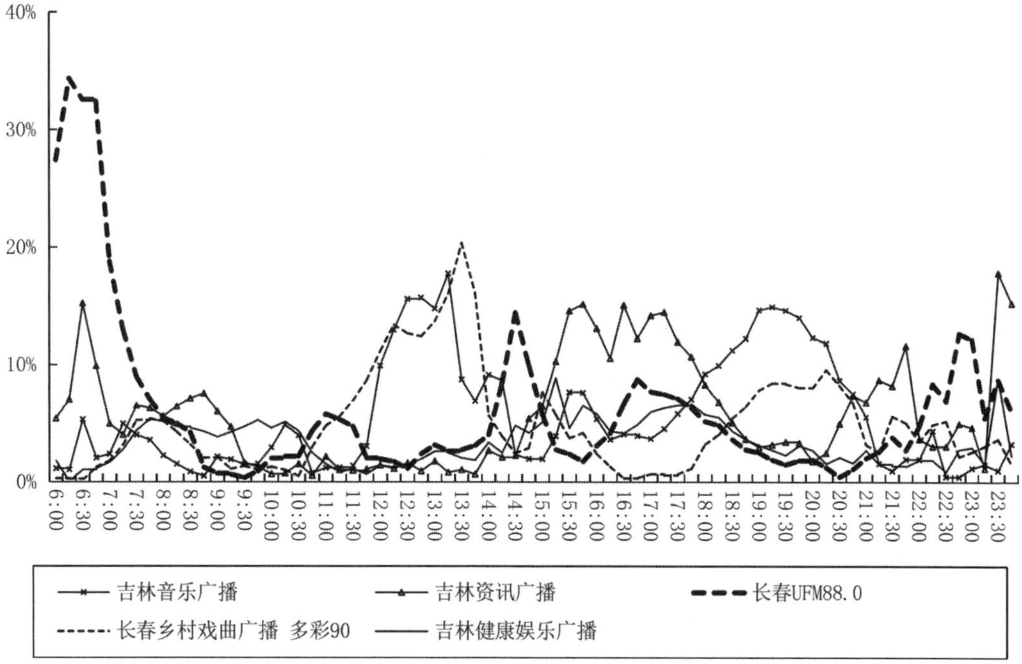

图1.15.4　长春地区主要电台的时段占有率-2

十六、石家庄地区收听率数据

表1.16.1　石家庄地区主要电台频率的平均收听率和市场份额

排名	电台名称	平均收听率（%）	市场份额（%）
1	石家庄交通广播	0.63	13.8
2	石家庄新闻广播	0.61	13.3
3	石家庄音乐广播	0.60	13.1
4	河北交通广播	0.57	12.6
5	河北新闻广播	0.39	8.5
6	中央广播电视总台交通广播	0.28	6.1
6	河北音乐广播	0.28	6.0
8	中央广播电视总台中国之声	0.15	3.3
8	河北私家车广播	0.15	3.2
10	河北故事广播	0.13	2.8

表1.16.2　石家庄地区主要电台频率的到达率和日到达率

排名	电台名称	到达率（%）	日到达率（%）
1	石家庄交通广播	33.0	9.6
2	石家庄新闻广播	27.5	9.1
3	河北交通广播	26.2	8.4
4	石家庄音乐广播	23.4	9.2
5	河北新闻广播	19.5	7.5
6	河北音乐广播	18.2	6.1
7	中央广播电视总台中国之声	13.2	3.5
8	河北故事广播	13.1	3.5
9	河北私家车广播	12.5	3.1
10	石家庄经济广播	11.9	2.8

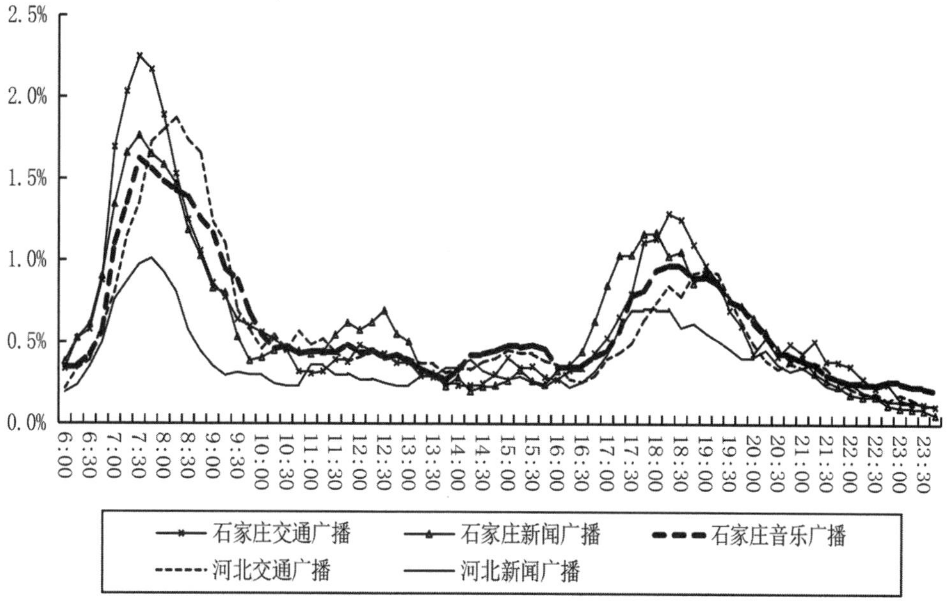

图1.16.1　石家庄地区主要电台的时段收听率-1

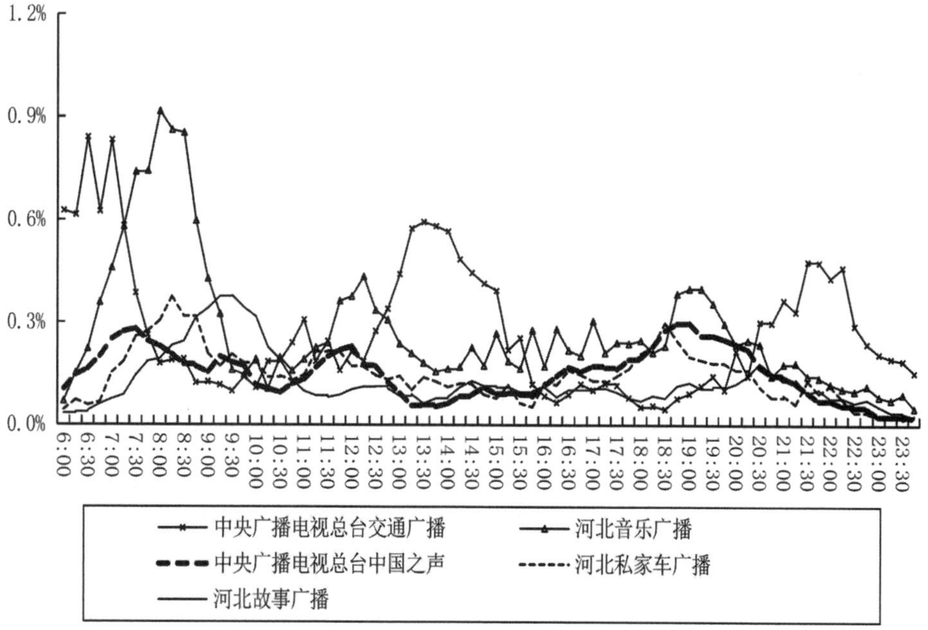

图1.16.2　石家庄地区主要电台的时段收听率-2

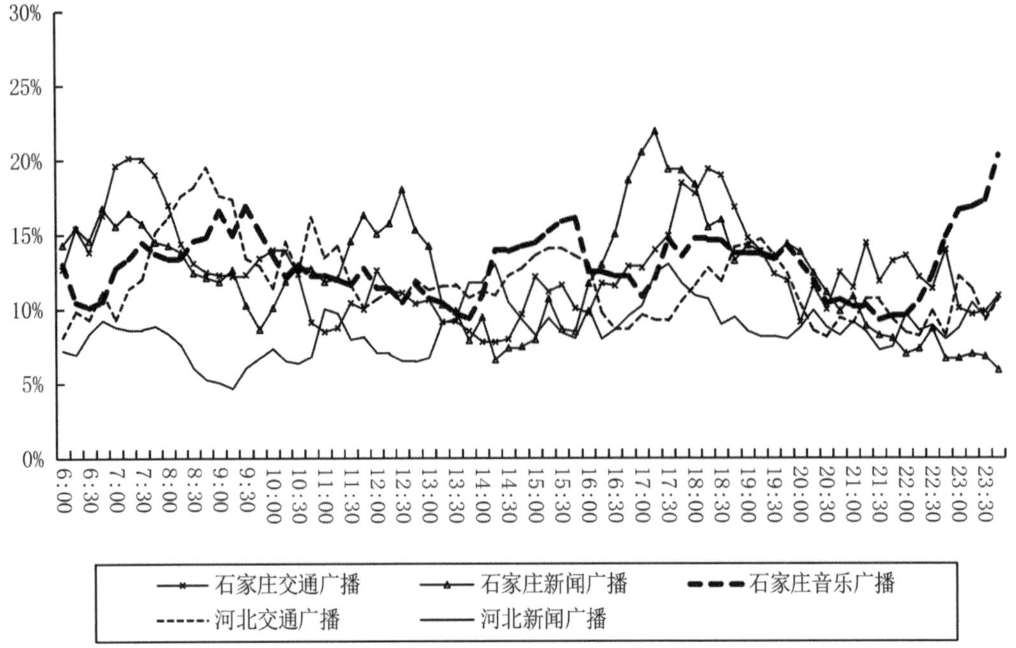

图1.16.3　石家庄地区主要电台的时段占有率-1

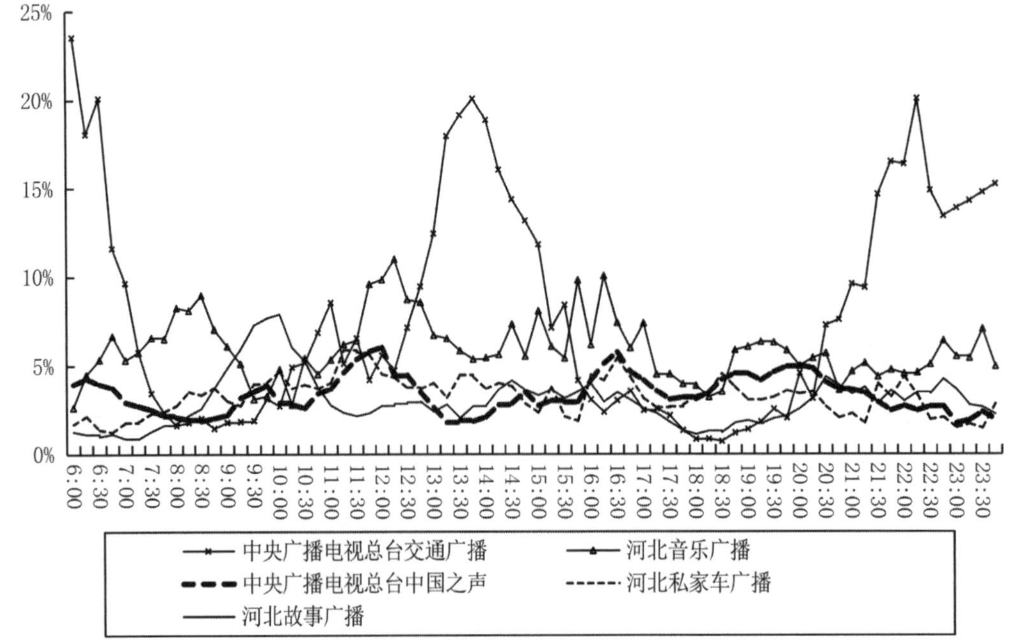

图1.16.4　石家庄地区主要电台的时段占有率-2

十七、太原地区收听率数据

表1.17.1 太原地区主要电台频率的平均收听率和市场份额

排名	电台名称	平均收听率（%）	市场份额（%）
1	太原交通广播	0.86	16.4
2	太原经济广播	0.85	16.2
2	太原音乐广播	0.85	16.1
4	山西交通广播	0.34	6.4
5	山西经济广播	0.32	6.1
5	太原综合广播	0.32	6.0
5	山西音乐广播	0.32	6.0
8	山西综合广播AM819	0.22	4.2
9	太原老年之声	0.19	3.5
10	山西文艺广播	0.18	3.3

表1.17.2 太原地区主要电台频率的到达率和日到达率

排名	电台名称	到达率（%）	日到达率（%）
1	太原交通广播	35.1	7.4
2	太原音乐广播	22.4	8.6
3	太原经济广播	19.3	6.6
4	中央广播电视总台中国之声	17.6	2.3
5	太原综合广播	17.4	3.4
6	山西交通广播	15.5	4.4
7	山西综合广播	11.2	0.9
8	山西文艺广播	10.9	2.9
9	山西综合广播AM819	9.6	1.5
10	山西健康之声广播	8.8	2.2

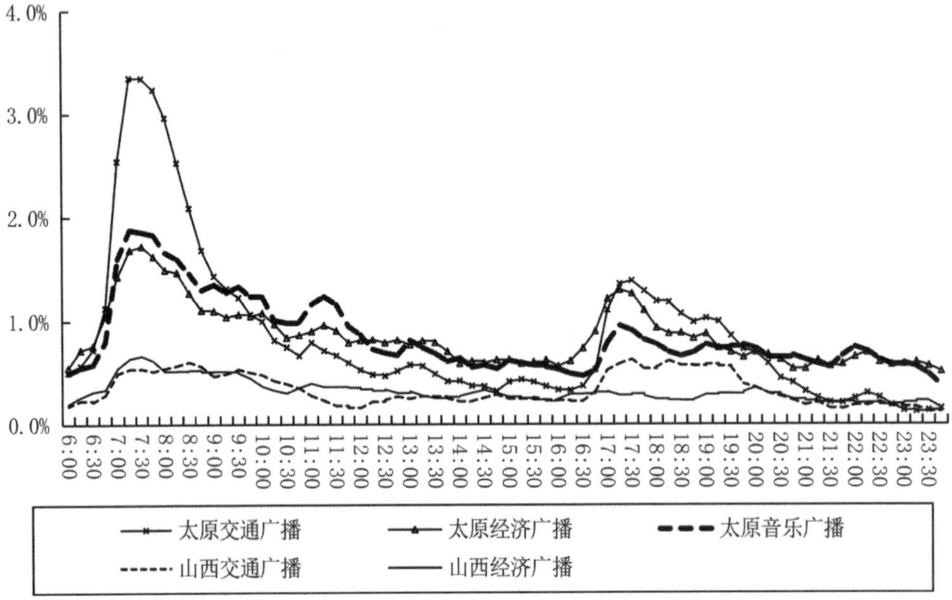

图1.17.1 太原地区主要电台的时段收听率-1

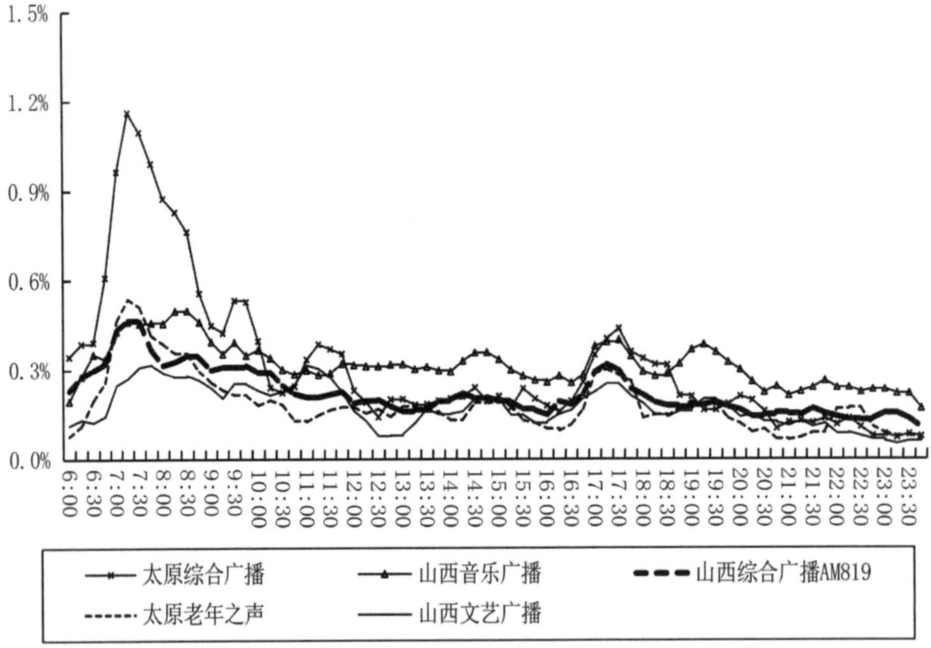

图1.17.2 太原地区主要电台的时段收听率-2

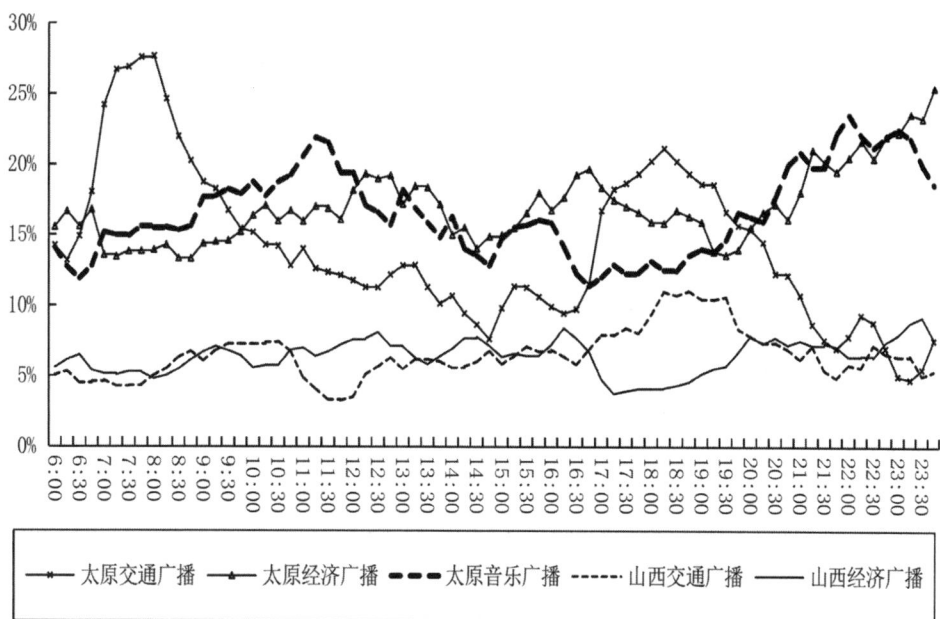

图1.17.3　太原地区主要电台的时段占有率-1

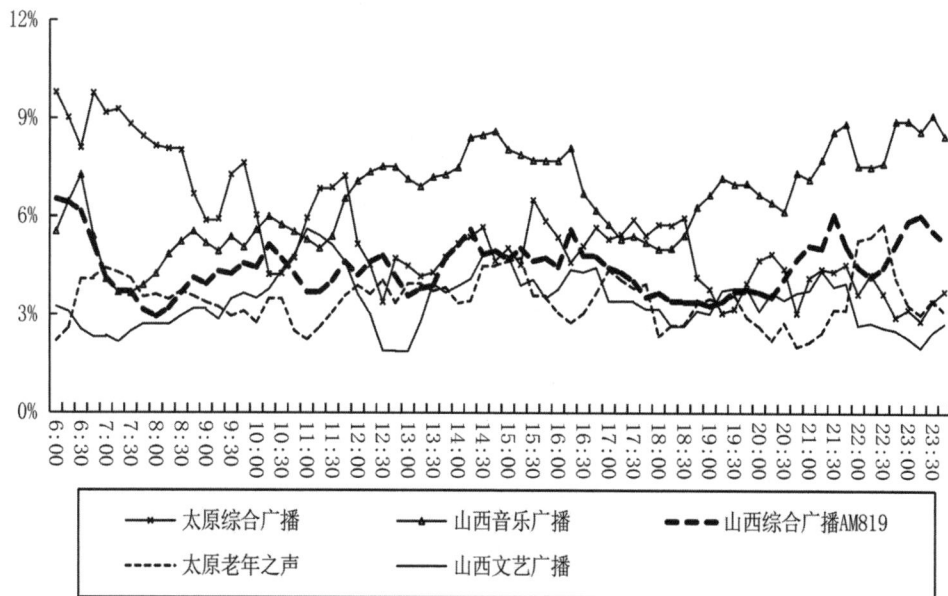

图1.17.4　太原地区主要电台的时段占有率-2

十八、银川地区收听率数据

表1.18.1　银川地区主要电台频率的平均收听率和市场份额

排名	电台名称	平均收听率（%）	市场份额（%）
1	宁夏交通广播	0.64	16.6
2	宁夏新闻广播	0.47	12.2
3	银川交通音乐广播	0.45	11.8
3	宁夏经济广播	0.45	11.8
5	银川都市经济广播 （女主播电台）	0.44	11.5
6	银川新闻综合广播	0.32	8.3
7	宁夏音乐广播	0.30	8.0
7	银川新闻综合广播AM801	0.30	7.8
9	宁夏旅游广播	0.25	6.4
10	中央广播电视总台中国之声	0.05	1.4

表1.18.2　银川地区主要电台频率的到达率和日到达率

排名	电台名称	到达率（%）	日到达率（%）
1	宁夏交通广播	39.2	10.4
2	银川交通音乐广播	35.2	8.5
3	宁夏新闻广播	32.7	7.2
4	宁夏经济广播	32.4	7.3
5	宁夏旅游广播	27.4	4.0
6	银川都市经济广播 （女主播电台）	26.2	7.1
7	银川新闻综合广播AM801	21.3	5.7
8	中央广播电视总台音乐之声	18.7	1.6
9	银川新闻综合广播	18.0	4.0
10	中央广播电视总台中国之声	17.2	1.5

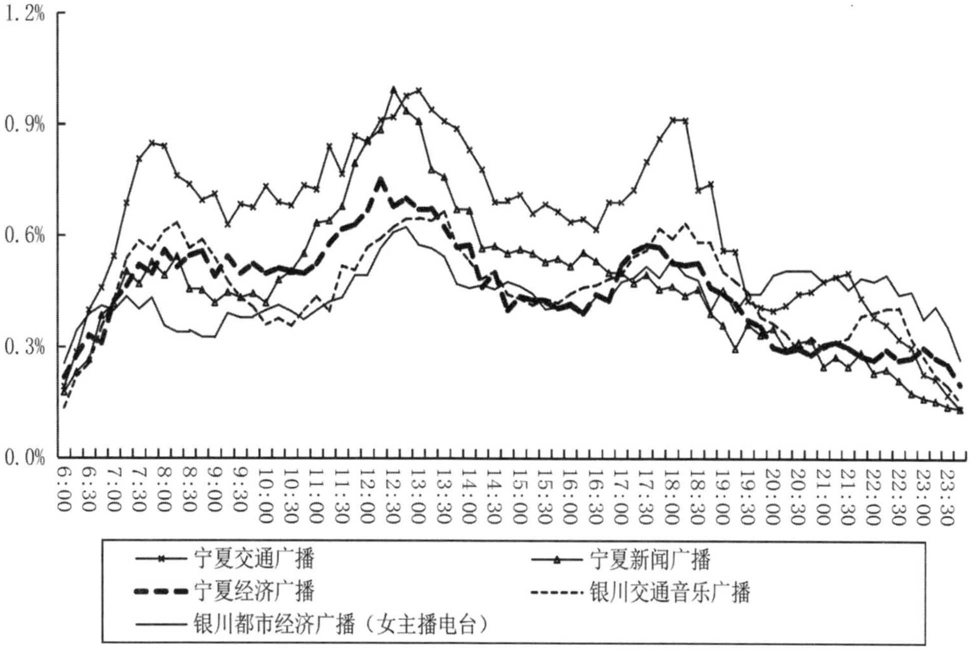

图1.18.1　银川地区主要电台的时段收听率-1

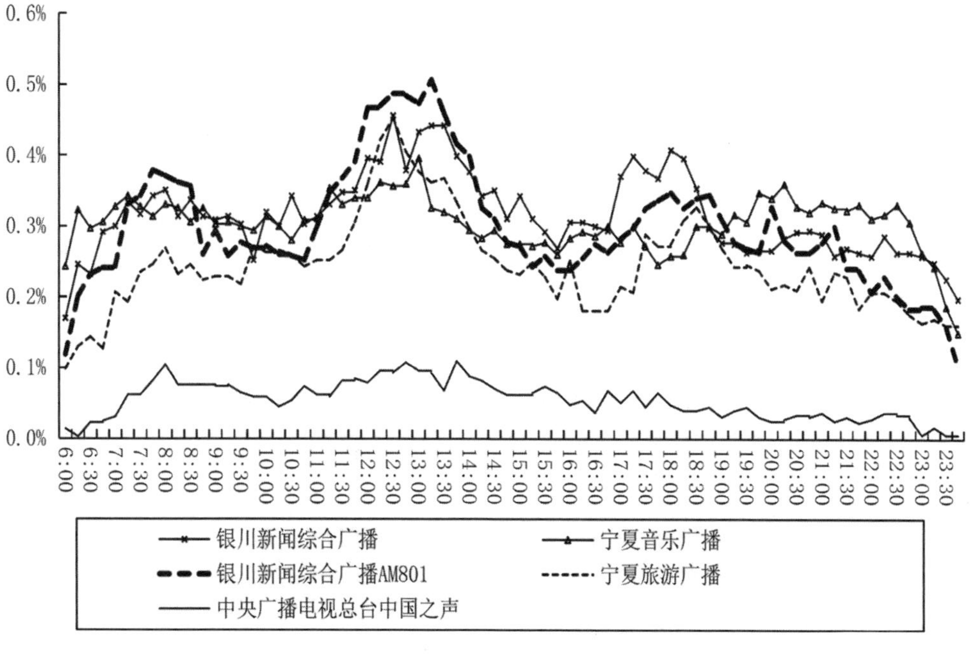

图1.18.2　银川地区主要电台的时段收听率-2

图1.18.3　银川地区主要电台的时段占有率-1

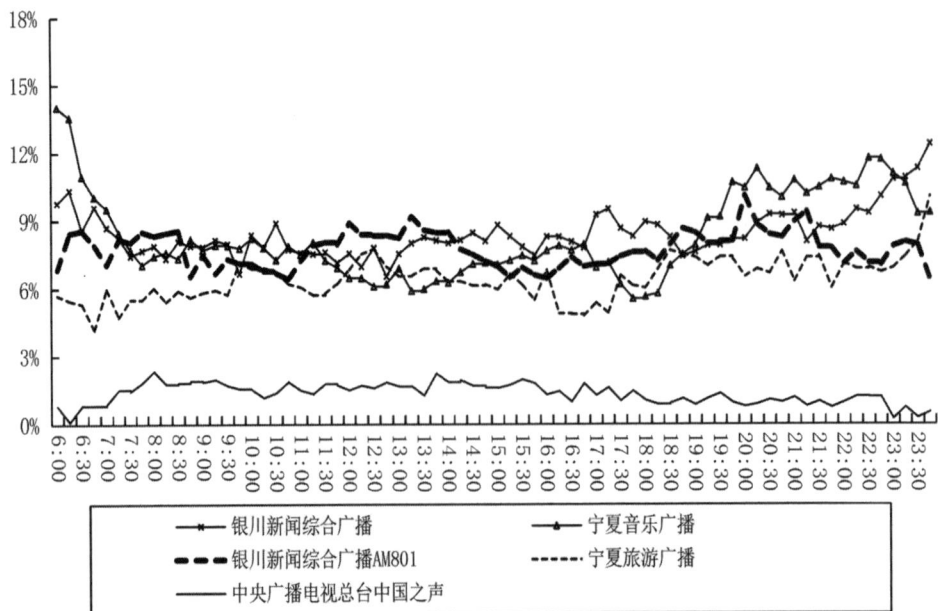

图1.18.4　银川地区主要电台的时段占有率-2

十九、济南地区收听率数据

表1.19.1 济南地区主要电台频率的平均收听率和市场份额

排名	电台名称	平均收听率（%）	市场份额（%）
1	济南音乐广播Music88.7	0.89	13.2
2	山东广播电视台交通广播	0.81	12.0
3	济南交通广播	0.72	10.7
4	济南新闻广播	0.63	9.3
5	山东广播电视台综合广播	0.58	8.7
5	山东广播电视台音乐广播	0.58	8.7
7	山东广播电视台体育休闲广播	0.34	5.1
8	山东广播电视台经济广播	0.33	4.9
9	山东广播电视台文艺广播	0.30	4.5
9	中央广播电视总台交通广播	0.30	4.5

表1.19.2 济南地区主要电台频率的到达率和日到达率

排名	电台名称	到达率（%）	日到达率（%）
1	山东广播电视台交通广播	18.1	10.7
2	山东广播电视台综合广播	16.0	6.5
3	济南音乐广播Music88.7	15.4	9.6
3	济南新闻广播	15.4	8.8
5	济南交通广播	14.2	9.1
6	山东广播电视台音乐广播	10.5	6.2
7	山东广播电视台文艺广播	9.9	5.0
8	济南经济广播	9.0	5.0
9	中央广播电视总台交通广播	6.3	1.7
10	山东广播电视台经济广播	6.1	3.0

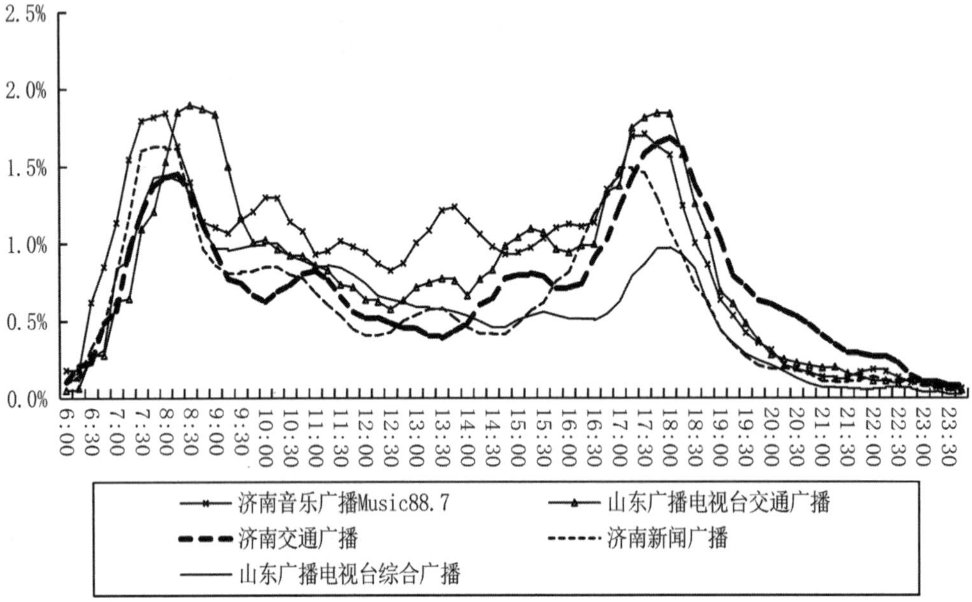

图1.19.1　济南地区主要电台的时段收听率-1

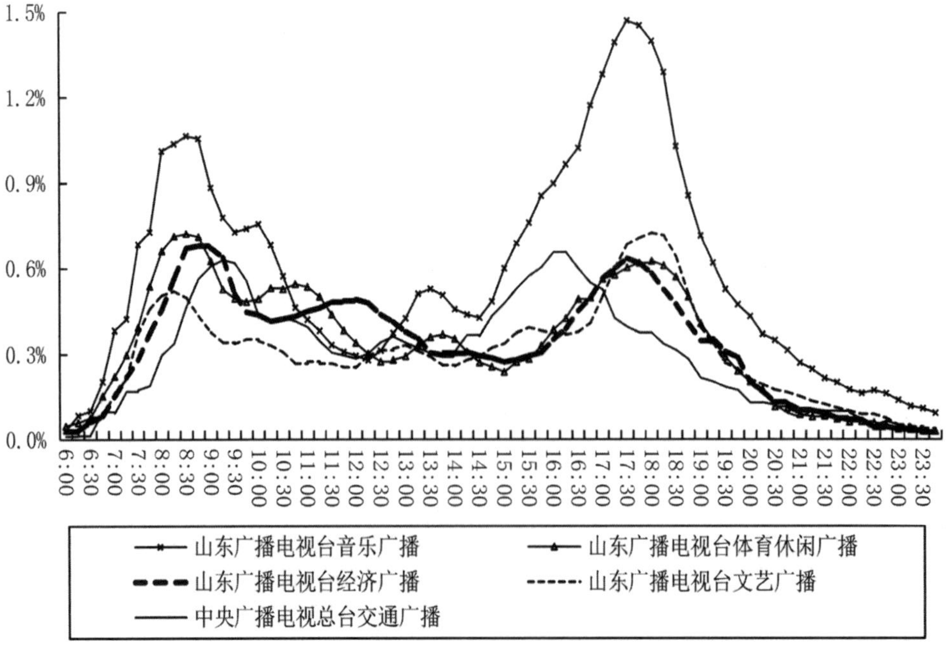

图1.19.2　济南地区主要电台的时段收听率-2

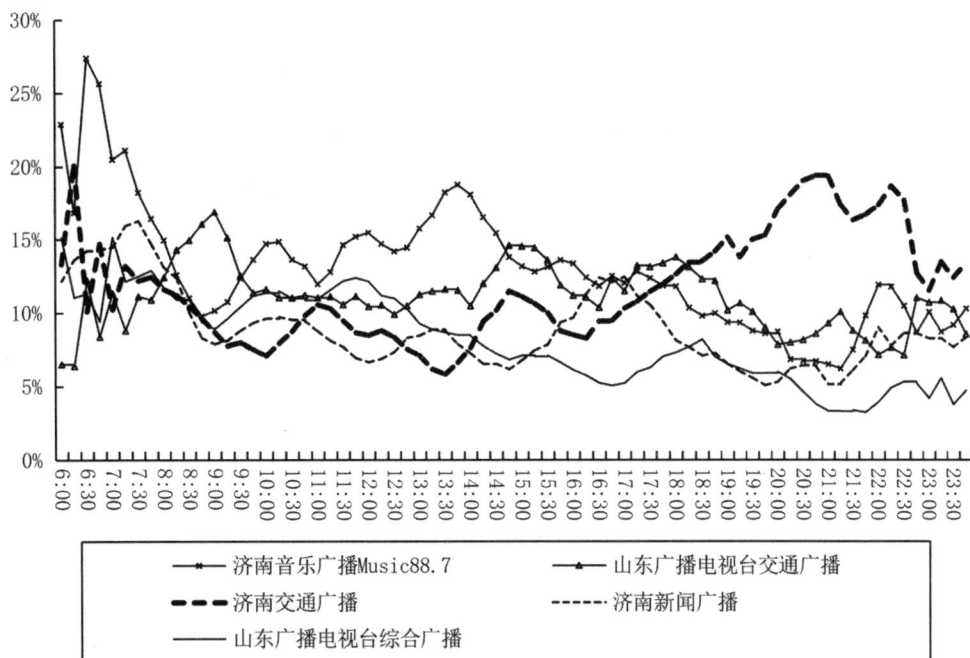

图1.19.3　济南地区主要电台的时段占有率-1

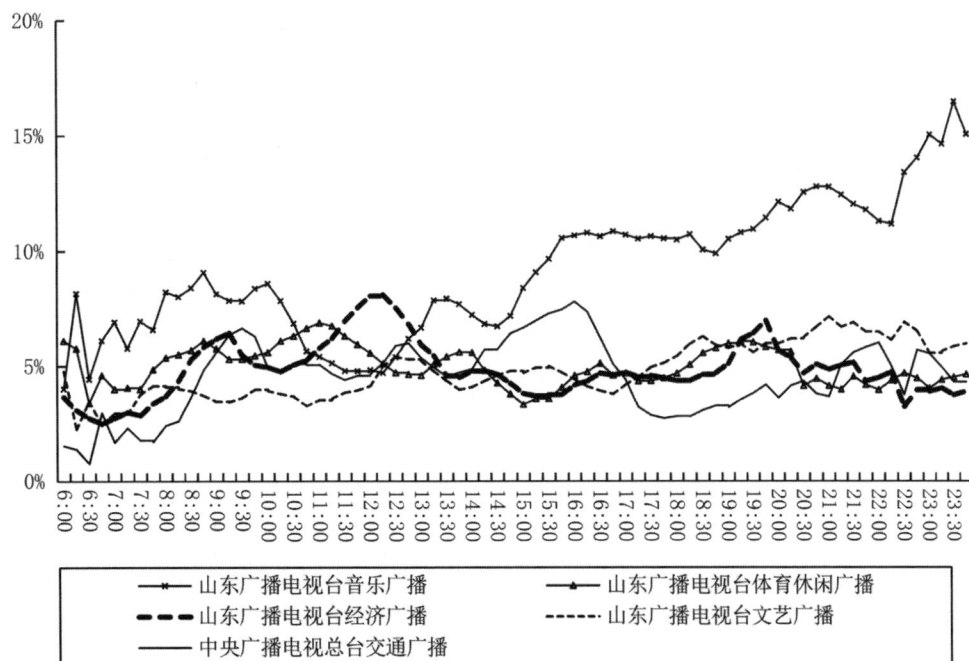

图1.19.4　济南地区主要电台的时段占有率-2

二十、郑州地区收听率数据

表1.20.1　郑州地区主要电台频率的平均收听率和市场份额

排名	电台名称	平均收听率（%）	市场份额（%）
1	郑州交通广播	0.72	11.7
2	河南交通广播	0.71	11.6
3	郑州音乐广播	0.69	11.3
4	郑州新闻综合广播	0.68	11.2
5	河南音乐广播	0.66	10.8
6	河南戏曲广播娱乐976	0.42	6.9
7	河南私家车广播	0.35	5.8
8	河南影视广播	0.29	4.8
9	河南新闻广播	0.21	3.4
10	河南经济广播	0.19	3.1

表1.20.2　郑州地区主要电台频率的到达率和日到达率

排名	电台名称	到达率（%）	日到达率（%）
1	郑州交通广播	22.7	9.8
2	河南交通广播	22.4	8.6
3	郑州音乐广播	21.7	9.6
4	河南音乐广播	21.5	9.0
5	郑州新闻综合广播	20.9	9.6
6	河南私家车广播	16.4	7.5
7	河南影视广播	15.6	8.0
8	河南戏曲广播娱乐976	15.4	6.5
9	河南新闻广播	14.3	3.8
10	郑州经济生活广播	9.7	3.1

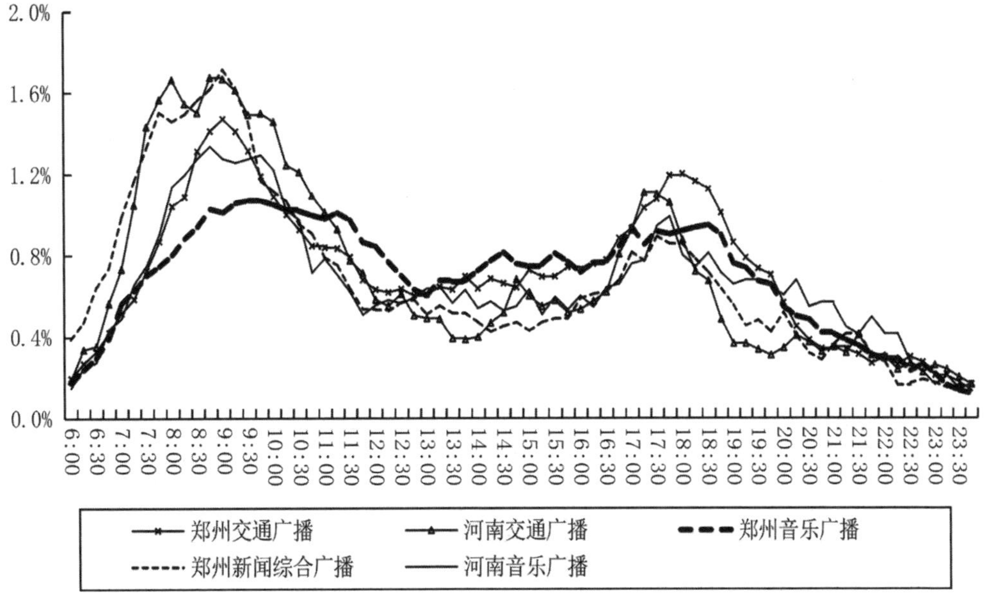

图1.20.1 郑州地区主要电台的时段收听率-1

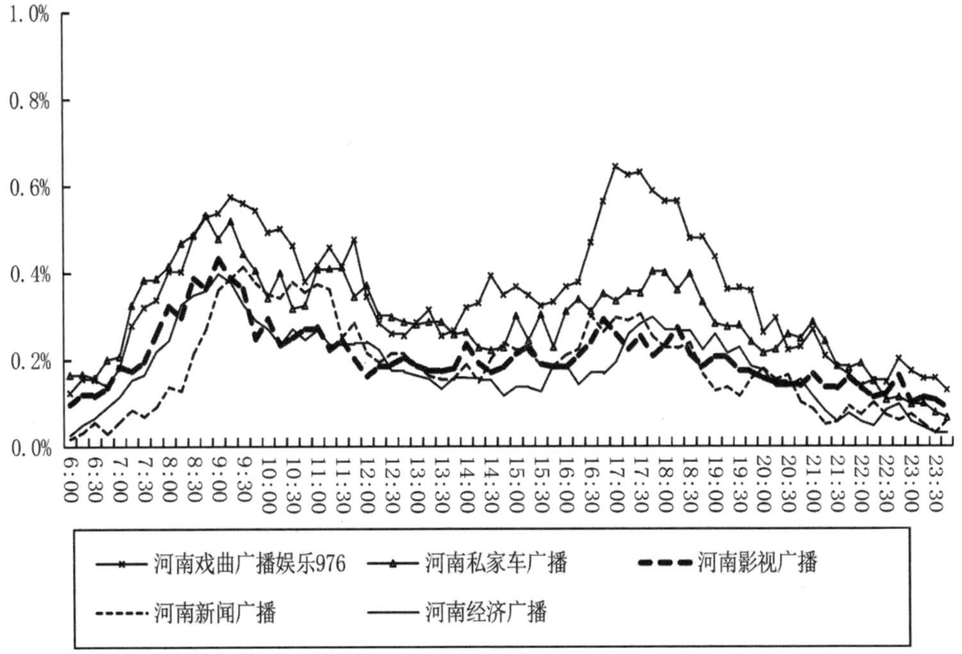

图1.20.2 郑州地区主要电台的时段收听率-2

图1.20.3 郑州地区主要电台的时段占有率-1

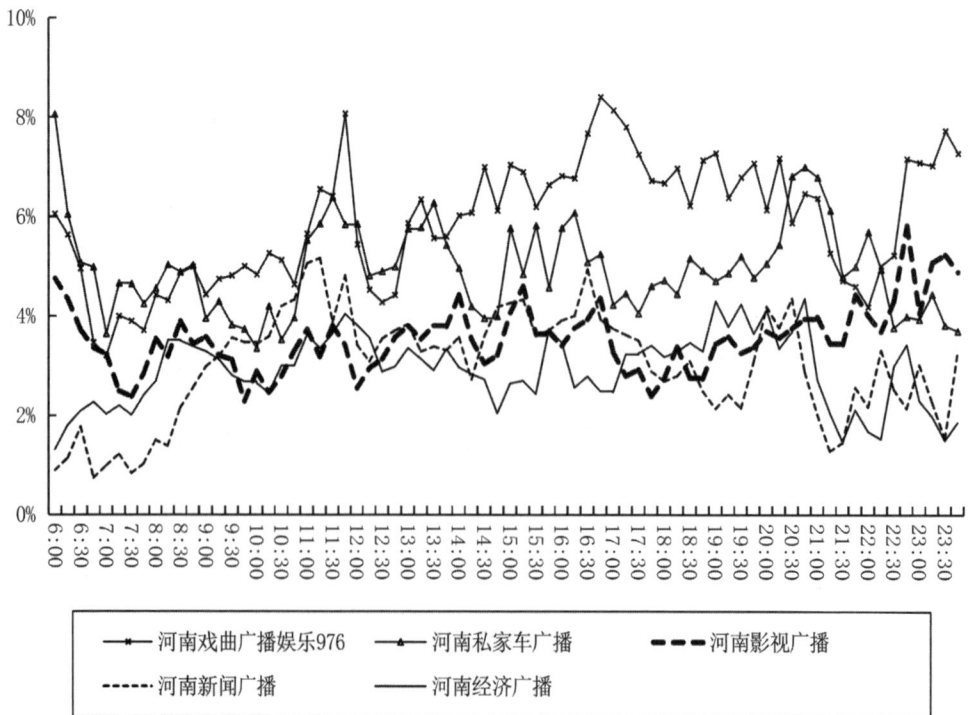

图1.20.4 郑州地区主要电台的时段占有率-2

二十一、南京地区收听率数据

表1.21.1　南京地区主要电台频率的平均收听率和市场份额

排名	电台名称	平均收听率（%）	市场份额（%）
1	江苏交通广播网	0.72	11.4
2	南京交通广播	0.66	10.5
3	江苏新闻广播	0.65	10.4
4	江苏音乐广播	0.64	10.2
5	江苏经典流行音乐广播	0.62	9.8
6	南京新闻广播	0.58	9.2
7	南京音乐广播	0.57	9.1
8	中央广播电视总台交通广播	0.46	7.3
9	江苏金陵之声	0.15	2.4
9	江苏文艺广播	0.15	2.4

表1.21.2　南京地区主要电台频率的到达率和日到达率

排名	电台名称	到达率（%）	日到达率（%）
1	江苏经典流行音乐广播	17.8	6.5
2	江苏交通广播网	17.6	4.5
2	南京交通广播	17.6	4.4
4	江苏音乐广播	16.6	6.2
5	南京新闻广播	15.9	3.9
6	江苏新闻广播	15.3	3.7
7	南京音乐广播	14.6	5.2
8	中央广播电视总台交通广播	13.8	3.9
9	南京城市管理广播	5.0	1.7
10	中央广播电视总台中国之声	4.5	1.7

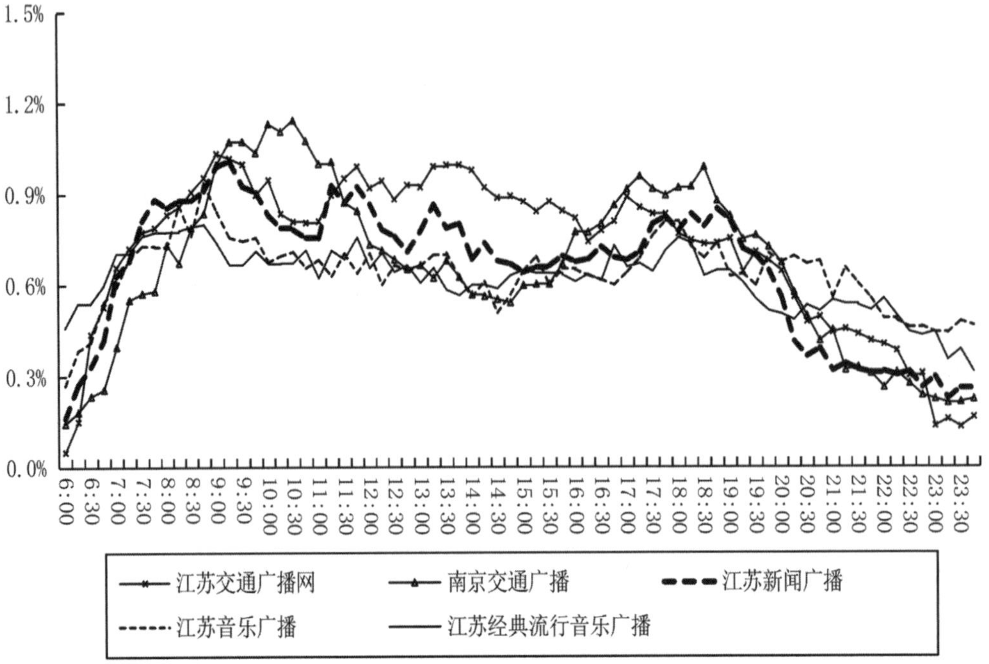

图1.21.1　南京地区主要电台的时段收听率-1

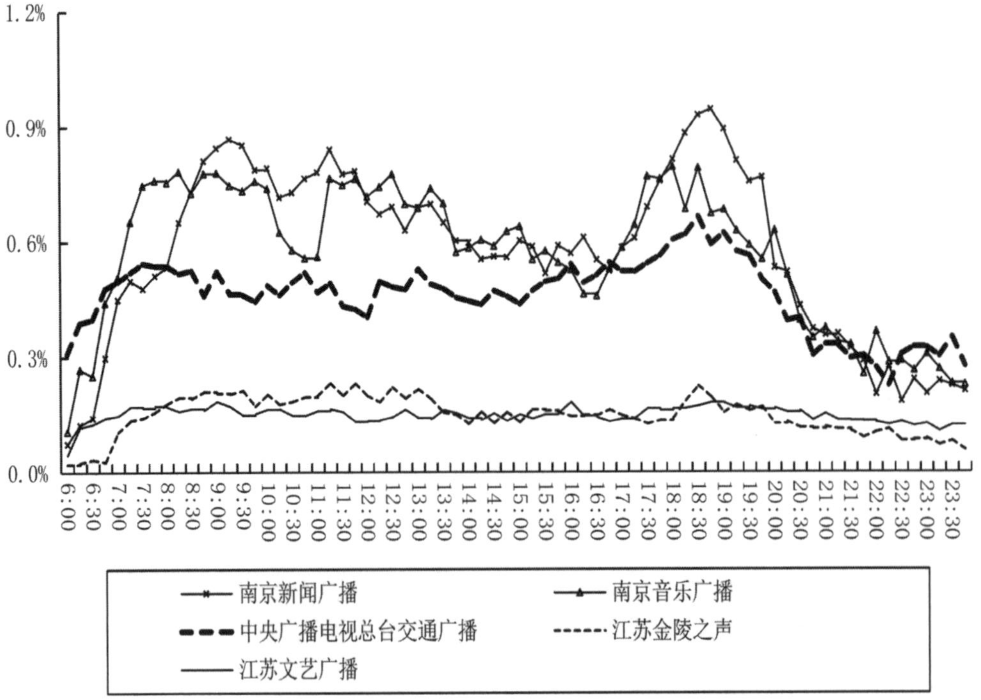

图1.21.2　南京地区主要电台的时段收听率-2

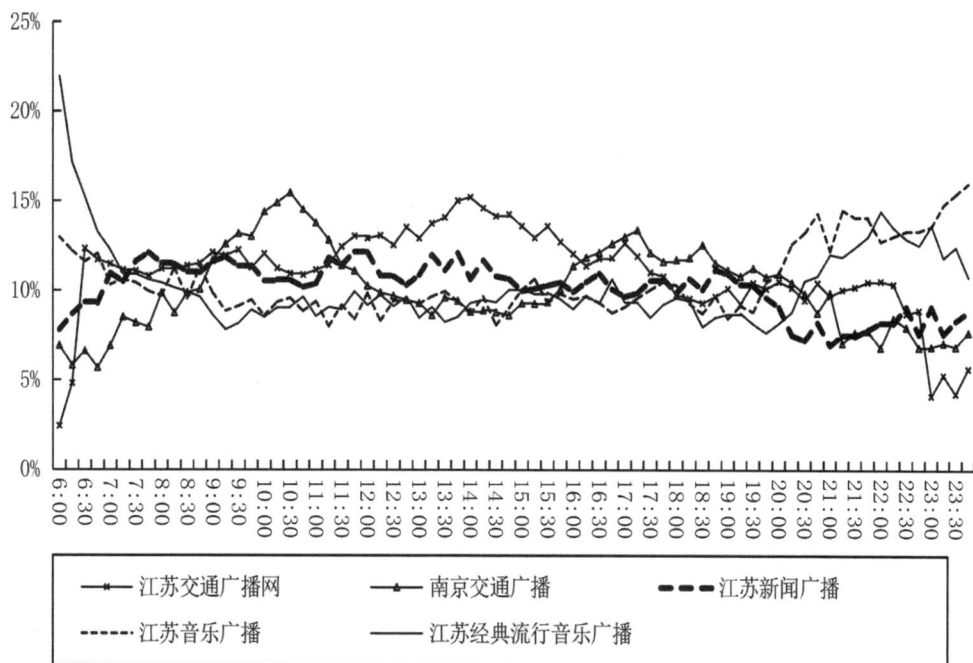

图1.21.3 南京地区主要电台的时段占有率-1

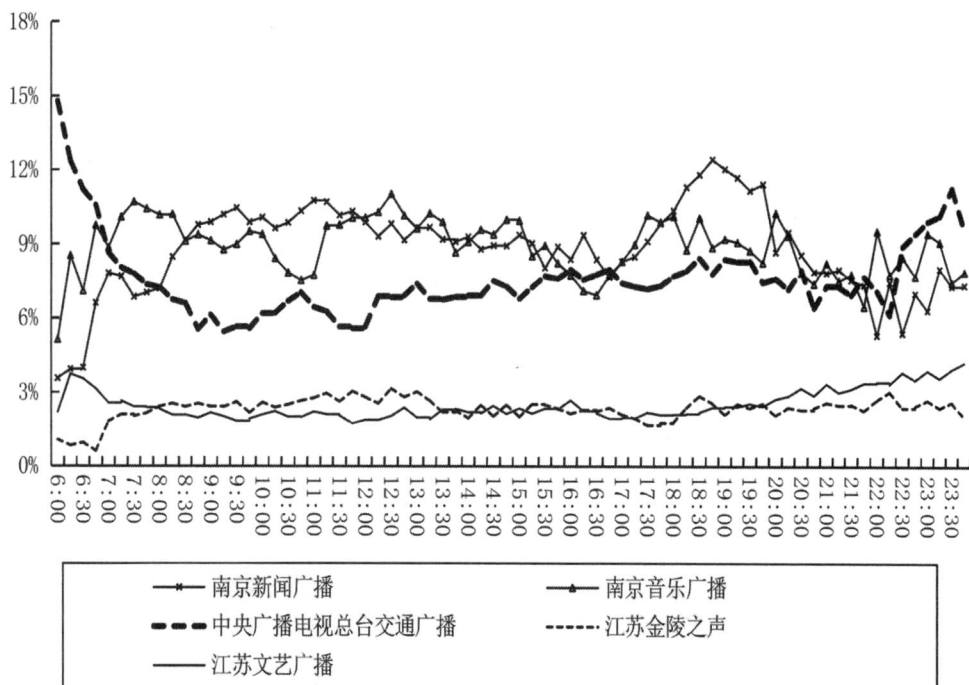

图1.21.4 南京地区主要电台的时段占有率-2

二十二、合肥地区收听率数据

表1.22.1　合肥地区主要电台频率的平均收听率和市场份额

排名	电台名称	平均收听率（%）	市场份额（%）
1	安徽交通广播	0.71	11.7
2	安徽音乐广播	0.65	10.6
3	合肥交通广播	0.60	9.9
4	合肥故事广播	0.55	9.1
5	安徽新闻综合广播	0.49	8.0
6	合肥新闻综合广播	0.48	7.8
7	中央广播电视总台交通广播	0.41	6.7
8	中央广播电视总台中国之声	0.40	6.6
9	合肥文艺广播	0.33	5.3
10	安徽经济广播	0.26	4.2

表1.22.2　合肥地区主要电台频率的到达率和日到达率

排名	电台名称	到达率（%）	日到达率（%）
1	安徽交通广播	23.4	7.4
2	安徽音乐广播	21.1	6.5
3	安徽新闻综合广播	18.3	4.3
4	中央广播电视总台交通广播	17.9	4.2
5	合肥故事广播	17.6	3.8
6	合肥交通广播	16.5	2.3
7	合肥新闻综合广播	12.5	3.1
8	安徽戏曲广播	6.6	3.0
9	合肥文艺广播	6.3	2.1
9	中央广播电视总台音乐之声	6.3	2.1

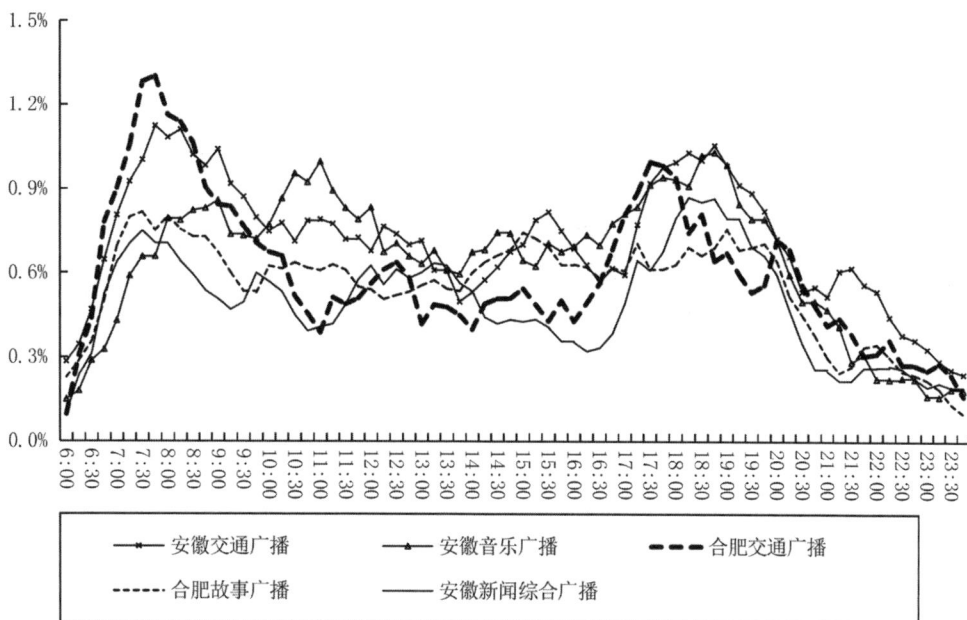

图1.22.1　合肥地区主要电台的时段收听率-1

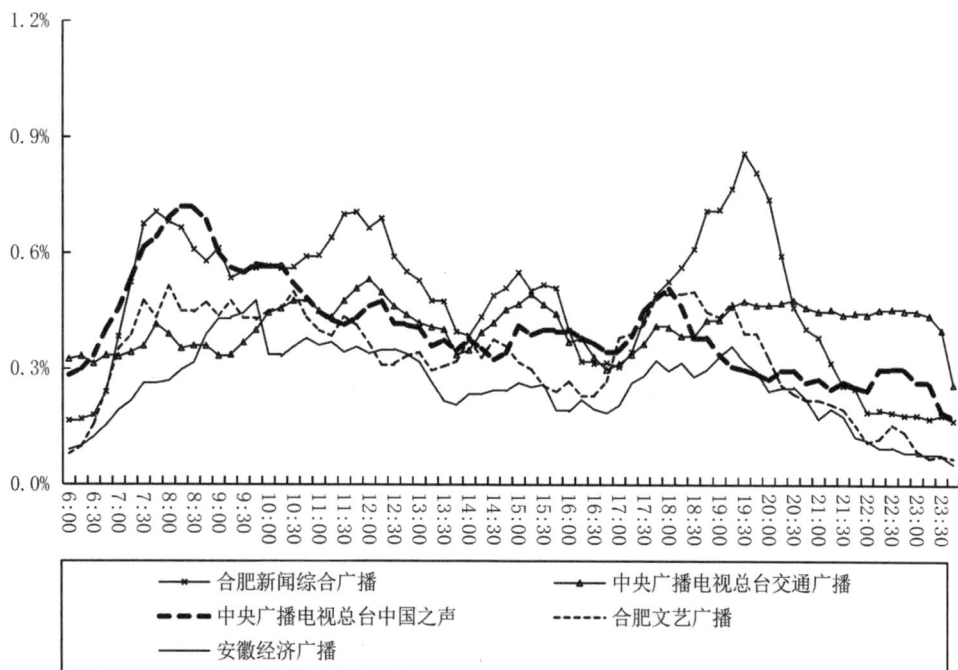

图1.22.2　合肥地区主要电台的时段收听率-2

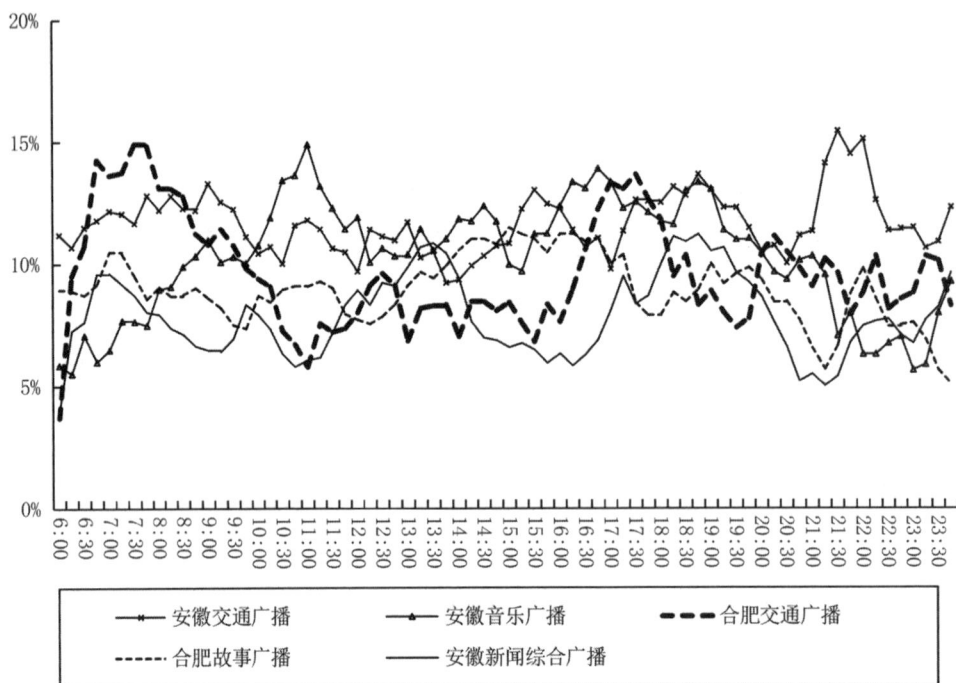

图1.22.3　合肥地区主要电台的时段占有率-1

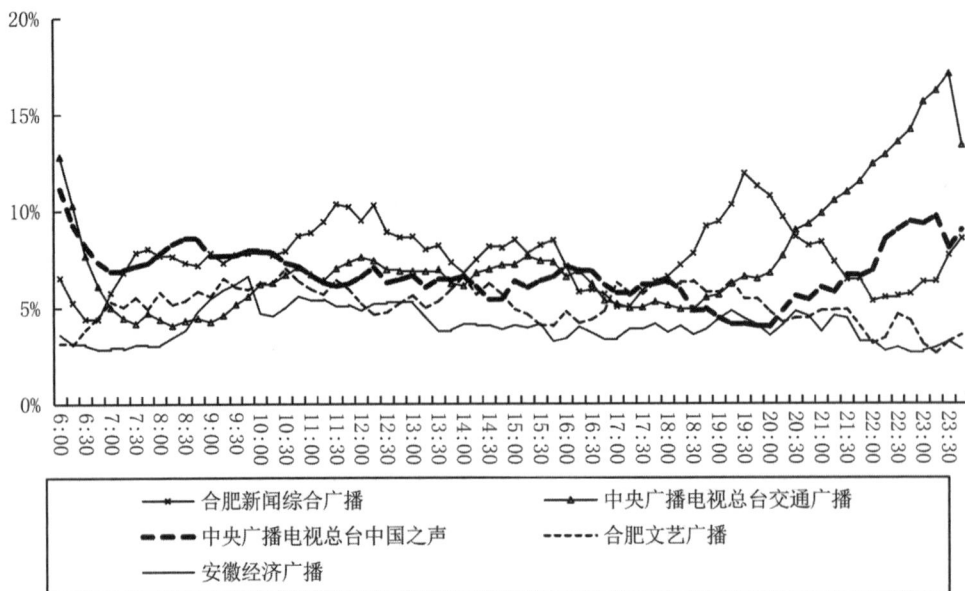

图1.22.4　合肥地区主要电台的时段占有率-2

二十三、南昌地区收听率数据

表1.23.1 南昌地区主要电台频率的平均收听率和市场份额

排名	电台名称	平均收听率（%）	市场份额（%）
1	南昌交通音乐频率	1.07	18.3
2	江西信息交通广播	0.92	15.9
3	南昌综合频率	0.77	13.2
4	江西文艺音乐频率	0.60	10.4
5	南昌经济生活广播	0.37	6.4
6	江西新闻广播	0.35	6.0
7	中央广播电视总台中国之声	0.32	5.6
8	江西都市广播	0.28	4.8
9	中央广播电视总台交通广播	0.21	3.5
10	江西民生广播	0.20	3.4

表1.23.2 南昌地区主要电台频率的到达率和日到达率

排名	电台名称	到达率（%）	日到达率（%）
1	南昌交通音乐频率	23.6	11.0
2	江西信息交通广播	19.5	10.8
3	南昌综合频率	18.7	9.0
4	江西文艺音乐频率	18.1	9.8
5	南昌经济生活广播	13.1	7.2
6	江西都市广播	12.1	7.3
7	江西新闻广播	11.2	7.1
8	江西民生广播	10.0	6.3
9	中央广播电视总台中国之声	9.7	8.0
10	江西电台故事广播	8.3	3.6

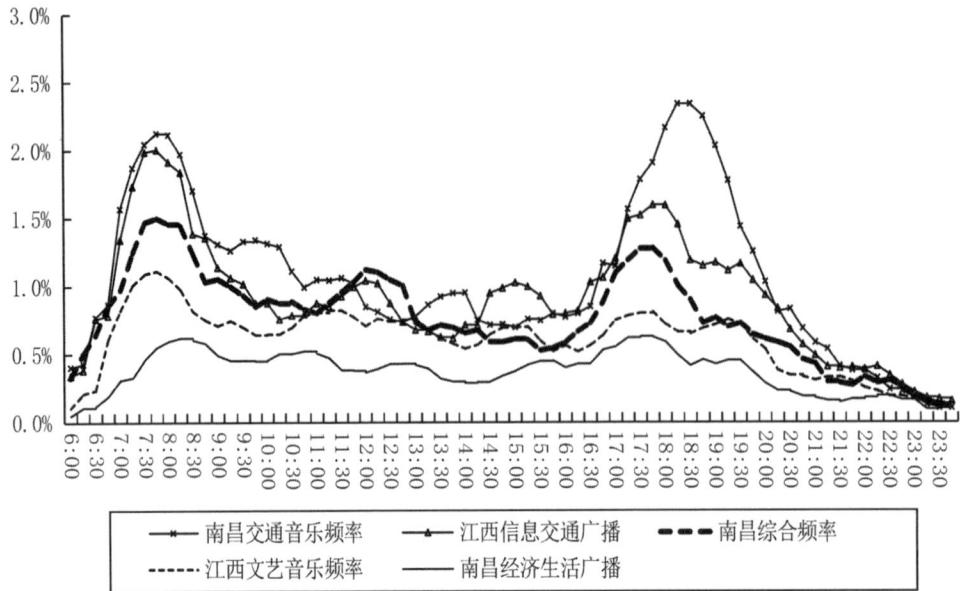

图1.23.1 南昌地区主要电台的时段收听率−1

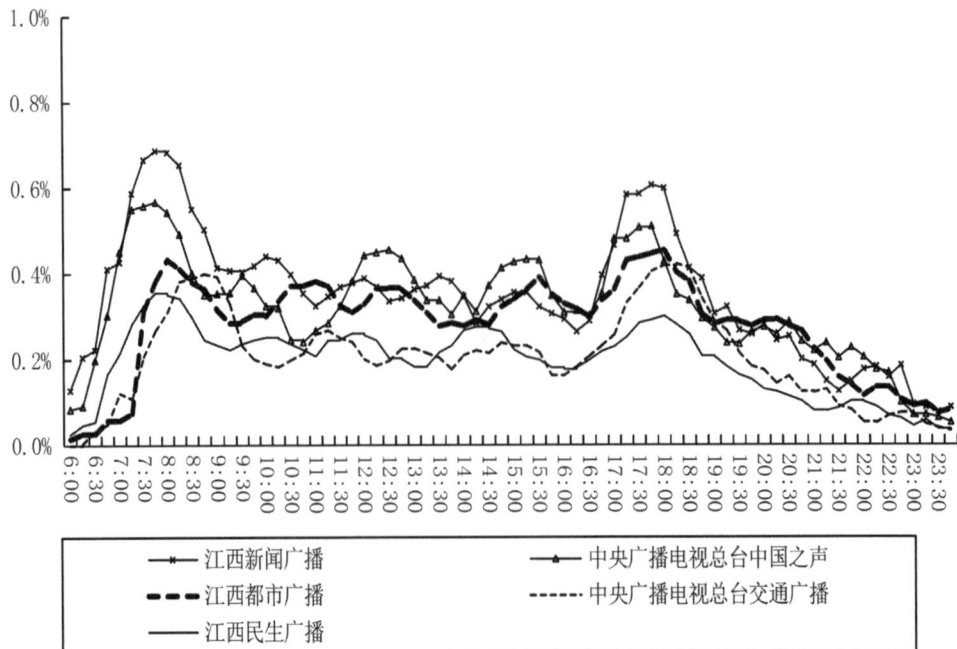

图1.23.2 南昌地区主要电台的时段收听率−2

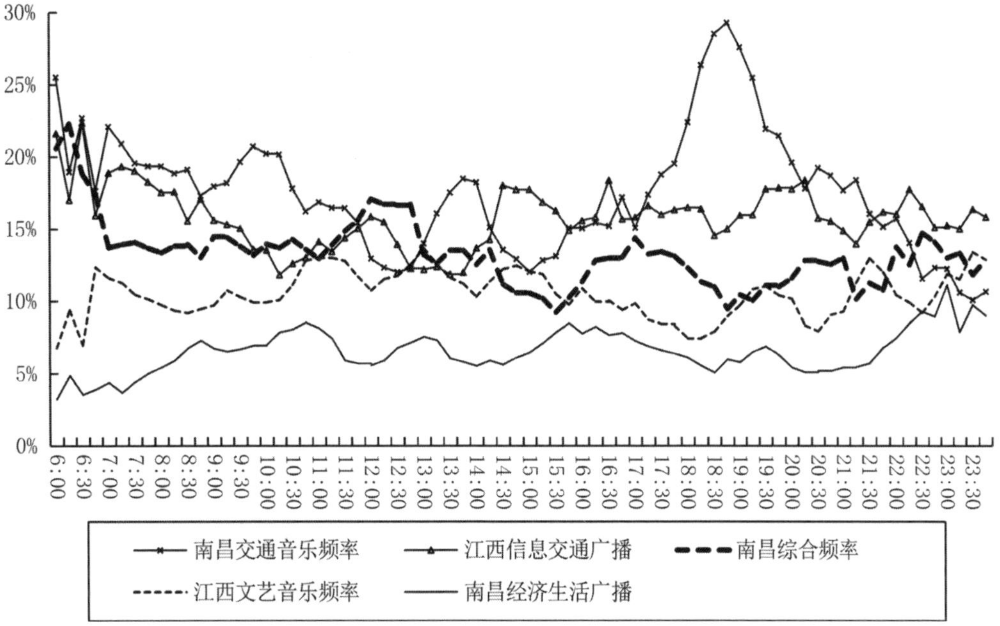

图1.23.3　南昌地区主要电台的时段占有率-1

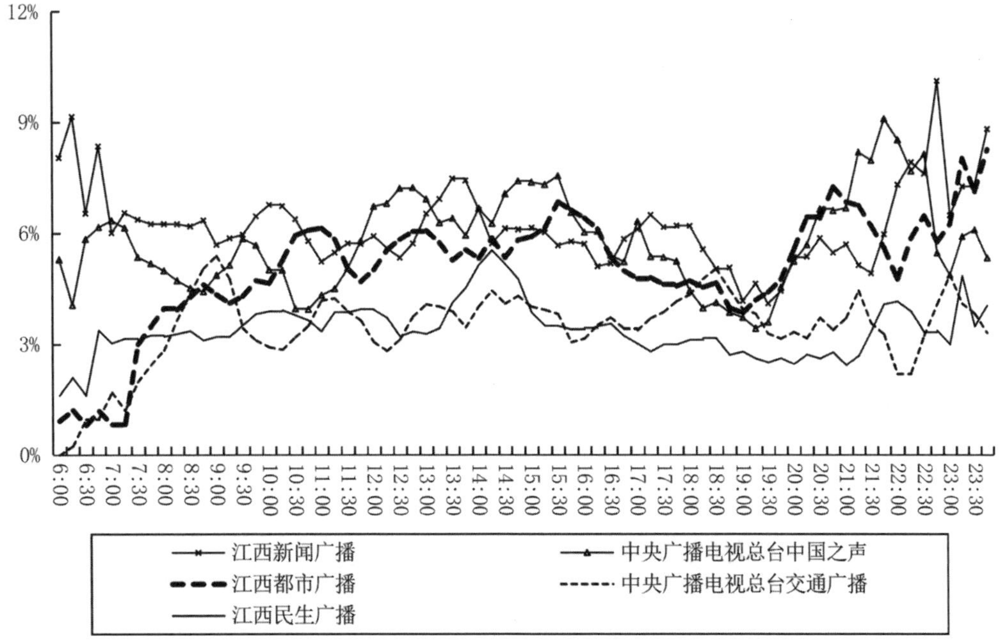

图1.23.4　南昌地区主要电台的时段占有率-2

二十四、贵阳地区收听率数据

表1.24.1　贵阳地区主要电台频率的平均收听率和市场份额

排名	电台名称	平均收听率（%）	市场份额（%）
1	贵州交通广播	1.14	15.6
2	贵阳交通广播	0.92	12.6
3	贵州综合广播	0.91	12.5
4	贵州音乐广播	0.80	10.9
5	贵阳新闻综合广播	0.70	9.5
6	贵阳旅游生活广播	0.56	7.7
7	贵州旅游广播	0.54	7.4
8	贵州经济广播 （乡村频率）	0.48	6.6
9	贵州故事广播	0.40	5.5
10	贵州都市广播	0.39	5.4

表1.24.2　贵阳地区主要电台频率的到达率和日到达率

排名	电台名称	到达率（%）	日到达率（%）
1	贵州交通广播	25.6	17.1
2	贵阳交通广播	19.4	13.6
2	贵州综合广播	19.4	12.1
4	贵州音乐广播	17.0	11.3
5	贵阳新闻综合广播	15.0	10.0
6	贵州经济广播 （乡村频率）	14.1	9.6
7	贵阳旅游生活广播	13.7	10.1
8	贵州旅游广播	9.2	6.9
9	贵州故事广播	7.4	5.6
10	贵州都市广播	7.3	4.7

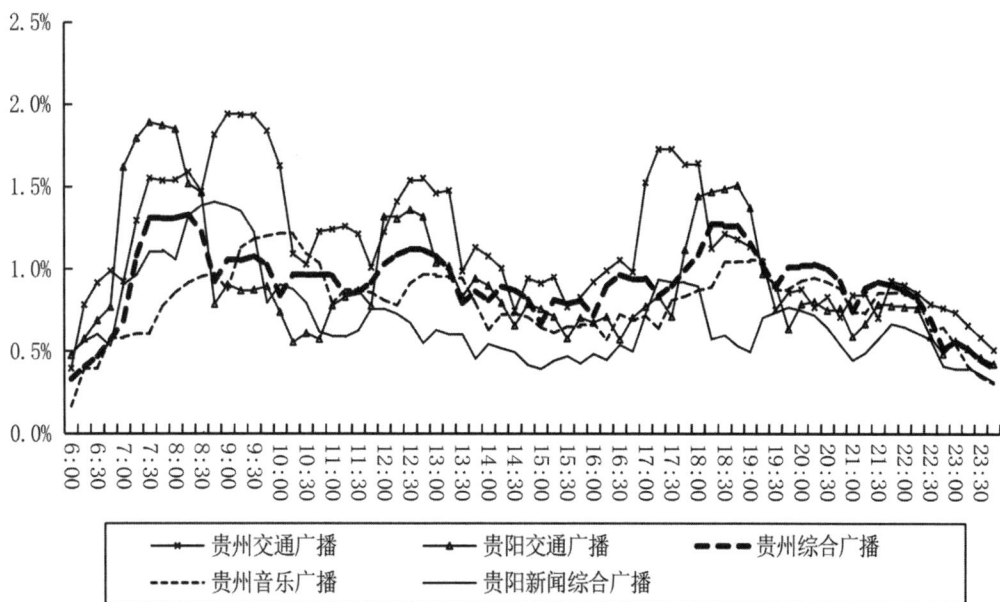

图1.24.1 贵阳地区主要电台的时段收听率-1

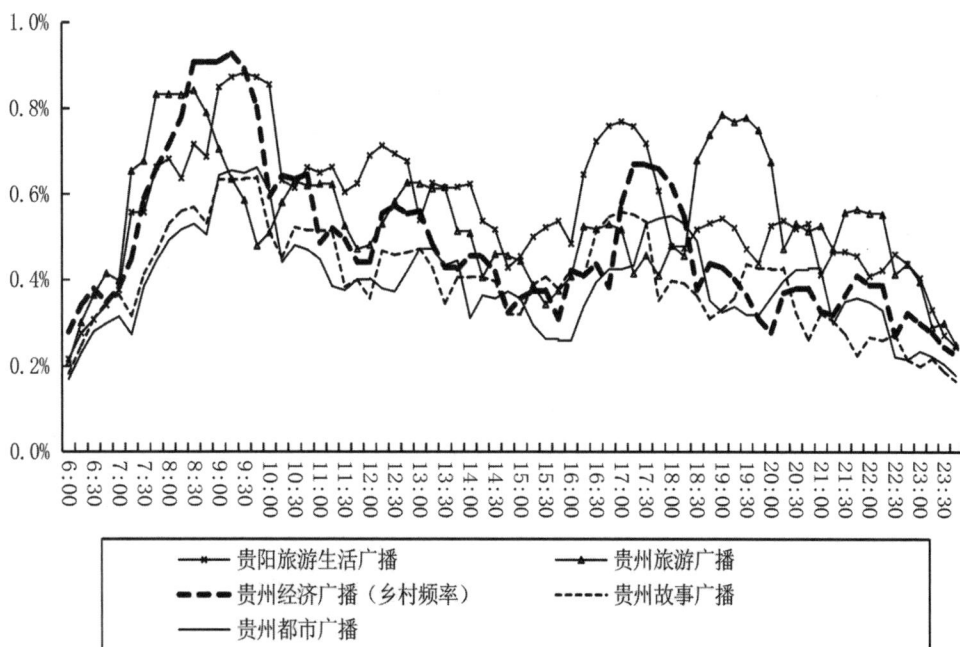

图1.24.2 贵阳地区主要电台的时段收听率-2

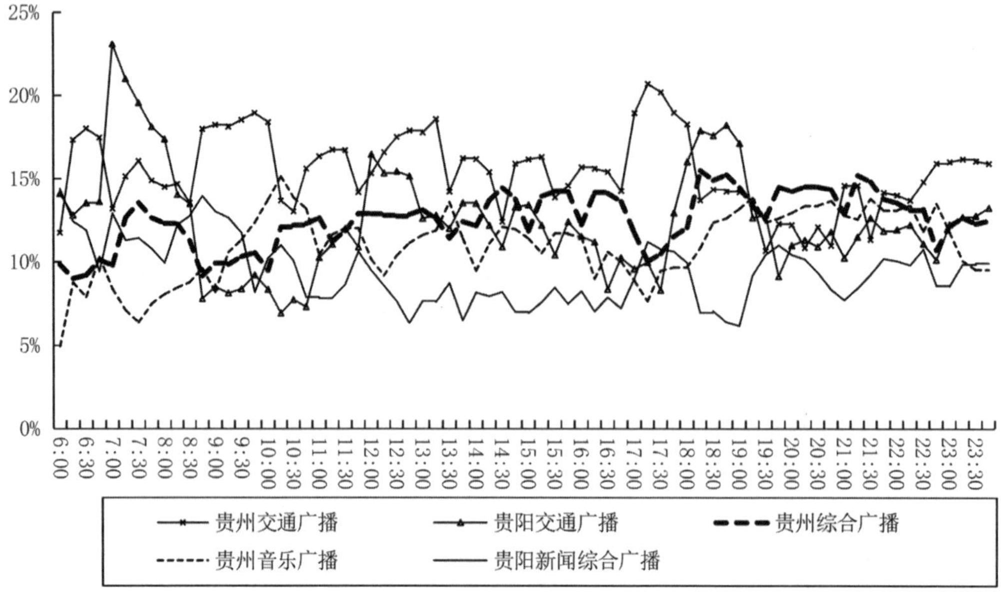

图1.24.3　贵阳地区主要电台的时段占有率-1

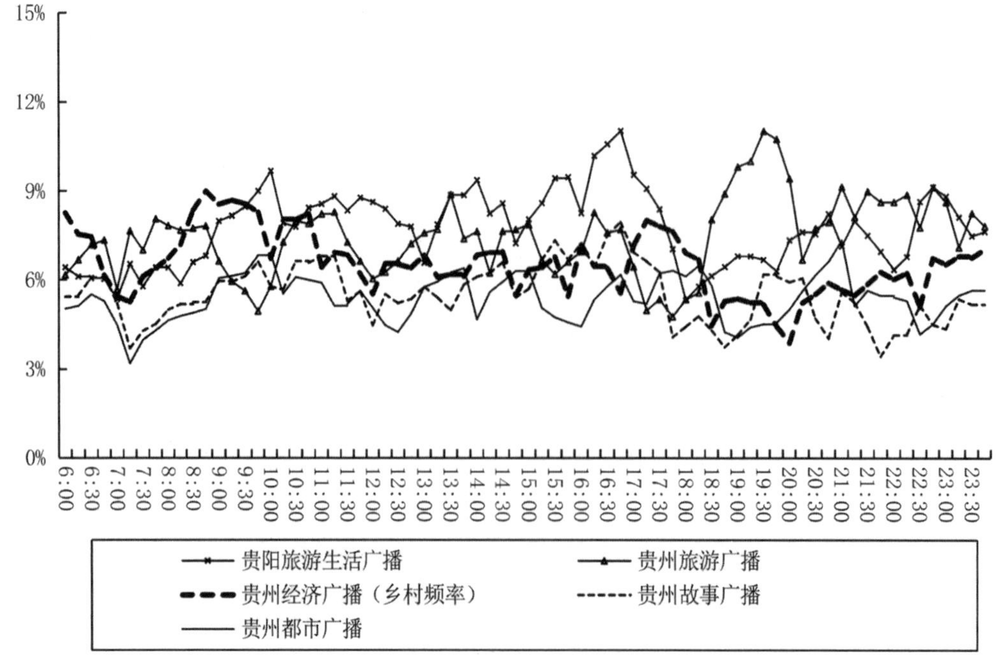

图1.24.4　贵阳地区主要电台的时段占有率-2

二十五、兰州地区收听率数据

表1.25.1 兰州地区主要电台频率的平均收听率和市场份额

排名	电台名称	平均收听率（%）	市场份额（%）
1	甘肃交通广播	0.54	15.4
2	兰州交通音乐广播	0.52	14.8
3	甘肃新闻综合广播	0.36	10.3
4	甘肃都市广播	0.32	9.2
5	兰州新闻综合广播	0.31	8.8
6	兰州生活文艺广播	0.29	8.1
7	中央广播电视总台交通广播	0.26	7.5
7	甘肃青少广播青春调频	0.26	7.3
9	甘肃经济广播黄河之声	0.25	7.2
10	中央广播电视总台经济之声	0.08	2.3

表1.25.2 兰州地区主要电台频率的到达率和日到达率

排名	电台名称	到达率（%）	日到达率（%）
1	甘肃交通广播	27.8	9.2
2	兰州交通音乐广播	26.8	10.9
3	兰州新闻综合广播	16.4	4.6
4	甘肃都市广播	16.0	4.3
5	甘肃青少广播青春调频	15.9	4.9
6	甘肃新闻综合广播	15.8	5.9
7	兰州生活文艺广播	15.5	4.4
8	甘肃经济广播黄河之声	14.9	4.0
8	中央广播电视总台交通广播	14.9	5.0
10	甘肃农村广播乡村之音	7.1	2.4

图1.25.1 兰州地区主要电台的时段收听率-1

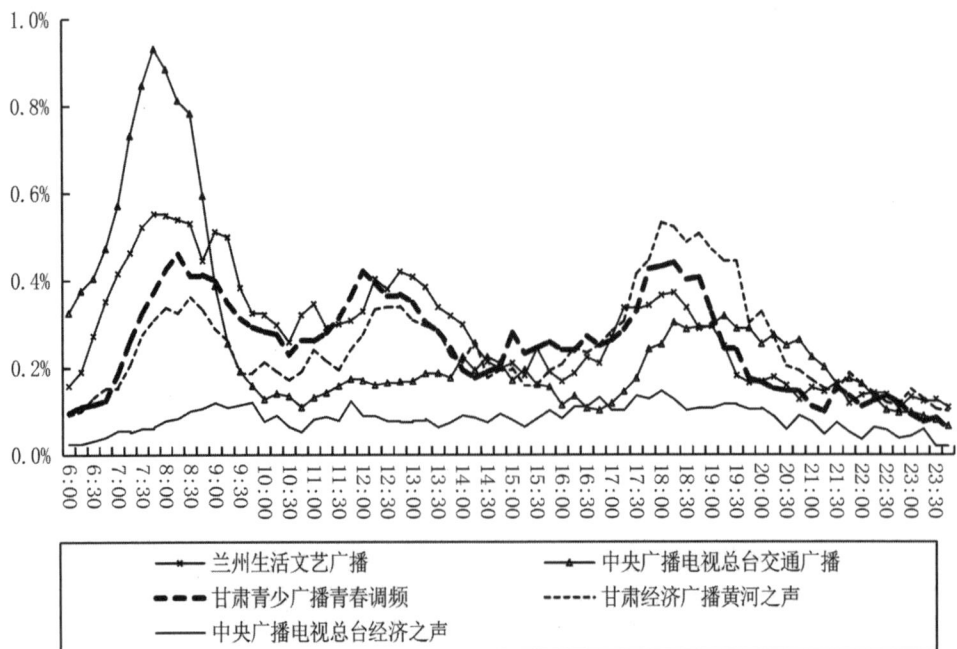

图1.25.2 兰州地区主要电台的时段收听率-2

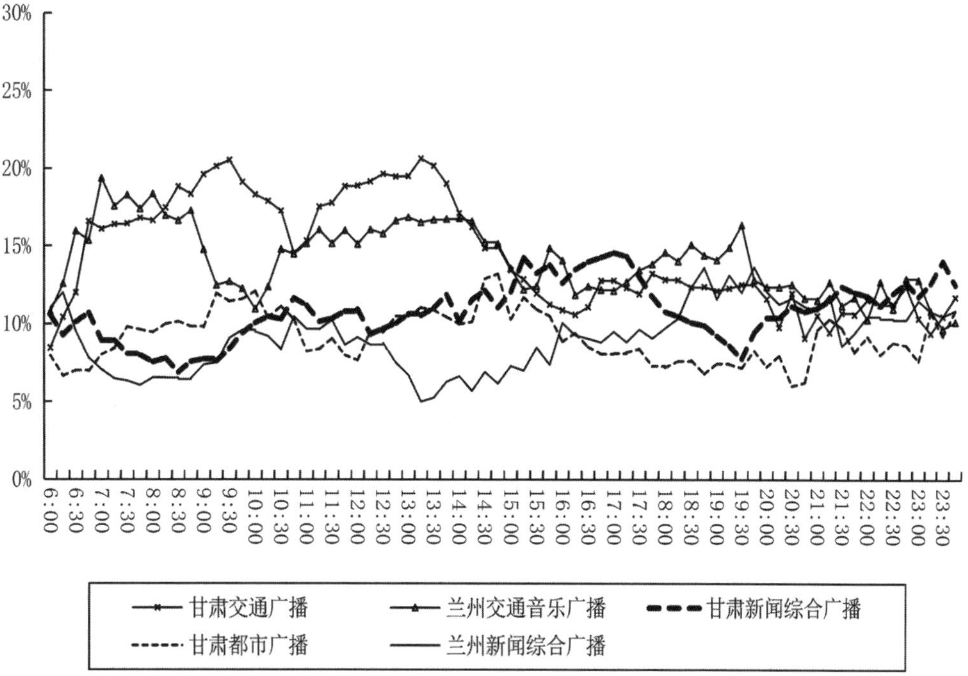

图1.25.3 兰州地区主要电台的时段占有率-1

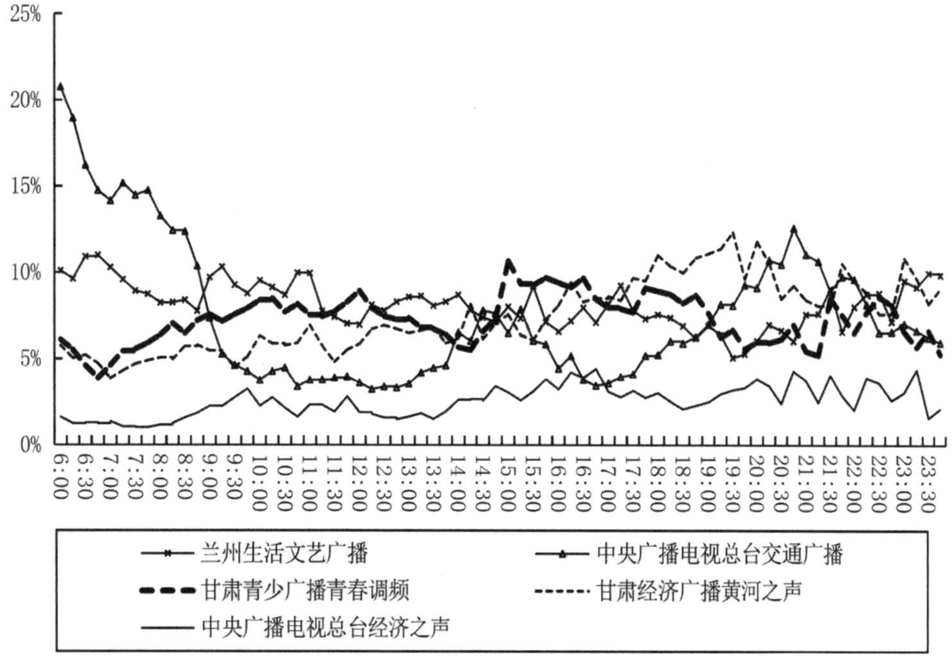

甘肃交通广播　　兰州交通音乐广播　　甘肃新闻综合广播
甘肃都市广播　　兰州新闻综合广播

图1.25.4 兰州地区主要电台的时段占有率-2

兰州生活文艺广播　　中央广播电视总台交通广播
甘肃青少广播青春调频　　甘肃经济广播黄河之声
中央广播电视总台经济之声

二十六、南宁地区收听率数据

表1.26.1　南宁地区主要电台频率的平均收听率和市场份额

排名	电台名称	平均收听率（%）	市场份额（%）
1	广西教育广播	1.69	20.1
2	南宁交通音乐广播（1074交通台）	1.41	16.8
3	广西文艺广播	1.37	16.3
4	广西经济广播	1.20	14.3
5	南宁综合广播（990新闻台）	1.02	12.2
6	广西综合广播	0.96	11.5
7	南宁乡村生活广播（经典1049）	0.41	4.9
8	广西交通广播	0.16	1.9
9	南宁故事广播（快乐895）	0.12	1.5
10	中央广播电视总台中国之声	0.02	0.2

表1.26.2　南宁地区主要电台频率的到达率和日到达率

排名	电台名称	到达率（%）	日到达率（%）
1	广西教育广播	40.4	20.7
2	南宁交通音乐广播（1074交通台）	38.7	15.6
3	广西经济广播	33.7	12.9
4	广西文艺广播	33.6	14.0
5	南宁综合广播（990新闻台）	32.2	12.6
6	广西综合广播	30.1	11.6
7	南宁乡村生活广播（经典1049）	25.3	6.6
8	广西交通广播	14.7	4.0
9	南宁故事广播（快乐895）	5.3	1.4
10	中央广播电视总台中国之声	3.3	0.4

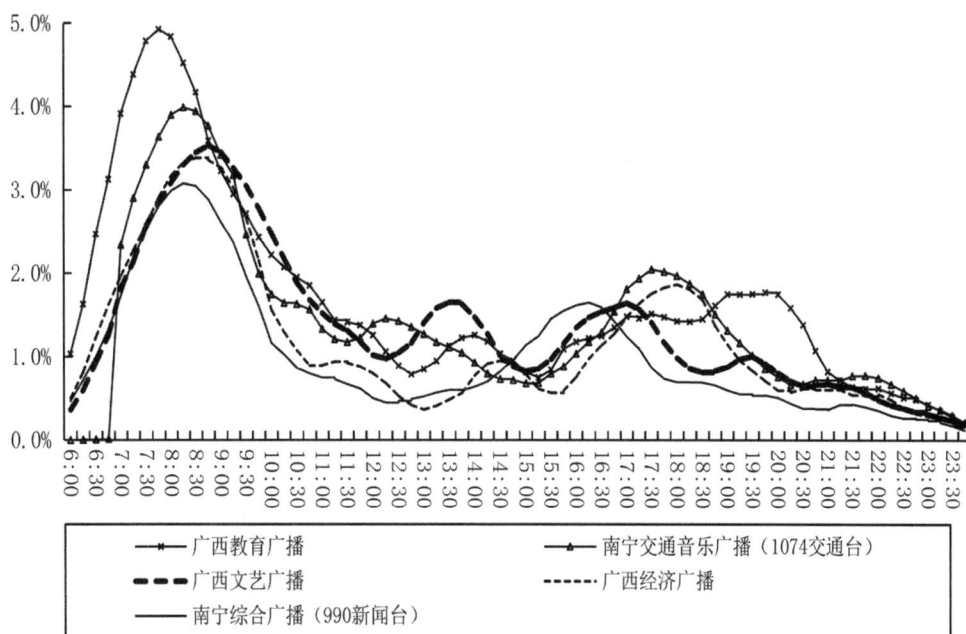

图1.26.1 南宁地区主要电台的时段收听率-1

图例：
- 广西教育广播
- 南宁交通音乐广播（1074交通台）
- 广西文艺广播
- 广西经济广播
- 南宁综合广播（990新闻台）

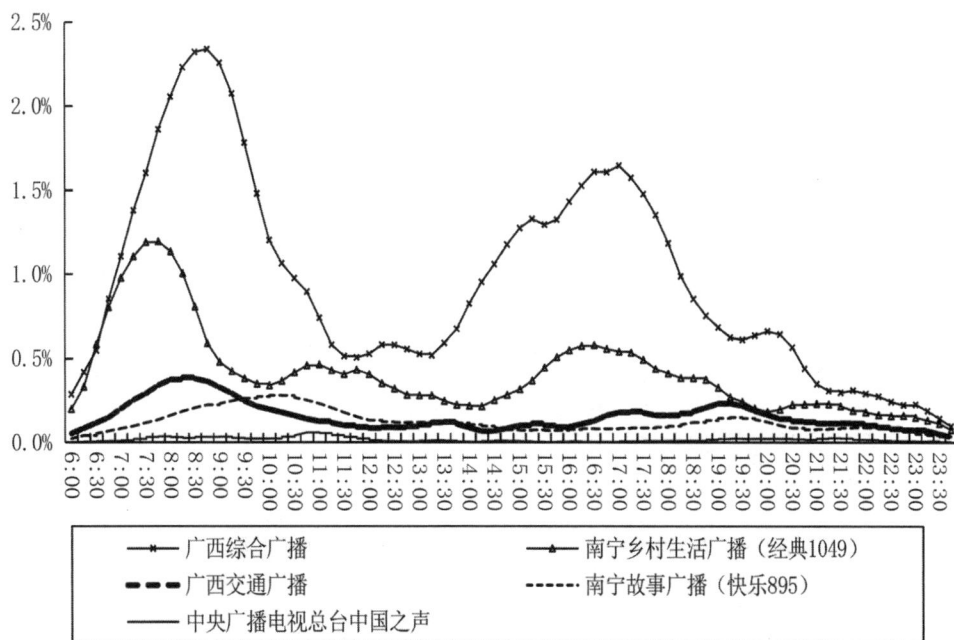

图1.26.2 南宁地区主要电台的时段收听率-2

图例：
- 广西综合广播
- 南宁乡村生活广播（经典1049）
- 广西交通广播
- 南宁故事广播（快乐895）
- 中央广播电视总台中国之声

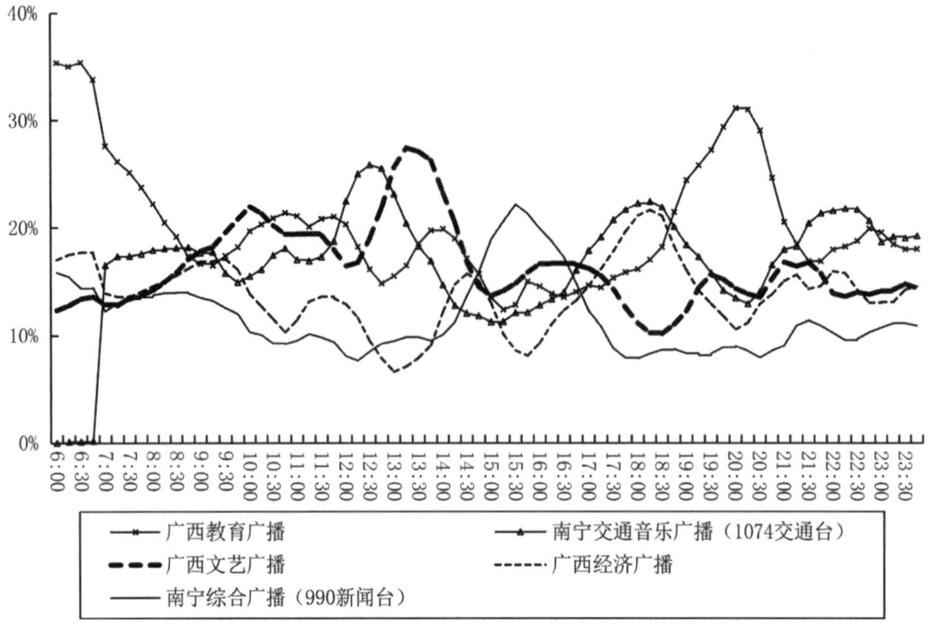

图1.26.3　南宁地区主要电台的时段占有率-1

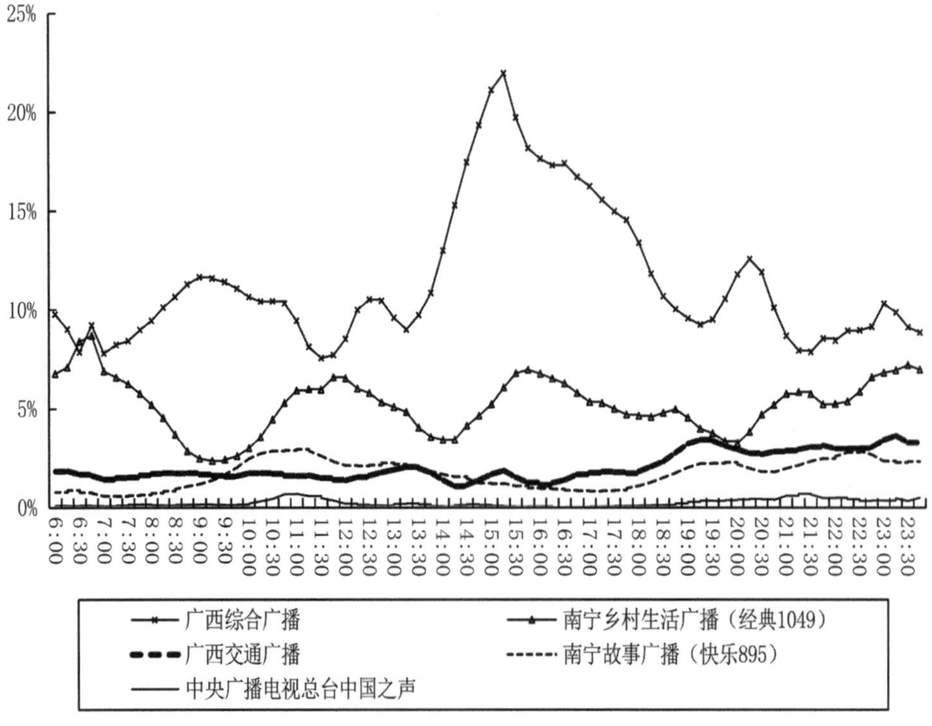

图1.26.4　南宁地区主要电台的时段占有率-2

二十七、海口地区收听率数据

表1.27.1　海口地区主要电台频率的平均收听率和市场份额

排名	电台名称	平均收听率（%）	市场份额（%）
1	海南交通广播	1.32	23.0
2	海南新闻广播	1.03	18.1
3	海南旅游广播	0.73	12.9
4	海口音乐广播	0.61	10.7
5	海南音乐广播	0.56	9.8
6	海口新闻综合广播	0.43	7.5
7	海口交通旅游广播	0.36	6.4
8	海南民生广播	0.27	4.7
9	中央广播电视总台中国之声	0.14	2.5
10	中央广播电视总台音乐之声	0.11	1.9

表1.27.2　海口地区主要电台频率的到达率和日到达率

排名	电台名称	到达率（%）	日到达率（%）
1	海南交通广播	37.0	12.2
2	海南新闻广播	29.6	9.9
3	海口音乐广播	25.9	7.4
4	海南旅游广播	20.0	6.9
5	海南音乐广播	18.3	5.8
6	海口新闻综合广播	15.7	5.2
7	海口交通旅游广播	11.4	4.5
8	海南民生广播	8.8	3.6
9	中央广播电视总台中国之声	8.6	2.4
10	中央广播电视总台音乐之声	5.8	2.0

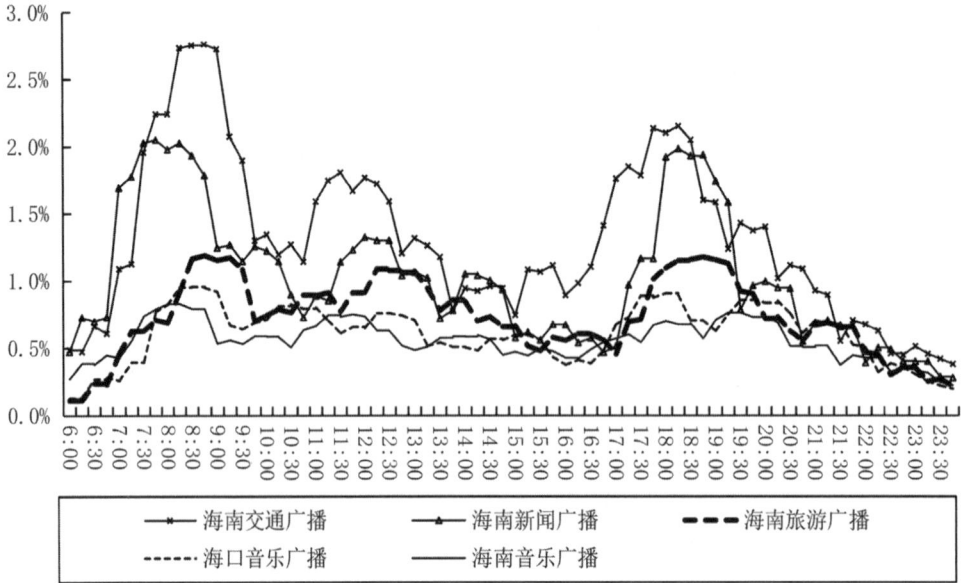

图1.27.1 海口地区主要电台的时段收听率-1

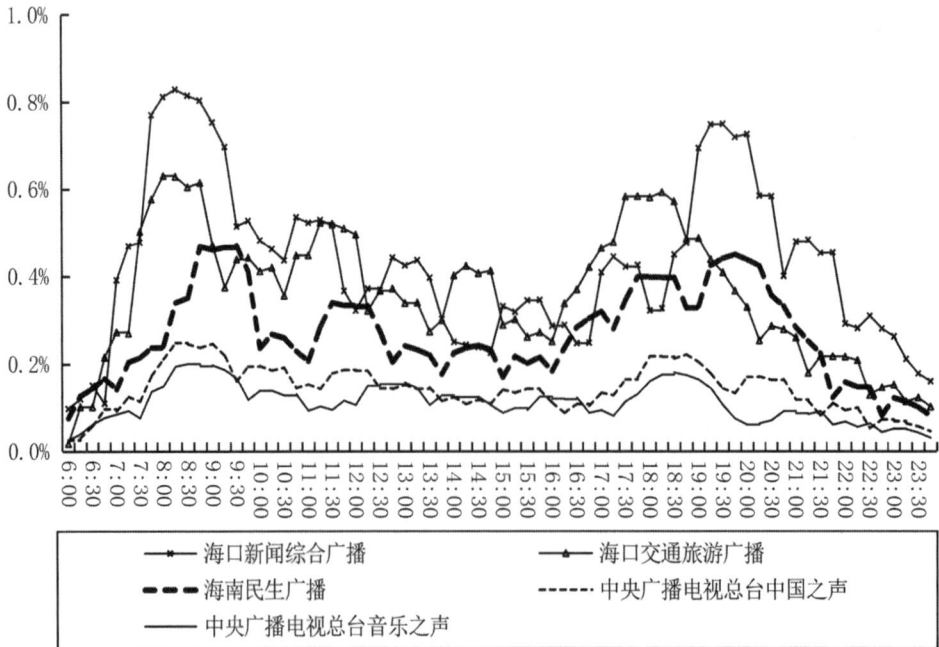

图1.27.2 海口地区主要电台的时段收听率-2

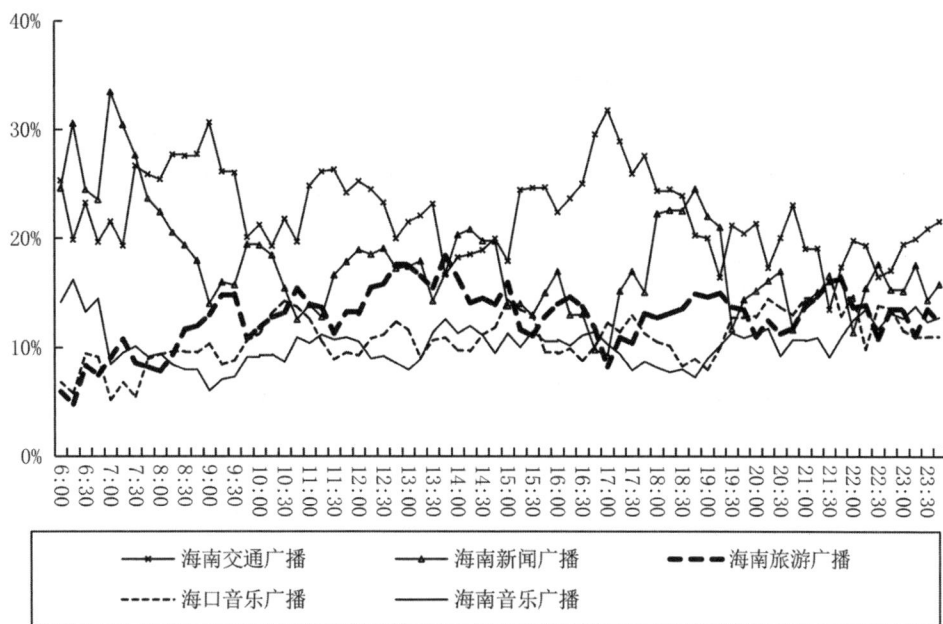

图1.27.3 海口地区主要电台的时段占有率-1

图例：
—×— 海南交通广播   —▲— 海南新闻广播   ▬▬ 海南旅游广播
----- 海口音乐广播   —— 海南音乐广播

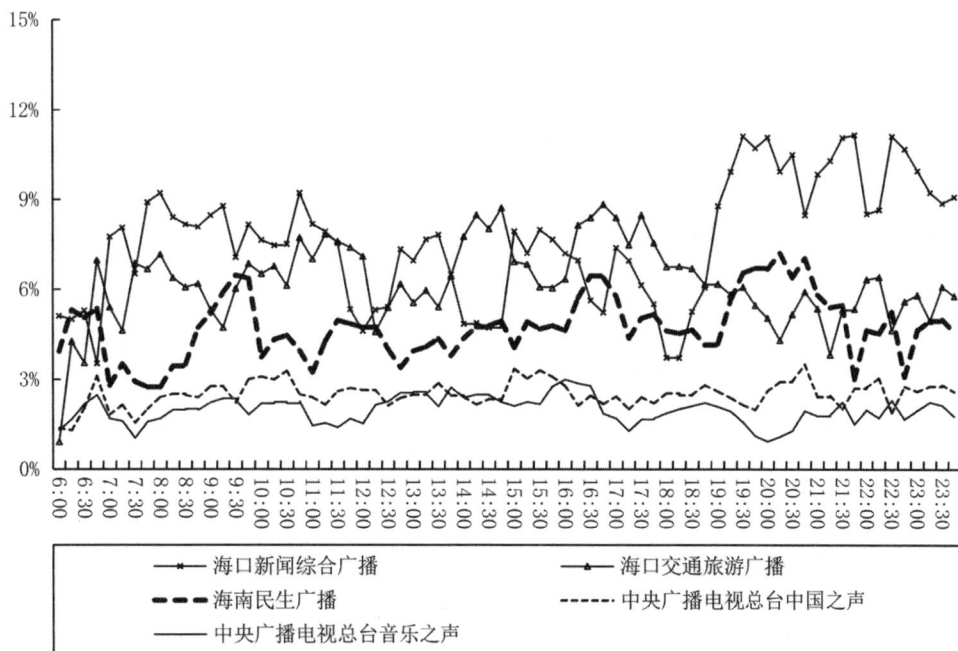

图1.27.4 海口地区主要电台的时段占有率-2

图例：
—×— 海口新闻综合广播   —▲— 海口交通旅游广播
▬▬ 海南民生广播   ----- 中央广播电视总台中国之声
—— 中央广播电视总台音乐之声

二十八、乌鲁木齐地区收听率数据

表1.28.1 乌鲁木齐地区主要电台频率的平均收听率和市场份额

排名	电台名称	平均收听率（%）	市场份额（%）
1	乌鲁木齐广播电视台97.4交通广播	1.01	13.8
2	乌鲁木齐广播电视台106.5旅游音乐广播	0.99	13.5
3	新疆949交通广播	0.98	13.4
4	中央广播电视总台中国之声	0.63	8.6
5	乌鲁木齐广播电视台104.6维语交通文艺广播	0.61	8.3
6	乌鲁木齐广播电视台100.7新闻广播	0.59	8.0
7	新疆广播电视台文化旅游广播	0.58	7.9
8	新疆音乐广播	0.38	5.2
9	新疆1028故事广播	0.37	5.1
10	昌吉音乐电台	0.17	2.3

表1.28.2 乌鲁木齐地区主要电台频率的到达率和日到达率

排名	电台名称	到达率（%）	日到达率（%）
1	乌鲁木齐广播电视台106.5旅游音乐广播	23.1	8.5
1	新疆949交通广播	23.1	7.0
3	乌鲁木齐广播电视台97.4交通广播	22.4	7.9
4	新疆广播电视台文化旅游广播	15.4	6.0
5	乌鲁木齐广播电视台100.7新闻广播	14.2	4.6
6	中央广播电视总台中国之声	13.9	4.8
7	乌鲁木齐广播电视台104.6维语交通文艺广播	13.3	5.0
8	新疆音乐广播	10.0	4.0
9	新疆1028故事广播	9.6	3.2
10	昌吉音乐电台	6.3	1.2

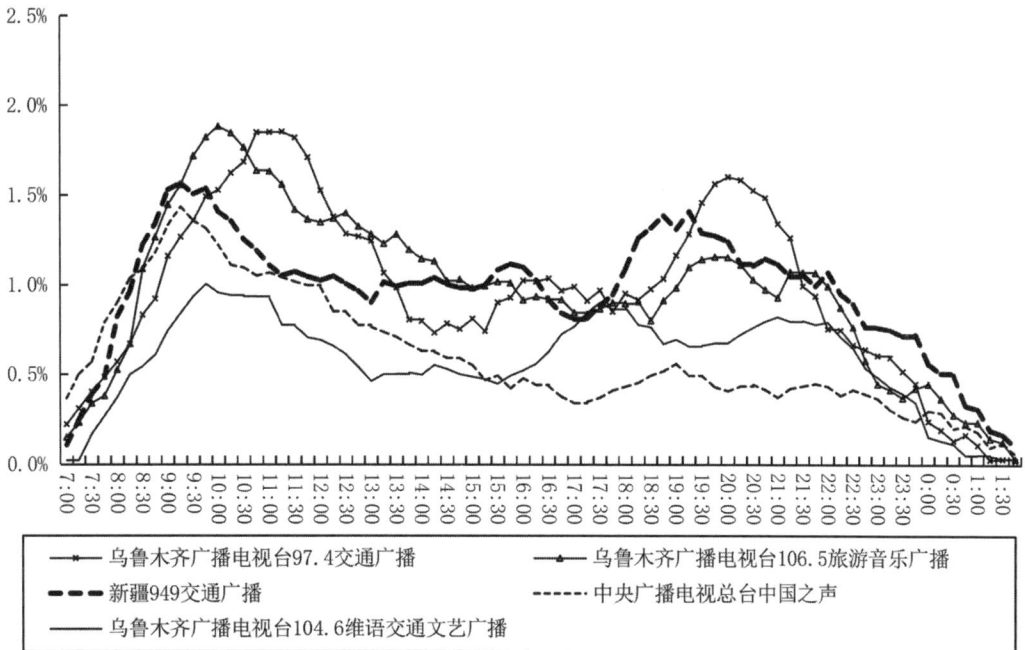

图1.28.1 乌鲁木齐地区主要电台的时段收听率-1

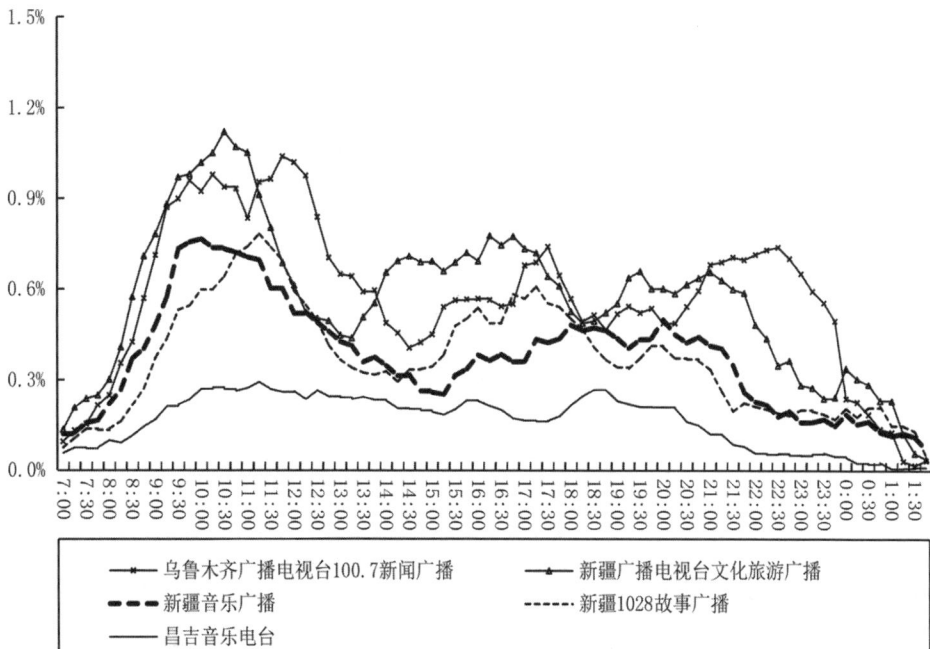

图1.28.2 乌鲁木齐地区主要电台的时段收听率-2

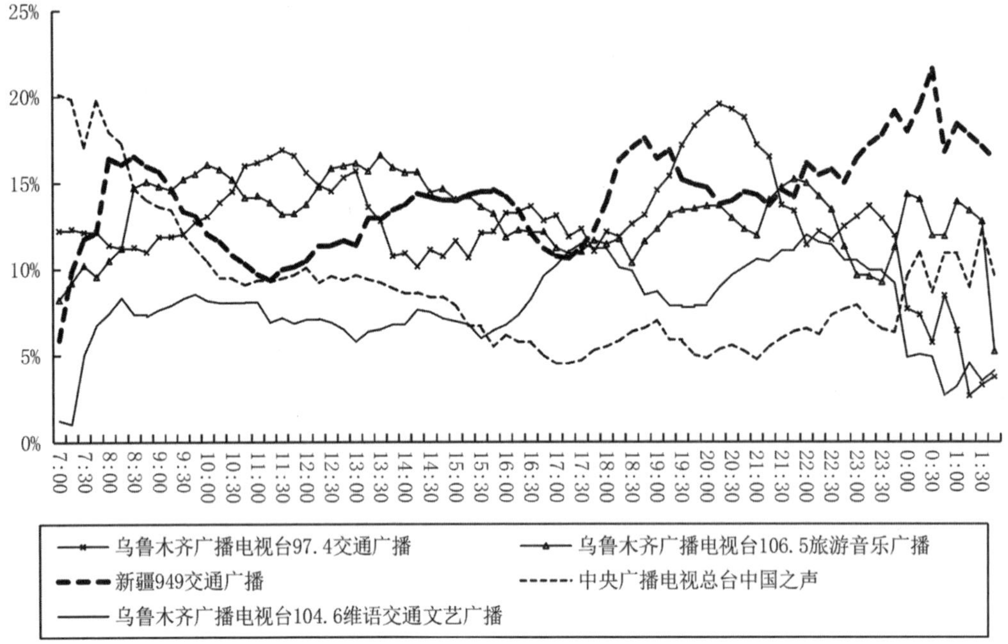

图1.28.3　乌鲁木齐地区主要电台的时段占有率-1

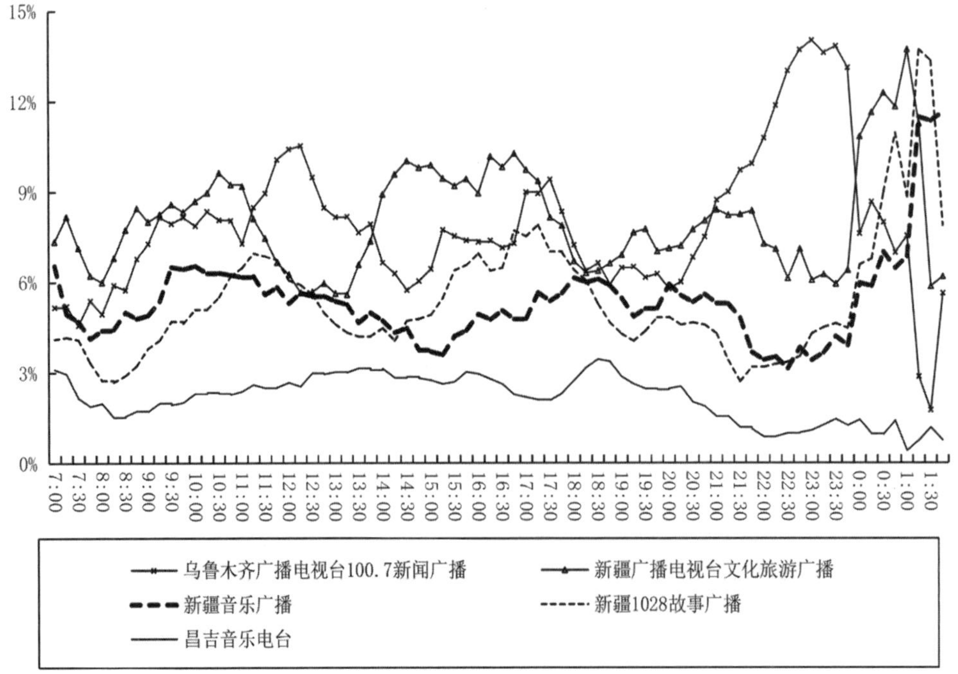

图1.28.4　乌鲁木齐地区主要电台的时段占有率-2

二十九、厦门地区收听率数据

表1.29.1　厦门地区主要电台频率的平均收听率和市场份额

排名	电台名称	平均收听率（%）	市场份额（%）
1	厦门音乐广播	1.64	23.9
2	厦门经济交通广播	1.52	22.2
3	厦门综合广播	1.44	21.1
4	厦门闽南之声广播	0.66	9.6
5	厦门旅游广播	0.56	8.1
6	福建新闻综合广播	0.41	6.0
7	中央广播电视总台中国之声	0.35	5.2
8	福建交通广播	0.08	1.2
9	福建经济广播	0.06	0.9
10	中央广播电视总台经济之声	0.04	0.6

表1.29.2　厦门地区主要电台频率的到达率和日到达率

排名	电台名称	到达率（%）	日到达率（%）
1	厦门音乐广播	46.8	20.5
2	厦门经济交通广播	43.1	19.3
3	厦门综合广播	39.4	18.4
4	厦门闽南之声广播	25.7	12.1
5	厦门旅游广播	20.3	9.7
6	福建新闻综合广播	17.6	7.1
7	中央广播电视总台中国之声	13.3	5.8
8	福建交通广播	4.7	1.9
9	福建经济广播	4.2	1.5
10	中央广播电视总台经济之声	3.6	1.4

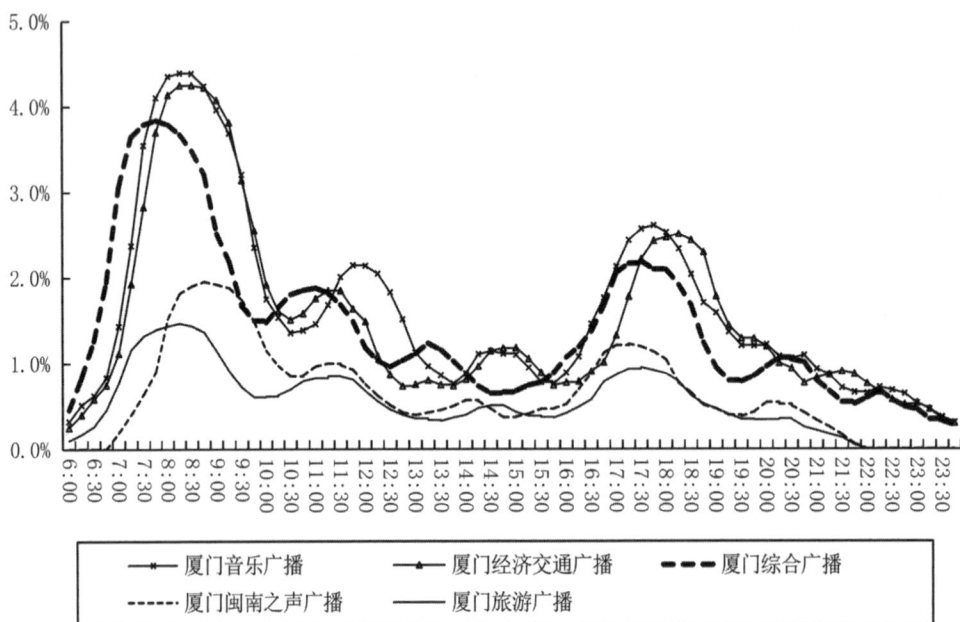

图1.29.1　厦门地区主要电台的时段收听率-1

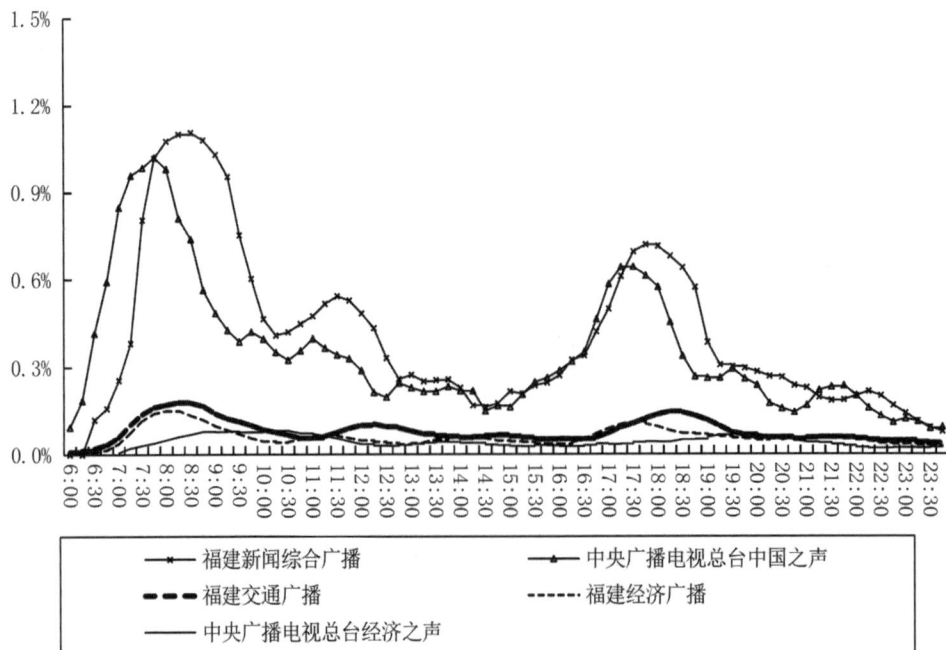

图1.29.2　厦门地区主要电台的时段收听率-2

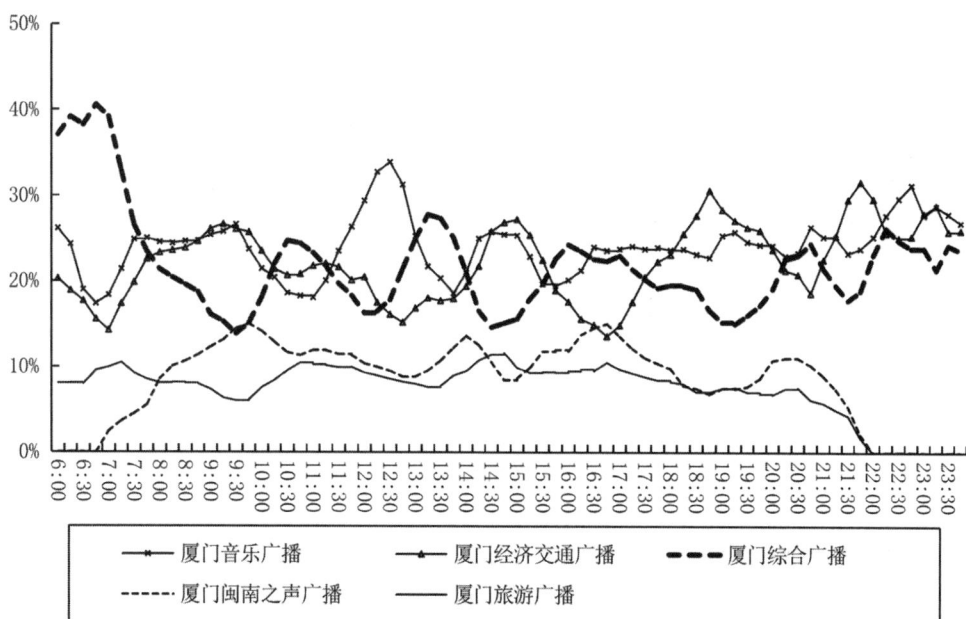

图1.29.3　厦门地区主要电台的时段占有率-1

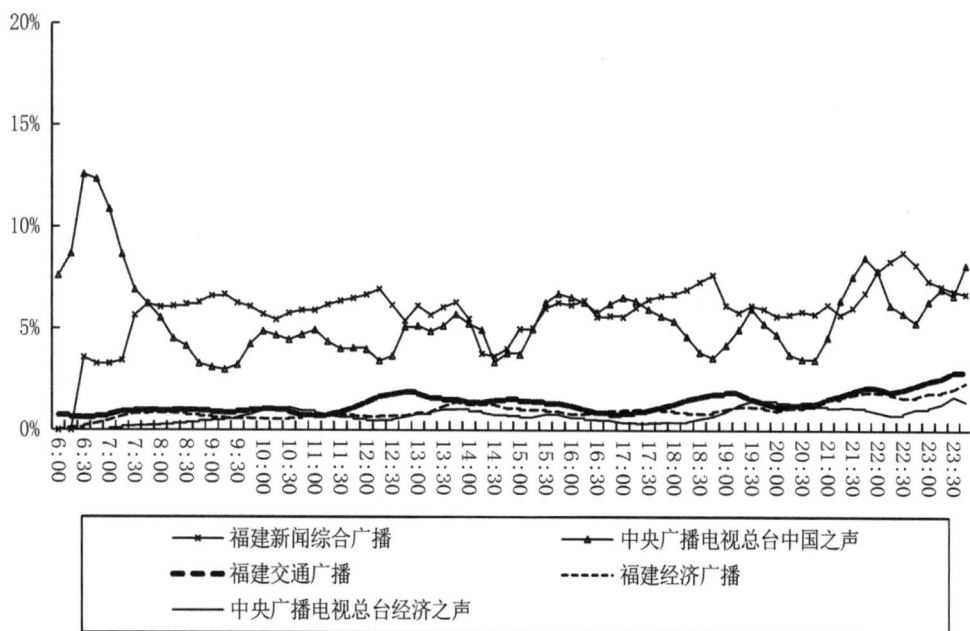

图1.29.4　厦门地区主要电台的时段占有率-2

三十、青岛地区收听率数据

表1.30.1 青岛地区主要电台频率的平均收听率和市场份额

排名	电台名称	平均收听率（%）	市场份额（%）
1	青岛交通广播	1.44	20.1
2	青岛新闻综合广播	1.00	13.9
3	青岛经济广播	0.80	11.2
3	青岛音乐体育广播	0.80	11.1
5	青岛故事广播	0.52	7.3
6	青岛文艺广播	0.41	5.7
7	山东广播电视台交通广播	0.32	4.4
8	山东广播电视台综合广播	0.30	4.2
9	中央广播电视总台中国之声	0.29	4.0
10	中央广播电视总台经济之声	0.27	3.7

表1.30.2 青岛地区主要电台频率的到达率和日到达率

排名	电台名称	到达率（%）	日到达率（%）
1	青岛交通广播	31.0	14.4
2	青岛新闻综合广播	30.1	11.3
3	青岛音乐体育广播	18.0	9.8
4	青岛经济广播	15.2	7.2
5	青岛故事广播	14.3	7.1
6	青岛文艺广播	14.0	5.7
7	中央广播电视总台中国之声	5.5	3.1
8	中央广播电视总台经济之声	5.4	2.4
8	山东广播电视台综合广播	5.4	3.3
8	青岛经济广播长书频率	5.4	3.0

图1.30.1 青岛地区主要电台的时段收听率-1

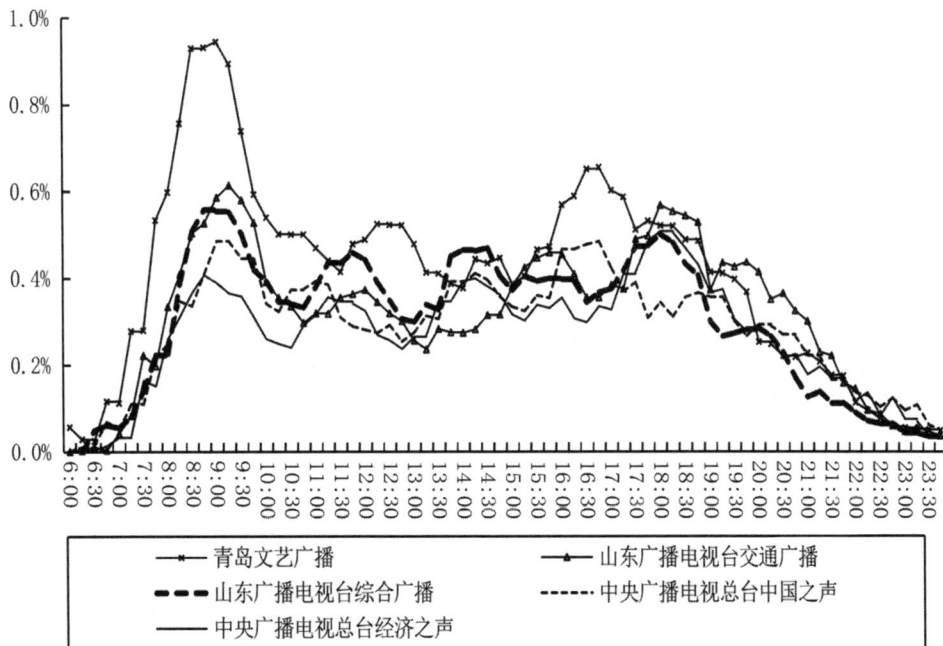

图1.30.2 青岛地区主要电台的时段收听率-2

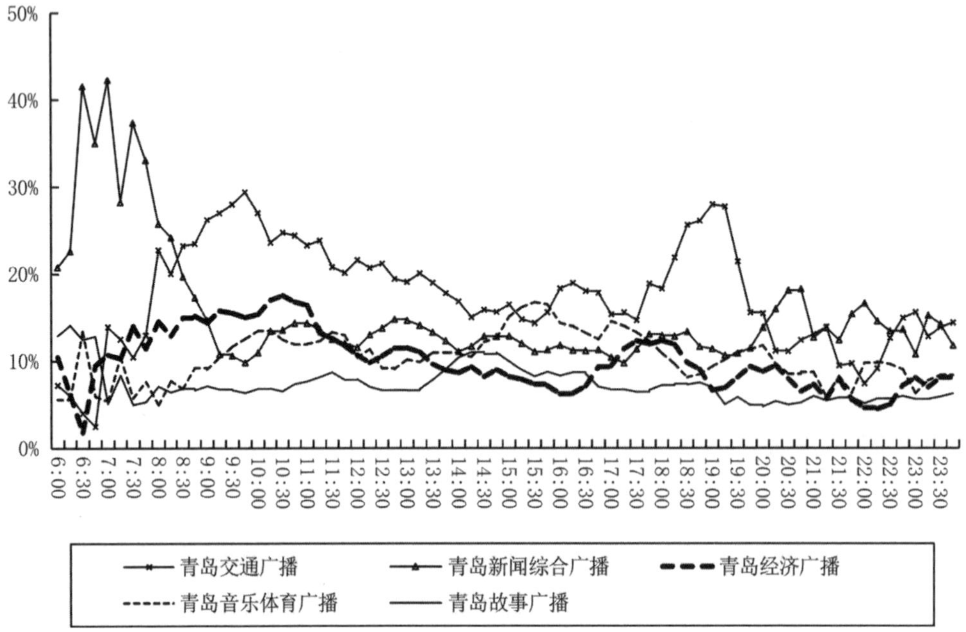

图1.30.3　青岛地区主要电台的时段占有率-1

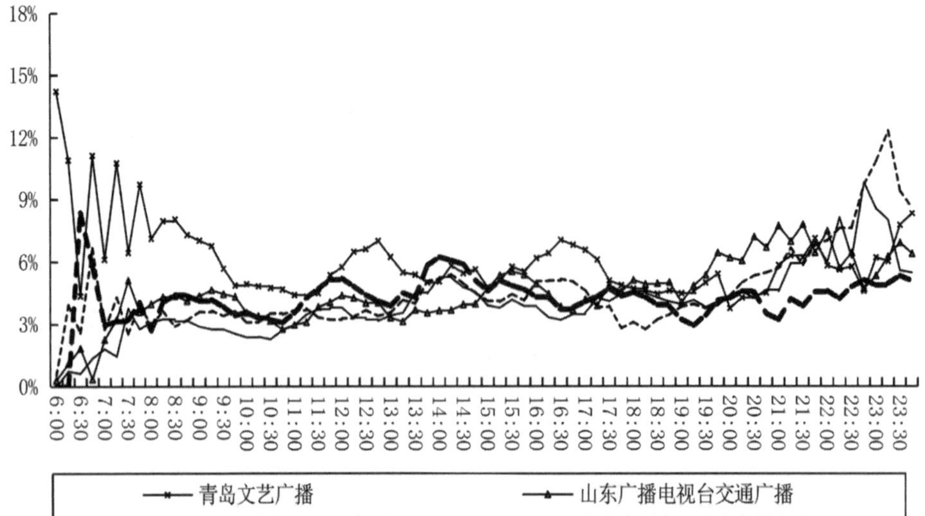

图1.30.4　青岛地区主要电台的时段占有率-2

三十一、斗门地区收听率数据

表1.31.1 斗门地区主要电台频率的平均收听率和市场份额

排名	电台名称	平均收听率（%）	市场份额（%）
1	珠海人民广播电台环保经济广播（FM87.5）	1.26	20.2
2	珠海人民广播电台综合广播（FM95.1）	1.16	18.6
2	珠海广播电视台百岛之声（FM91.5）	1.16	18.6
4	斗门电台	1.03	16.5
5	广东广播电视台新闻广播	0.22	3.6
6	中央广播电视总台粤港澳大湾区之声	0.20	3.2
7	中央广播电视总台中国之声	0.19	3.0
8	广东广播电视台文体广播	0.15	2.4
9	中国国际电台环球资讯广播	0.11	1.8
10	广东广播电视台城市之声	0.11	1.7

表1.31.2 斗门地区主要电台频率的到达率和日到达率

排名	电台名称	到达率（%）	日到达率（%）
1	珠海人民广播电台综合广播（FM95.1）	24.9	4.5
2	珠海人民广播电台环保经济广播（FM87.5）	22.4	3.0
3	斗门电台	20.8	4.4
4	珠海广播电视台百岛之声（FM91.5）	12.6	2.7
5	广东广播电视台文体广播	5.1	0.7
6	中国国际电台环球资讯广播	4.0	0.3
7	中央广播电视总台音乐之声	4.0	0.4
8	广东广播电视台南方生活广播	3.9	0.2
9	江门旅游音乐频率	3.8	0.2
10	中央广播电视总台中国之声	3.6	0.7

图1.31.1 斗门地区主要电台的时段收听率-1

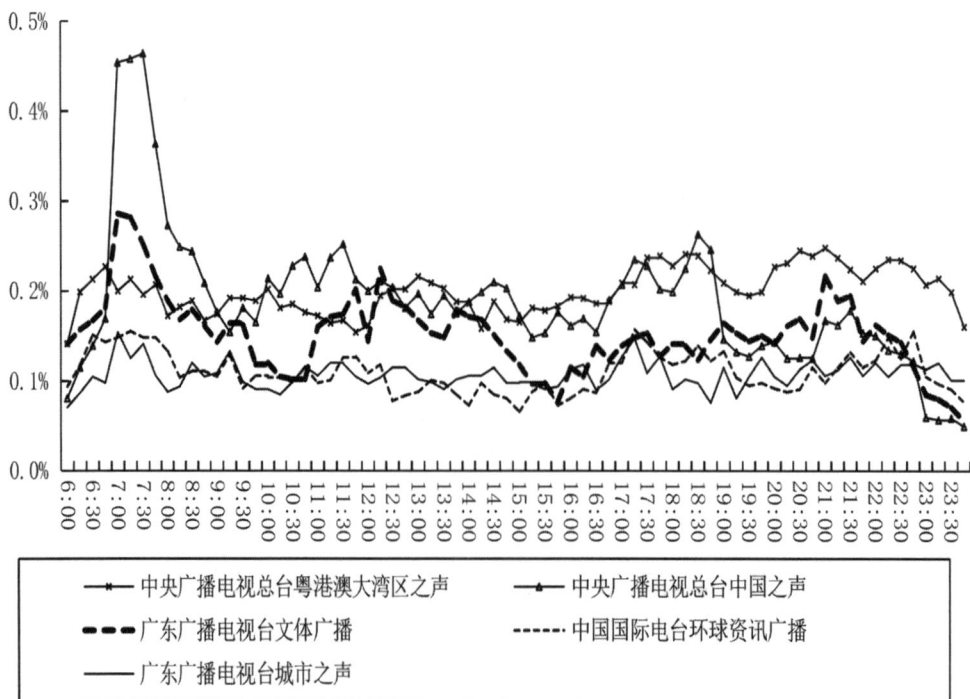

图1.31.2 斗门地区主要电台的时段收听率-2

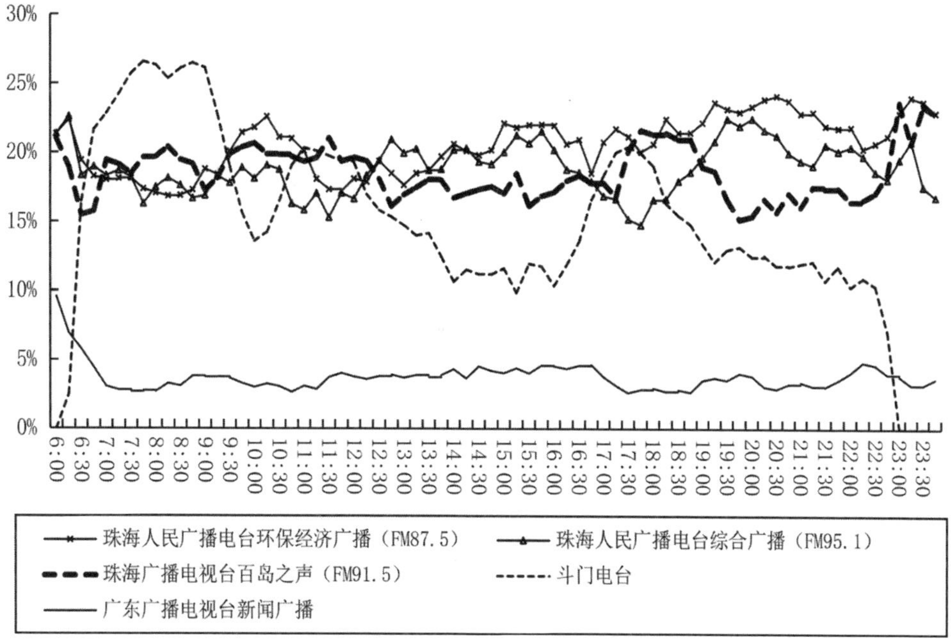

图1.31.3　斗门地区主要电台的时段占有率-1

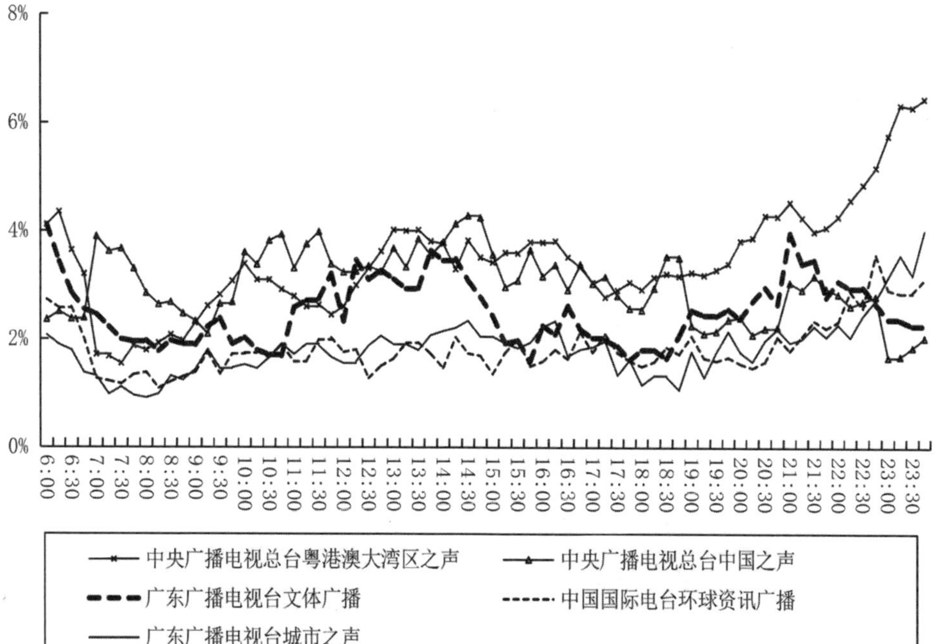

图例：
— ✕ — 珠海人民广播电台环保经济广播（FM87.5）　　— ▲ — 珠海人民广播电台综合广播（FM95.1）
━ ━ ━ 珠海广播电视台百岛之声（FM91.5）　　- - - - 斗门电台
——— 广东广播电视台新闻广播

图1.31.4　斗门地区主要电台的时段占有率-2

图例：
— ✕ — 中央广播电视总台粤港澳大湾区之声　　— ▲ — 中央广播电视总台中国之声
━ ━ ━ 广东广播电视台文体广播　　- - - - 中国国际电台环球资讯广播
——— 广东广播电视台城市之声

三十二、佛山地区收听率数据

表1.32.1 佛山地区主要电台频率的平均收听率和市场份额

排名	电台名称	平均收听率（%）	市场份额（%）
1	佛山人民广播电台南海广播	0.86	15.0
2	佛山人民广播电台音乐广播	0.80	13.9
3	佛山人民广播电台综合广播	0.73	12.7
4	佛山人民广播电台顺德广播	0.69	12.0
5	佛山人民广播电台三水广播	0.64	11.1
6	佛山人民广播电台高明广播	0.62	10.7
7	广东广播电视台新闻广播	0.36	6.3
8	广东广播电视台交通之声	0.35	6.1
9	中央广播电视总台中国之声	0.08	1.4
9	珠江经济台	0.08	1.3

表1.32.2 佛山地区主要电台频率的到达率和日到达率

排名	电台名称	到达率（%）	日到达率（%）
1	佛山人民广播电台南海广播	36.0	13.3
2	佛山人民广播电台综合广播	31.6	13.0
3	佛山人民广播电台音乐广播	28.3	11.7
4	佛山人民广播电台三水广播	28.1	5.8
5	佛山人民广播电台顺德广播	27.9	7.6
6	佛山人民广播电台高明广播	27.8	5.8
7	广东广播电视台交通之声	17.3	5.2
8	广东广播电视台新闻广播	16.3	5.6
9	中央广播电视总台音乐之声	7.6	1.3
10	中央广播电视总台中国之声	6.4	1.6

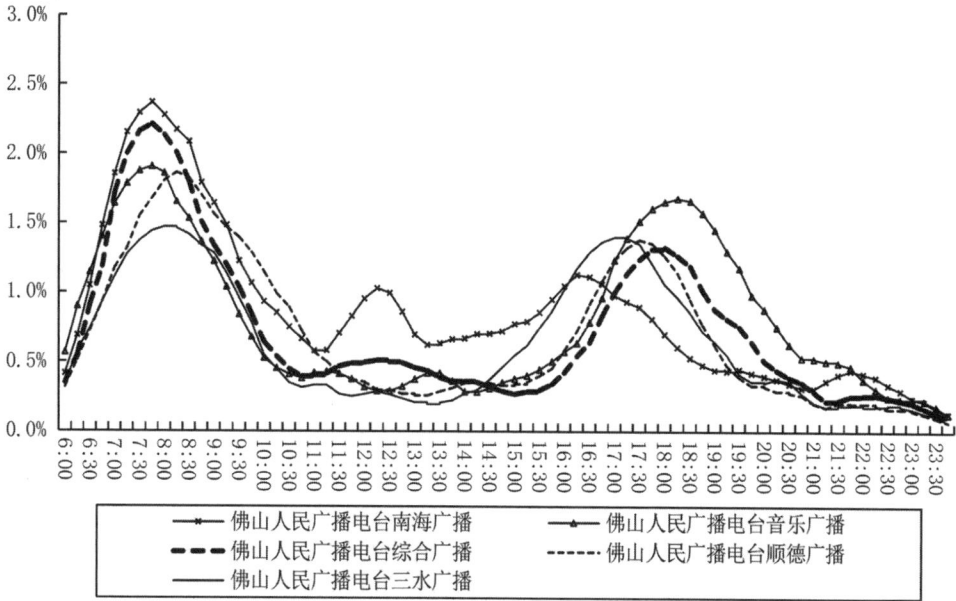

图1.32.1 佛山地区主要电台的时段收听率-1

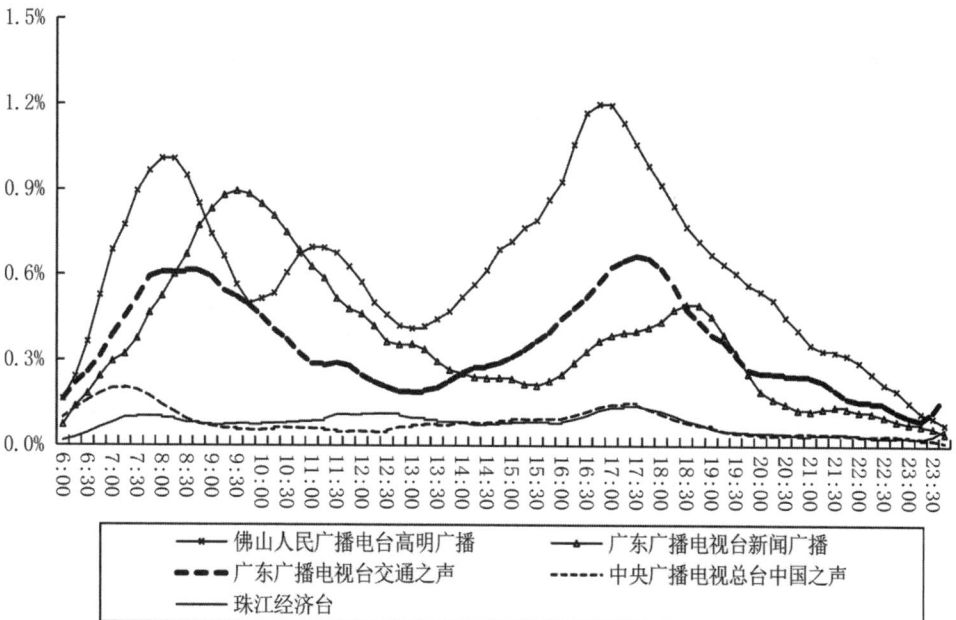

图1.32.2 佛山地区主要电台的时段收听率-2

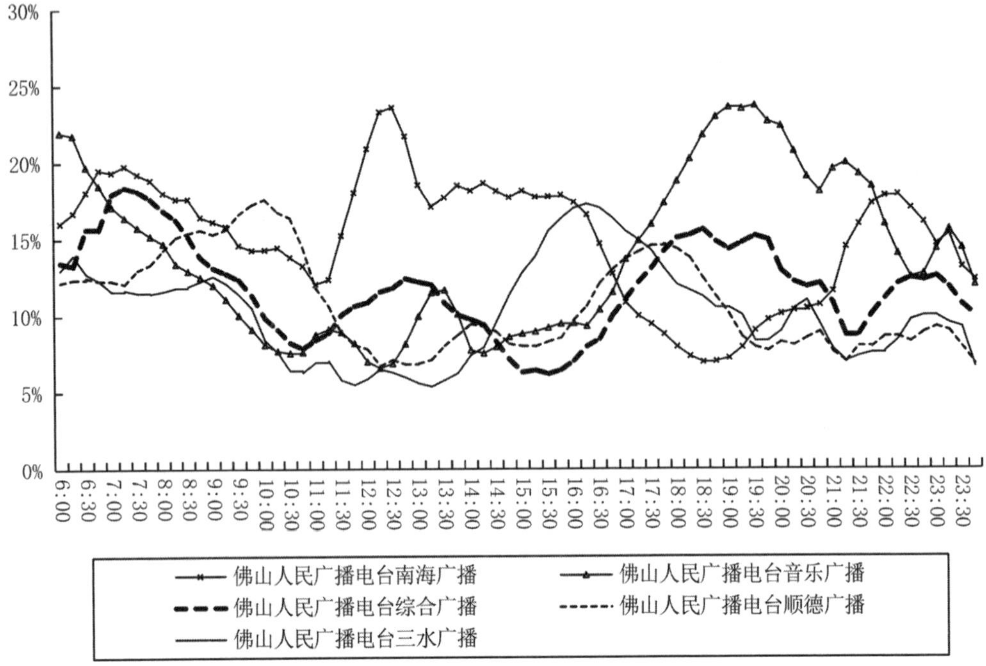

图1.32.3 佛山地区主要电台的时段占有率-1

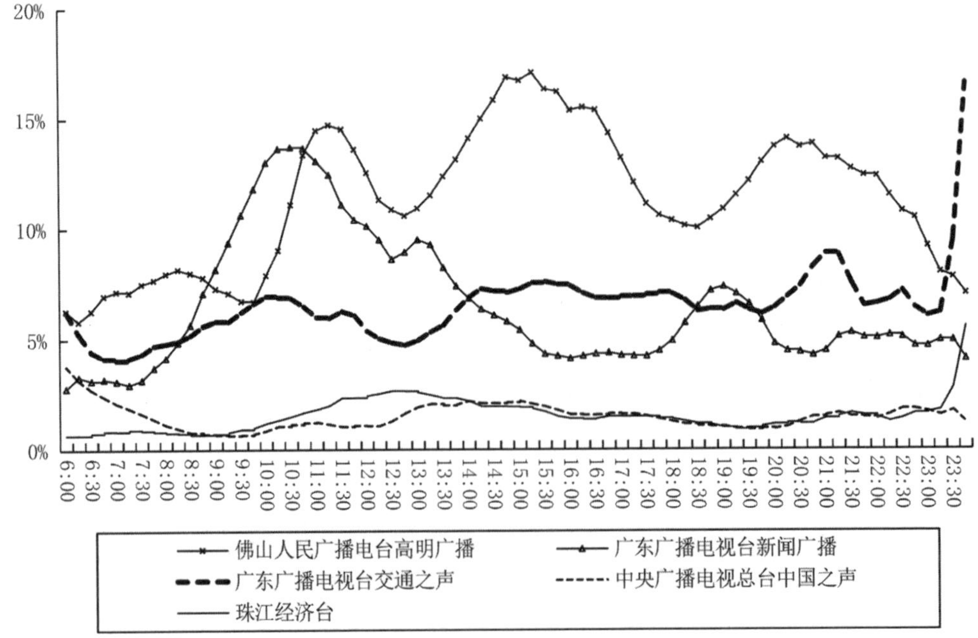

图1.32.4 佛山地区主要电台的时段占有率-2

三十三、汕头地区收听率数据

表1.33.1　汕头地区主要电台频率的平均收听率和市场份额

排名	电台名称	平均收听率（%）	市场份额（%）
1	汕头电台综合广播1072（交通频率）	2.14	33.5
2	汕头电台音乐广播1025（音乐频率）	1.76	27.6
3	汕头电台经济广播1020（新闻频率）	1.41	22.1
4	广东广播电视台音乐之声	0.34	5.4
5	广东广播电视台新闻广播	0.31	4.8
6	中央广播电视总台中国之声	0.27	4.3
7	中央广播电视总台经济之声	0.09	1.4

表1.33.2　汕头地区主要电台频率的到达率和日到达率

排名	电台名称	到达率（%）	日到达率（%）
1	汕头电台音乐广播1025（音乐频率）	49.7	16.4
2	汕头电台综合广播1072（交通频率）	49.2	15.5
3	汕头电台经济广播1020（新闻频率）	35.7	13.8
4	广东广播电视台音乐之声	14.5	5.6
5	中央广播电视总台中国之声	13.3	5.4
6	广东广播电视台新闻广播	8.6	3.2
7	中央广播电视总台经济之声	6.4	2.2

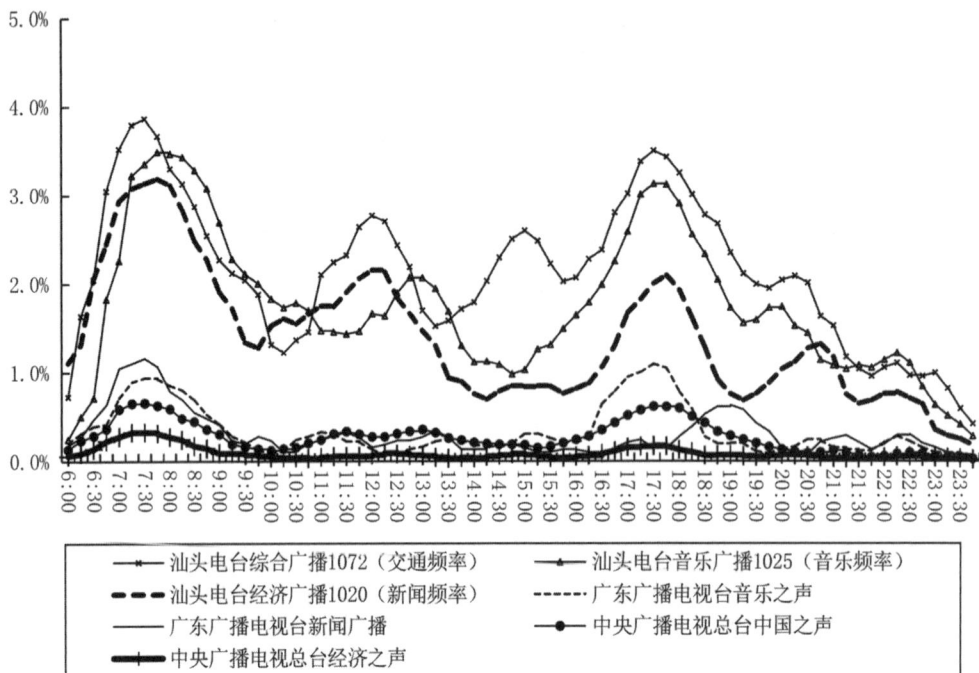

图1.33.1 汕头地区主要电台的时段收听率

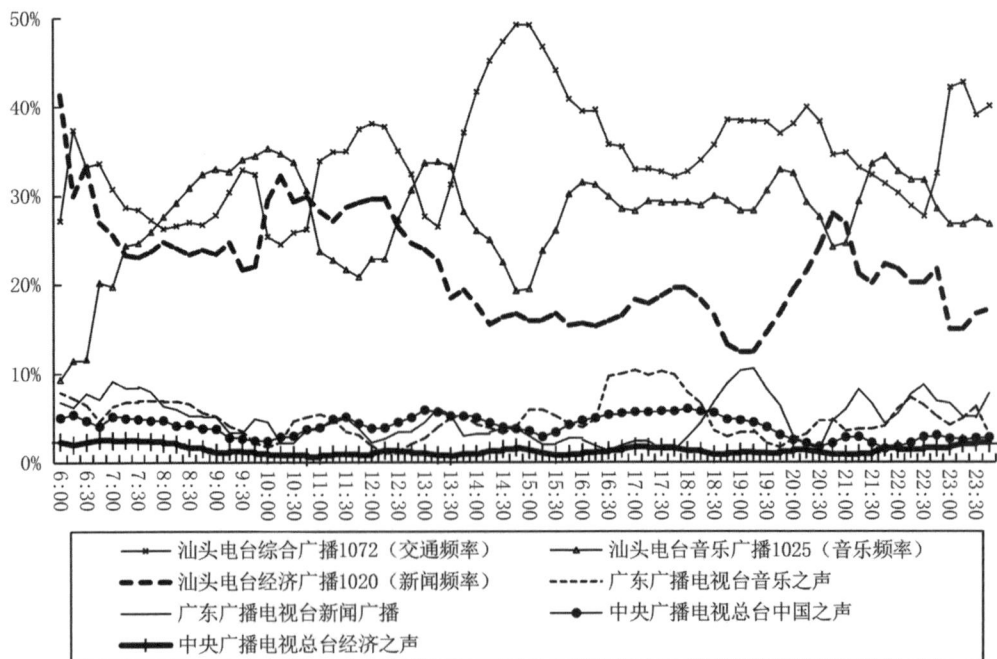

图1.33.2 汕头地区主要电台的时段占有率

三十四、日照地区收听率数据

表1.34.1　日照地区主要电台频率的平均收听率和市场份额

排名	电台名称	平均收听率（%）	市场份额（%）
1	日照交通生活广播	1.80	28.4
2	日照综合广播	1.65	26.1
3	日照音乐广播	1.59	25.1
4	山东广播电视台综合广播	0.60	9.4
5	山东广播电视台经典音乐广播	0.42	6.6
6	中央广播电视总台中国之声	0.19	2.9
7	山东广播电视台文艺广播	0.08	1.3

表1.34.2　日照地区主要电台频率的到达率和日到达率

排名	电台名称	到达率（%）	日到达率（%）
1	日照交通生活广播	39.1	16.6
2	日照综合广播	35.0	14.0
3	日照音乐广播	32.4	13.4
4	山东广播电视台综合广播	16.3	7.1
5	山东广播电视台经典音乐广播	14.8	5.1
6	中央广播电视总台中国之声	8.6	4.3
7	山东广播电视台文艺广播	5.7	2.0

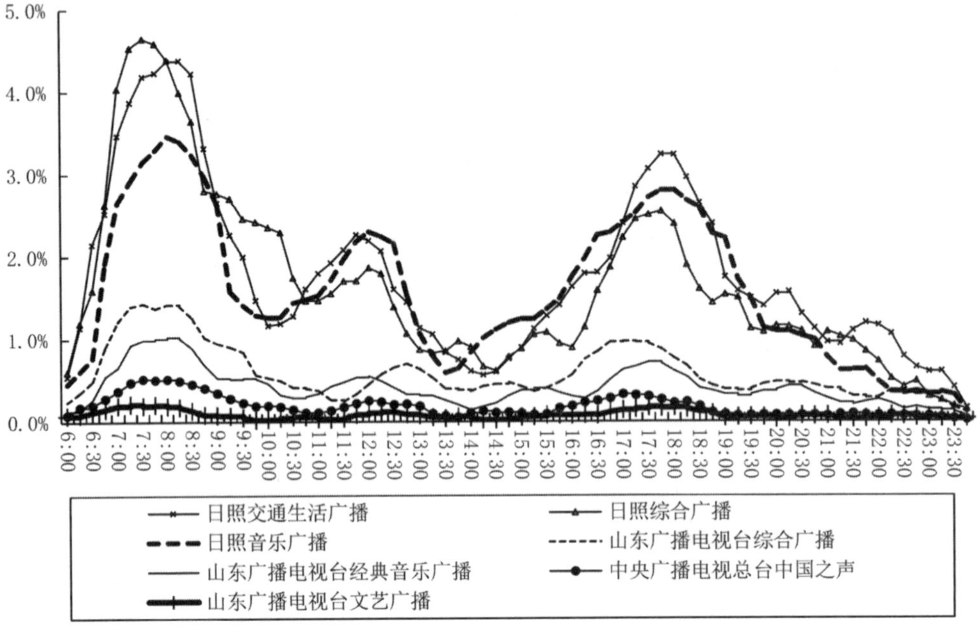

图1.34.1 日照地区主要电台的时段收听率

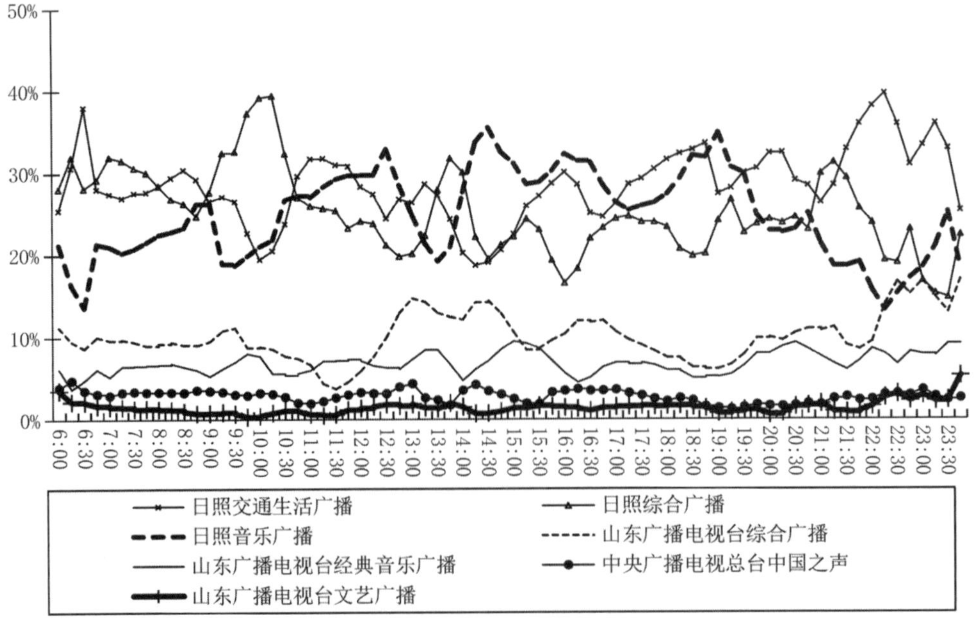

图1.34.2 日照地区主要电台的时段占有率

三十五、常熟地区收听率数据

表1.35.1　常熟地区主要电台频率的平均收听率和市场份额

排名	电台名称	平均收听率（％）	市场份额（％）
1	常熟综合广播	3.04	41.7
2	江苏交通广播网	1.51	20.8
3	江苏新闻综合广播AM702	1.34	18.3
4	中央广播电视总台中国之声	0.16	2.2
4	苏州交通广播	0.16	2.1
6	无锡交通频率	0.14	1.9
6	苏州新闻广播	0.14	1.8
8	无锡新闻综合广播	0.13	1.8
9	常熟综合广播AM1116	0.11	1.5
10	苏州生活广播	0.10	1.3

表1.35.2　常熟地区主要电台频率的到达率和日到达率

排名	电台名称	到达率（％）	日到达率（％）
1	常熟综合广播	52.4	14.4
2	江苏交通广播网	34.2	7.5
3	江苏新闻综合广播AM702	27.7	3.7
4	苏州新闻广播	12.7	1.4
5	苏州交通广播	11.2	0.9
6	上海人民广播电台动感101	10.8	0.9
7	无锡新闻综合广播	8.3	0.6
7	中央广播电视总台中国之声	8.3	0.8
9	上海人民广播电台经典金曲广播 Love Radio最爱调频	7.8	0.6
10	常熟综合广播AM1116	7.6	0.9

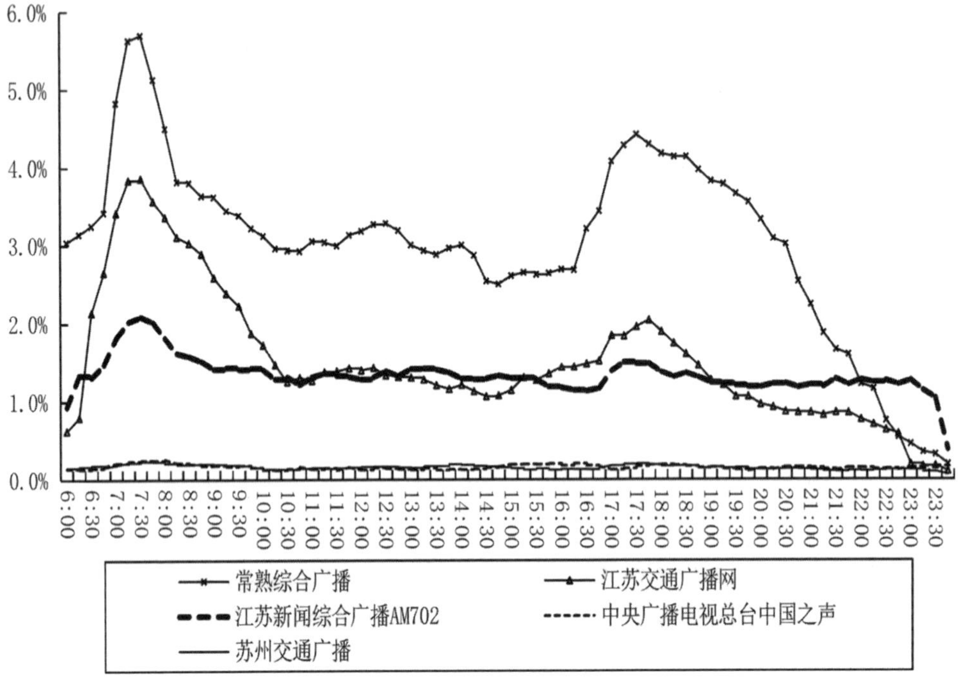

图1.35.1　常熟地区主要电台的时段收听率-1

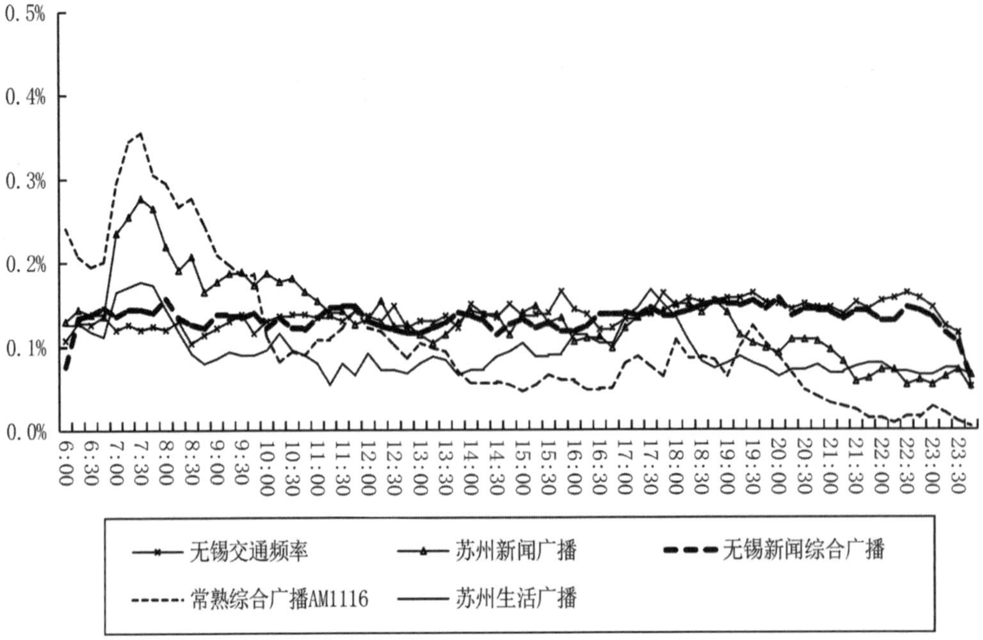

图1.35.2　常熟地区主要电台的时段收听率-2

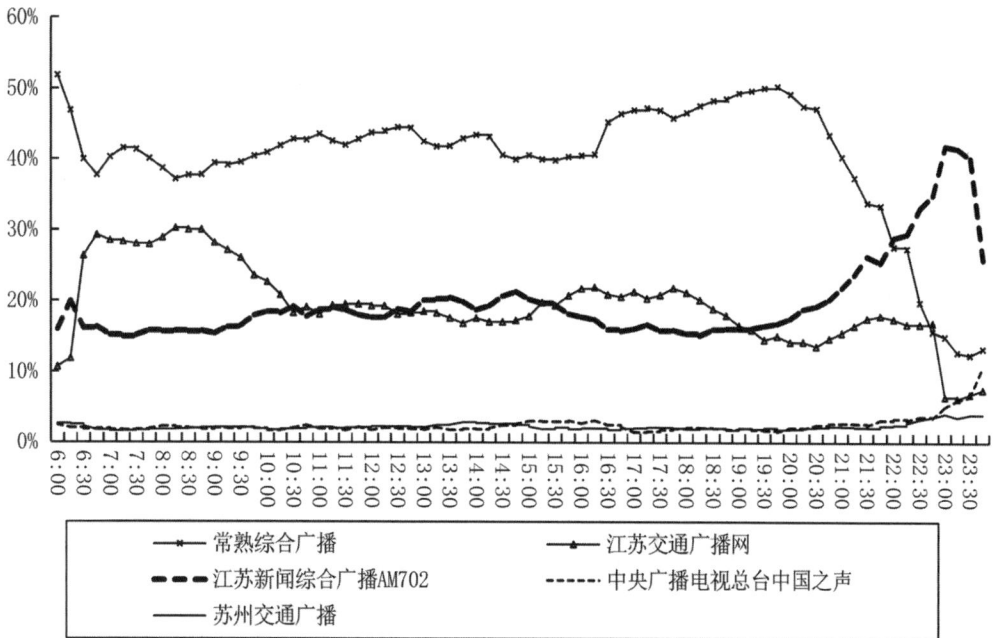

图1.35.3　常熟地区主要电台的时段占有率-1

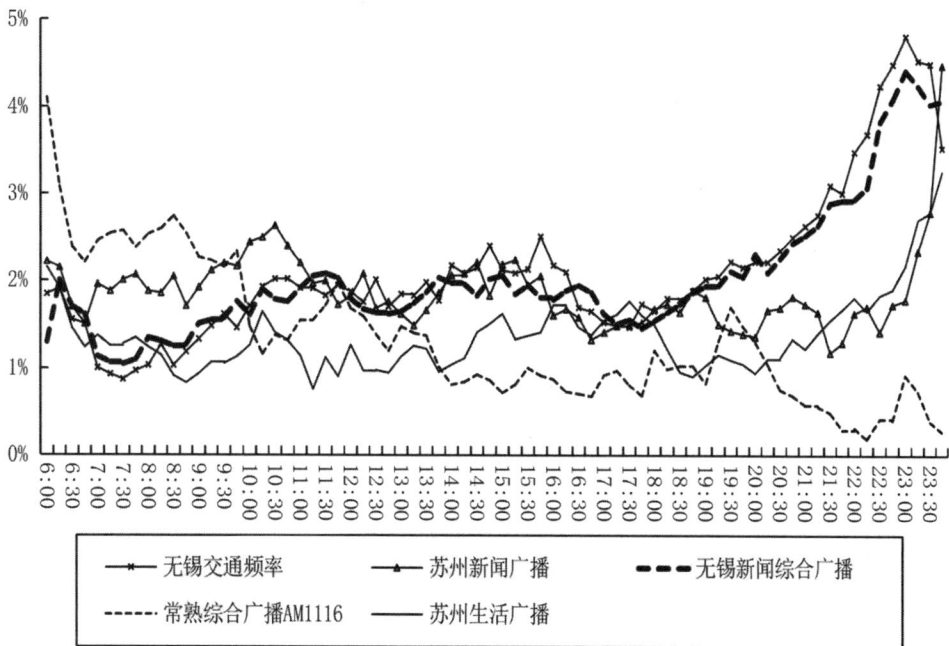

图1.35.4　常熟地区主要电台的时段占有率-2

三十六、常州地区收听率数据

表1.36.1 常州地区主要电台频率的平均收听率和市场份额

排名	电台名称	平均收听率（%）	市场份额（%）
1	常州交通广播	2.31	30.4
2	常州音乐广播	1.95	25.7
3	常州新闻综合广播	1.02	13.3
4	常州经济广播	0.93	12.2
5	江苏经典流行音乐广播	0.43	5.6
6	江苏交通广播网	0.39	5.1
7	中央广播电视总台中国之声	0.24	3.2
8	江苏新闻广播	0.19	2.5
9	江苏音乐广播	0.12	1.5

表1.36.2 常州地区主要电台频率的到达率和日到达率

排名	电台名称	到达率（%）	日到达率（%）
1	常州交通广播	42.7	16.3
2	常州音乐广播	31.2	14.1
3	常州新闻综合广播	23.0	9.7
4	常州经济广播	18.4	8.7
5	江苏交通广播网	6.8	3.2
6	江苏经典流行音乐广播	6.0	2.5
7	中央广播电视总台中国之声	4.3	2.1
8	江苏新闻广播	3.0	1.4
9	江苏音乐广播	2.9	1.2

图1.36.1 常州地区主要电台的时段收听率-1

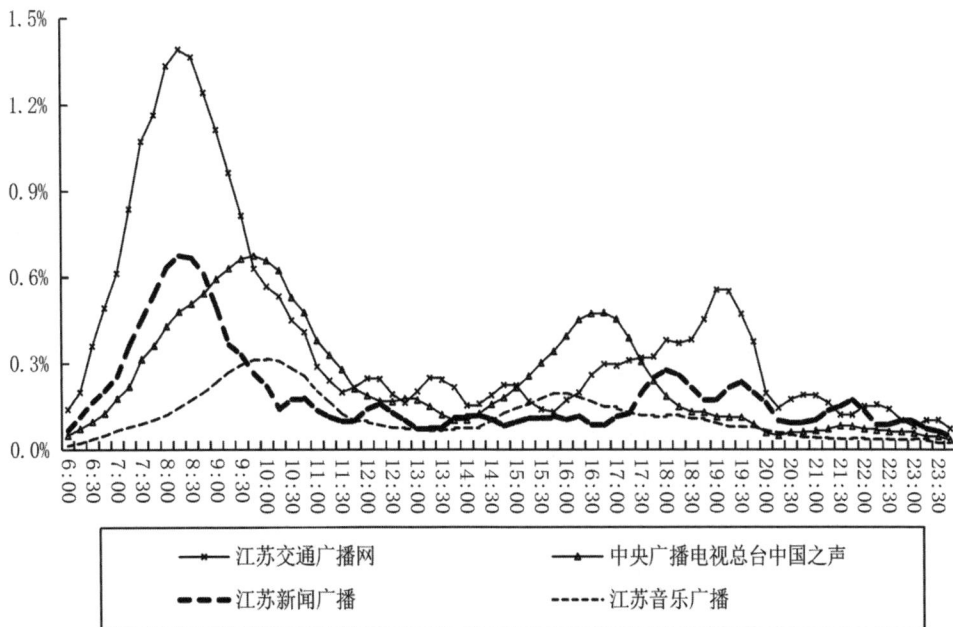

图1.36.2 常州地区主要电台的时段收听率-2

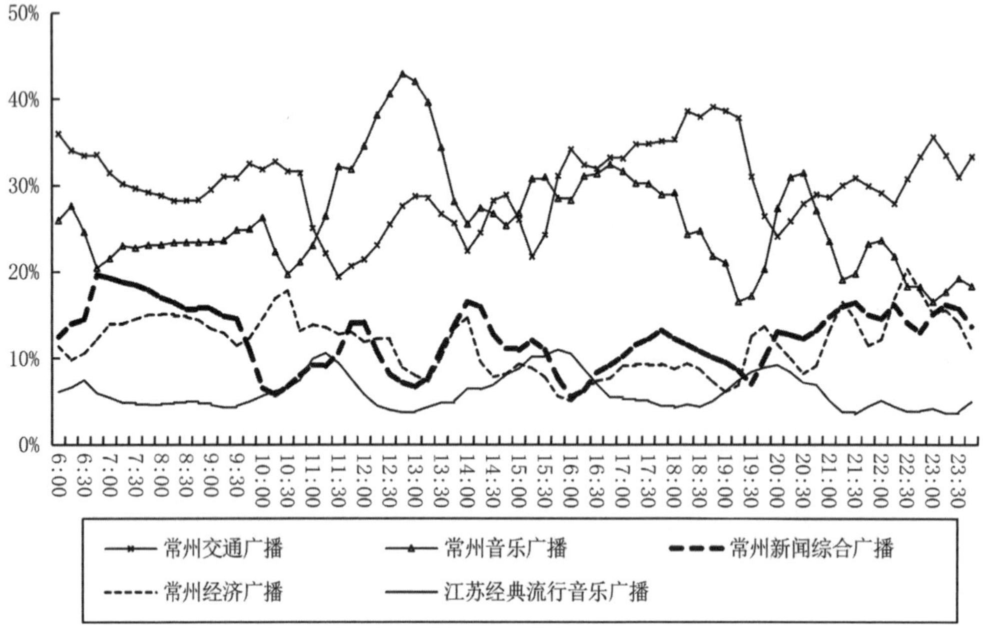

图1.36.3　常州地区主要电台的时段占有率-1

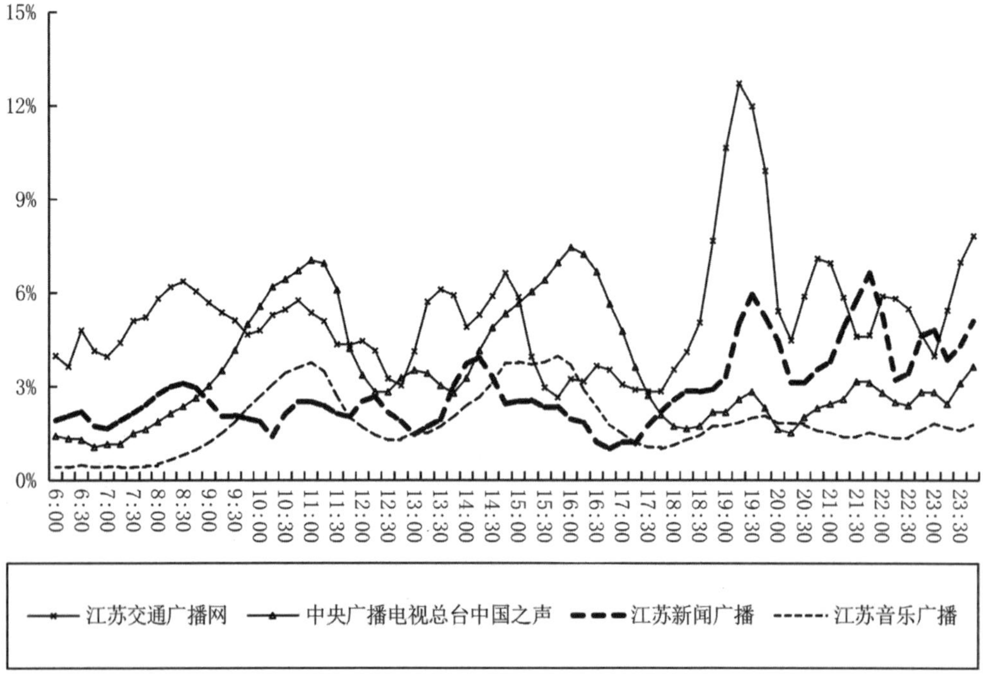

图1.36.4　常州地区主要电台的时段占有率-2

三十七、江阴地区收听率数据

表1.37.1 江阴地区主要电台频率的平均收听率和市场份额

排名	电台名称	平均收听率（%）	市场份额（%）
1	江阴人民广播电台FM90.7	2.63	42.3
2	江苏交通广播网	0.96	15.5
3	江苏新闻综合广播AM702	0.89	14.4
4	无锡交通频率	0.23	3.7
5	无锡新闻综合广播AM1161	0.22	3.5
6	无锡音乐广播	0.21	3.4
6	江阴人民广播电台AM1386	0.21	3.3
8	无锡都市生活广播	0.16	2.5
9	无锡梁溪之声广播	0.15	2.4
10	无锡经济广播	0.11	1.7

表1.37.2 江阴地区主要电台频率的到达率和日到达率

排名	电台名称	到达率（%）	日到达率（%）
1	江阴人民广播电台FM90.7	21.4	4.4
2	江苏交通广播网	18.2	3.3
3	江阴人民广播电台AM1386	16.6	1.3
4	无锡音乐广播	14.7	1.4
5	江苏新闻综合广播AM702	14.6	2.1
6	无锡经济广播	14.2	1.2
7	无锡交通频率	13.9	1.5
8	无锡梁溪之声广播	13.7	1.2
9	无锡新闻综合广播AM1161	13.6	1.5
10	无锡都市生活广播	12.7	1.1

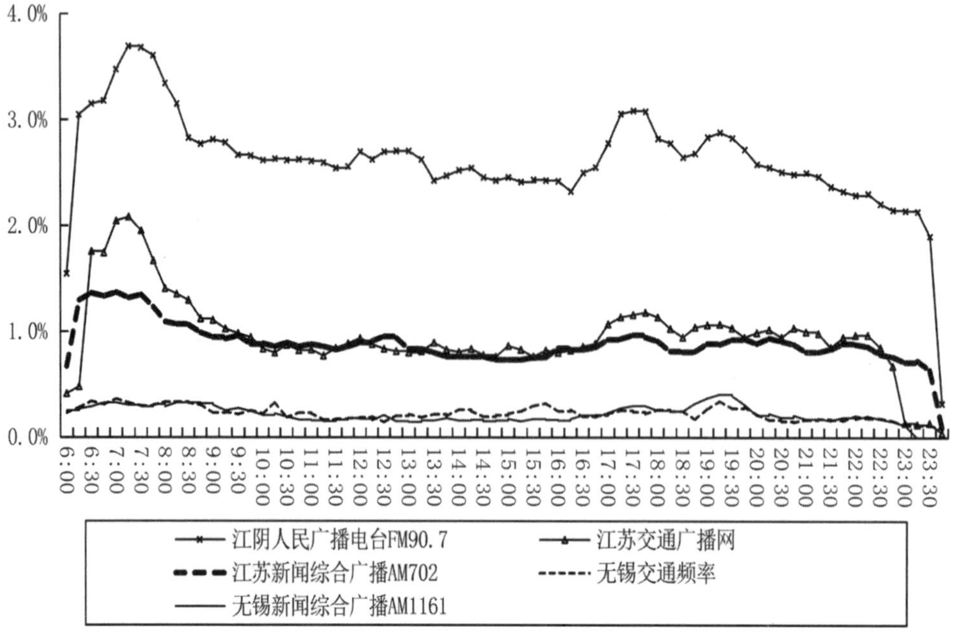

图1.37.1　江阴地区主要电台的时段收听率-1

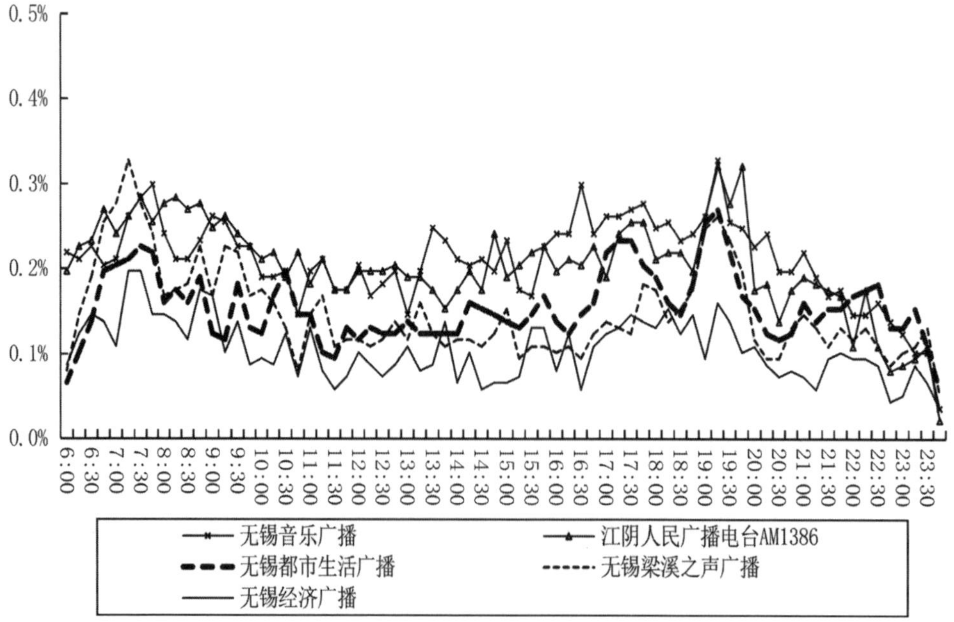

图1.37.2　江阴地区主要电台的时段收听率-2

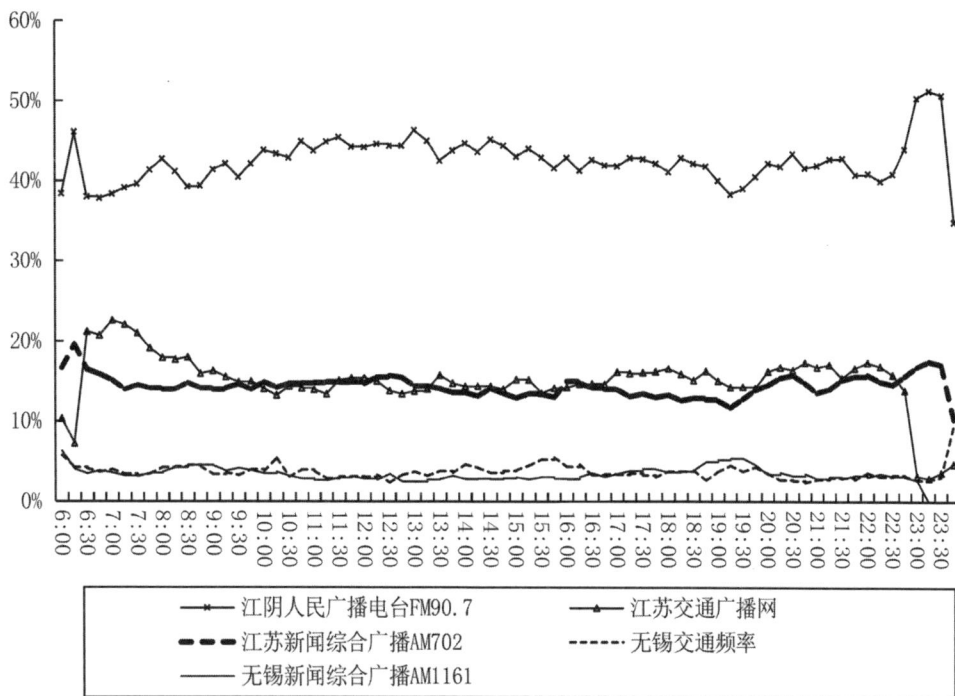

图1.37.3 江阴地区主要电台的时段占有率-1

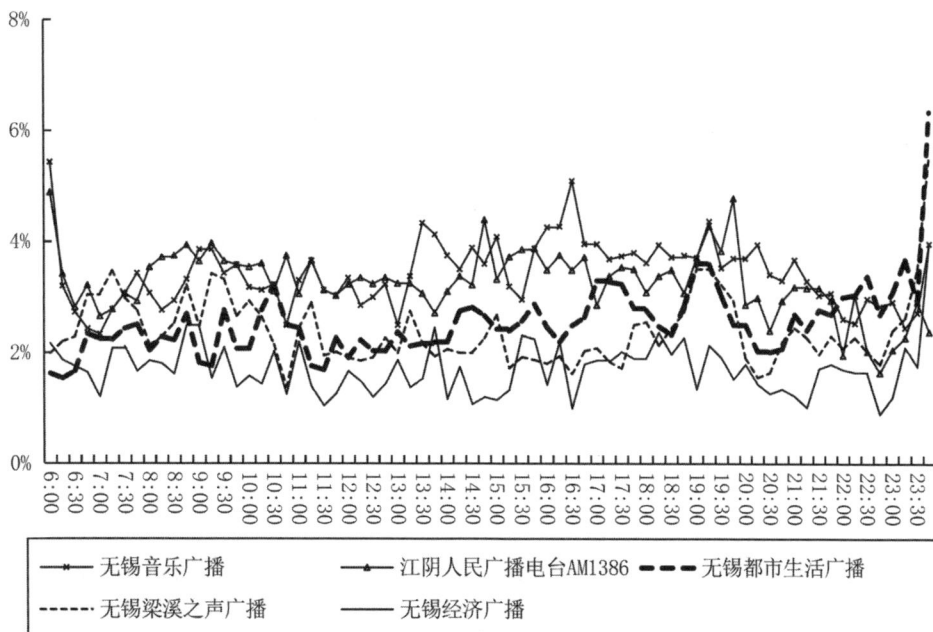

图1.37.4 江阴地区主要电台的时段占有率-2

三十八、池州地区收听率数据

表1.38.1 池州地区主要电台频率的平均收听率和市场份额

排名	电台名称	平均收听率（%）	市场份额（%）
1	池州交通旅游广播	1.39	23.5
2	池州综合广播	1.03	17.5
3	安徽交通广播	0.84	14.3
4	安徽新闻综合广播	0.68	11.5
5	中央广播电视总台中国之声	0.58	9.8
6	安徽音乐广播	0.25	4.2
7	安徽旅游广播高速之声	0.19	3.3
8	安徽生活广播	0.17	2.9
9	安徽经济广播	0.16	2.7
10	中央广播电视总台经济之声	0.14	2.4

表1.38.2 池州地区主要电台频率的到达率和日到达率

排名	电台名称	到达率（%）	日到达率（%）
1	池州交通旅游广播	27.4	10.9
2	池州新闻综合广播	21.0	8.7
3	安徽交通广播	18.1	9.2
4	中央广播电视总台中国之声	16.2	7.3
5	安徽音乐广播	15.5	4.9
6	安徽新闻综合广播	14.9	7.3
7	安徽旅游广播高速之声	10.5	3.8
8	安徽生活广播	10.3	3.3
9	安徽戏曲广播	8.9	2.5
10	安徽经济广播	8.8	2.8

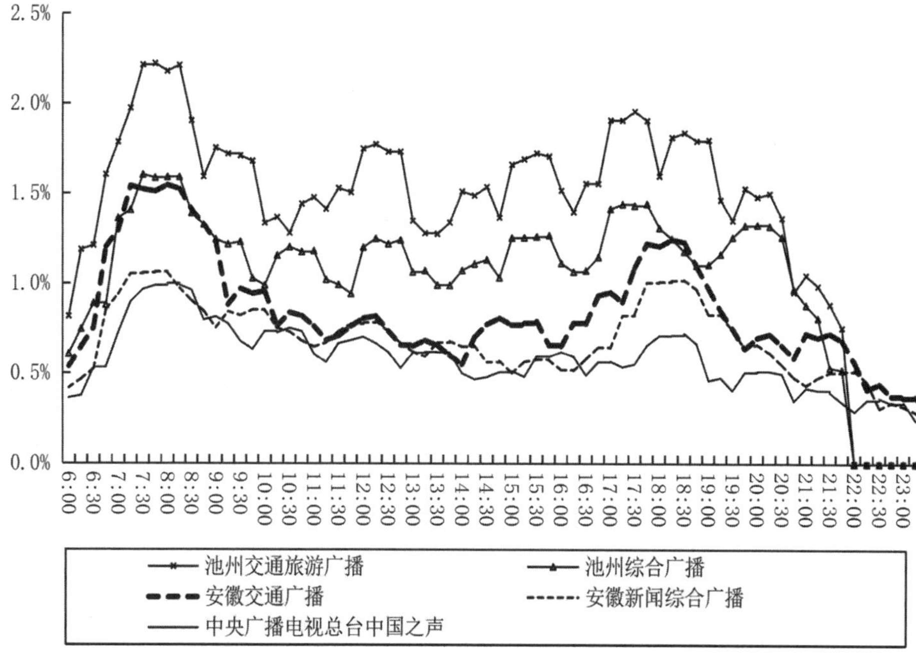

图1.38.1 池州地区主要电台的时段收听率-1

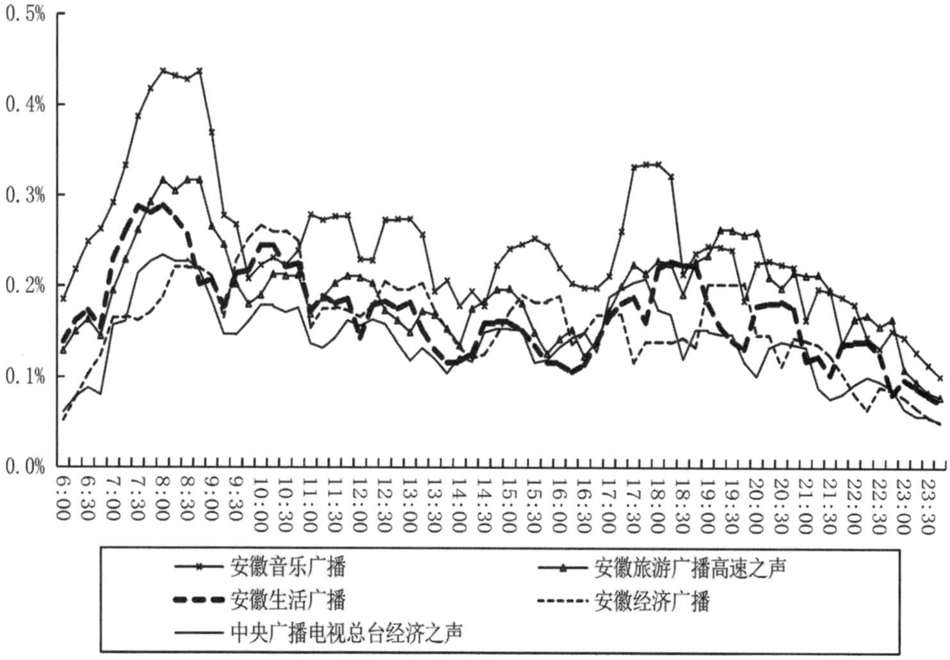

图1.38.2 池州地区主要电台的时段收听率-2

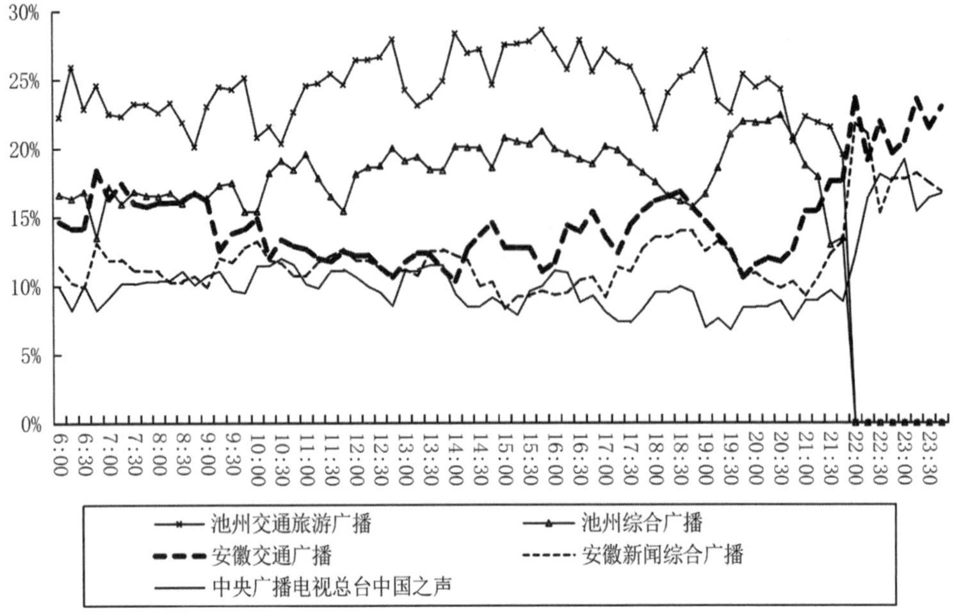

图1.38.3 池州地区主要电台的时段占有率-1

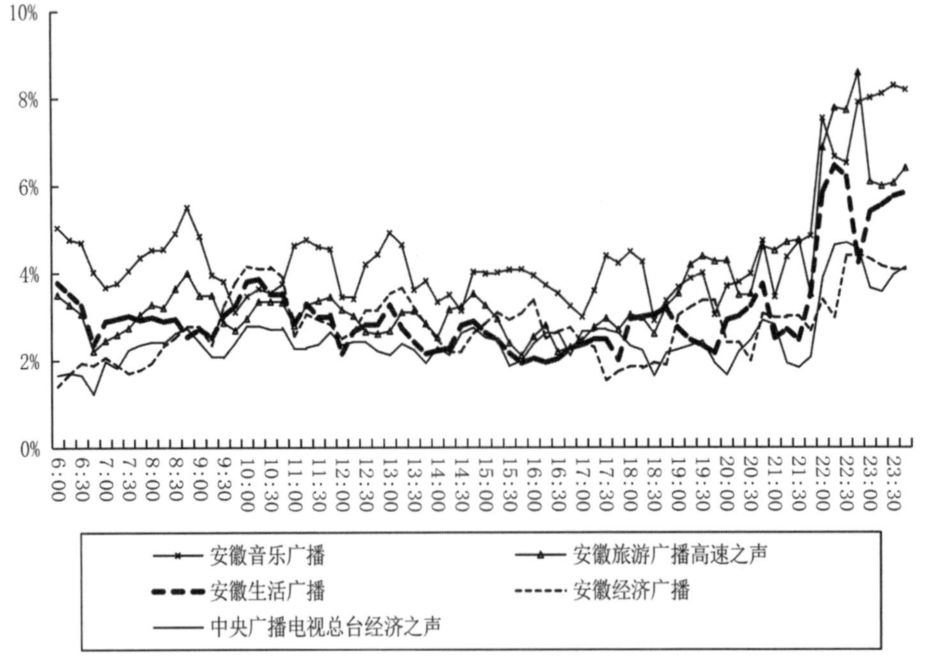

图1.38.4 池州地区主要电台的时段占有率-2

三十九、襄阳地区收听率数据

表1.39.1　襄阳地区主要电台频率的平均收听率和市场份额

排名	电台名称	平均收听率（%）	市场份额（%）
1	襄阳交通音乐广播	1.69	31.6
2	襄阳综合广播	0.95	17.7
3	湖北之声	0.59	11.0
4	襄阳文化教育广播	0.46	8.6
5	楚天交通广播	0.31	5.9
6	中央广播电视总台中国之声	0.30	5.5
7	湖北楚天音乐广播	0.28	5.2
8	湖北经济广播	0.21	3.9
9	襄州广播电台	0.19	3.6
10	湖北生活广播	0.09	1.7

表1.39.2　襄阳地区主要电台频率的到达率和日到达率

排名	电台名称	到达率（%）	日到达率（%）
1	襄阳交通音乐广播	45.7	13.5
2	襄阳综合广播	29.5	9.3
3	湖北之声	22.0	7.7
4	襄阳文化教育广播	16.1	2.7
5	楚天交通广播	14.2	3.3
6	中央广播电视总台中国之声	13.7	3.2
6	湖北经济广播	13.7	3.4
8	湖北楚天音乐广播	11.6	2.9
9	襄州广播电台	10.4	2.7
10	湖北生活广播	9.1	1.8

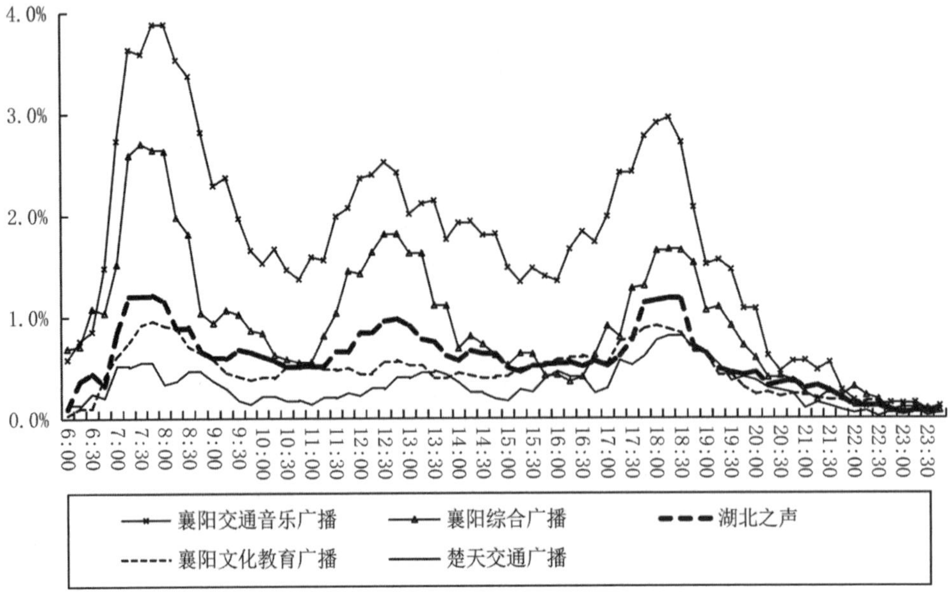

图1.39.1　襄阳地区主要电台的时段收听率-1

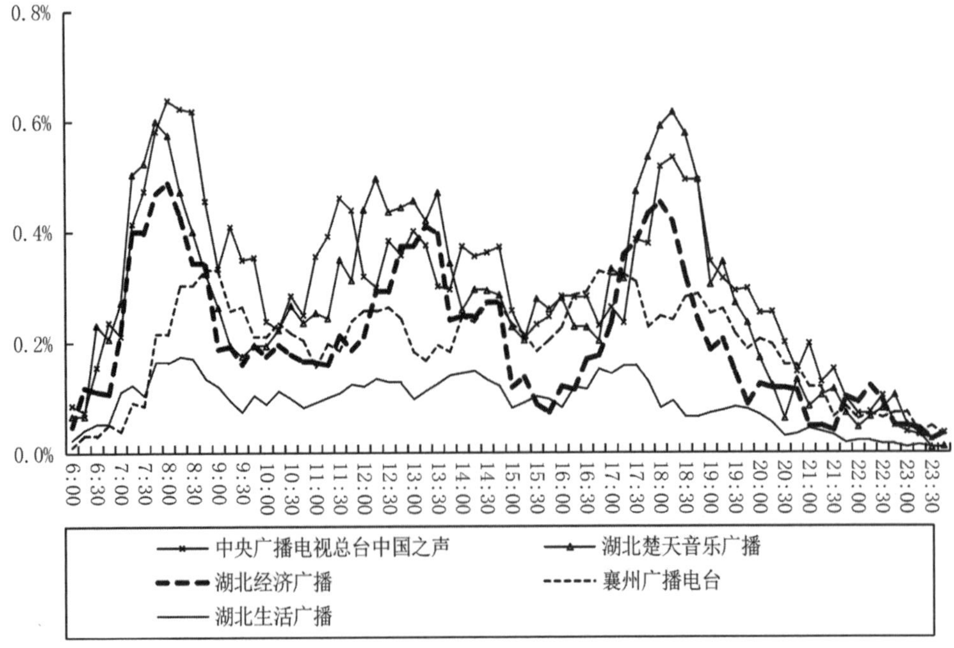

图1.39.2　襄阳地区主要电台的时段收听率-2

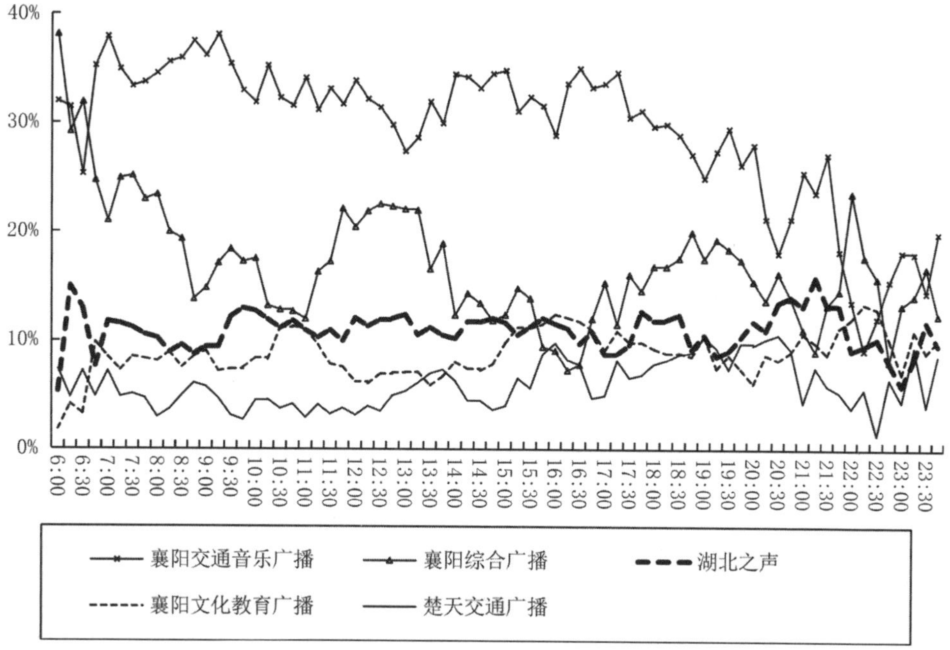

图1.39.3 襄阳地区主要电台的时段占有率-1

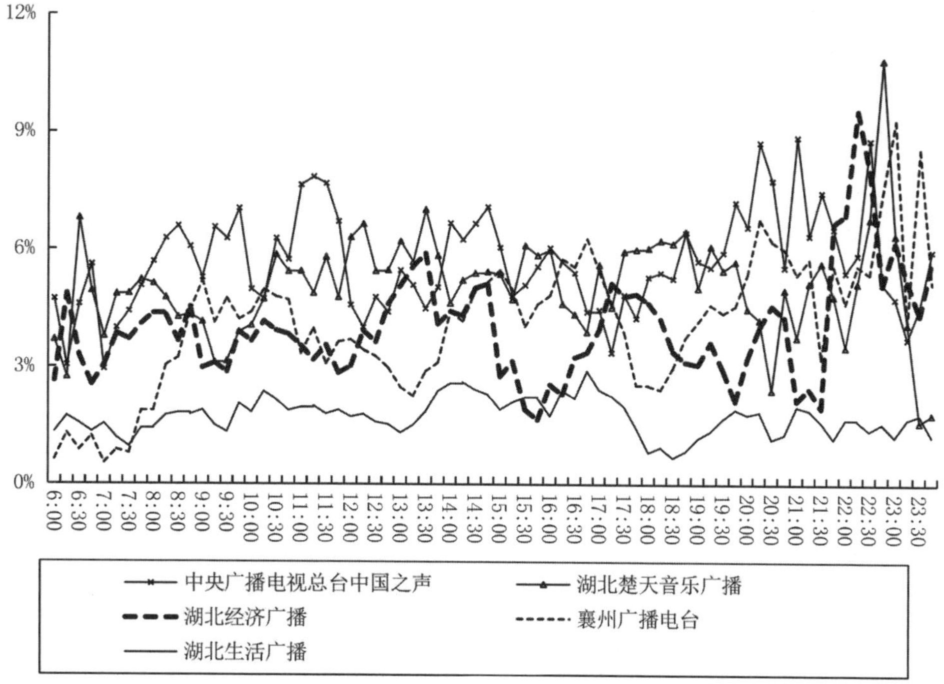

图1.39.4 襄阳地区主要电台的时段占有率-2

四十、凉山地区收听率数据

表1.40.1　凉山地区主要电台频率的平均收听率和市场份额

排名	电台名称	平均收听率（%）	市场份额（%）
1	凉山综合广播	1.87	41.4
2	四川交通广播	1.00	22.2
3	西昌人民广播电台新闻频率	0.78	17.2
4	四川之声	0.48	10.7
5	中央广播电视总台中国之声	0.22	4.8
6	四川民族频率	0.15	3.3

表1.40.2　凉山地区主要电台频率的到达率和日到达率

排名	电台名称	到达率（%）	日到达率（%）
1	凉山综合广播	34.4	16.9
2	四川交通广播	30.6	18.4
3	西昌人民广播电台新闻频率	23.9	12.4
4	四川之声	16.8	7.8
5	四川民族频率	9.8	2.7
6	中央广播电视总台中国之声	9.4	3.6

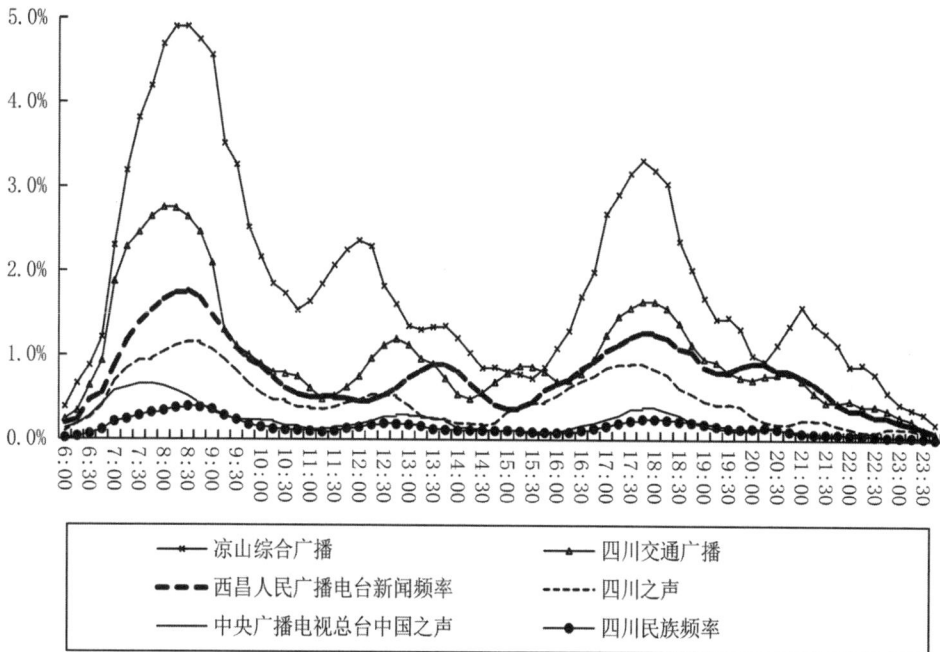

图1.40.1　凉山地区主要电台的时段收听率

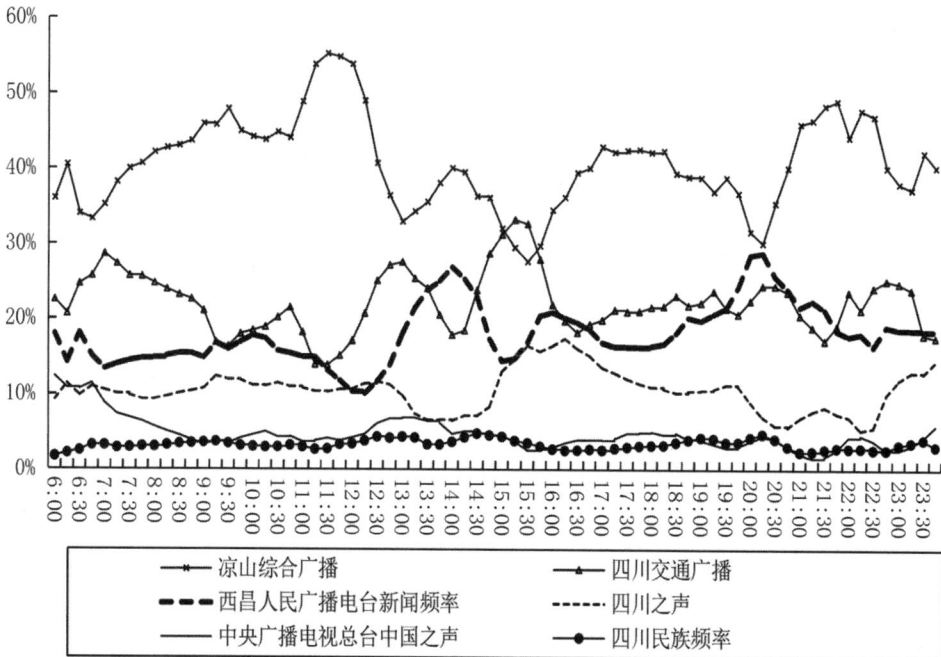

图1.40.2　凉山地区主要电台的时段占有率

四十一、湖州地区收听率数据

表1.41.1 湖州地区主要电台频率的平均收听率和市场份额

排名	电台名称	平均收听率（%）	市场份额（%）
1	湖州经济广播	1.17	21.3
2	湖州综合广播	1.13	20.7
3	湖州交通文艺广播	0.91	16.7
4	浙江交通之声	0.81	14.8
5	浙江之声	0.47	8.6
6	浙江动听968音乐调频	0.23	4.1
7	浙江旅游之声	0.20	3.6
8	浙江电台FM95经济广播	0.16	2.9
8	浙江民生资讯广播	0.16	2.9
10	中央广播电视总台中国之声	0.11	2.0

表1.41.2 湖州地区主要电台频率的到达率和日到达率

排名	电台名称	到达率（%）	日到达率（%）
1	湖州经济广播	35.0	10.1
2	湖州综合广播	31.0	10.2
3	湖州交通文艺广播	23.5	8.0
4	浙江电台FM95经济广播	17.5	3.8
5	浙江交通之声	16.7	7.4
6	浙江之声	14.4	5.7
7	浙江动听968音乐调频	9.9	3.4
8	浙江旅游之声	9.1	2.7
9	浙江民生资讯广播	8.0	2.2
10	中央广播电视总台中国之声	6.5	1.6

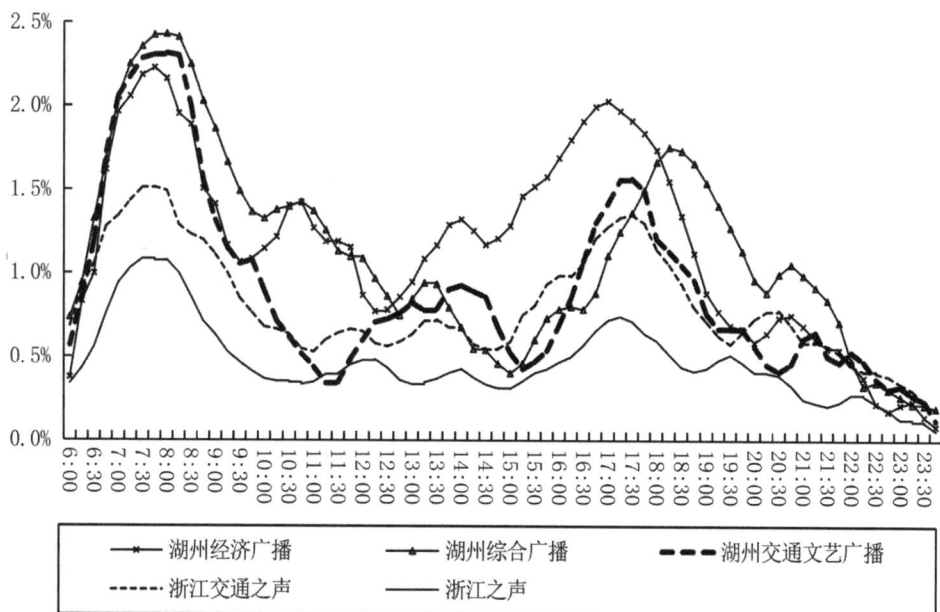

图1.41.1 湖州地区主要电台的时段收听率-1

图例:
湖州经济广播
湖州综合广播
湖州交通文艺广播
浙江交通之声
浙江之声

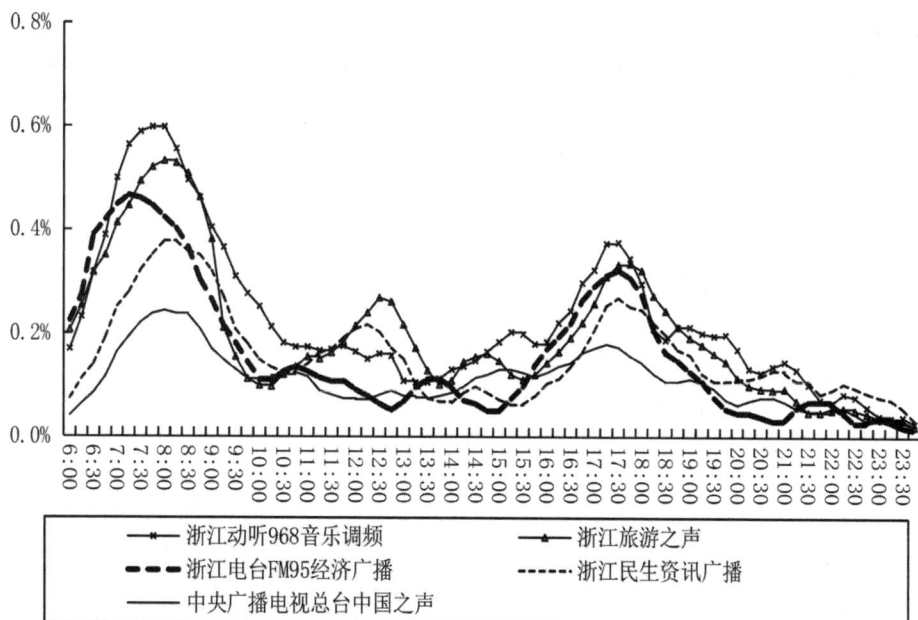

图1.41.2 湖州地区主要电台的时段收听率-2

图例:
浙江动听968音乐调频
浙江旅游之声
浙江电台FM95经济广播
浙江民生资讯广播
中央广播电视总台中国之声

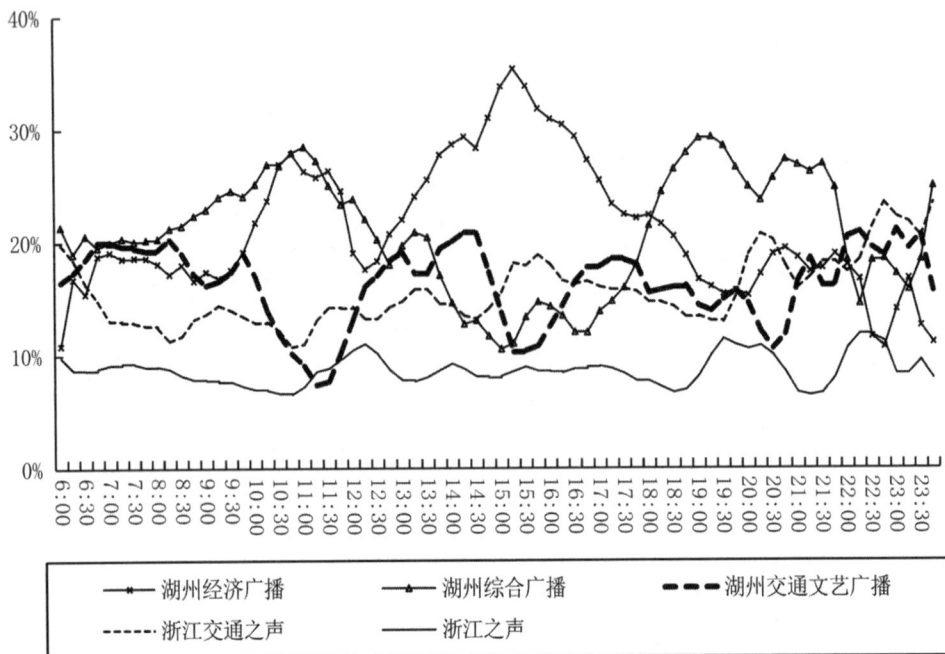

图1.41.3　湖州地区主要电台的时段占有率-1

图例：湖州经济广播　湖州综合广播　湖州交通文艺广播　浙江交通之声　浙江之声

图1.41.4　湖州地区主要电台的时段占有率-2

图例：浙江动听968音乐调频　浙江旅游之声　浙江电台FM95经济广播　浙江民生资讯广播　中央广播电视总台中国之声

四十二、嘉兴地区收听率数据

表1.42.1　嘉兴地区主要电台频率的平均收听率和市场份额

排名	电台名称	平均收听率（%）	市场份额（%）
1	嘉兴交通经济频率	2.03	32.5
2	嘉兴新闻综合频率	1.43	22.9
3	嘉兴音乐生活频率	1.42	22.7
4	浙江交通之声	0.34	5.4
5	中央广播电视总台中国之声	0.16	2.5
6	上海人民广播电台动感101	0.14	2.2
7	上海人民广播电台交通广播	0.12	1.8
8	浙江城市之声	0.11	1.8
9	上海人民广播电台上海新闻广播	0.10	1.6
10	中央广播电视总台音乐之声	0.08	1.3

表1.42.2　嘉兴地区主要电台频率的到达率和日到达率

排名	电台名称	到达率（%）	日到达率（%）
1	嘉兴交通经济频率	40.5	17.8
2	嘉兴新闻综合频率	37.8	14.1
3	嘉兴音乐生活频率	30.2	11.5
4	浙江交通之声	10.2	4.4
5	中央广播电视总台中国之声	6.8	3.0
6	上海人民广播电台交通广播	6.7	2.3
7	上海人民广播电台动感101	6.0	3.4
8	中央广播电视总台音乐之声	5.8	1.4
9	上海人民广播电台上海新闻广播	5.6	2.7
10	上海人民广播电台第一财经广播	5.1	1.7

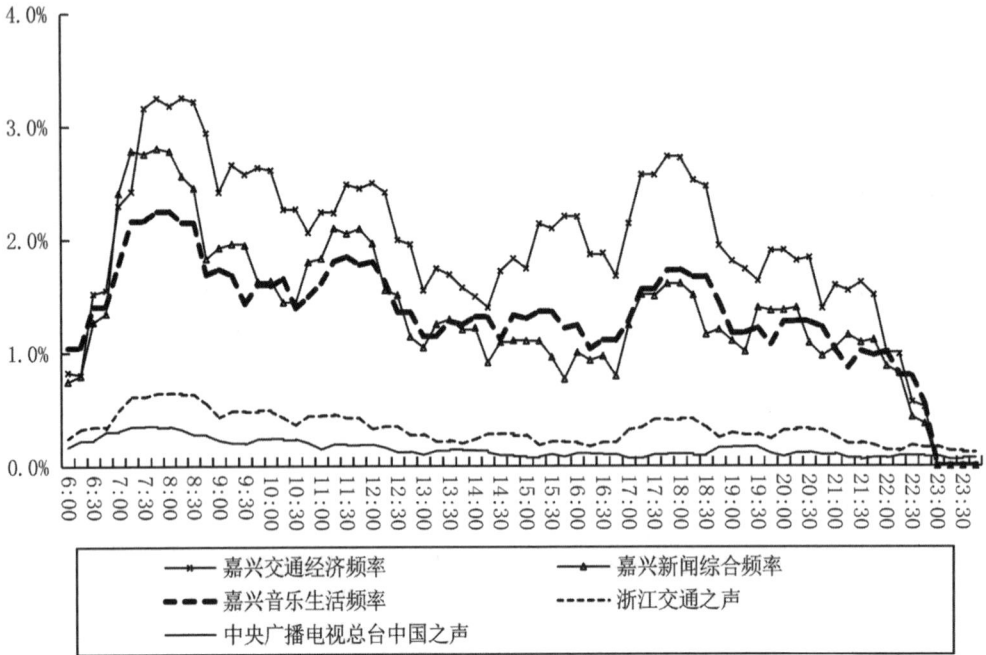

图1.42.1 嘉兴地区主要电台的时段收听率-1

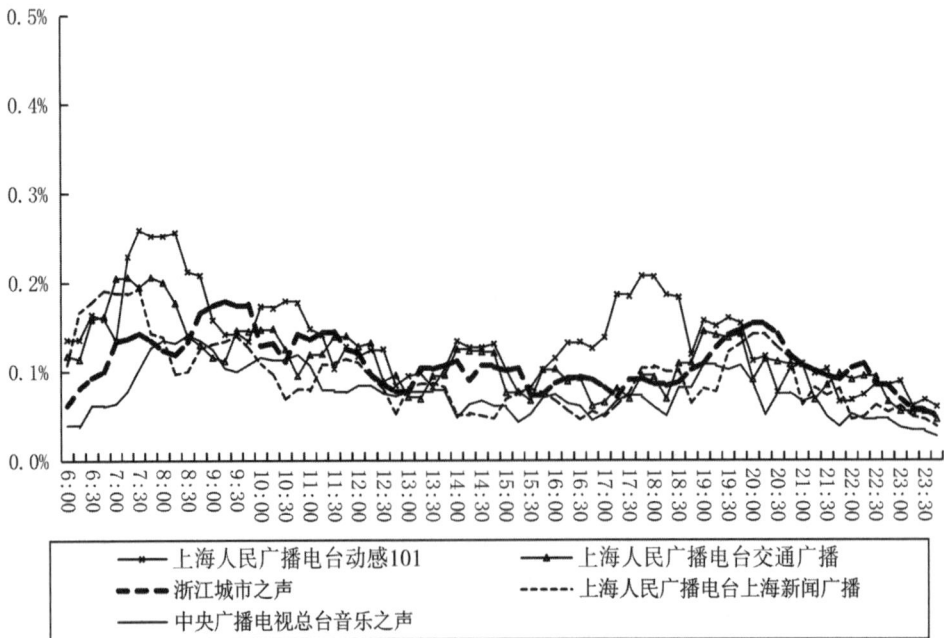

图1.42.2 嘉兴地区主要电台的时段收听率-2

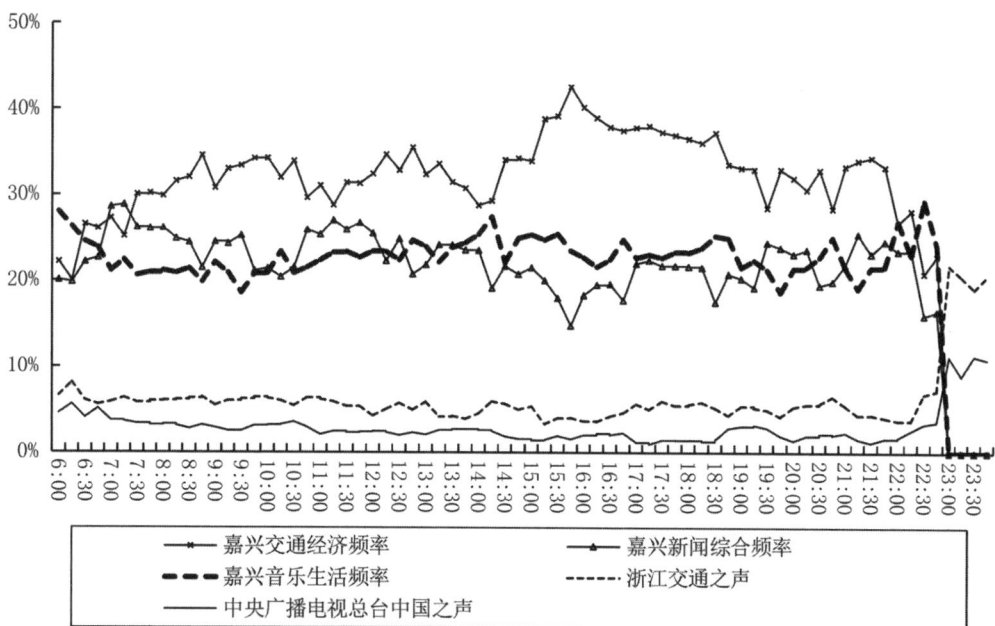

图1.42.3　嘉兴地区主要电台的时段占有率-1

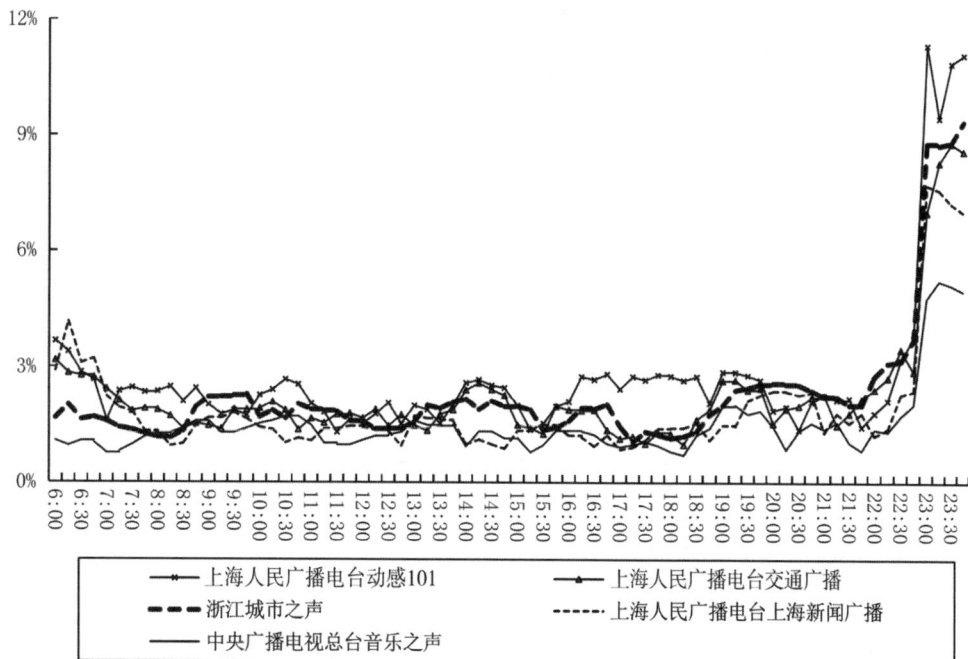

图1.42.4　嘉兴地区主要电台的时段占有率-2

四十三、宁波地区收听率数据

表1.43.1　宁波地区主要电台频率的平均收听率和市场份额

排名	电台名称	平均收听率（%）	市场份额（%）
1	宁波电台交通广播	1.36	18.2
2	宁波电台新闻综合广播	0.95	12.7
3	宁波电台音乐广播私家车986	0.90	12.0
4	1047Nice FM	0.79	10.6
5	浙江交通之声	0.63	8.4
6	宁波电台经济广播	0.62	8.3
6	1008可乐台	0.62	8.3
8	浙江之声	0.44	5.9
9	FM105.2　Love Radio	0.43	5.8
10	浙江城市之声	0.20	2.7

表1.43.2　宁波地区主要电台频率的到达率和日到达率

排名	电台名称	到达率（%）	日到达率（%）
1	宁波电台交通广播	39.6	28.8
2	宁波电台新闻综合广播	29.8	22.3
3	浙江交通之声	25.3	17.7
4	宁波电台经济广播	23.9	16.3
5	宁波电台音乐广播私家车986	23.0	18.0
6	1047Nice FM	18.0	14.0
7	1008可乐台	15.7	12.1
8	浙江之声	13.6	10.4
9	宁波电台老少广播阳光904	12.1	6.5
10	浙江城市之声	12.0	7.6

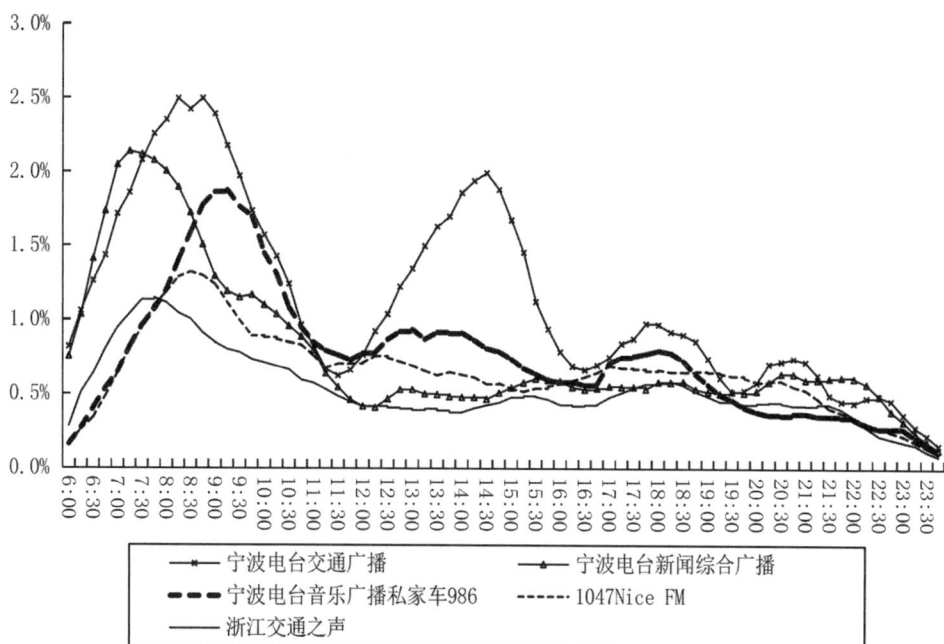

图1.43.1　宁波地区主要电台的时段收听率-1

图1.43.2　宁波地区主要电台的时段收听率-2

图1.43.3　宁波地区主要电台的时段占有率-1

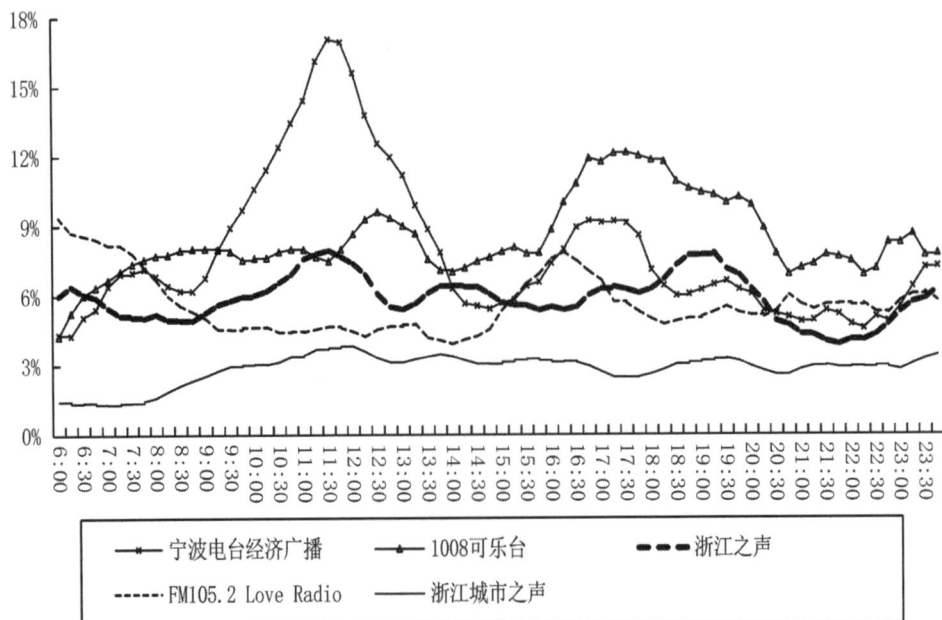

图1.43.4　宁波地区主要电台的时段占有率-2

四十四、绍兴地区收听率数据

表1.44.1　绍兴地区主要电台频率的平均收听率和市场份额

排名	电台名称	平均收听率（%）	市场份额（%）
1	绍兴交通频率	1.32	23.3
2	绍兴新闻综合频率	1.16	20.4
3	绍兴私家车音乐广播103.5	1.07	18.8
4	浙江交通之声	0.55	9.7
5	浙江动听968音乐调频	0.38	6.8
6	浙江旅游之声	0.32	5.7
7	浙江民生资讯广播	0.25	4.4
8	浙江城市之声	0.20	3.5
9	浙江电台FM95经济广播	0.13	2.3
10	中央广播电视总台中国之声	0.10	1.8

表1.44.2　绍兴地区主要电台频率的到达率和日到达率

排名	电台名称	到达率（%）	日到达率（%）
1	绍兴新闻综合频率	25.1	13.1
2	绍兴交通频率	19.7	10.1
3	绍兴私家车音乐广播103.5	19.1	11.4
4	浙江交通之声	17.5	8.7
5	浙江动听968音乐调频	10.7	6.9
6	浙江旅游之声	10.5	6.1
7	浙江民生资讯广播	8.3	3.7
8	浙江城市之声	8.0	4.0
9	浙江电台FM95经济广播	5.5	2.5
10	中央广播电视总台经济之声	5.4	2.1

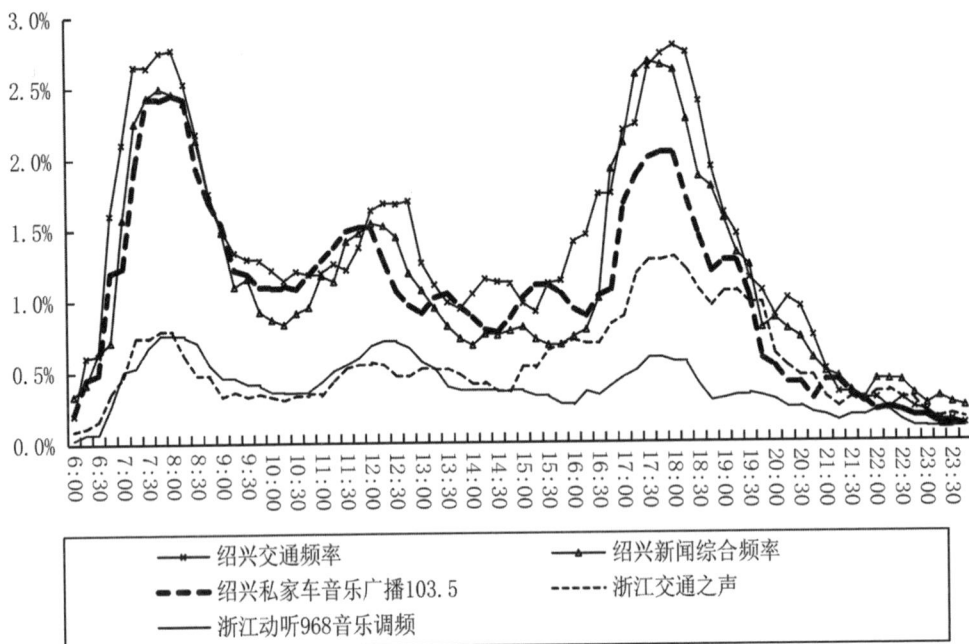

图1.44.1　绍兴地区主要电台的时段收听率-1

图例：
- 绍兴交通频率
- 绍兴新闻综合频率
- 绍兴私家车音乐广播103.5
- 浙江交通之声
- 浙江动听968音乐调频

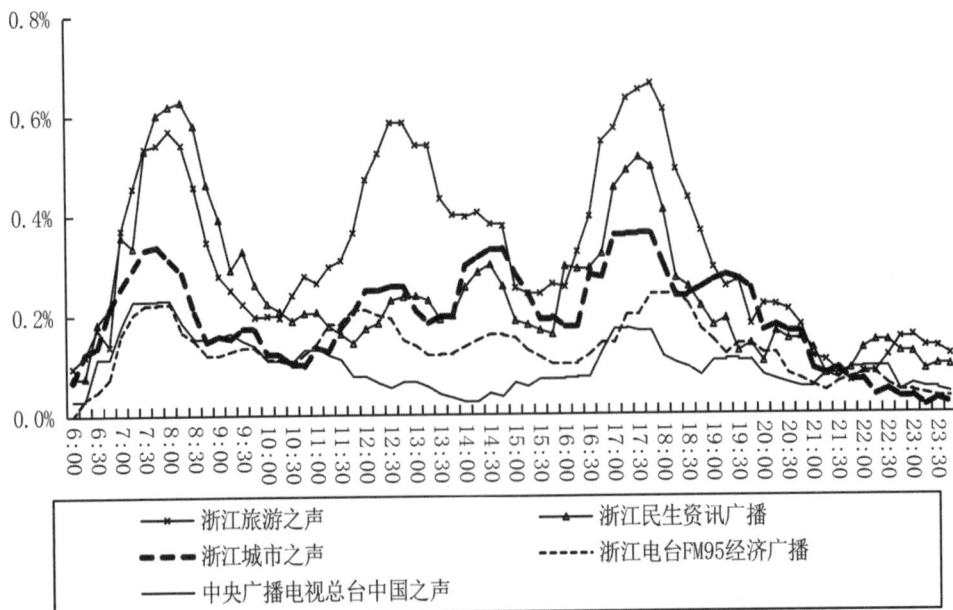

图1.44.2　绍兴地区主要电台的时段收听率-2

图例：
- 浙江旅游之声
- 浙江民生资讯广播
- 浙江城市之声
- 浙江电台FM95经济广播
- 中央广播电视总台中国之声

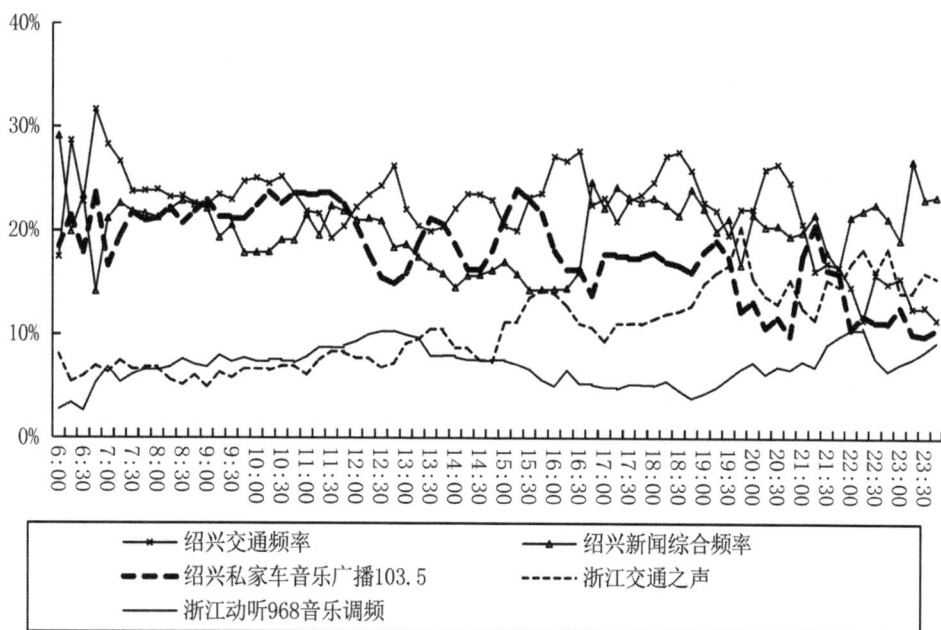

图1.44.3 绍兴地区主要电台的时段占有率-1

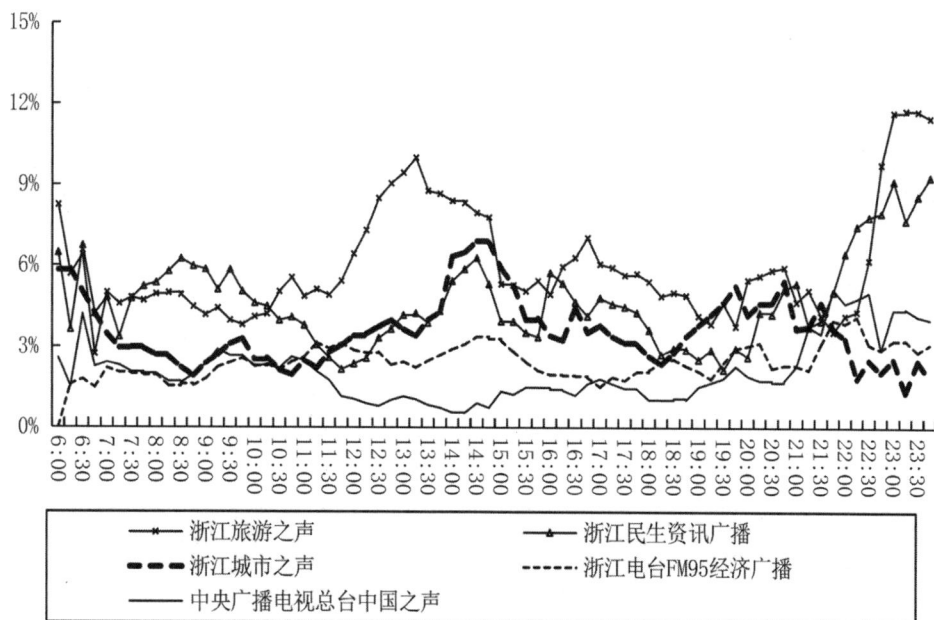

图1.44.4 绍兴地区主要电台的时段占有率-2

四十五、义乌地区收听率数据

表1.45.1　义乌地区主要电台频率的平均收听率和市场份额

排名	电台名称	平均收听率（%）	市场份额（%）
1	义乌电台交通广播	1.28	27.0
2	义乌电台新闻广播	1.07	22.6
3	浙江之声	0.39	8.2
3	金华交通音乐广播	0.39	8.2
5	金华综合频率	0.35	7.3
6	中央广播电视总台中国之声	0.27	5.7
7	浙江交通之声	0.21	4.5
8	浙江城市之声	0.20	4.1
9	浙江动听968音乐调频	0.16	3.4
10	金华对农广播	0.14	3.0

表1.45.2　义乌地区主要电台频率的到达率和日到达率

排名	电台名称	到达率（%）	日到达率（%）
1	义乌电台交通广播	43.1	17.5
2	义乌电台新闻广播	39.3	14.4
3	金华交通音乐广播	17.9	4.2
4	浙江交通之声	13.4	3.2
5	东阳人民广播电台	12.8	2.9
6	中央广播电视总台中国之声	12.1	4.2
7	浙江之声	11.7	3.4
8	浙江动听968音乐调频	9.9	3.2
8	浙江民生资讯广播	9.9	2.6
10	金华综合频率	9.3	2.8

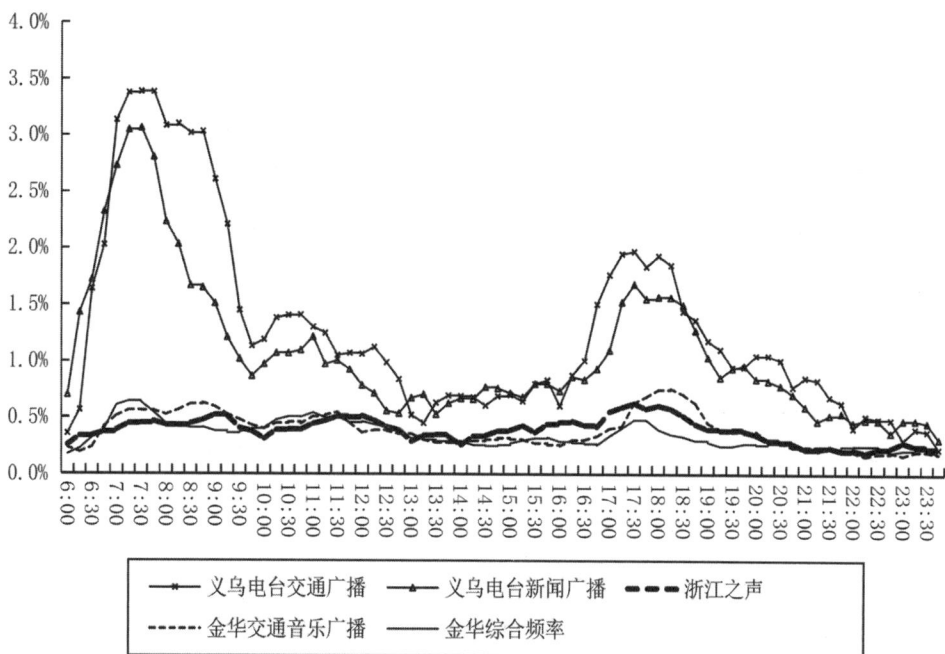

图1.45.1　义乌地区主要电台的时段收听率-1

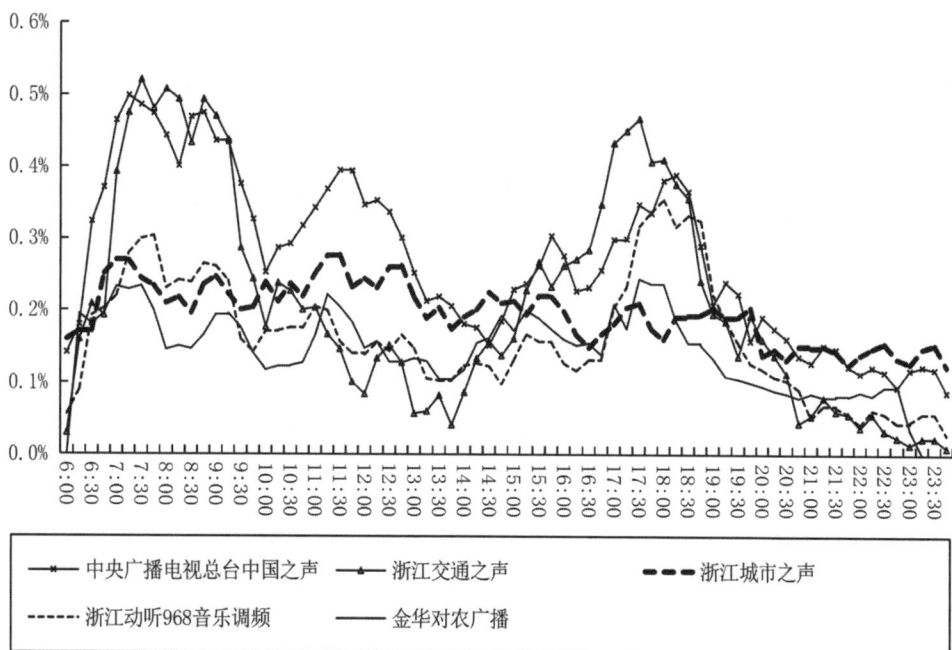

图1.45.2　义乌地区主要电台的时段收听率-2

图1.45.3　义乌地区主要电台的时段占有率-1

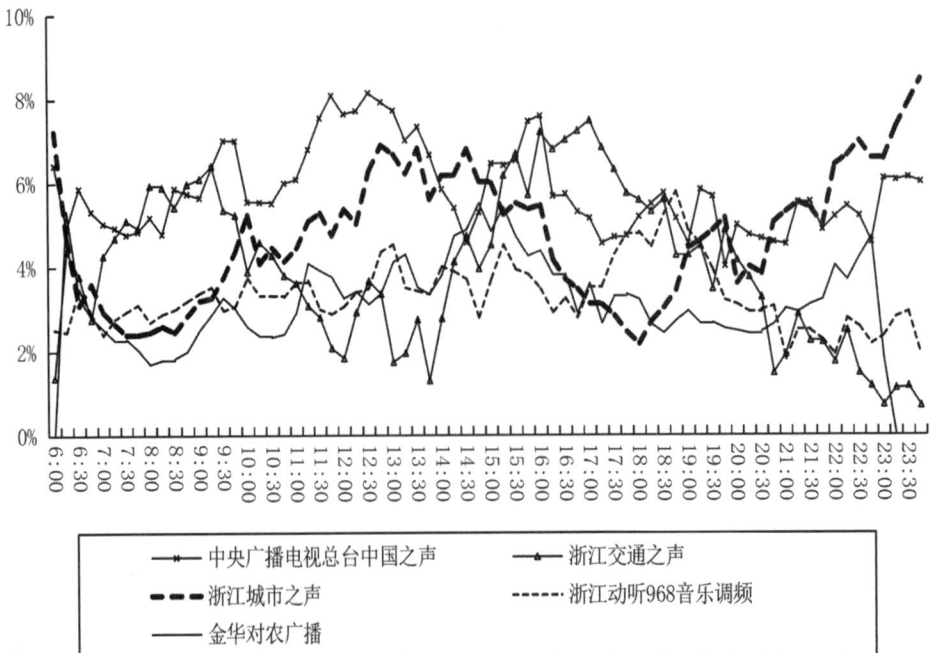

图1.45.4　义乌地区主要电台的时段占有率-2

四十六、金华地区收听率数据

表1.46.1　金华地区主要电台频率的平均收听率和市场份额

排名	电台名称	平均收听率（%）	市场份额（%）
1	金华交通音乐广播	0.89	17.0
2	金华综合频率	0.88	16.9
3	浙江动听968音乐调频	0.49	9.5
4	金华对农广播	0.48	9.3
5	浙江交通之声	0.47	8.9
6	浙江电台FM95经济广播	0.46	8.8
7	浙江之声	0.31	5.9
8	浙江城市之声	0.30	5.7
9	浙江民生资讯广播	0.24	4.5
10	中央广播电视总台中国之声	0.21	3.9

表1.46.2　金华地区主要电台频率的到达率和日到达率

排名	电台名称	到达率（%）	日到达率（%）
1	金华交通音乐广播	30.8	6.8
2	金华综合频率	26.6	7.4
3	金华对农广播	22.5	4.5
4	浙江交通之声	15.5	5.3
5	浙江动听968音乐调频	15.4	5.0
6	浙江城市之声	13.4	2.5
6	浙江民生资讯广播	13.4	3.3
8	浙江电台FM95经济广播	13.0	5.0
9	浙江之声	12.4	3.4
10	武义县新闻广播	8.0	0.7

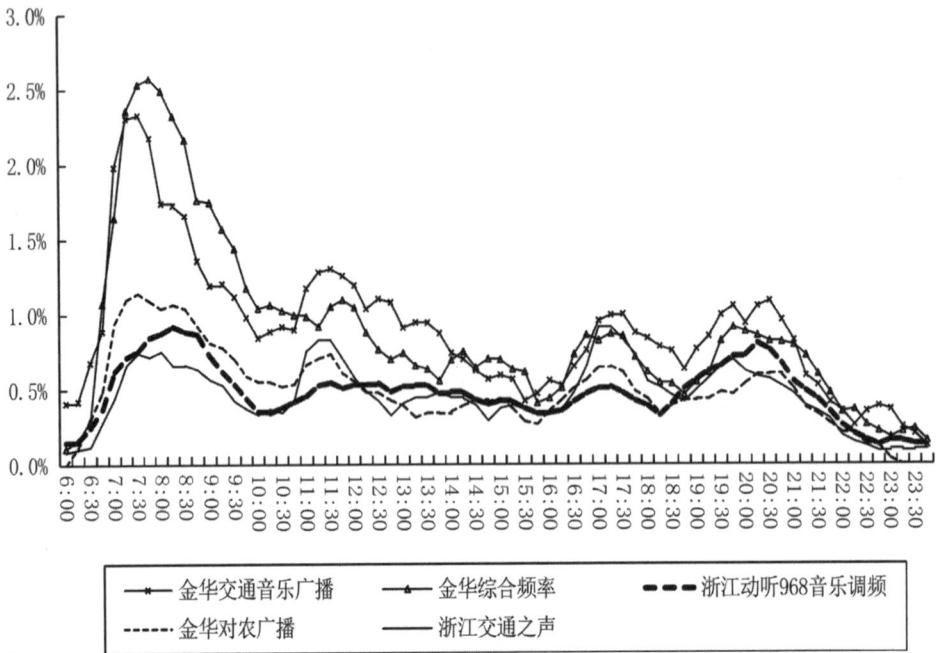

图1.46.1 金华地区主要电台的时段收听率-1

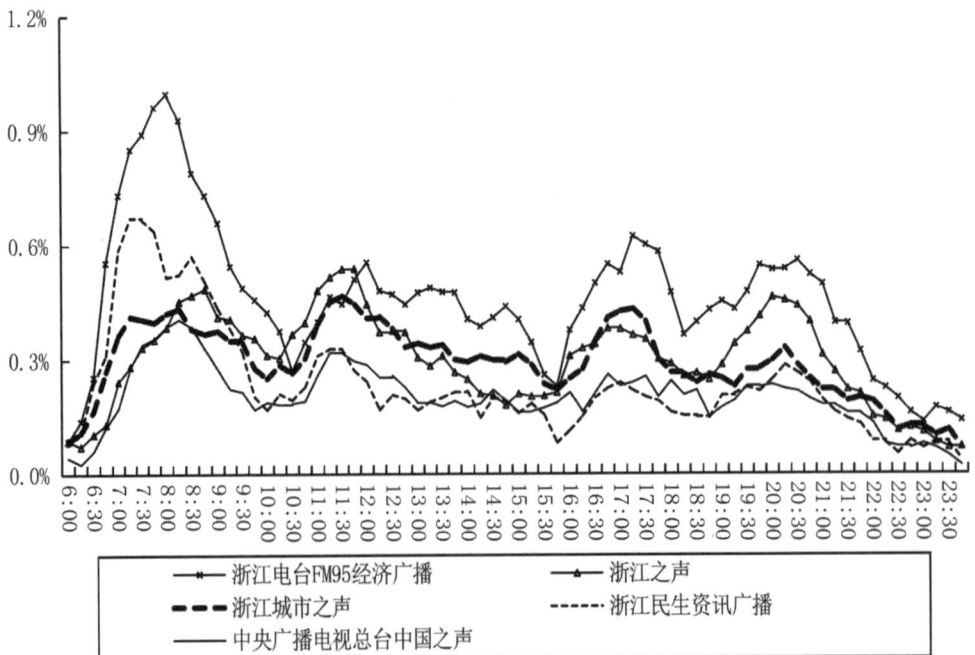

图1.46.2 金华地区主要电台的时段收听率-2

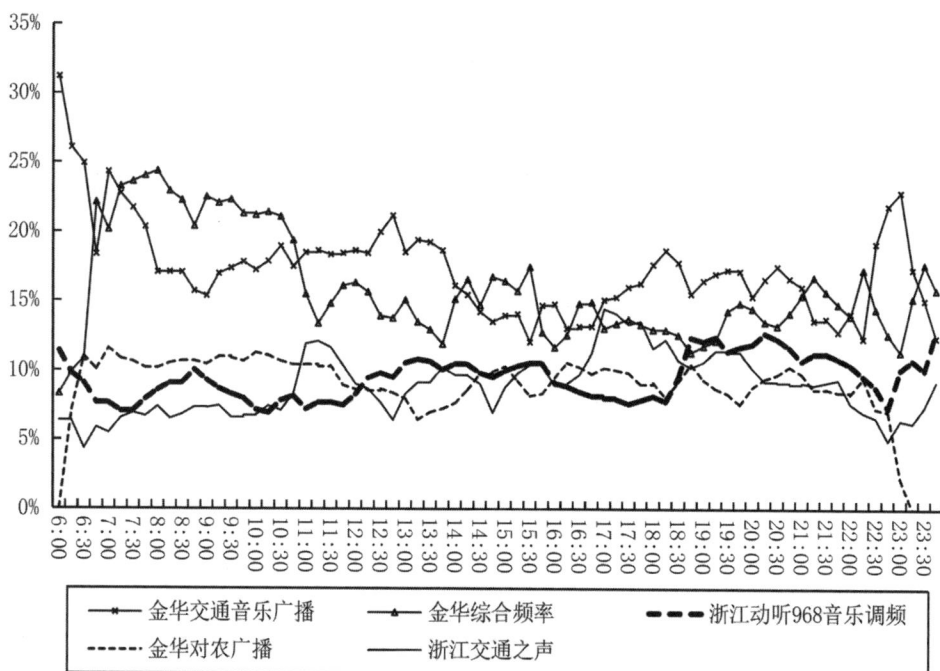

图1.46.3 金华地区主要电台的时段占有率-1

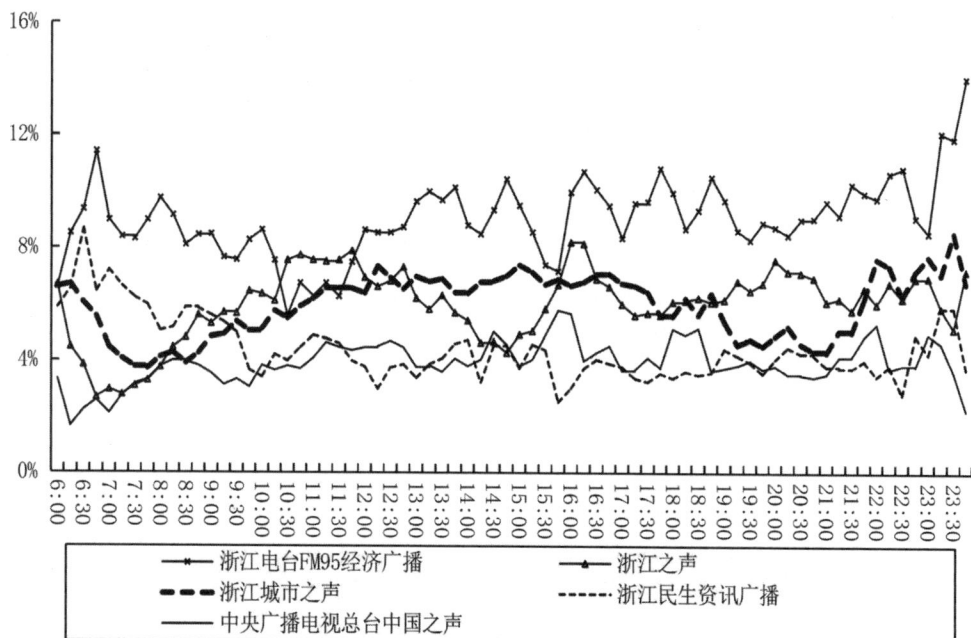

图1.46.4 金华地区主要电台的时段占有率-2

四十七、台州地区收听率数据

表1.47.1 台州地区主要电台频率的平均收听率和市场份额

排名	电台名称	平均收听率（%）	市场份额（%）
1	台州交通广播	2.19	26.1
2	FM98.7台州综合广播	2.18	26.1
2	FM1001台州音乐广播	2.18	26.1
4	浙江动听968音乐调频	1.01	12.0
5	浙江民生资讯广播	0.21	2.5
6	浙江电台FM95经济广播	0.13	1.6
7	浙江城市之声	0.12	1.5
8	黄岩人民广播电台	0.11	1.3
9	浙江之声	0.09	1.1
10	温岭电台	0.03	0.3

表1.47.2 台州地区主要电台频率的到达率和日到达率

排名	电台名称	到达率（%）	日到达率（%）
1	台州交通广播	43.1	14.5
2	FM98.7台州综合广播	42.7	13.4
3	FM1001台州音乐广播	33.8	11.9
4	浙江城市之声	28.8	2.4
5	浙江动听968音乐调频	22.2	3.9
6	浙江电台FM95经济广播	15.9	2.2
7	浙江之声	14.7	1.8
8	浙江民生资讯广播	12.6	1.7
9	中央广播电视总台中国之声	10.2	0.7
10	浙江交通之声	9.4	0.8

图1.47.1　台州地区主要电台的时段收听率-1

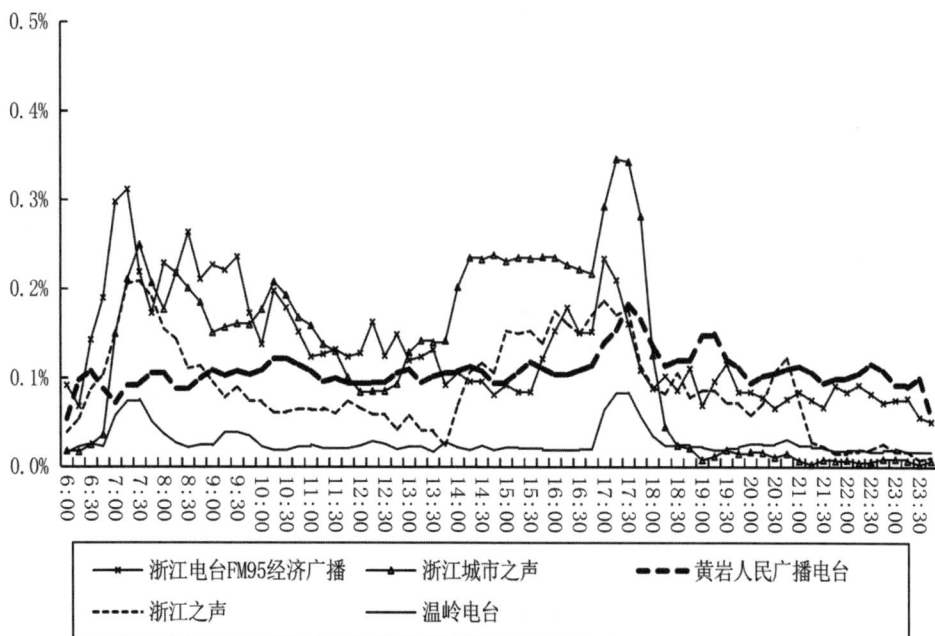

图1.47.2　台州地区主要电台的时段收听率-2

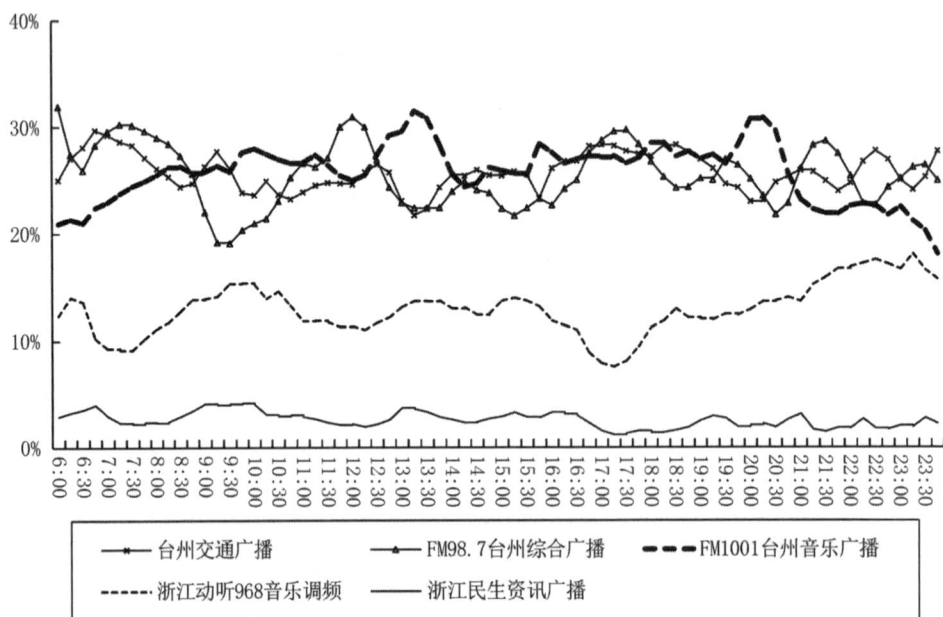

图1.47.3 台州地区主要电台的时段占有率-1

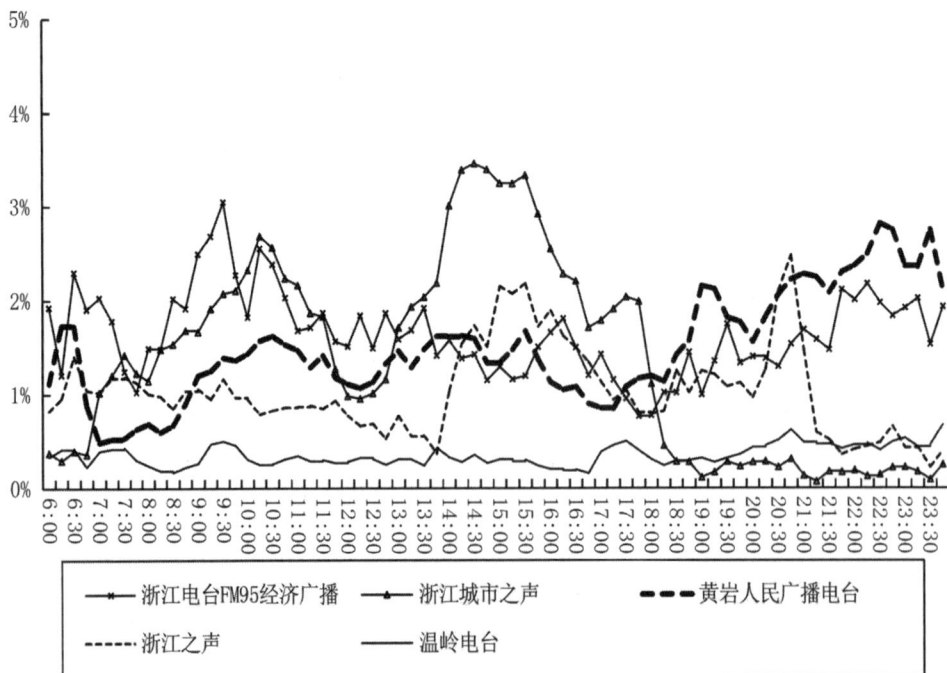

图1.47.4 台州地区主要电台的时段占有率-2

四十八、丽水地区收听率数据

表1.48.1　丽水地区主要电台频率的平均收听率和市场份额

排名	电台名称	平均收听率（%）	市场份额（%）
1	丽水新闻综合频率	1.57	34.4
2	丽水交通音乐频率	1.48	32.5
3	浙江交通之声	0.48	10.5
4	丽水新农村广播	0.39	8.6
5	浙江之声	0.27	6.0
6	浙江城市之声	0.24	5.2
7	浙江动听968音乐调频	0.07	1.6
8	中央广播电视总台中国之声	0.04	0.8
9	浙江旅游之声	0.02	0.4

表1.48.2　丽水地区主要电台频率的到达率和日到达率

排名	电台名称	到达率（%）	日到达率（%）
1	丽水新闻综合频率	33.9	22.4
2	丽水交通音乐频率	26.1	18.0
3	浙江交通之声	14.2	7.8
4	浙江之声	12.0	6.2
5	丽水新农村广播	10.0	6.1
6	浙江旅游之声	6.9	0.9
7	浙江城市之声	6.1	4.3
8	中央广播电视总台中国之声	3.3	0.7
9	浙江动听968音乐调频	3.0	1.9

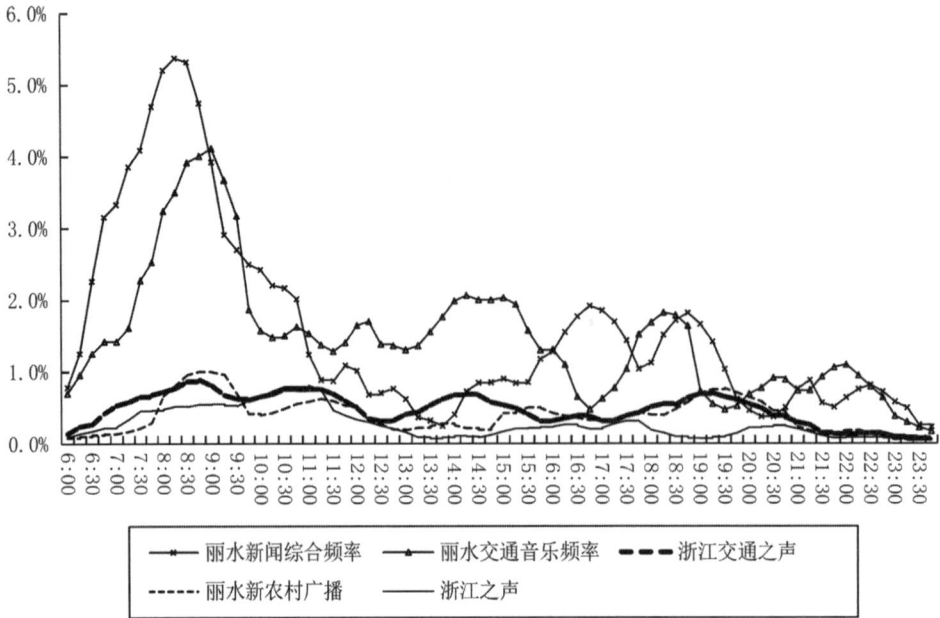

图1.48.1 丽水地区主要电台的时段收听率-1

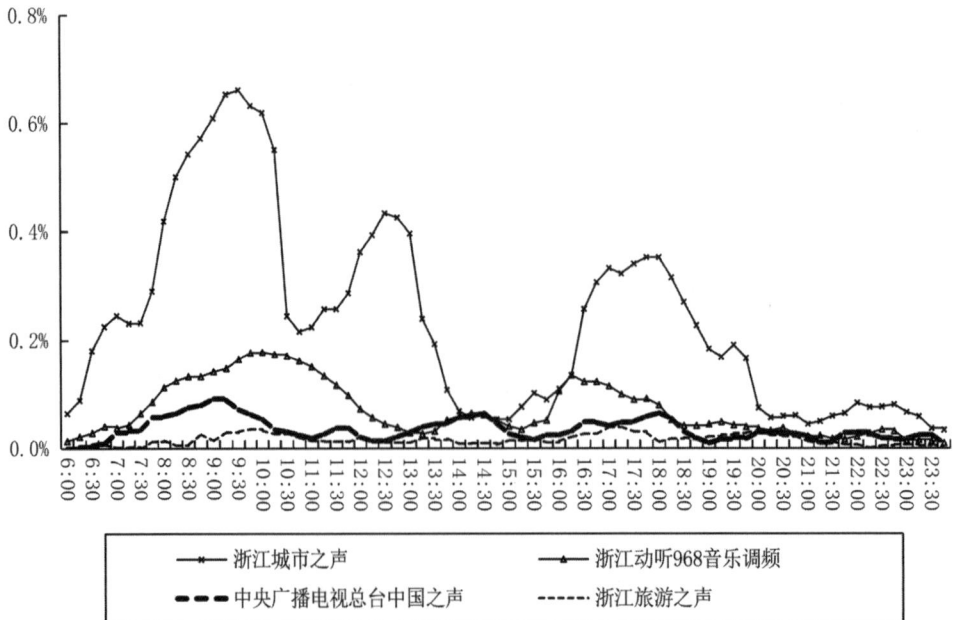

图1.48.2 丽水地区主要电台的时段收听率-2

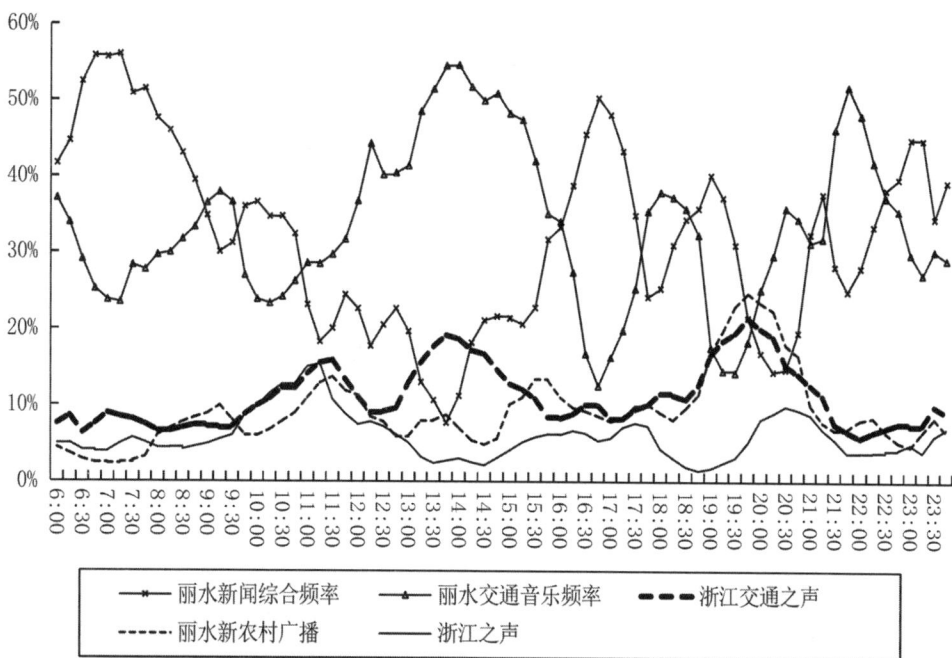

图1.48.3　丽水地区主要电台的时段占有率-1

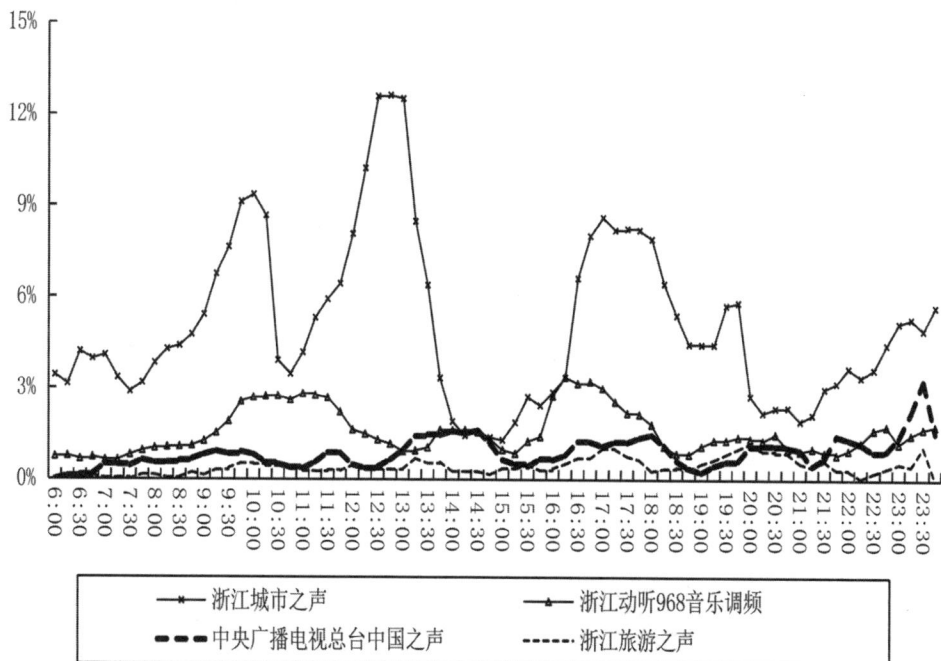

图1.48.4　丽水地区主要电台的时段占有率-2

四十九、惠州地区收听率数据

表1.49.1　惠州地区主要电台频率的平均收听率和市场份额

排名	电台名称	平均收听率（%）	市场份额（%）
1	惠州经济环保广播	1.60	23.6
2	惠州音乐广播	1.57	23.2
2	惠州综合广播	1.57	23.1
4	广东广播电视台音乐之声	0.31	4.5
5	广东广播电视台文体广播	0.28	4.2
6	广东广播电视台南方生活广播	0.22	3.2
7	广东广播电视台新闻广播	0.21	3.1
8	广东广播电视台股市广播	0.20	2.9
9	广东广播电视台珠江之声	0.19	2.8
10	中央广播电视总台中国之声	0.16	2.3

表1.49.2　惠州地区主要电台频率的到达率和日到达率

排名	电台名称	到达率（%）	日到达率（%）
1	惠州经济环保广播	38.4	12.9
2	惠州综合广播	36.7	12.9
3	惠州音乐广播	29.3	10.9
4	广东广播电视台音乐之声	10.7	2.6
5	广东广播电视台新闻广播	10.2	2.8
5	广东广播电视台文体广播	10.2	1.9
7	广东广播电视台珠江之声	9.7	2.0
8	中央广播电视总台中国之声	7.6	1.4
9	广东广播电视台股市广播	7.2	1.0
10	惠阳人民广播电台	7.1	1.2

图1.49.1　惠州地区主要电台的时段收听率-1

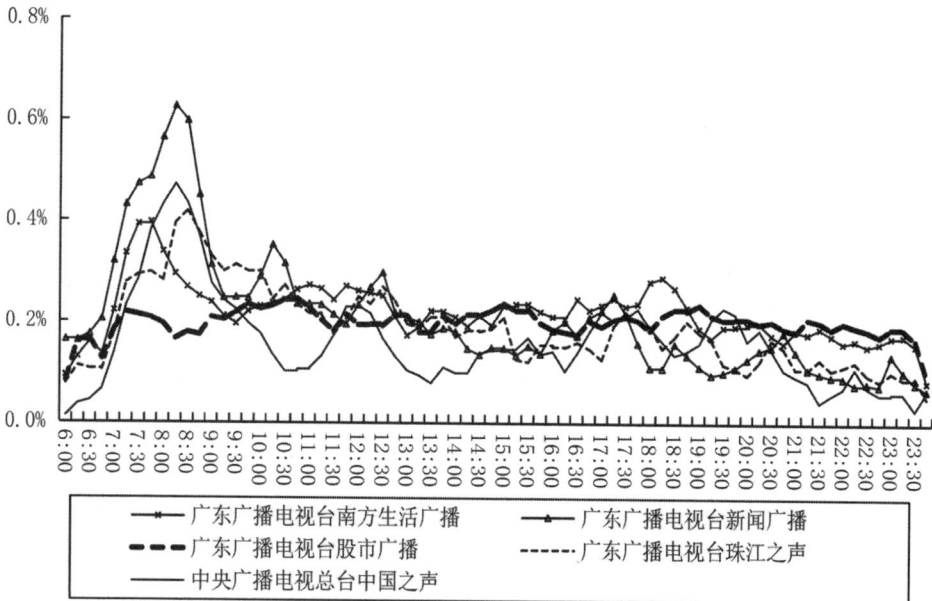

图1.49.2　惠州地区主要电台的时段收听率-2

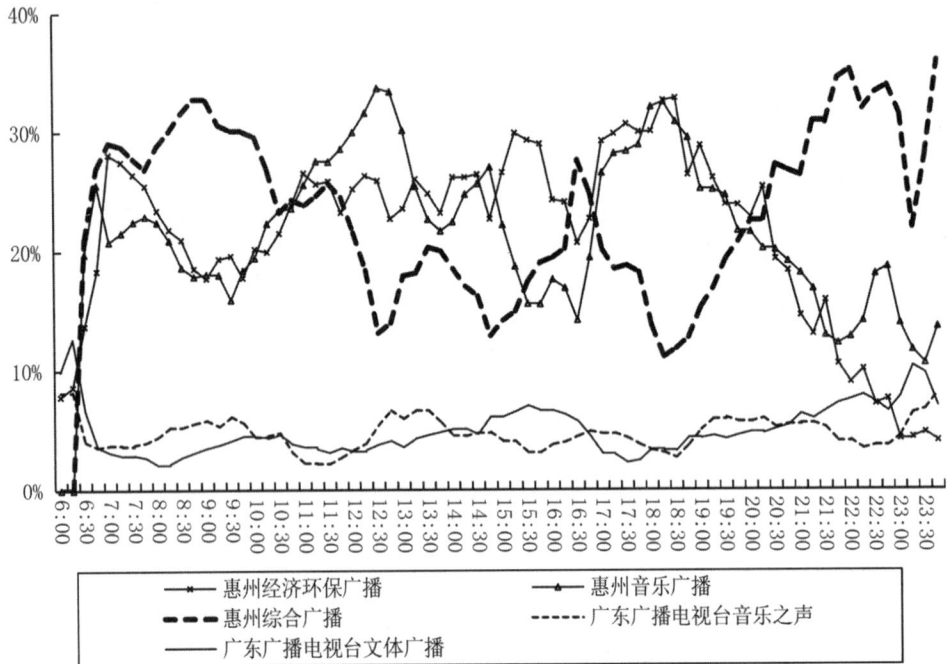

图1.49.3　惠州地区主要电台的时段占有率-1

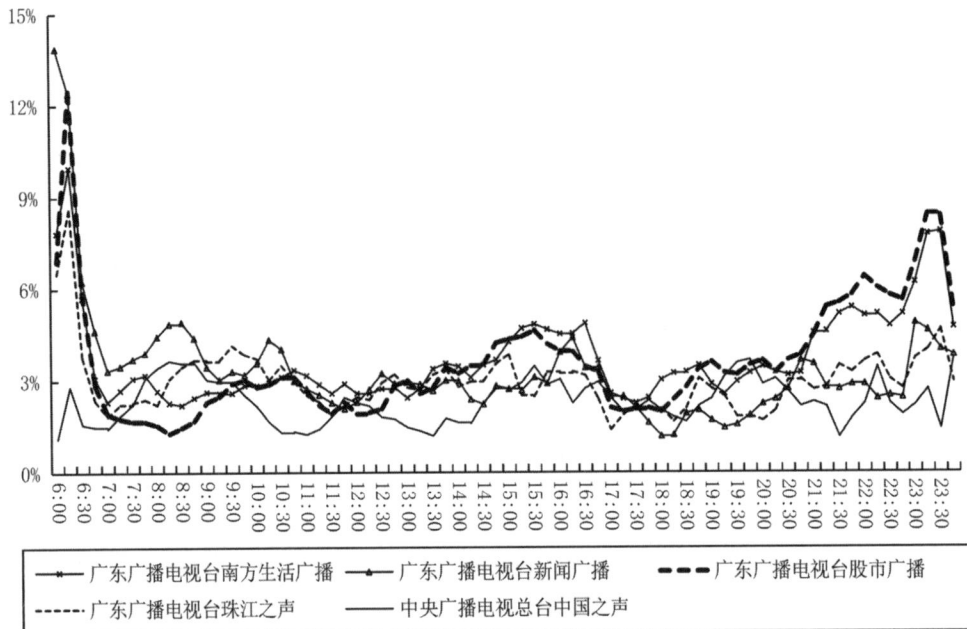

图1.49.4　惠州地区主要电台的时段占有率-2

五十、中山地区收听率数据

表1.50.1　中山地区主要电台频率的平均收听率和市场份额

排名	电台名称	平均收听率（%）	市场份额（%）
1	中山广播电视台FM88.8频率	2.55	37.9
2	中山广播电视台FM96.7频率	2.27	33.6
3	广东广播电视台新闻广播	0.28	4.2
4	广东广播电视台城市之声	0.23	3.4
4	中央广播电视总台中国之声	0.23	3.4
4	广东广播电视台交通之声	0.23	3.3
7	广东广播电视台南方生活广播	0.14	2.1
8	广东广播电视台音乐之声	0.11	1.7
8	中国国际电台环球资讯广播	0.11	1.7
10	中央广播电视总台音乐之声	0.10	1.5

表1.50.2　中山地区主要电台频率的到达率和日到达率

排名	电台名称	到达率（%）	日到达率（%）
1	中山广播电视台FM88.8频率	38.9	19.2
2	中山广播电视台FM96.7频率	34.9	15.6
3	广东广播电视台城市之声	13.8	5.4
4	广东广播电视台交通之声	13.1	4.7
5	中央广播电视总台中国之声	11.9	4.5
6	广东广播电视台新闻广播	11.0	4.9
7	中国国际电台环球资讯广播	9.5	3.0
8	江门旅游音乐频率	9.4	2.6
9	广东广播电视台音乐之声	8.7	2.4
10	广东广播电视台南方生活广播	8.4	3.1

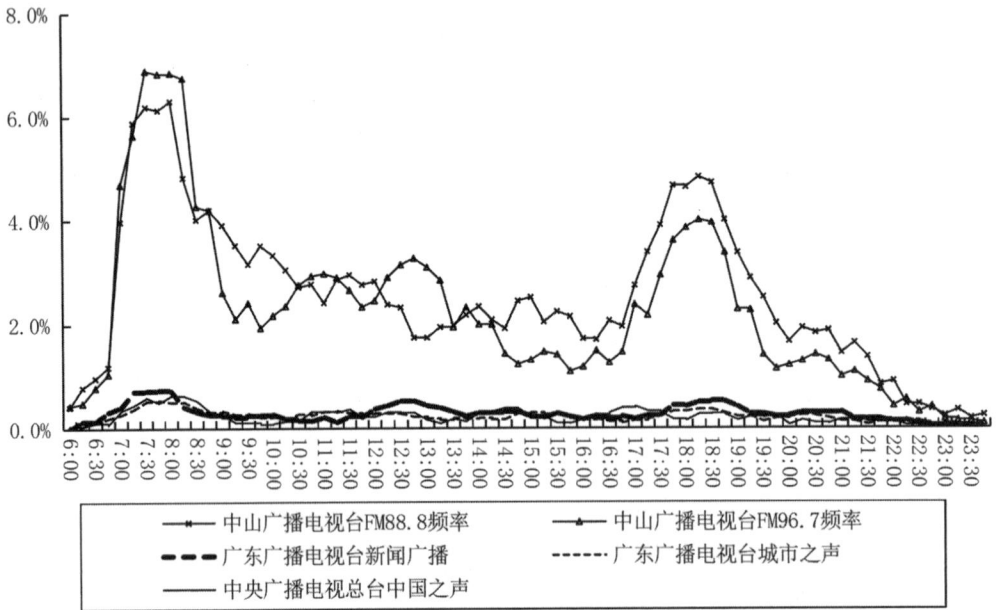

图1.50.1　中山地区主要电台的时段收听率-1

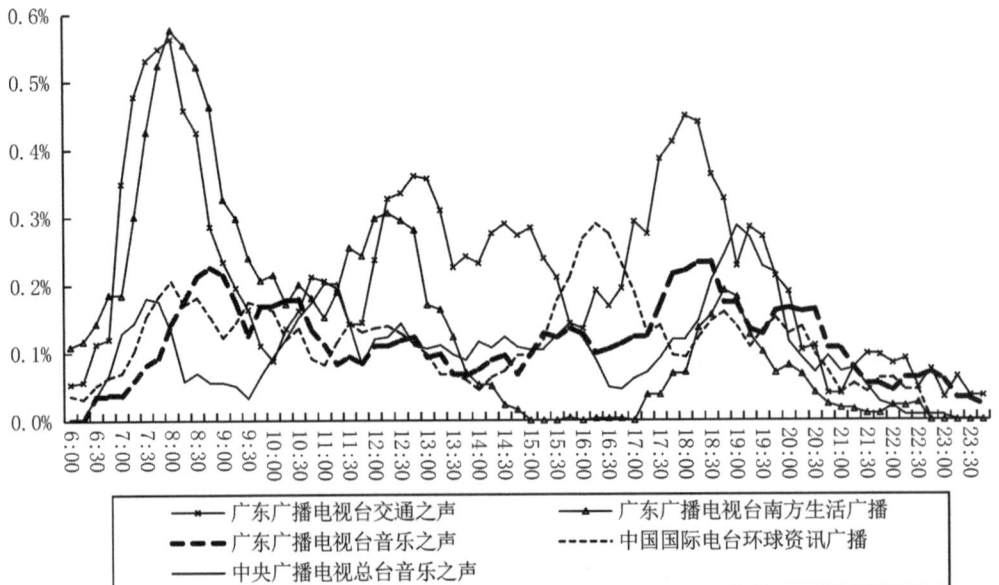

图1.50.2　中山地区主要电台的时段收听率-2

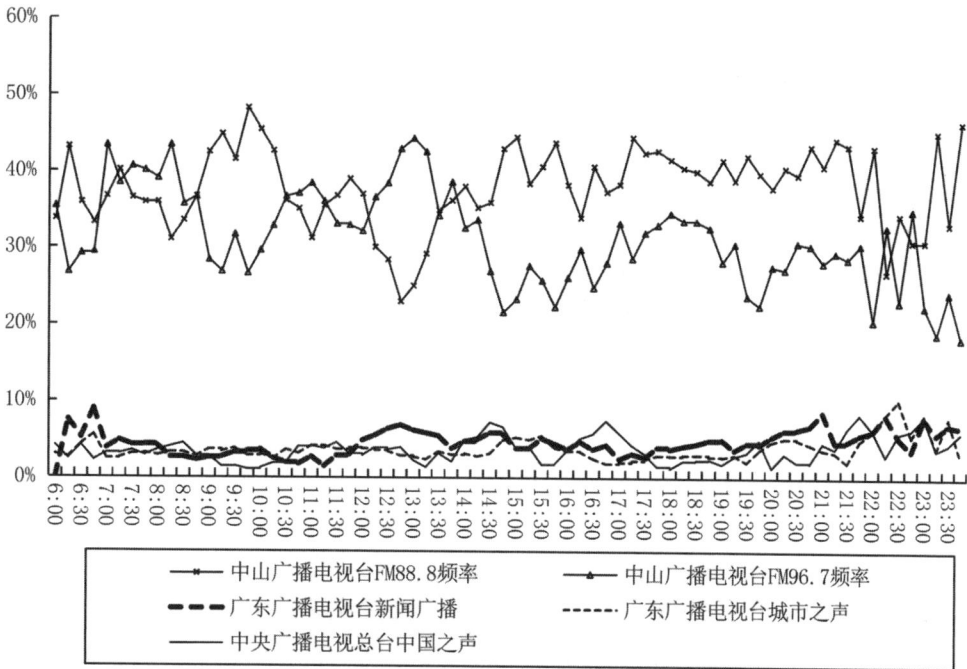

图1.50.3　中山地区主要电台的时段占有率-1

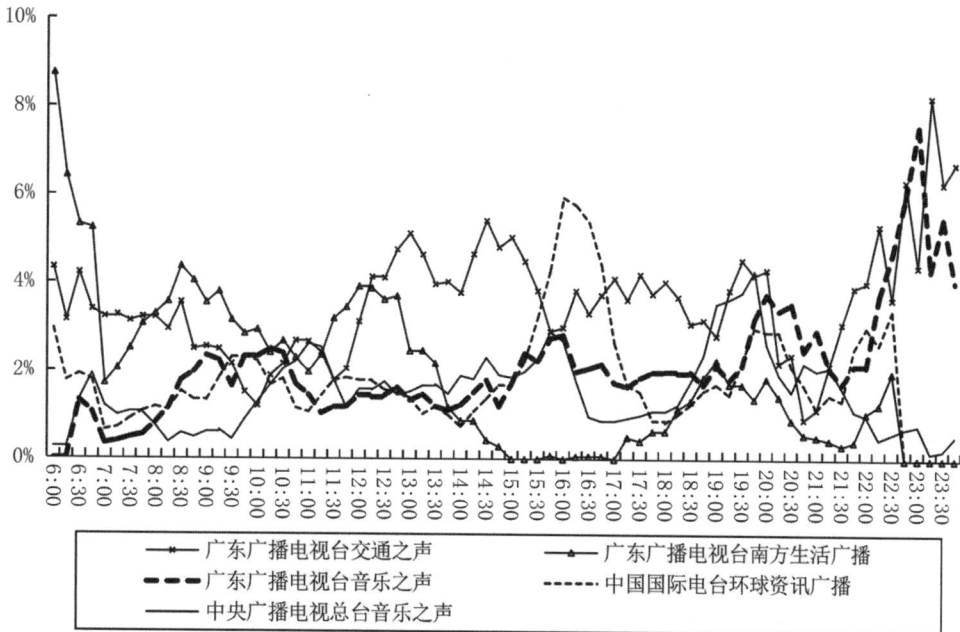

图1.50.4　中山地区主要电台的时段占有率-2

五十一、桂林地区收听率数据

表1.51.1　桂林地区主要电台频率的平均收听率和市场份额

排名	电台名称	平均收听率（%）	市场份额（%）
1	桂林电台旅游音乐广播	1.45	26.6
2	桂林新闻综合广播	1.13	20.6
3	桂林电台生活广播	1.05	19.2
4	广西文艺广播	0.39	7.2
5	广西交通广播	0.36	6.5
6	广西教育广播	0.33	6.1
7	广西综合广播	0.32	5.8
8	广西经济广播	0.14	2.6
8	中央广播电视总台中国之声	0.14	2.5
10	中央广播电视总台经济之声	0.08	1.4

表1.51.2　桂林地区主要电台频率的到达率和日到达率

排名	电台名称	到达率（%）	日到达率（%）
1	桂林电台旅游音乐广播	48.2	8.1
2	桂林新闻综合广播	30.1	3.8
3	桂林电台生活广播	27.1	2.9
4	广西文艺广播	17.8	2.0
5	广西综合广播	16.3	1.4
6	广西教育广播	15.8	1.3
7	广西交通广播	15.3	1.6
8	广西经济广播	13.4	1.1
9	中央广播电视总台中国之声	11.3	1.1
10	中央广播电视总台经济之声	7.9	0.6

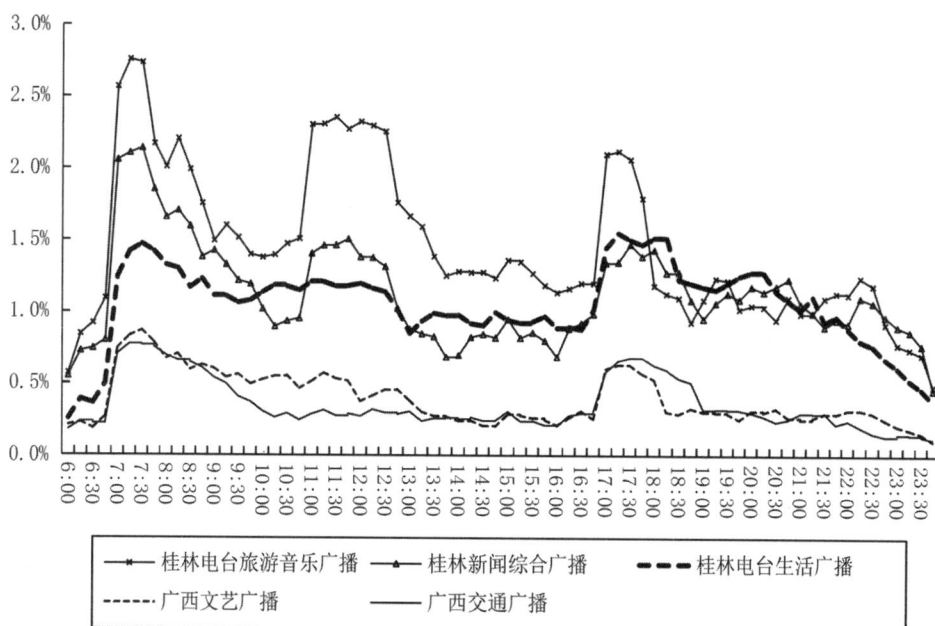

图1.51.1　桂林地区主要电台的时段收听率-1

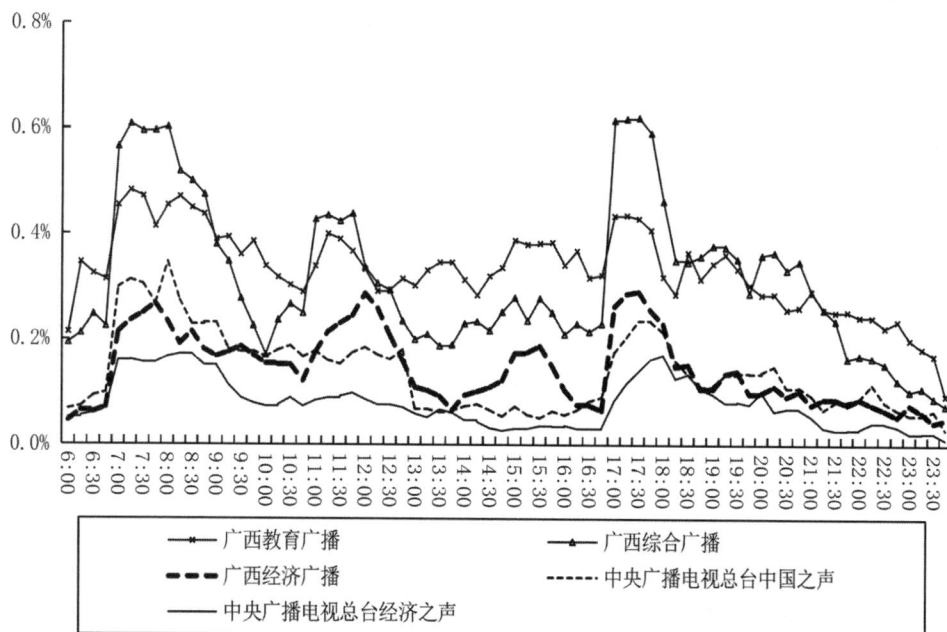

图1.51.2　桂林地区主要电台的时段收听率-2

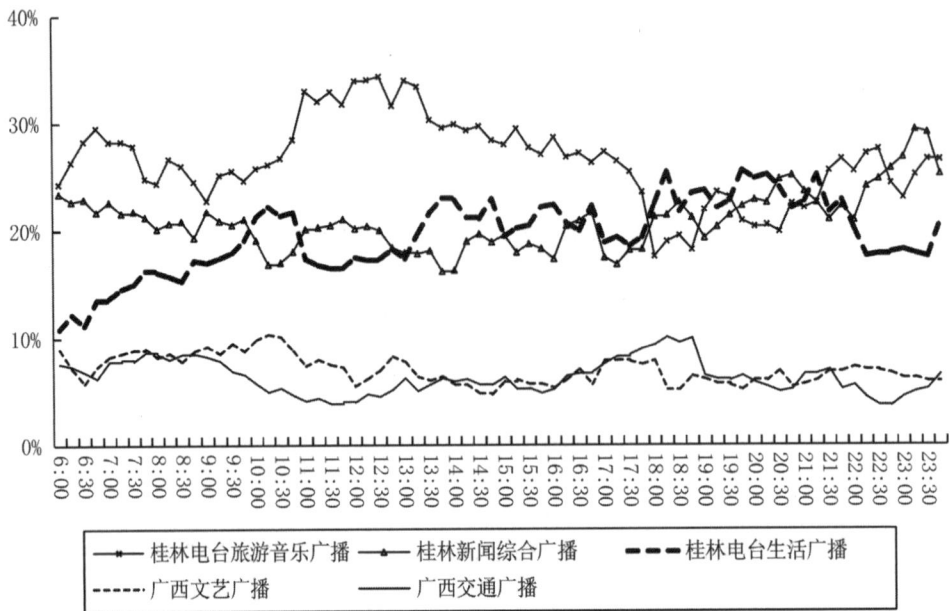

图1.51.3 桂林地区主要电台的时段占有率-1

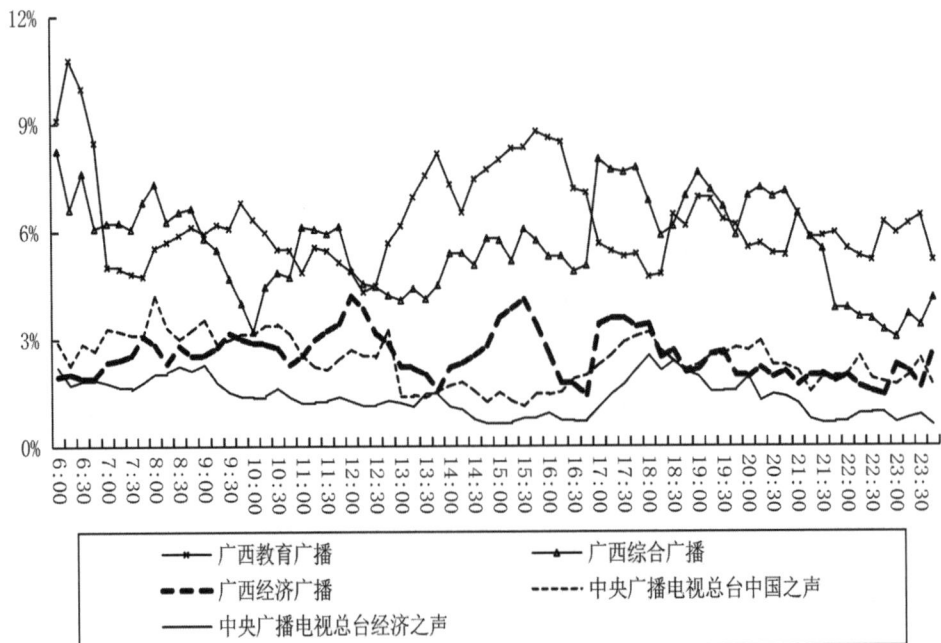

图1.51.4 桂林地区主要电台的时段占有率-2

五十二、玉林地区收听率数据

表1.52.1 玉林地区主要电台频率的平均收听率和市场份额

排名	电台名称	平均收听率（%）	市场份额（%）
1	玉林交通音乐广播	1.48	32.1
2	玉林新闻综合广播	0.90	19.6
3	广西教育广播	0.53	11.5
4	广西经济广播	0.49	10.6
5	广西文艺广播	0.38	8.2
6	广西交通广播	0.32	7.0
7	广西综合广播	0.28	6.1
8	中央广播电视总台中国之声	0.19	4.0
9	北流电台	0.03	0.6

表1.52.2 玉林地区主要电台频率的到达率和日到达率

排名	电台名称	到达率（%）	日到达率（%）
1	玉林交通音乐广播	34.0	18.6
2	玉林新闻综合广播	30.4	15.5
3	广西教育广播	15.1	6.2
4	广西经济广播	14.6	6.9
5	广西交通广播	12.2	5.5
6	广西文艺广播	11.4	5.9
7	中央广播电视总台中国之声	8.8	3.6
8	广西综合广播	8.3	4.0
9	北流电台	0.9	0.4

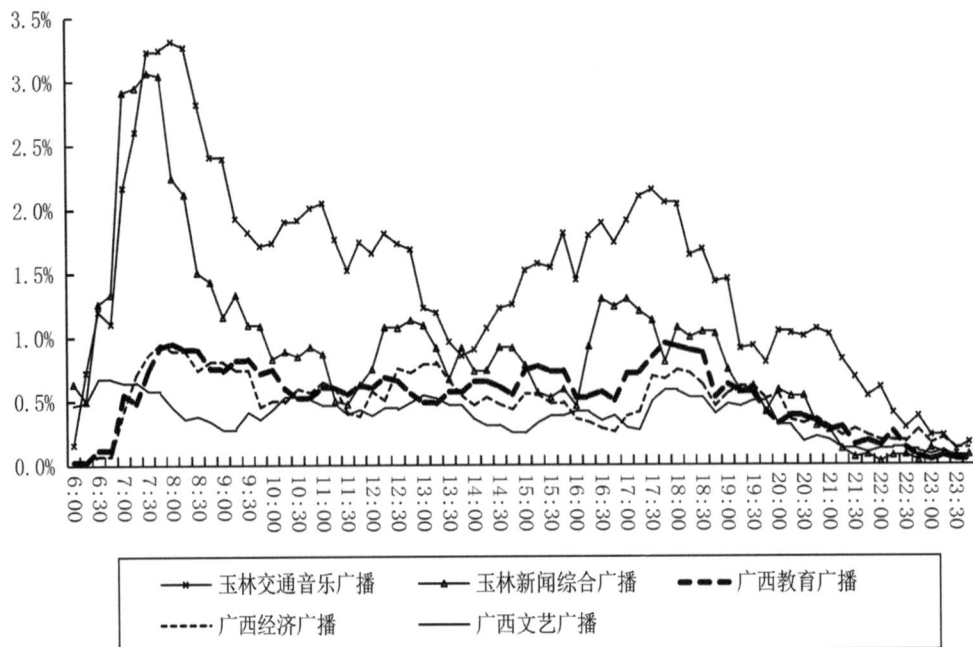

图1.52.1　玉林地区主要电台的时段收听率-1

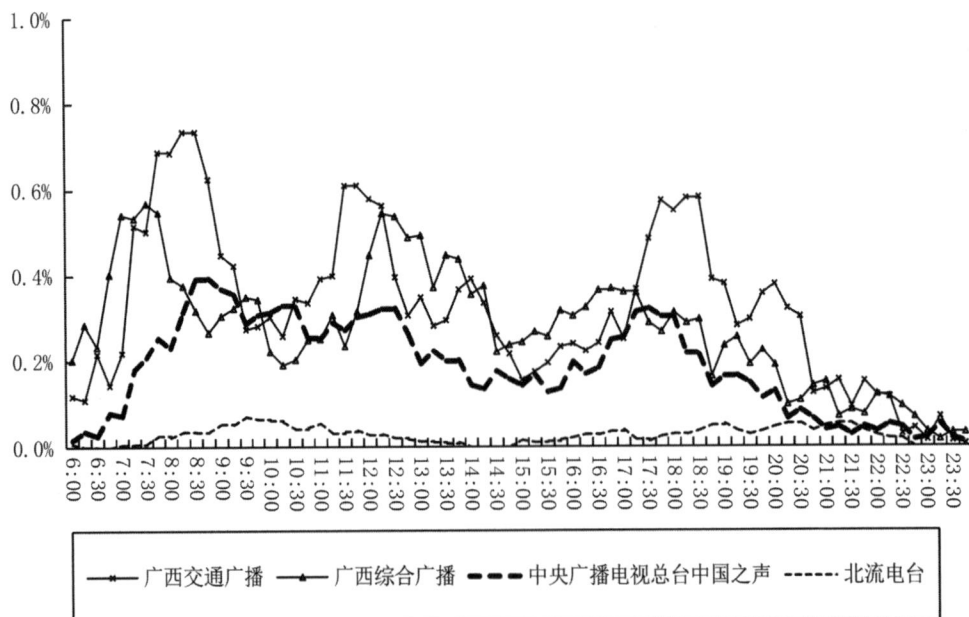

图1.52.2　玉林地区主要电台的时段收听率-2

图1.52.3　玉林地区主要电台的时段占有率-1

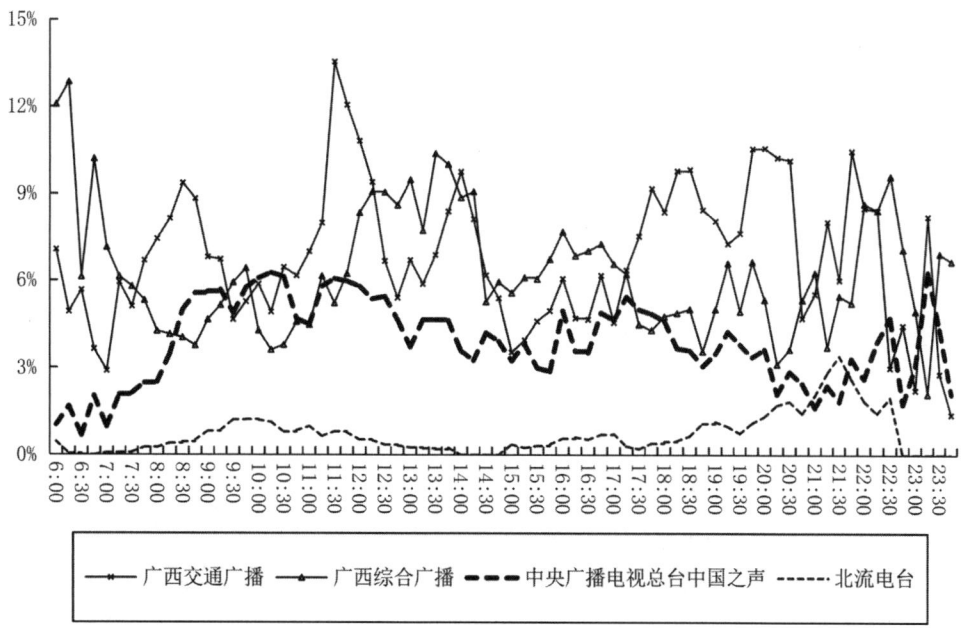

图1.52.4　玉林地区主要电台的时段占有率-2

五十三、黄岛地区收听率数据

表1.53.1　黄岛地区主要电台频率的平均收听率和市场份额

排名	电台名称	平均收听率（%）	市场份额（%）
1	青岛西海岸综合广播	1.27	24.4
2	青岛西海岸交通广播	0.83	16.0
3	青岛交通广播	0.54	10.4
4	青岛新闻综合广播	0.47	9.1
5	青岛音乐体育广播	0.40	7.8
6	青岛经济广播	0.20	3.9
6	青岛文艺广播	0.20	3.8
8	山东广播电视台综合广播	0.18	3.4
9	中央广播电视总台中国之声	0.14	2.7
10	山东广播电视台交通广播	0.14	2.6

表1.53.2　黄岛地区主要电台频率的到达率和日到达率

排名	电台名称	到达率（%）	日到达率（%）
1	青岛西海岸综合广播	35.4	12.1
2	青岛西海岸交通广播	27.2	9.4
3	青岛交通广播	18.5	8.1
4	青岛新闻综合广播	14.8	7.1
5	青岛音乐体育广播	10.5	5.7
6	青岛经济广播	10.4	5.0
7	青岛文艺广播	8.1	3.7
8	中央广播电视总台中国之声	8.0	3.4
9	山东广播电视台经典音乐广播	7.9	2.9
10	山东广播电视台交通广播	7.3	3.0

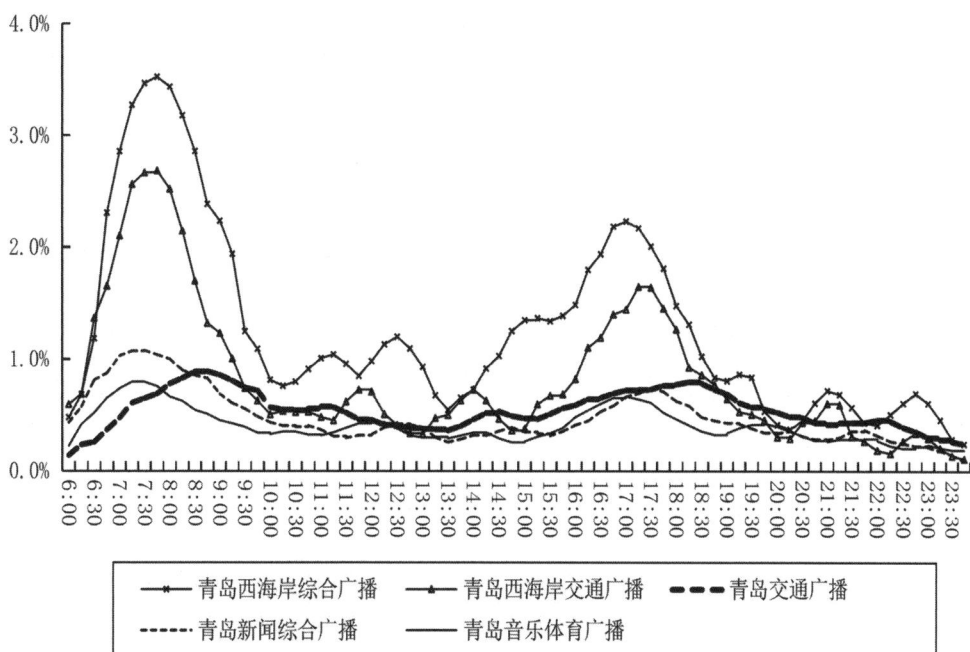

图1.53.1　黄岛地区主要电台的时段收听率-1

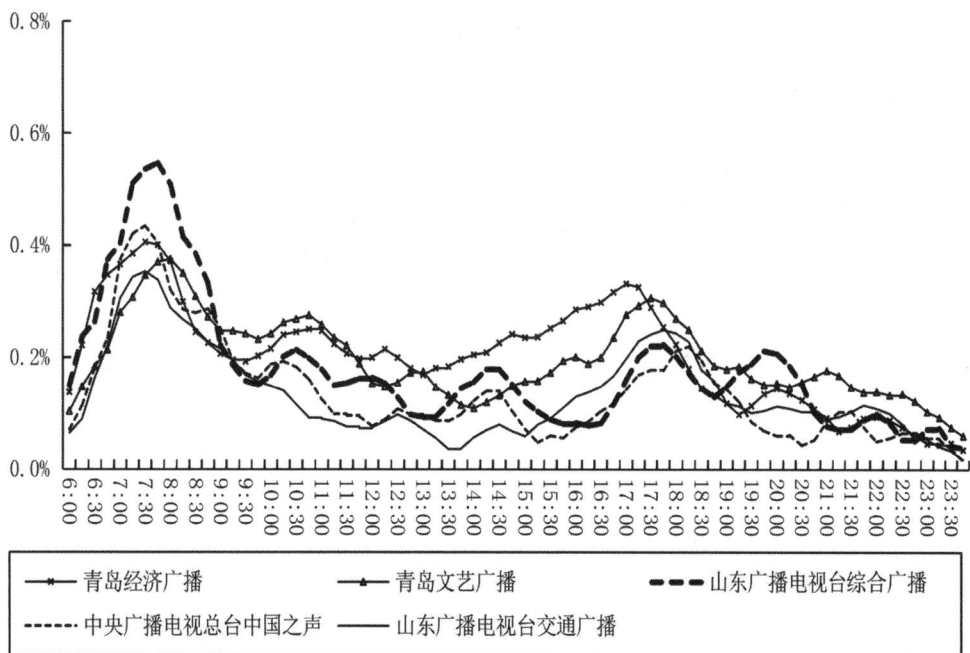

图1.53.2　黄岛地区主要电台的时段收听率-2

图1.53.3 黄岛地区主要电台的时段占有率-1

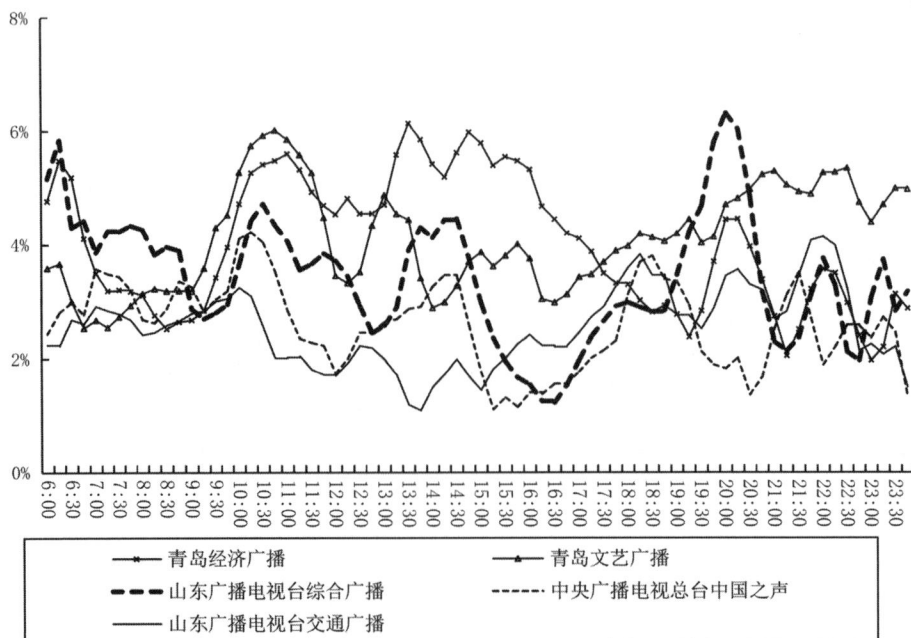

图1.53.4 黄岛地区主要电台的时段占有率-2

五十四、无锡地区收听率数据

表1.54.1　无锡地区主要电台频率的平均收听率和市场份额

排名	电台名称	平均收听率（%）	市场份额（%）
1	无锡音乐广播	0.79	21.1
2	无锡交通频率	0.72	19.5
3	无锡新闻综合广播	0.62	16.8
4	无锡梁溪之声广播	0.60	16.0
5	无锡都市生活广播	0.21	5.5
6	江苏新闻广播	0.20	5.4
7	无锡经济广播	0.19	5.1
8	江苏交通广播	0.14	3.7
9	江苏经典流行音乐广播	0.08	2.2
10	中央广播电视总台中国之声	0.06	1.7

表1.54.2　无锡地区主要电台频率的到达率和日到达率

排名	电台名称	到达率（%）	日到达率（%）
1	无锡音乐广播	40.9	8.7
2	无锡交通频率	38.6	11.2
3	无锡新闻综合广播	32.4	9.4
3	无锡梁溪之声广播	32.4	8.7
5	江苏新闻广播	13.7	4.2
6	无锡都市生活广播	11.1	3.1
7	无锡经济广播	10.0	4.2
8	江苏交通广播	9.1	2.4
9	江苏经典流行音乐广播	5.4	1.7
10	中央广播电视总台中国之声	4.6	1.0

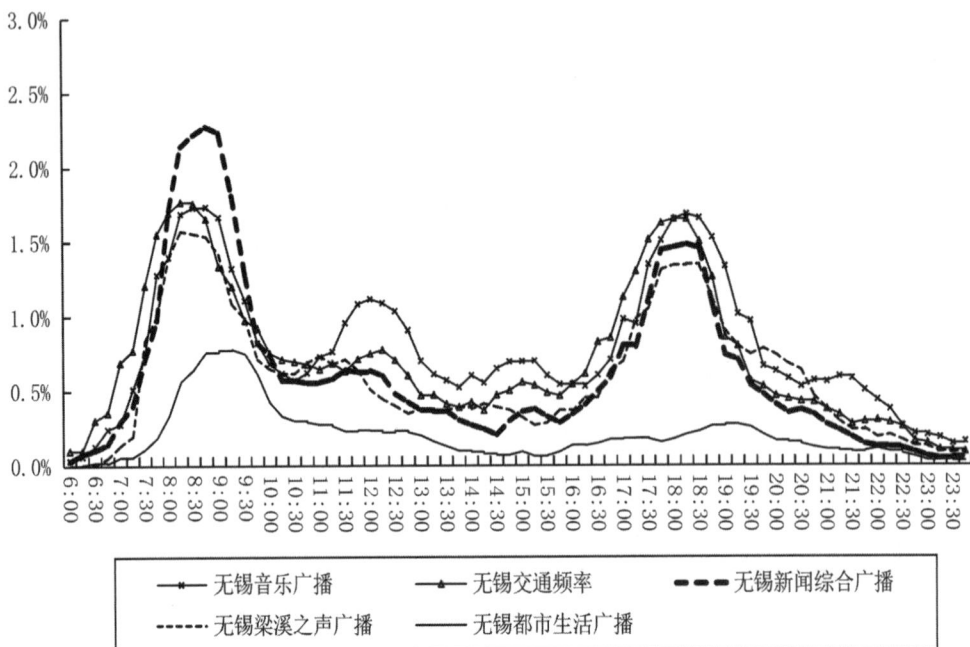

图1.54.1　无锡地区主要电台的时段收听率-1

图1.54.2　无锡地区主要电台的时段收听率-2

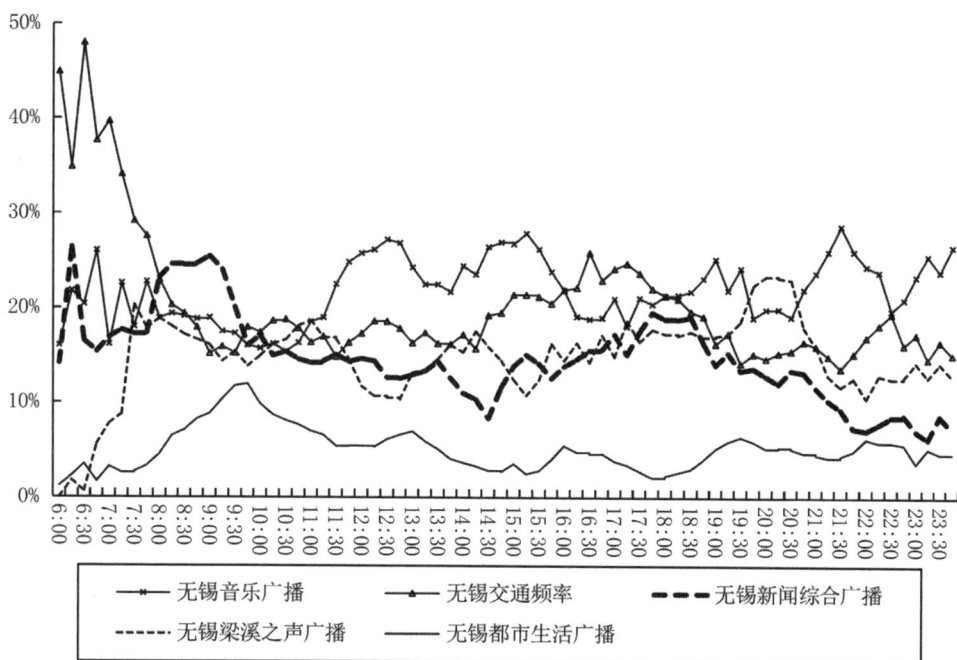

图1.54.3　无锡地区主要电台的时段占有率-1

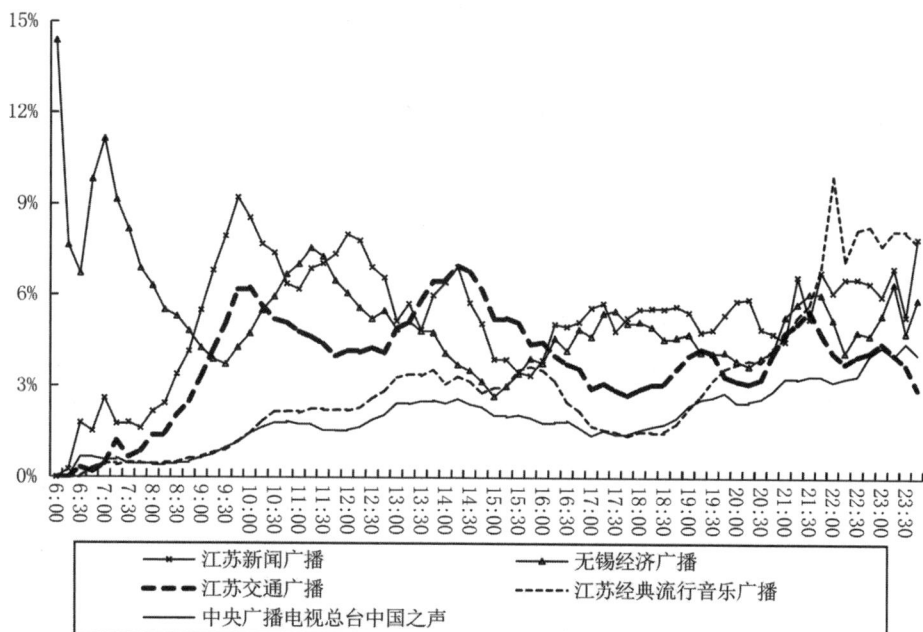

图1.54.4　无锡地区主要电台的时段占有率-2

五十五、西宁地区收听率数据

表1.55.1 西宁地区主要电台频率的平均收听率和市场份额

排名	电台名称	平均收听率（%）	市场份额（%）
1	西宁交通文艺广播	0.88	22.3
2	青海交通音乐广播	0.74	18.6
3	青海生活广播 花儿调频	0.52	13.2
4	西宁新闻综合广播	0.38	9.6
5	青海广播电台新闻综合广播	0.37	9.3
6	西宁都市生活广播	0.31	7.8
7	中央广播电视总台中国之声	0.19	4.9
8	中央广播电视总台音乐之声	0.18	4.5
9	西宁旅游广播	0.16	4.0
10	中央广播电视总台经济之声	0.15	3.9

表1.55.2 西宁地区主要电台频率的到达率和日到达率

排名	电台名称	到达率（%）	日到达率（%）
1	西宁交通文艺广播	19.6	9.5
2	青海交通音乐广播	17.3	8.9
3	青海生活广播 花儿调频	16.2	7.4
4	西宁新闻综合广播	12.5	5.9
5	西宁都市生活广播	9.5	5.3
6	青海广播电台新闻综合广播	8.6	5.6
7	中央广播电视总台中国之声	6.5	3.7
8	西宁旅游广播	6.0	3.1
9	中央广播电视总台音乐之声	5.2	2.6
10	中央广播电视总台经济之声	3.9	1.9

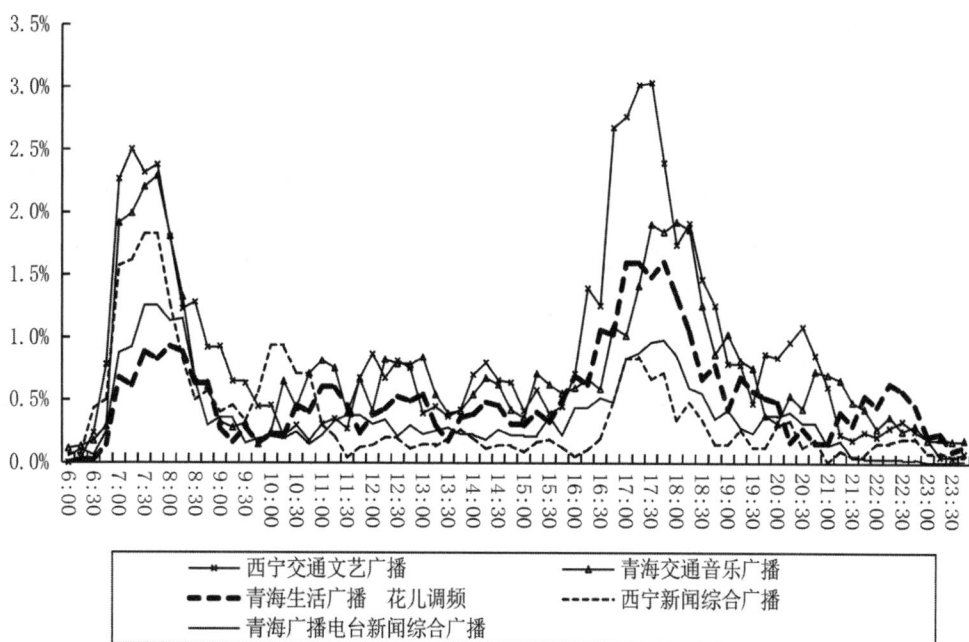

图1.55.1　西宁地区主要电台的时段收听率-1

图1.55.2　西宁地区主要电台的时段收听率-2

图1.55.3 西宁地区主要电台的时段占有率-1

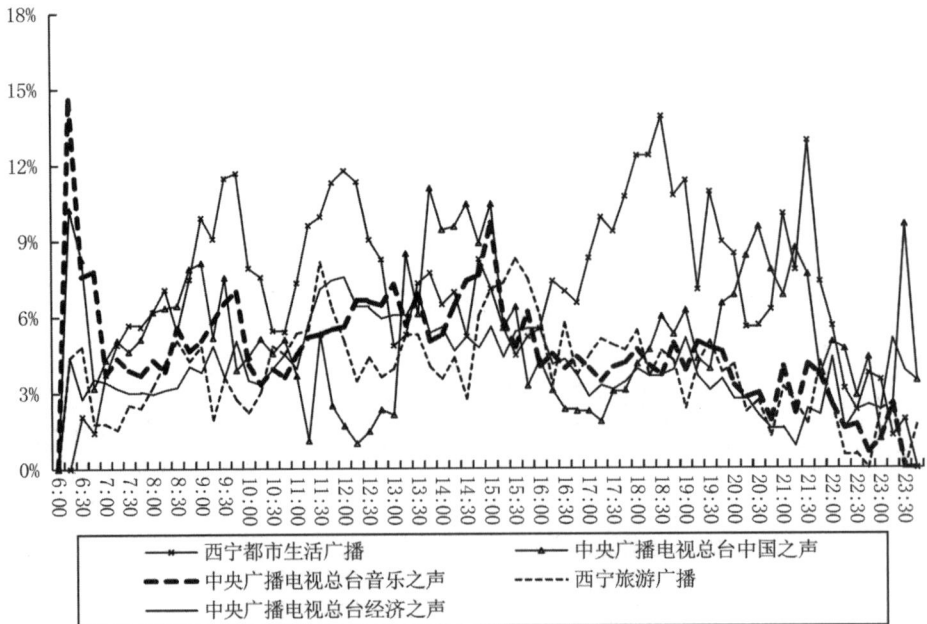

图1.55.4 西宁地区主要电台的时段占有率-2

五十六、阳泉地区收听率数据

表1.56.1　阳泉地区主要电台频率的平均收听率和市场份额

排名	电台名称	平均收听率（％）	市场份额（％）
1	阳泉交通广播	1.28	31.7
2	阳泉新闻综合广播	1.04	25.7
2	阳泉经济广播	1.04	25.7
4	中央广播电视总台中国之声	0.26	6.4
5	阳泉声动调频	0.19	4.7
6	中央广播电视总台经济之声	0.05	1.3
7	山西交通广播	0.01	0.3
7	昔阳人民广播电台	0.01	0.3

表1.56.2　阳泉地区主要电台频率的到达率和日到达率

排名	电台名称	到达率（％）	日到达率（％）
1	阳泉交通广播	43.4	10.9
2	阳泉经济广播	37.2	8.1
3	阳泉新闻综合广播	23.9	7.3
4	中央广播电视总台中国之声	8.8	3.4
5	阳泉声动调频	7.0	2.0
6	中央广播电视总台经济之声	4.6	1.3
7	山西交通广播	1.7	0.1
7	昔阳人民广播电台	1.7	0.1

图1.56.1　阳泉地区主要电台的时段收听率-1

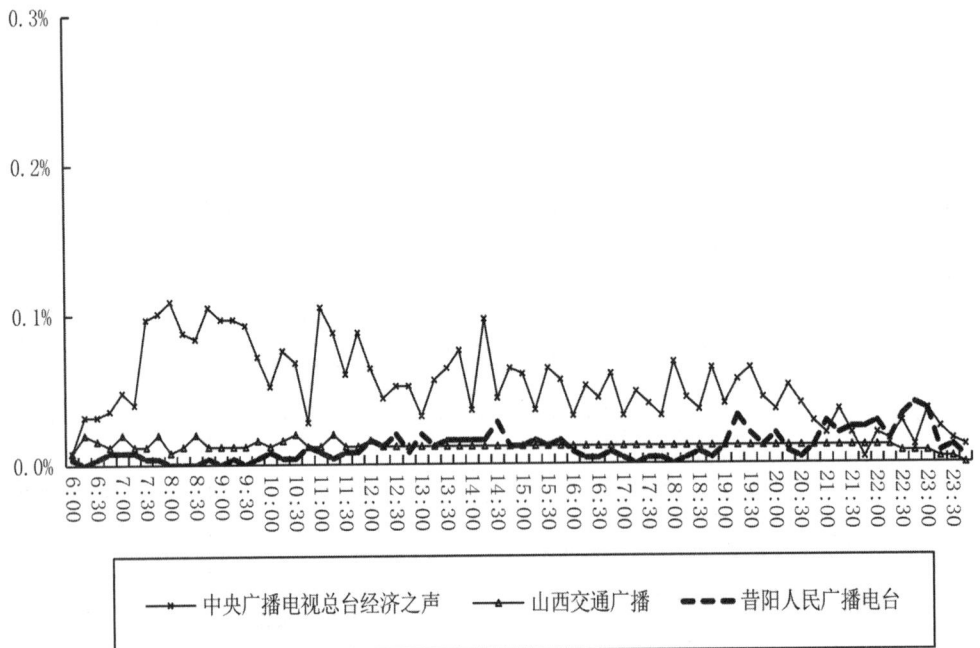

图1.56.2　阳泉地区主要电台的时段收听率-2

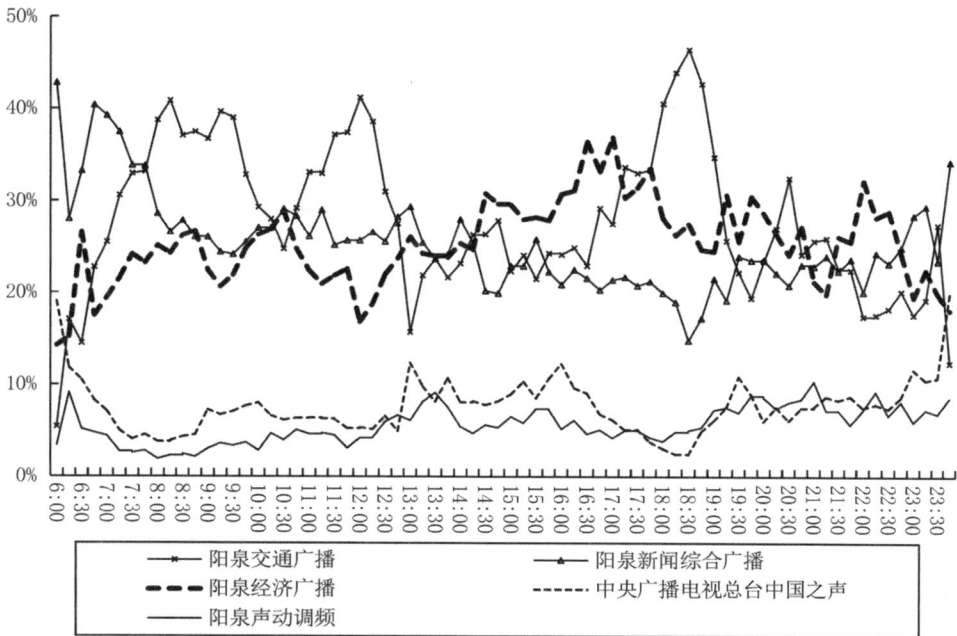

图1.56.3 阳泉地区主要电台的时段占有率-1

图1.56.4 阳泉地区主要电台的时段占有率-2

第二部分 2023年广播融媒综合传播效果数据

一、2023年省级电台及城市电台广播融媒综合传播力指数

省级电台综合传播力

表1.57.1 省级电台广播融媒综合传播力指数TOP10

排名	电台名称	广播融媒综合传播力指数
1	广东电台	793.0
2	湖北广播电视台	746.5
3	上海电台	744.6
4	浙江电台	651.2
5	河南电台	635.9
6	广西电台	622.6
7	北京电台	610.3
8	吉林广播电视台广播	533.8
9	天津电台	533.7
10	湖南电台	520.9

城市电台综合传播力

表1.57.2 省会电台广播融媒综合传播力指数TOP10

排名	电台名称	广播融媒综合传播力指数
1	济南电台	784.8
2	杭州电台	705.0
3	哈尔滨电台	698.8
4	沈阳电台	689.6
5	太原电台	683.1
6	郑州电台	664.0
7	广州电台	632.5
8	成都电台	567.8
9	昆明电台	566.6
10	南宁电台	564.7

表1.57.3 城市电台广播融媒综合传播力指数TOP10

排名	电台名称	广播融媒综合传播力指数
1	青岛电台	843.0
2	厦门电台	735.3
3	佛山电台	721.2
4	温州电台	668.6
5	常州电台	635.0
6	台州电台	629.8
7	绵阳电台	614.0
8	宁波电台	598.3
9	日照电台	594.3
10	嘉兴电台	553.2

省级电台广播频率综合传播力

表1.57.4 省级电台频率广播融媒综合传播力指数TOP10

排名	电台名称	广播融媒综合传播力指数
1	广西教育广播	819.4
2	广东广播电视台交通之声	811.9
3	北京交通广播	800.8
4	浙江交通之声	796.7
5	楚天交通广播	786.3
6	四川交通广播	776.9
7	广东珠江经济台	766.1
8	河南广播电视台交通广播FM104.1	764.2
9	广东广播电视台音乐之声	746.6
10	浙江之声	743.5

城市电台广播频率综合传播力

表1.57.5　省会电台频率广播融媒综合传播力指数TOP10

排名	电台名称	广播融媒综合传播力指数
1	杭州交通经济广播	896.8
2	广州交通广播	780.5
3	沈阳交通广播	751.3
4	太原广播电视台交通广播	744.9
5	昆明汽车音乐广播	744.8
6	长春交通之声	744.2
7	广州新闻电台	741.7
8	济南新闻广播	733.7
9	沈阳都市广播	728.3
10	济南交通广播	714.7

表1.57.6　城市电台频率广播融媒综合传播力指数TOP10

排名	电台名称	广播融媒综合传播力指数
1	青岛交通广播FM89.7	768.7
2	青岛新闻综合广播FM107.6/FM103.6	714.6
3	台州交通广播	710.9
4	嘉兴交通经济频率	697.0
5	宁波电台交通广播	683.4
6	襄阳交通音乐广播	681.2
7	温州交通广播	673.7
8	绵阳交通广播	672.1
9	佛山电台FM92.4	593.5
10	凉山人民广播电台新闻综合频率	580.6

二、2023年省级电台及城市电台广播线上点击量

省级电台线上点击量

表1.58.1　省级电台广播点击量TOP10

排名	电台名称	点击量(万)
1	广东电台	68103.9
2	北京电台	64958.2
3	上海电台	62957.6
4	江苏电台	54428.7
5	河北电台	52209.4
6	浙江电台	33430.8
7	黑龙江电台	18744.7
8	吉林广播电视台广播	17293.3
9	陕西电台	13934.5
10	山东电台	11916.4

城市电台线上点击量（分地区）

表1.58.2　东北部地区城市电台广播点击量TOP10

排名	电台名称	点击量(万)
1	哈尔滨电台	16672.8
2	沈阳电台	14974.0
3	大连电台	4656.2
4	长春电台	3853.1
5	吉林市电台	1883.0
6	牡丹江电台	1014.7
7	抚顺电台	900.4
8	延边电台	772.6
9	朝阳电台	684.7
10	丹东电台	492.3

表1.58.3　华北地区城市电台广播点击量TOP10

排名	电台名称	点击量(万)
1	太原电台	8950.6
2	石家庄电台	4576.4
3	包头电台	2412.5
4	邯郸电台	2325.0
5	秦皇岛电台	1164.8
6	保定电台	1060.3
7	赤峰电台	856.9
8	运城电台	566.7
9	呼和浩特电台	563.0
10	鄂尔多斯电台	493.0

表1.58.4　华东地区城市电台广播点击量TOP10

排名	电台名称	点击量(万)
1	济南电台	14114.8
2	苏州电台	11931.9
3	杭州电台	9424.5
4	南京电台	6925.6
5	青岛电台	5063.6
6	无锡电台	3607.3
7	嘉兴电台	2989.8
8	泉州电台	2457.2
9	厦门电台	2374.3
10	湖州电台	1843.4

表1.58.5 华南地区城市电台广播点击量TOP10

排名	电台名称	点击量(万)
1	深圳电台	11403.9
2	广州电台	10505.2
3	佛山电台	6338.6
4	东莞电台	2897.8
5	中山电台	2619.4
6	江门电台	2135.1
7	云浮电台	920.9
8	南宁电台	814.8
9	清远电台	761.1
10	海口电台	731.2

表1.58.6 华中地区城市电台广播点击量TOP10

排名	电台名称	点击量(万)
1	郑州电台	10431.7
2	武汉电台	3685.7
3	南阳电台	1711.5
4	长沙电台	1393.4
5	洛阳电台	1240.1
6	襄阳电台	805.1
7	郴州电台	518.0
8	安阳电台	320.7
9	开封电台	310.8
10	十堰电台	277.3

表1.58.7　西北地区城市电台广播点击量TOP10

排名	电台名称	点击量(万)
1	西安电台	2249.4
2	兰州电台	1089.1
3	伊犁电台	1050.0
4	乌鲁木齐电台	1017.4
5	宝鸡电台	484.6
6	咸阳电台	360.9
7	天水电台	258.2
8	西宁电台	244.3
9	安康电台	214.6
10	巴州电台	197.2

表1.58.8　西南地区城市电台广播点击量TOP10

排名	电台名称	点击量(万)
1	成都电台	4005.6
2	昆明电台	1639.4
3	德阳电台	749.9
4	绵阳电台	459.3
5	贵阳电台	406.8
6	泸州电台	285.0
7	红河电台	227.3
8	攀枝花电台	212.1
9	乐山电台	169.6
10	七星电台	169.3

省级电台广播频率线上点击量

表1.58.9　省级电台频率广播点击量TOP10

排名	省份	电台名称	点击量(万)
1	北京	北京新闻广播	28721.8
2	江苏	江苏新闻广播	28109.4
3	河北	河北新闻广播	24205.9
4	北京	北京交通广播	18854.7
5	上海	上海人民广播电台上海新闻广播	18586.1
6	广东	广东珠江经济台	17213.2
7	河北	河北音乐广播	16963.7
8	上海	上海人民广播电台第一财经广播	13052.8
9	江苏	江苏经典流行音乐广播	12888.3
10	广东	广东广播电视台股市广播	12878.7

城市电台广播频率线上点击量（分地区）

表1.58.10　东北地区电台频率广播点击量TOP10

排名	电台名称	点击量(万)
1	哈尔滨文艺广播	9204.9
2	沈阳之声	7755.1
3	沈阳都市广播	4379.8
4	哈尔滨音乐广播	3482.5
5	长春交通之声	3091.0
6	哈尔滨交通广播	2796.2
7	大连交通广播	2030.6
8	沈阳交通广播	2013.0
9	大连体育广播	1416.9
10	沈阳生活广播	826.3

表1.58.11 华北地区电台频率广播点击量TOP10

排名	电台名称	点击量(万)
1	太原广播电视台交通广播	4403.4
2	石家庄广播电视台新闻广播	2340.1
3	太原广播电视台经济广播	2131.0
4	邯郸新闻综合广播	1452.6
5	石家庄广播电视台交通广播	1362.6
6	太原广播电视台综合广播	1261.7
7	包头综合广播	1149.6
8	太原广播电视台老年之声	1041.5
9	包头交通广播	717.4
10	石家庄广播电视台音乐广播	472.5

表1.58.12 华东地区电台频率广播点击量TOP10

排名	电台名称	点击量(万)
1	济南新闻广播	6528.9
2	杭州交通经济广播	5103.4
3	苏州音乐广播	4368.4
4	苏州交通广播	3756.0
5	济南经济广播	3562.5
6	FM105.4西湖之声	3168.5
7	南京音乐广播	2380.4
8	青岛新闻综合广播FM107.6/FM103.6	2348.2
9	苏州新闻广播	2174.2
10	嘉兴交通经济频率	2002.2

表1.58.13 华南地区电台频率广播点击量TOP10

排名	电台名称	点击量(万)
1	深圳新闻频率	6991.6
2	广州新闻电台	4812.8
3	广州交通广播	3142.2
4	深圳交通频率	2619.0
5	中山广播电视台FM88.8频率	2039.7
6	佛山人民广播电台三水广播	1934.5
7	佛山电台FM92.4	1574.8
8	广州青少年广播	1458.5
9	东莞音乐广播	1433.0
10	江门旅游音乐频率	1421.1

表1.58.14 华中地区电台频率广播点击量TOP10

排名	电台名称	点击量(万)
1	郑州经典1079	4412.4
2	郑州新闻广播	3974.7
3	武汉音乐广播FM1018	1457.8
4	武汉经济广播	995.3
5	南阳综合频率	880.8
6	郑州经济广播	871.1
7	武汉新闻广播	748.9
8	郑州交通广播	717.1
9	长沙FM101.7城市之声	603.7
10	南阳新闻频率	557.7

表1.58.15　西北地区电台频率广播点击量TOP10

排名	电台名称	点击量(万)
1	西安音乐广播	812.4
2	兰州新闻综合广播	777.3
3	西安新闻广播	683.4
4	伊犁维吾尔语新闻综合广播	643.7
5	西安交通旅游广播	632.3
6	乌鲁木齐广播电视台1071维语综合广播	452.5
7	咸阳人民广播电台 西咸之声	268.0
8	乌鲁木齐广播电视台97.4交通广播	251.6
9	乌鲁木齐广播电视台1007新闻广播	247.8
10	兰州交通音乐广播	214.9

表1.58.16　西南地区电台频率广播点击量TOP10

排名	电台名称	点击量(万)
1	昆明汽车音乐广播	1179.9
2	成都经济广播	1064.6
3	成都交通文艺广播	990.3
4	成都新闻广播	854.9
5	德阳经济生活广播	519.3
6	FM946	502.1
7	成都唯一音乐频率	315.4
8	成都故事广播	278.2
9	绵阳交通广播	257.9
10	贵阳新闻综合广播	255.0

三、2023年省级电台及城市电台广播融媒影响指数

省级电台广播融媒影响指数

表1.59.1　省级电台广播融媒影响指数TOP10

排名	电台名称	影响指数
1	广东电台	894.6
2	北京电台	785.4
3	上海电台	733.1
4	湖北广播电视台	723.6
5	浙江电台	692.1
6	四川电台	680.3
7	陕西电台	629.7
8	河北电台	594.6
9	河南电台	586.9
10	江苏电台	570.0

城市电台广播融媒影响指数

表1.59.2　省会电台广播融媒影响指数TOP10

排名	电台名称	影响指数
1	杭州电台	806.0
2	广州电台	800.4
3	哈尔滨电台	764.7
4	沈阳电台	681.1
5	成都电台	680.6
6	济南电台	674.4
7	郑州电台	642.4
8	石家庄电台	575.6
9	南宁电台	568.9
10	西安电台	545.8

表1.59.3　城市电台广播融媒影响指数TOP10

排名	电台名称	影响指数
1	青岛电台	920.6
2	佛山电台	809.4
3	深圳电台	798.3
4	宁波电台	703.1
5	厦门电台	688.6
6	东莞电台	662.3
7	温州电台	636.2
8	嘉兴电台	588.2
9	台州电台	584.1
10	常州电台	581.6

省级电台频率广播融媒影响指数

表1.59.4　省级电台频率广播融媒影响指数TOP10

排名	电台名称	影响指数
1	广东广播电视台交通之声	867.3
2	北京交通广播	856.4
3	广东珠江经济台	853.4
4	北京新闻广播	828.5
5	四川交通广播	825.0
6	广东广播电视台音乐之声	810.7
7	上海人民广播电台动感101	805.7
8	浙江交通之声	766.6
9	上海人民广播电台上海新闻广播	763.9
10	陕广新闻广播	763.1

城市电台频率广播融媒影响指数

表1.59.5 省会电台频率广播融媒影响指数TOP10

排名	电台名称	影响指数
1	杭州交通经济广播	876.2
2	广州交通广播	854.0
3	广州新闻电台	841.6
4	哈尔滨交通广播	788.7
5	FM105.4西湖之声	745.0
6	沈阳交通广播	737.7
7	石家庄广播电视台新闻广播	736.4
8	昆明汽车音乐广播	718.5
9	成都交通文艺广播	715.7
10	长春交通之声	710.5

表1.59.6 城市电台频率广播融媒影响指数TOP10

排名	电台名称	影响指数
1	青岛交通广播FM89.7	886.3
2	青岛新闻综合广播FM107.6/FM103.6	861.3
3	宁波电台交通广播	823.5
4	佛山电台FM92.4	755.7
5	台州交通广播	722.3
6	襄阳交通音乐广播	713.9
7	温州交通广播	697.0
8	东莞交通广播	688.9
9	嘉兴交通经济频率	686.0
10	深圳新闻频率	680.6

四、2023年省级电台及城市电台广播融媒云听指数

省级电台广播融媒云听指数

表1.60.1　省级电台广播融媒云听指数TOP10

排名	电台名称	云听指数
1	广东电台	969.8
2	上海电台	945.2
3	北京电台	932.2
4	江苏电台	862.0
5	河北电台	838.3
6	浙江电台	754.8
7	吉林广播电视台广播	671.1
7	黑龙江电台	671.1
9	陕西电台	604.9
10	山东电台	576.5

地区城市电台广播融媒云听指数

表1.60.2　省会电台广播融媒云听指数TOP10

排名	电台名称	云听指数
1	哈尔滨电台	962.4
2	沈阳电台	955.5
3	济南电台	912.9
4	广州电台	810.0
5	郑州电台	799.7
6	杭州电台	755.8
7	太原电台	689.4
8	南京电台	659.1
9	石家庄电台	561.2
10	长春电台	539.7

表1.60.3 城市电台广播融媒云听指数TOP10

排名	电台名称	云听指数
1	深圳电台	931.3
2	佛山电台	801.4
3	青岛电台	784.9
4	嘉兴电台	720.7
5	中山电台	681.2
6	厦门电台	662.7
7	东莞电台	625.9
8	湖州电台	604.1
9	宁波电台	559.8
10	温州电台	516.3

省级电台频率广播融媒云听指数

表1.60.4 省级电台频率广播融媒云听指数TOP10

排名	电台名称	云听指数
1	北京新闻广播	992.6
2	江苏新闻广播	989.1
3	河北新闻广播	959.3
4	上海人民广播电台上海新闻广播	917.4
5	北京交通广播	911.8
6	广东珠江经济台	911.2
7	河北音乐广播	901.1
8	上海人民广播电台上海人民广播电台第一财经广播	868.2
9	广东广播电视台股市广播	866.0
10	江苏经典流行音乐广播	864.4

城市电台频率广播融媒云听指数

表1.60.5 省会电台频率广播融媒云听指数TOP10

排名	电台名称	云听指数
1	哈尔滨文艺广播	986.7
2	沈阳之声	967.7
3	济南新闻广播	934.5
4	杭州交通经济广播	891.2
5	广州新闻电台	878.1
6	太原广播电视台交通广播	864.9
7	沈阳都市广播	864.8
8	郑州经典1079	861.5
9	郑州新闻广播	844.6
10	济南经济广播	820.5

表1.60.6 城市电台频率广播融媒云听指数TOP10

排名	电台名称	云听指数
1	深圳新闻频率	1000.0
2	深圳交通频率	869.6
3	青岛新闻综合广播FM107.6/FM103.6	850.5
4	中山广播电视台FM88.8频率	843.5
5	嘉兴交通经济频率	838.2
6	佛山人民广播电台三水广播	821.6
7	青岛交通广播FM89.7	780.7
8	湖州交通广播	770.6
9	深圳飞扬971	761.7
10	厦门音乐广播FM90.9	732.0

五、2023年省级电台及城市电台广播融媒交互指数

省级电台广播融媒交互指数

表1.61.1 省级电台广播融媒交互指数TOP10

排名	电台名称	交互指数
1	湖北广播电视台	993.5
2	江西电台	793.3
3	广东电台	726.1
4	山东电台	713.1
5	广西电台	683.7
6	浙江电台	667.3
7	海南电台	623.6
8	陕西电台	595.9
9	河北电台	586.9
10	贵州电台	512.3

城市电台广播融媒交互指数

表1.61.2 省会电台广播融媒交互指数TOP10

排名	电台名称	交互指数
1	南昌电台	800.3
2	南京电台	773.2
3	合肥电台	753.4
4	郑州电台	748.1
5	昆明电台	732.8
6	济南电台	724.7
7	沈阳电台	719.5
8	杭州电台	699.0
9	广州电台	657.5
10	南宁电台	619.7

表1.61.3 城市电台广播融媒交互指数TOP10

排名	电台名称	交互指数
1	日照电台	894.1
2	青岛电台	883.5
3	台州电台	878.4
4	佛山电台	677.7
5	绵阳电台	675.4
6	厦门电台	675.1
7	襄阳电台	609.6
8	宁波电台	565.3
9	玉林电台	559.1
10	常州电台	533.1

省级电台频率广播融媒交互指数

表1.61.4 省级电台频率广播融媒交互指数TOP10

排名	电台名称	交互指数
1	楚天交通广播	933.8
2	江西旅游广播	890.9
3	广西教育广播	866.1
4	浙江交通之声	802.2
5	江西民生广播	793.3
6	海南交通广播	788.6
7	浙江之声	768.8
8	北京交通广播	764.1
9	陕广新闻广播	753.0
10	江西交通广播	750.6

城市电台频率广播融媒交互指数

表1.61.5　省会电台频率广播融媒交互指数TOP10

排名	电台名称	交互指数
1	沈阳交通广播	881.8
2	合肥交通广播	876.8
3	广州交通广播	875.0
4	杭州交通经济广播	866.8
5	济南新闻广播	848.7
6	济南交通广播	760.3
7	郑州新闻广播	756.4
8	太原广播电视台交通广播	718.6
9	沈阳生活广播	699.2
10	杭州之声	685.3

表1.61.6　城市电台频率广播融媒交互指数TOP10

排名	电台名称	交互指数
1	台州交通广播	978.1
2	青岛文艺广播FM96.4	830.5
3	青岛新闻综合广播FM107.6/FM103.6	792.6
4	青岛交通广播FM89.7	782.7
5	襄阳交通音乐广播	716.1
6	襄阳综合广播	711.8
7	绵阳交通广播	670.9
8	宁波电台新闻综合广播	653.9
9	青岛经济广播FM102.9	653.5
10	青岛音乐体育广播FM91.5	618.0

六、2023年主要广播频率在线收听

（时段月均点击量数据）

表1.62.1　主要广播频率各时段月均点击量-1

单位：万

时段	北京新闻广播	江苏新闻广播	河北新闻广播	北京交通广播	上海人民广播电台上海新闻广播
00:00—00:30	21.7	24.5	32.3	17.0	10.6
00:30—01:00	17.2	20.0	22.9	12.9	9.1
01:00—01:30	13.7	14.3	17.5	9.8	7.2
01:30—02:00	11.6	10.4	13.2	7.8	5.8
02:00—02:30	10.3	8.9	11.2	6.6	5.2
02:30—03:00	9.6	8.2	10.9	5.9	4.7
03:00—03:30	10.0	8.2	10.2	5.6	5.0
03:30—04:00	10.2	8.2	8.7	5.4	5.4
04:00—04:30	11.4	8.6	8.4	5.9	6.8
04:30—05:00	14.8	9.7	9.2	7.7	9.9
05:00—05:30	25.3	13.0	17.1	13.1	21.7
05:30—06:00	51.9	33.7	20.0	22.1	54.9
06:00—06:30	122.0	96.3	32.5	37.3	98.2
06:30—07:00	164.0	124.4	42.2	62.7	107.6
07:00—07:30	175.3	121.8	57.6	77.1	126.6
07:30—08:00	184.1	141.6	92.7	94.1	124.2
08:00—08:30	158.8	130.6	197.2	119.4	113.3
08:30—09:00	92.5	94.8	70.8	63.6	71.9
09:00—09:30	71.0	79.6	68.5	50.6	52.7
09:30—10:00	53.3	63.6	46.9	43.6	38.1
10:00—10:30	46.3	61.6	42.8	35.3	36.8

（续表）

时段	北京新闻广播	江苏新闻广播	河北新闻广播	北京交通广播	上海人民广播电台上海新闻广播
10:30—11:00	39.4	56.9	37.9	31.1	28.7
11:00—11:30	38.0	51.2	38.4	28.9	25.4
11:30—12:00	43.5	49.5	36.4	28.8	24.1
12:00—12:30	43.7	50.2	58.1	35.9	28.5
12:30—13:00	39.0	43.6	42.6	31.0	24.1
13:00—13:30	36.0	42.5	45.8	31.6	24.4
13:30—14:00	33.6	40.2	42.0	32.7	22.4
14:00—14:30	32.5	39.2	41.6	29.8	21.1
14:30—15:00	30.8	37.8	37.3	28.4	20.6
15:00—15:30	31.5	43.0	37.0	26.9	21.8
15:30—16:00	30.8	40.4	35.7	27.4	19.8
16:00—16:30	33.3	48.7	35.8	27.4	19.8
16:30—17:00	33.8	60.5	35.5	29.9	20.4
17:00—17:30	37.5	60.3	38.3	38.6	24.5
17:30—18:00	44.7	60.2	40.3	41.7	31.1
18:00—18:30	53.1	57.4	44.2	42.6	36.7
18:30—19:00	63.8	53.2	46.8	42.7	31.1
19:00—19:30	87.3	50.9	49.3	43.2	25.4
19:30—20:00	54.0	51.2	47.7	36.3	22.7
20:00—20:30	46.0	51.4	45.4	33.3	21.3
20:30—21:00	40.7	43.8	47.5	30.1	20.9
21:00—21:30	39.8	43.0	59.6	29.8	21.9
21:30—22:00	39.9	41.7	56.6	30.2	21.6
22:00—22:30	41.1	40.9	59.4	31.2	21.1
22:30—23:00	37.6	36.2	47.5	29.4	19.6
23:00—23:30	34.2	31.2	48.1	26.2	17.6
23:30—23:59	32.9	35.2	29.3	22.7	16.8

表1.62.2　主要广播频率各时段月均点击量-2

单位：万

时段	广东珠江经济台	河北音乐广播	上海人民广播电台第一财经广播	江苏经典流行音乐广播	广东广播电视台股市广播
00:00—00:30	17.8	19.2	9.0	8.6	15.8
00:30—01:00	15.0	13.1	7.1	6.7	11.4
01:00—01:30	12.6	10.1	5.5	5.4	9.2
01:30—02:00	10.6	7.4	4.3	4.4	6.8
02:00—02:30	8.6	5.9	3.5	3.8	5.6
02:30—03:00	7.4	4.8	3.1	3.6	4.8
03:00—03:30	6.3	4.6	2.8	3.5	4.4
03:30—04:00	5.6	4.1	2.9	3.3	4.0
04:00—04:30	5.6	4.6	3.0	3.3	3.8
04:30—05:00	5.9	5.4	3.7	3.9	3.8
05:00—05:30	7.2	9.8	5.2	6.2	4.2
05:30—06:00	8.9	18.0	8.5	13.1	5.2
06:00—06:30	13.9	29.4	14.4	25.5	7.5
06:30—07:00	20.6	41.4	23.6	40.0	13.9
07:00—07:30	31.9	61.8	44.7	58.3	22.0
07:30—08:00	68.3	58.7	63.0	63.5	78.4
08:00—08:30	76.5	87.6	69.8	59.1	78.9
08:30—09:00	57.4	48.0	49.6	41.6	32.9
09:00—09:30	49.2	46.8	47.9	37.7	32.8
09:30—10:00	39.2	39.5	34.0	31.8	32.7
10:00—10:30	32.4	36.9	28.3	28.3	31.0
10:30—11:00	30.5	33.3	23.5	27.2	28.9
11:00—11:30	30.0	34.8	23.4	22.8	28.3
11:30—12:00	37.3	39.1	30.4	23.4	35.6

（续表）

时段	广东珠江经济台	河北音乐广播	上海人民广播电台第一财经广播	江苏经典流行音乐广播	广东广播电视台股市广播
12:00—12:30	65.2	34.6	26.3	22.0	24.0
12:30—13:00	45.6	34.8	22.1	23.7	24.2
13:00—13:30	37.4	32.2	20.7	22.6	26.9
13:30—14:00	32.2	32.6	18.9	23.4	27.2
14:00—14:30	32.1	31.7	18.7	23.7	29.2
14:30—15:00	29.1	34.2	19.4	24.3	27.4
15:00—15:30	29.0	33.4	34.4	22.9	26.6
15:30—16:00	24.6	30.3	27.8	24.0	19.8
16:00—16:30	24.5	29.3	34.8	22.8	20.9
16:30—17:00	27.3	28.5	32.8	24.1	19.4
17:00—17:30	28.1	31.2	34.2	26.5	19.9
17:30—18:00	31.5	32.0	33.4	27.9	22.6
18:00—18:30	33.5	31.5	31.1	28.4	24.6
18:30—19:00	30.4	29.1	25.6	27.7	25.3
19:00—19:30	31.9	28.1	23.5	26.6	28.2
19:30—20:00	30.5	28.8	22.4	25.1	27.5
20:00—20:30	33.0	28.7	20.5	24.0	24.7
20:30—21:00	37.5	28.7	20.4	22.9	22.6
21:00—21:30	50.2	30.9	21.0	22.0	23.2
21:30—22:00	42.6	33.0	20.9	20.2	22.6
22:00—22:30	39.7	35.6	19.3	18.7	25.0
22:30—23:00	35.1	33.5	17.7	16.0	23.9
23:00—23:30	30.3	29.8	14.9	13.5	22.3
23:30—23:59	34.0	26.7	15.8	16.0	13.4

表1.62.3　主要广播频率各时段月均点击量-3

单位：万

时段	浙江交通之声	浙江之声	广东广播电视台交通之声	上海人民广播电台经典金曲广播Love Radio103.7	广东广播电视台文体广播
00:00—00:30	9.8	7.5	12.5	7.3	15.5
00:30—01:00	8.3	6.1	9.7	5.4	12.8
01:00—01:30	6.9	5.0	7.7	4.3	10.9
01:30—02:00	5.8	4.1	6.3	3.3	9.6
02:00—02:30	5.3	3.6	5.4	2.8	8.1
02:30—03:00	5.0	3.5	4.9	2.4	6.0
03:00—03:30	5.2	3.6	4.7	2.2	4.9
03:30—04:00	5.0	3.7	4.0	2.1	4.3
04:00—04:30	5.2	4.6	4.0	2.3	3.9
04:30—05:00	5.9	6.9	3.9	2.8	4.4
05:00—05:30	7.1	14.4	4.8	4.3	4.7
05:30—06:00	9.6	20.3	7.0	6.6	5.1
06:00—06:30	15.4	38.0	15.3	10.8	6.5
06:30—07:00	26.8	52.0	20.3	18.1	9.4
07:00—07:30	34.0	58.2	32.7	29.9	15.3
07:30—08:00	37.4	62.6	39.1	36.5	17.4
08:00—08:30	42.5	60.6	42.5	41.7	17.0
08:30—09:00	32.1	40.0	32.7	30.1	13.5
09:00—09:30	29.2	32.5	30.3	28.3	13.0
09:30—10:00	28.6	27.1	26.6	29.3	11.8
10:00—10:30	31.1	23.4	26.0	25.7	11.0
10:30—11:00	25.2	19.8	22.0	22.6	10.1
11:00—11:30	21.7	17.7	21.1	20.6	9.8
11:30—12:00	21.7	18.8	17.8	23.5	11.6

（续表）

时段	浙江交通之声	浙江之声	广东广播电视台交通之声	上海人民广播电台经典金曲广播Love Radio103.7	广东广播电视台文体广播
12:00—12:30	25.1	21.0	18.2	21.8	28.7
12:30—13:00	27.5	19.7	18.1	22.9	22.0
13:00—13:30	34.8	19.3	17.7	21.4	22.7
13:30—14:00	29.4	17.9	20.7	20.7	18.9
14:00—14:30	29.4	17.8	19.6	20.2	18.7
14:30—15:00	30.9	18.1	17.4	24.3	16.4
15:00—15:30	45.2	19.3	20.2	20.7	16.7
15:30—16:00	35.5	19.4	18.0	19.8	16.5
16:00—16:30	32.4	18.6	17.8	20.8	16.5
16:30—17:00	32.1	20.0	21.8	25.1	16.5
17:00—17:30	29.5	22.4	20.6	24.5	18.0
17:30—18:00	29.6	23.8	20.5	23.8	25.8
18:00—18:30	26.9	24.4	23.2	21.6	68.7
18:30—19:00	24.1	21.5	24.3	19.7	43.1
19:00—19:30	22.4	19.9	21.2	19.4	35.9
19:30—20:00	21.7	18.9	18.0	20.8	26.9
20:00—20:30	21.3	17.5	16.7	21.1	25.8
20:30—21:00	19.9	16.7	18.2	20.1	24.7
21:00—21:30	19.9	16.3	19.0	20.3	23.3
21:30—22:00	19.5	16.0	20.5	20.1	22.0
22:00—22:30	18.3	15.7	21.6	17.6	21.9
22:30—23:00	16.8	14.5	20.1	14.6	20.7
23:00—23:30	14.9	12.6	18.2	12.0	19.8
23:30—23:59	16.3	13.0	17.0	15.9	19.5

表1.62.4　主要广播频率各时段月均点击量-4

单位：万

时段	北京文艺广播	哈尔滨文艺广播	黑龙江交通广播	上海人民广播电台动感101	沈阳之声
00:00—00:30	13.4	9.2	10.2	6.0	6.7
00:30—01:00	10.7	7.6	8.5	4.5	5.7
01:00—01:30	8.2	6.5	6.4	3.6	4.8
01:30—02:00	6.8	5.6	4.9	2.7	4.3
02:00—02:30	5.9	4.8	3.8	2.3	3.9
02:30—03:00	5.2	4.6	3.4	1.8	4.4
03:00—03:30	5.5	4.7	3.1	1.7	4.4
03:30—04:00	5.3	4.5	2.9	1.6	4.2
04:00—04:30	6.0	4.6	3.0	1.6	4.5
04:30—05:00	7.1	5.3	3.1	1.9	6.0
05:00—05:30	9.9	6.8	3.7	2.7	9.8
05:30—06:00	12.1	8.4	6.0	4.2	18.4
06:00—06:30	14.9	12.4	11.1	7.3	47.4
06:30—07:00	20.4	13.4	16.4	14.0	40.3
07:00—07:30	22.7	32.5	25.1	24.2	31.6
07:30—08:00	34.0	21.0	46.4	30.2	27.3
08:00—08:30	31.2	24.5	52.5	35.0	22.9
08:30—09:00	21.5	30.9	26.7	26.9	13.6
09:00—09:30	20.2	15.4	25.6	24.6	12.4
09:30—10:00	18.7	14.2	20.6	24.6	11.9
10:00—10:30	17.4	12.6	18.5	21.6	10.4
10:30—11:00	15.9	13.4	16.5	18.4	9.2
11:00—11:30	15.5	23.8	16.9	16.1	9.3
11:30—12:00	20.0	20.1	21.7	18.7	11.0

（续表）

时段	北京文艺广播	哈尔滨文艺广播	黑龙江交通广播	上海人民广播 电台动感101	沈阳之声
12:00—12:30	26.3	19.9	16.5	16.0	14.3
12:30—13:00	28.4	17.5	18.3	15.5	12.3
13:00—13:30	24.9	15.8	16.3	15.6	11.2
13:30—14:00	21.8	15.3	17.2	18.3	9.2
14:00—14:30	19.8	14.4	16.1	16.3	8.4
14:30—15:00	18.2	16.0	15.4	15.5	8.7
15:00—15:30	19.0	15.2	14.0	15.1	8.5
15:30—16:00	17.5	14.1	14.7	15.3	7.4
16:00—16:30	16.3	14.4	14.7	15.3	7.0
16:30—17:00	14.9	15.3	14.4	19.2	7.4
17:00—17:30	15.4	25.2	15.7	19.5	8.2
17:30—18:00	15.7	25.4	15.7	19.8	7.6
18:00—18:30	15.7	35.1	16.7	18.0	7.9
18:30—19:00	15.2	26.2	17.7	15.9	9.5
19:00—19:30	15.2	21.9	19.7	14.8	9.9
19:30—20:00	15.6	19.9	19.8	15.3	9.7
20:00—20:30	16.2	17.6	17.2	13.9	10.2
20:30—21:00	16.7	23.4	18.1	14.7	16.6
21:00—21:30	18.5	21.6	16.0	14.8	46.4
21:30—22:00	21.1	20.6	16.2	13.9	31.4
22:00—22:30	22.4	18.3	16.3	13.1	23.0
22:30—23:00	22.0	16.1	15.8	12.1	16.3
23:00—23:30	20.4	15.1	15.9	10.3	11.7
23:30—23:59	16.6	15.9	10.2	11.7	18.7

表1.62.5 主要广播频率各时段月均点击量-5

单位：万

时段	河北交通广播	广东广播电视台音乐之声	深圳新闻频率	江苏交通广播网	济南新闻广播
00:00—00:30	9.3	6.8	8.0	3.9	7.4
00:30—01:00	6.8	5.4	6.5	3.1	6.2
01:00—01:30	5.3	4.5	4.8	2.3	5.1
01:30—02:00	4.1	3.7	3.7	1.8	4.5
02:00—02:30	3.2	3.4	3.0	1.5	4.3
02:30—03:00	3.0	2.9	2.4	1.4	4.3
03:00—03:30	2.7	2.9	2.4	1.2	4.0
03:30—04:00	2.4	2.8	2.1	1.2	4.0
04:00—04:30	2.4	2.7	2.0	1.2	4.5
04:30—05:00	2.6	2.8	2.1	1.3	4.8
05:00—05:30	2.7	3.5	2.2	2.0	6.0
05:30—06:00	3.6	4.5	3.0	3.5	10.9
06:00—06:30	5.7	7.0	5.5	8.1	29.8
06:30—07:00	10.2	10.0	9.2	24.7	26.6
07:00—07:30	17.3	14.6	14.7	32.8	25.1
07:30—08:00	34.4	17.1	19.7	37.2	21.7
08:00—08:30	48.0	27.2	59.0	46.2	25.6
08:30—09:00	20.5	19.7	20.8	27.9	14.2
09:00—09:30	21.8	19.6	19.2	23.7	11.5
09:30—10:00	18.4	21.7	16.3	19.6	9.9
10:00—10:30	17.3	19.7	14.2	20.3	10.1
10:30—11:00	15.9	20.2	12.6	14.7	8.5
11:00—11:30	17.1	17.2	11.8	11.4	9.0
11:30—12:00	20.6	14.3	15.6	11.8	9.2

（续表）

时段	河北交通广播	广东广播电视台音乐之声	深圳新闻频率	江苏交通广播网	济南新闻广播
12:00—12:30	16.3	16.4	13.4	14.5	12.1
12:30—13:00	15.0	13.9	12.9	13.8	11.5
13:00—13:30	15.2	14.4	13.2	13.4	15.0
13:30—14:00	14.5	17.2	13.4	13.0	11.1
14:00—14:30	13.8	17.1	14.0	12.7	10.9
14:30—15:00	13.0	17.3	14.3	11.3	8.5
15:00—15:30	12.6	15.7	12.2	11.1	7.7
15:30—16:00	12.1	16.6	11.3	11.2	7.2
16:00—16:30	13.0	17.1	11.1	11.0	8.3
16:30—17:00	12.9	15.4	11.1	11.7	7.7
17:00—17:30	14.5	14.2	12.1	15.8	8.4
17:30—18:00	14.1	15.3	13.0	16.1	8.9
18:00—18:30	15.3	15.0	14.4	15.1	9.3
18:30—19:00	15.7	15.1	15.9	12.7	8.7
19:00—19:30	16.2	13.8	18.6	11.4	8.6
19:30—20:00	14.8	13.0	19.6	10.3	8.5
20:00—20:30	15.3	13.4	17.4	9.7	8.8
20:30—21:00	14.1	12.2	13.1	9.3	9.8
21:00—21:30	14.7	12.5	13.1	9.4	32.2
21:30—22:00	13.4	13.3	12.6	8.6	16.4
22:00—22:30	13.9	12.7	13.2	8.9	16.8
22:30—23:00	13.5	11.3	12.7	7.7	13.9
23:00—23:30	13.1	10.0	11.8	6.6	12.1
23:30—23:59	8.4	10.5	7.3	7.2	14.4

表1.62.6 主要广播频率各时段月均点击量-6

单位：万

时段	吉林新闻综合广播	广东新闻广播	湖北之声	杭州交通经济广播	吉林交通广播
00:00—00:30	5.8	4.5	4.7	3.1	5.1
00:30—01:00	4.7	3.3	3.9	2.2	4.2
01:00—01:30	3.8	2.6	2.9	1.7	3.3
01:30—02:00	3.1	2.0	2.3	1.4	2.7
02:00—02:30	2.7	1.6	2.0	1.2	2.2
02:30—03:00	2.4	1.4	1.8	1.0	2.0
03:00—03:30	2.5	1.3	1.8	1.0	1.7
03:30—04:00	2.4	1.3	1.8	0.9	1.7
04:00—04:30	2.6	1.3	2.2	0.9	2.1
04:30—05:00	2.9	1.4	2.5	1.2	2.4
05:00—05:30	4.4	1.8	4.2	1.6	3.4
05:30—06:00	9.5	3.4	9.6	2.7	5.4
06:00—06:30	25.0	10.4	25.3	5.4	9.7
06:30—07:00	29.9	25.4	26.9	9.7	11.1
07:00—07:30	23.8	32.2	26.0	15.1	12.5
07:30—08:00	23.8	35.6	23.0	20.0	13.8
08:00—08:30	19.1	32.9	26.0	23.3	18.1
08:30—09:00	13.3	21.1	14.3	15.8	12.0
09:00—09:30	12.1	15.7	11.5	13.6	13.8
09:30—10:00	10.1	12.5	9.5	13.2	11.8
10:00—10:30	9.2	12.2	8.1	12.8	11.7
10:30—11:00	7.8	10.7	7.5	11.4	10.2
11:00—11:30	7.3	9.9	6.7	12.4	10.0
11:30—12:00	7.7	10.7	6.9	12.2	9.6
12:00—12:30	10.0	10.4	8.4	13.8	10.6

（续表）

时段	吉林新闻综合广播	广东新闻广播	湖北之声	杭州交通经济广播	吉林交通广播
12:30—13:00	8.3	9.0	7.3	14.1	9.1
13:00—13:30	8.2	8.5	7.1	12.4	8.9
13:30—14:00	7.4	8.1	6.8	13.4	8.4
14:00—14:30	7.3	7.8	6.6	13.1	9.8
14:30—15:00	6.8	7.2	6.2	10.9	8.8
15:00—15:30	6.6	7.2	5.9	10.8	8.4
15:30—16:00	6.5	7.0	5.8	9.6	8.3
16:00—16:30	7.1	7.2	5.8	10.9	8.6
16:30—17:00	7.0	7.4	5.8	10.9	8.2
17:00—17:30	7.6	7.6	6.3	10.3	8.2
17:30—18:00	8.2	9.1	7.8	11.1	8.5
18:00—18:30	10.0	12.5	11.7	11.2	8.8
18:30—19:00	12.3	12.0	17.6	9.6	8.7
19:00—19:30	17.4	10.7	16.0	9.8	9.5
19:30—20:00	16.0	9.9	11.4	9.6	10.6
20:00—20:30	14.8	9.1	9.4	8.9	12.7
20:30—21:00	13.3	8.4	8.6	8.9	13.4
21:00—21:30	14.0	7.9	9.2	9.0	11.6
21:30—22:00	15.9	7.8	9.2	8.5	10.3
22:00—22:30	14.9	8.0	8.8	6.8	9.9
22:30—23:00	12.3	7.7	8.2	6.1	9.2
23:00—23:30	10.5	7.0	7.0	4.9	8.5
23:30—23:59	11.6	6.2	7.2	6.4	9.4

赛立信广播融媒综合传播力指数数据说明：

1. 广播融媒综合传播力指数：是在融媒体语境中，综合评估各广播频率在音频及可视化内容生产、受众影响力、传统直播收听效果、在线直播收听效果及可视化内容交互效果等多方面的数据表现而量化得出的，以充分体现广播频率的全媒体矩阵传播力的综合评价指数。

2. 采集范围：华东、东北、西北区域电台11个、电台频率54个；华东区域电台22个，华东区域电台频率92个；华南区域电台13个，华南区域电台频率44个；华中、西南区域电台9个，华中、西南区域电台频率35个。

3. 数据采集时间：2023年1月1日—12月31日。

ANALYSIS 分析篇

智能时代的"声音复兴"与平台运营升级

——2023年广电融媒发展浅析

2023年，广电行业在视听媒体领域迎来了新的生机，标志着"声音经济"的强劲回归。随着泛视频消费带来的"视觉疲劳"现象逐渐显现，大众对高质量音频内容的需求激增。后疫情时期兴起出行热，广播、音频内容与智能设备紧密结合，成为驾驶者与乘客的新宠儿。同时，移动互联网与智能终端的普及促使传统收音机用户向手机等在线平台迁移，智能终端收听用户群体逐年扩大，音频平台在线收听等智能收听方式日益受到青睐。这一系列现象不仅反映了技术革新对广播领域的深度渗透与影响，也凸显了听众媒介消费偏好的动态变迁及对内容体验的全新期待。

一、广播/音频活跃用户量变化趋势

2023年，广电进入视听爆发时代，在后疫情逐渐恢复的一年中，声音经济复苏，广播听众达到6.5亿，较2022年下滑1.2%，但车载和智能终端听众呈上涨趋势，分别增至5.08亿和4.32亿。2023年全国汽车保有量达到了3.36亿辆，较上一年增长5.3%，汽车市场持续扩张，车载用户较2022年有所增长。随着智能网联汽车和车载信息娱乐系统的普及，车内娱乐方式更加多样化，包括广播、音频、在线音乐、播客、有声书等，吸引了更多驾驶者、乘客成为车载听众。同时在"机不离手"趋势下，传统收音机用户规模不断下降，转而投入手机等在线收听，智能终端用户逐年上涨。

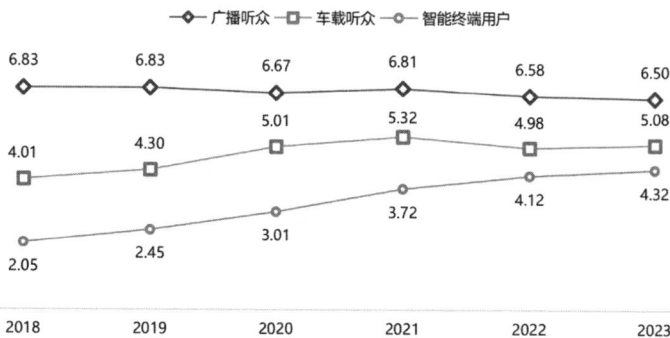

图2.1.1 广播媒体及各终端用户规模（单位：亿）

数据来源：赛立信数字传媒科技，全国受众调查，2018—2023年

二、用户洞察：2023年广播/音频收听变化趋势

（一）车载收听常青，大众收听方式更智能化

随着智能汽车技术的发展，车载娱乐系统集成度更高，操作更便捷，智能推荐算法能够根据用户偏好推送个性化内容，进一步提升了车载广播的吸引力。尤其是车内智能屏，已经成为继车载收音机、手机之后的第三大智能终端，车载终端收听市场体量庞大。用户收听方式更智能化，除了传统的车载收音机、便携式收音机和手机，一系列智能化、数字化服务终端催生，车内智能屏、物联网设备、智能音箱、可穿戴设备物联网设备等使用率较高；另外随着多种多样的流媒体服务的功能升级和新型媒介的涌现，大众对声音音质要求越来越高，且追求个人舒适空间，加上智能语音助手的普及也为广播收听带来了便利，用户可以通过语音指令来控制智能设备播放广播节目，无需手动操作，进一步提升了广播收听的便捷性，智能物联网设备成为大众收听广播、音频的新兴方式。

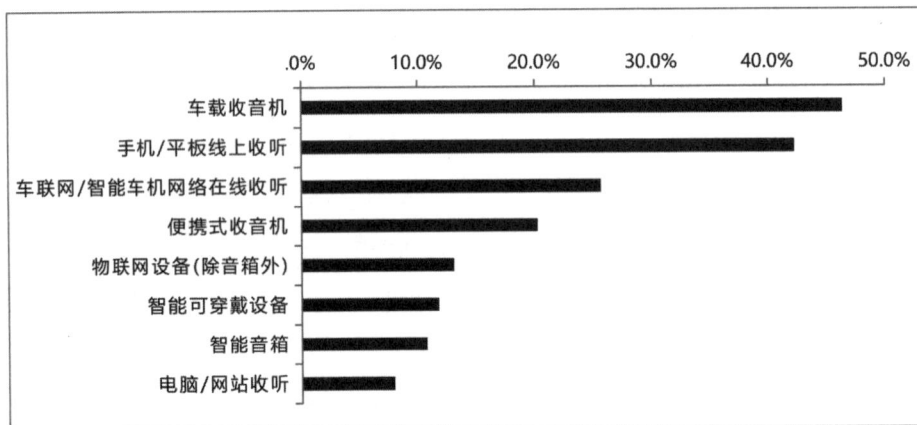

图2.1.2　听众日常收听广播/音频的方式（%）
数据来源：赛立信数字传媒科技，全国受众调查，2023年

（二）高压生存的"八〇后""九〇后"是收听主力军

广播听众构成展现了性别的均衡性，主力群体集中于"八〇后"与"九〇后"的年轻世代，这一族群占据主导地位。在经济能力方面，多数听众拥有中高收入水平，月收入区间落在4000至7999元之间，显示出较强的消费能力和意愿，拥有积极主动的消费态度和对内容的高要求。广播对年轻化、充满活力及具备一定经济基础的听众吸引力强。

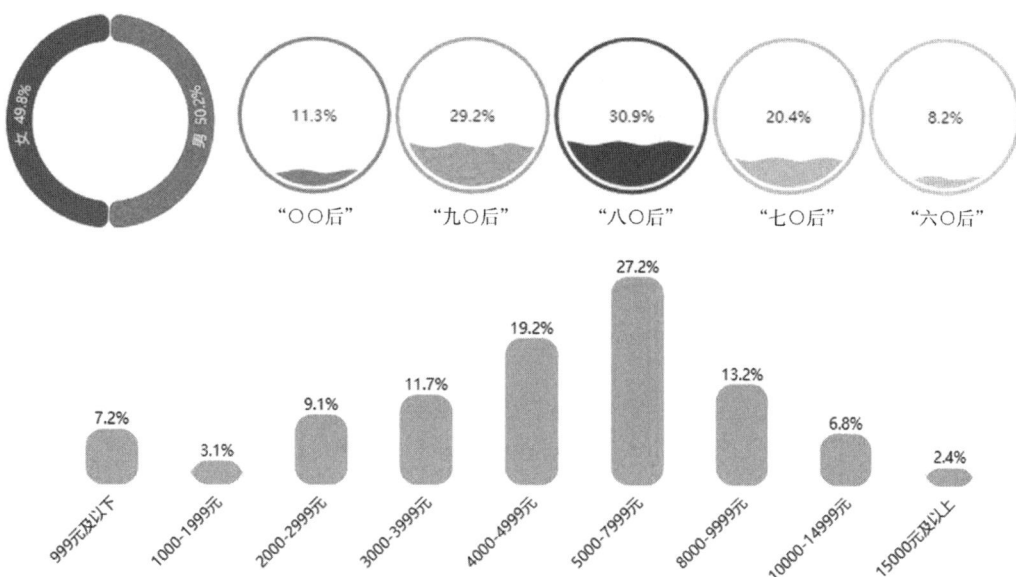

女 49.8%　男 50.2%

"〇〇后" 11.3%　"九〇后" 29.2%　"八〇后" 30.9%　"七〇后" 20.4%　"六〇后" 8.2%

7.2% 999元及以下
3.1% 1000-1999元
9.1% 2000-2999元
11.7% 3000-3999元
19.2% 4000-4999元
27.2% 5000-7999元
13.2% 8000-9999元
6.8% 10000-14999元
2.4% 15000元及以上

图2.1.3　听众构成（%）

数据来源：赛立信数字传媒科技，全国受众调查，2023年

（三）高频听众群体持续壮大，平均每日忠实收听时长稳定

数据显示，近四成听众维持高活跃度，每周收听广播不少于五天，展现出稳定的收听习惯；收听时长集中在30分钟至1小时，而连续聆听1至1.5小时的用户群体亦显庞大，说明广播媒体用户黏性强。听众习惯"碎片式收听"，使用音频APP时长同样集中在30分钟至1小时。此外，在云听、听见广播、有声书平台、学习强国及各类播客应用中，用户长时间沉浸（1至1.5小时）的现象颇为显著，听众对在这些平台上的丰富内容具有兴趣感与高参与度。

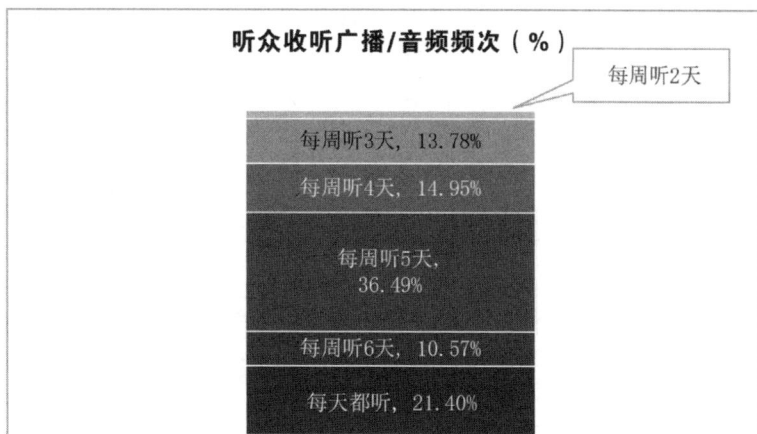

听众收听广播/音频频次（%）

每周听2天

每周听3天，13.78%
每周听4天，14.95%
每周听5天，36.49%
每周听6天，10.57%
每天都听，21.40%

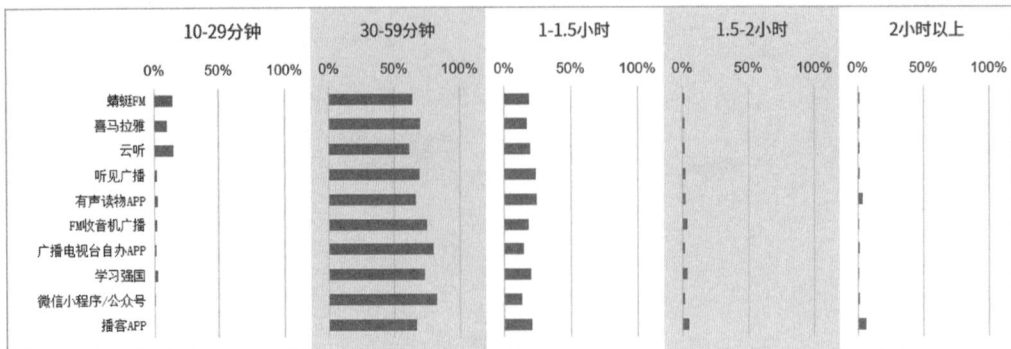

图2.1.4 听众收听广播/音频频次与使用音频APP收听广播/音频时长
数据来源：赛立信数字传媒科技，全国受众调查，2023年

（四）碎片化时代，广播/音频收听场景与生活场景深度融合

碎片化时代下，广播、音频收听场景与大众日常生活场景高度重合，无论是在通勤、锻炼、CityWalk、做家务还是休息时刻，广播、音频成为伴随人们日常活动的重要元素。数据显示，上下班通勤和自驾途中依然是用户选择收听广播的主要场景，另外用户在运动健身、CityWalk、用餐时、居家无聊时等闲时伴随式场景收听广播的选择率亦较高。

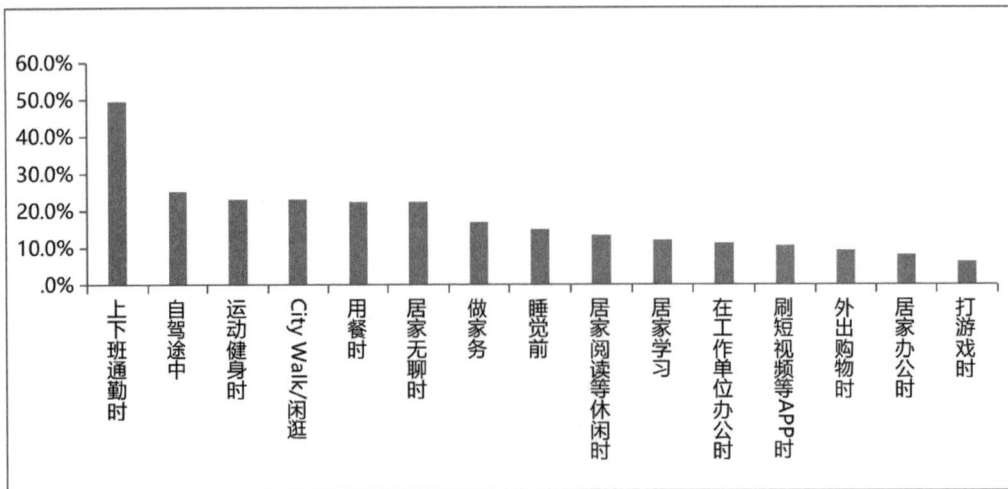

图2.1.5 听众日常收听广播/音频的场景（%）
数据来源：赛立信数字传媒科技，全国受众调查，2023年

（五）"耳朵经济"回温，跨代际音频消费偏好差异显著

"视觉爆炸"冲击下，"耳朵经济"回温，50%以上的用户喜欢收听有声书，其次

音乐、新闻资讯、文化/文学、历史也是用户收听音频的首选内容，多样化的音频内容能充分满足多元化用户收听需求。

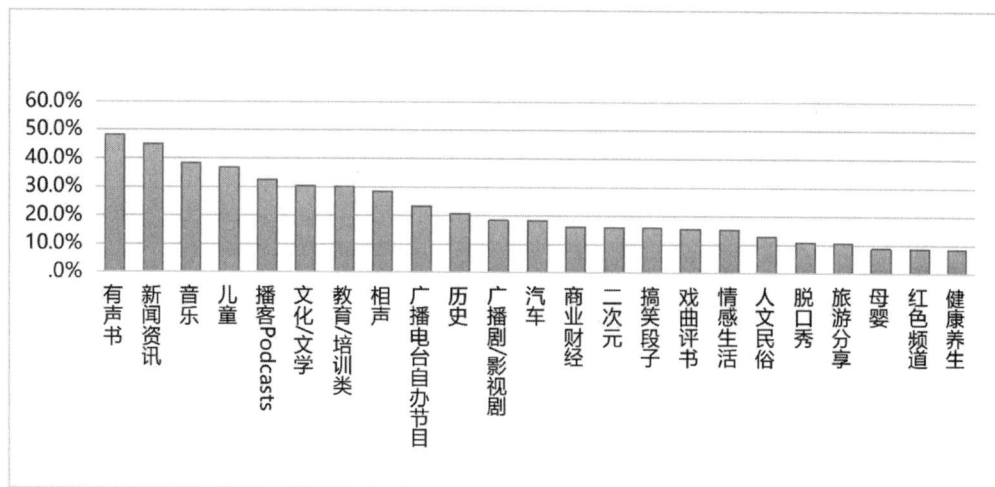

图2.1.6　用户通常收听的音频内容（%）
数据来源：赛立信数字传媒科技，全国受众调查，2023年

数据显示，"〇〇后"收听习惯趋向个性化，偏爱收听音乐、播客Podcasts、有声书、新闻资讯、相声、二次元等多元化音频内容。

"八〇后""九〇后"多数已育有一孩及以上，其中"九〇后"更倾向于收听有声书、新闻资讯、播客Podcasts、音乐、儿童音频内容；而"八〇后"家庭与职业并重之下，更注重个人成长，他们更倾向于收听有声书、新闻资讯、儿童、文化/文学、教育/培训类等音频内容。

"七〇后"中年人群依旧热衷文学修养，他们更倾向于收听有声书、文化/文学、新闻资讯、音乐、儿童等音频内容。

"六〇后"银发一族更偏向收听有声书、新闻资讯、音乐、儿童、播客Podcasts高质量音频内容。

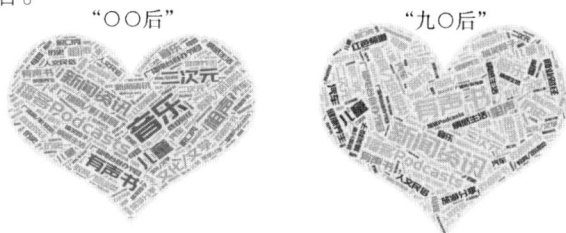

"〇〇后"　　　　"九〇后"

图2.1.7　不同年代用户偏爱收听的音频内容
数据来源：赛立信数字传媒科技，全国受众调查，2023年

（六）音频用户积极入会，文化内容成付费热点

过半数用户乐意接受平台会员制，愿意在音频APP上开通会员，愿意为有声书、音乐、历史、文化/文学、广播电台节目、播客等多元化内容解锁专属权限。

接近40%的用户表示愿意付费收听音频，其中更愿意为有声书、文化/文学、人文民俗、影视剧、历史、汽车资讯等内容买单。

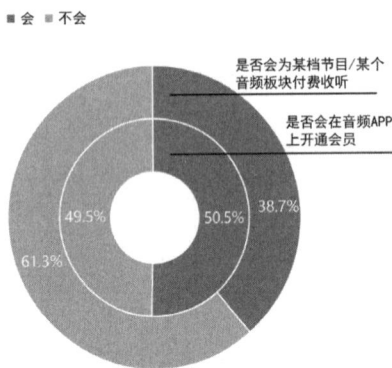

图2.1.8　用户是否愿意付费收听、开通会员　　图2.1.9　用户为哪些内容付费收听、开通会员
数据来源：赛立信数字传媒科技，全国受众调查，2023年

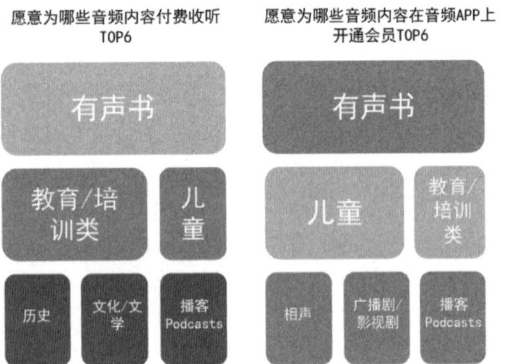

三、广播收听特点和趋势

三年疫情、智能终端的快速发展，广播用户"收听线上化"的趋势依然明显，目前车载收听依然占较大的比重，车载终端承载了大量的收听存量，车载用户目前还是广播收听市场的主力军。

（一）交通、音乐、新闻类频率线上线下收听表现持续领跑

2023年的全国收听市场，交通、新闻、音乐三类频率依然是"三驾马车"，在不同的终端用户中各显优势。虽然2023年的经营环境严峻，但广电人通过"强强联手""优势互补"等方式优化团队、优化节目，同步拥抱新媒体，在节目内容、传播渠道、节目平台延伸、增强宣传与互动等方面不断求新，力求在竞争激烈的媒体环境下获得"新生"。

如图2.1.10所示，交通、新闻、音乐累计市场份额达84.1%，说明广播听众收听的频率较为集中，且忠诚度较高，其他频率可分摊的份额相对较少。其中，交通广播依然拥有较高的市场份额，其数值是近5年最高值，主要是交通广播除了在车载传统终端保持原有的实力以外，在车联网/智能车机网络端也拥有一定的实力，以及近年交通广播在新媒体端的深耕，线上影响力日益增强，智能端的收听量随之增加。新闻广播的优势主要集中在传统收音设备及智能手机终端，尤其是智能手机终端，除了中国之声，北京、上海、河北、江苏等省级台的新闻广播实力也较为强劲，线上点击量均居前列。值得留意的是，音乐广播的市场份额同比2022年下滑了0.9个百分点，其流失的听众主要集中在传统收音设备和手机两个终端。

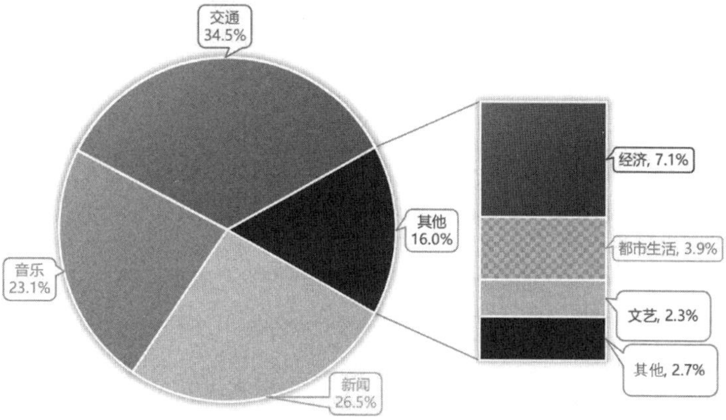

图2.1.10 各类频率的市场份额
数据来源：赛立信数字传媒科技，全国受众调查，2023年

（二）广播音频的线上传播量在逐渐增加

据CNNIC的《第53次中国互联网络发展状况统计报告》显示，截至2023年12月，我国手机网民规模达10.91亿人，网民使用手机上网的比例为99.9%，随着手机网民数

量的不断上升，耳朵经济亦在不断发展壮大。赛立信的收听率调查数据显示，广播音频的线上收听已经赶超线下，占比超过50%，车联网/车上网络收听已逐步成为收听市场一个不可或缺的途径，占比超过25%，同比2022年，占比几乎翻倍，随着AI等技术的不断迭代，线上收听的用户量将不断攀升。

据赛立信融媒体云传播数据显示，2023年各级电台线上点击量数据比较，随着2023年3月云听APP改版后，实现内容、产品架构、技术能力全面升级，用户体验大大提升，截至2023年年底累计用户量达2.6亿，2023年月均下载量环比2022年上升67.6%，大大提升了央级台各频率的在线影响力，线上收听市场，央级台的占比环比2022年有较大幅度的提升，线上点击份额接近50%，城市台在线上的影响力依然受限。

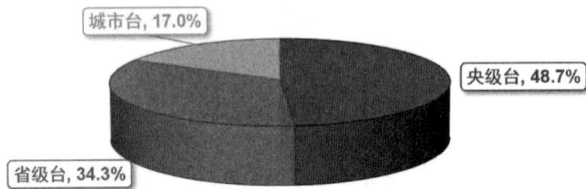

图2.1.11　2023年各级电台的线上份额
数据来源：赛立信数字传媒科技，融媒体云传播数据，2023年

利用互联网，广播的跨域跨界传播影响力大大增强。云听APP在2023年累计点击量超过150亿，环比2022年翻了两倍。省级台的点击量基本持平，城市台的点击量虽然有轻微上升，但点击量占比呈下滑之势，整体占比已经低于20%。线上传播量方面，省、市两级电台的点击量升幅分别是32.3%、21.5%，较2022年稍有提升，省级台累计点击量超过60万亿。

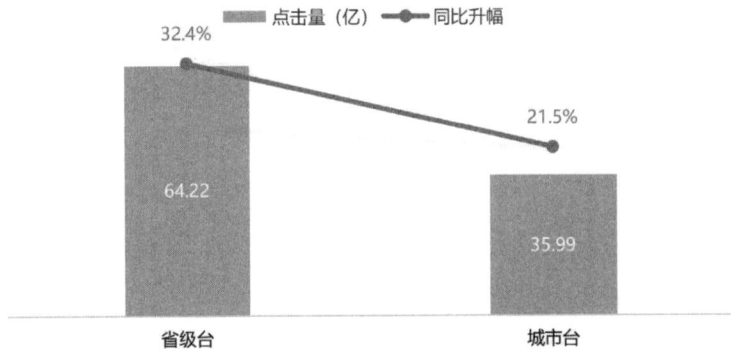

图2.1.12　省、市两台的累计点击量及其同比波动幅度
数据来源：赛立信数字传媒科技，融媒体云传播数据，2023年

广播的区域化在线上收听依然明显，分区域看各地各级电台点击量的占比，省级台和城市台明显占比更高，两级电台在各地市场的点击量累计占比大多超过70%，可见各地用户依然是省市两级电台锁定的主要受众人群。

（三）资讯类音频是线上用户所爱

分频率类型来看，线上智能终端累计点击量最多的是新闻类频率，全年累计点击量达123亿，在线上云端点击总量的半壁江山，中国之声、北京新闻广播、河北新闻广播、上海新闻广播和江苏新闻广播均是线上云端表现较好的新闻类频率；音乐、经济、交通三类频率的线上份额均超过10%，除了总台的经济之声、音乐之声、HitFm、交通广播以外，第一财经广播、北京交通广播、河北音乐广播、浙江交通广播、江苏经典流行音乐广播、珠江经济台和股市广播均是云端表现相当不错的频率，全年累计点击量均在1.5亿以上。

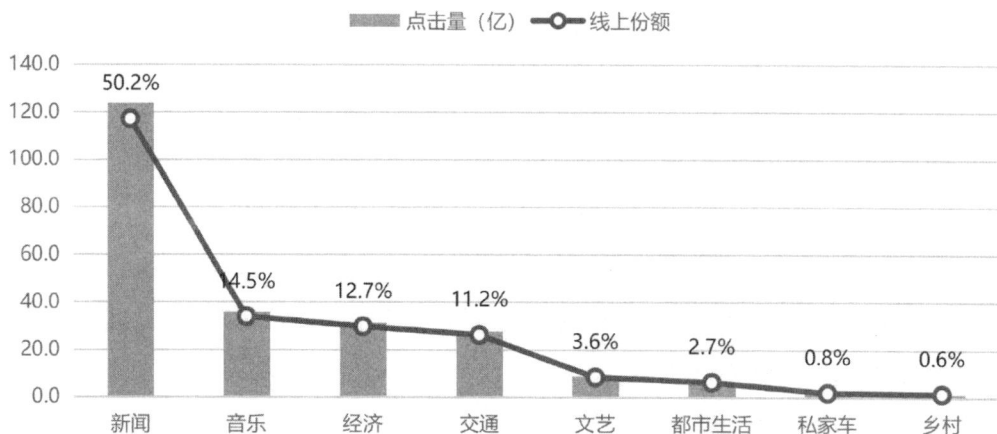

图2.1.13　各类频率全年累计点击量及线上份额
数据来源：赛立信数字传媒科技，融媒体云传播数据，2023年

央级台直播线上传播量主要集中在中国之声、经济之声、音乐之声、HitFm等频率，其他类各频率的线上点击量相对较低，线上份额均低于5%；省级台和城市台的新闻类频率线上份额依然最大，交通、音乐两类频率仅随其后，线上份额均在15%以上，此外，都市生活和文艺两类频率的线上份额占比会更高一些，说明央级台的传播量较集中于某些频率，省市两级的频率竞争激烈程度会更大。

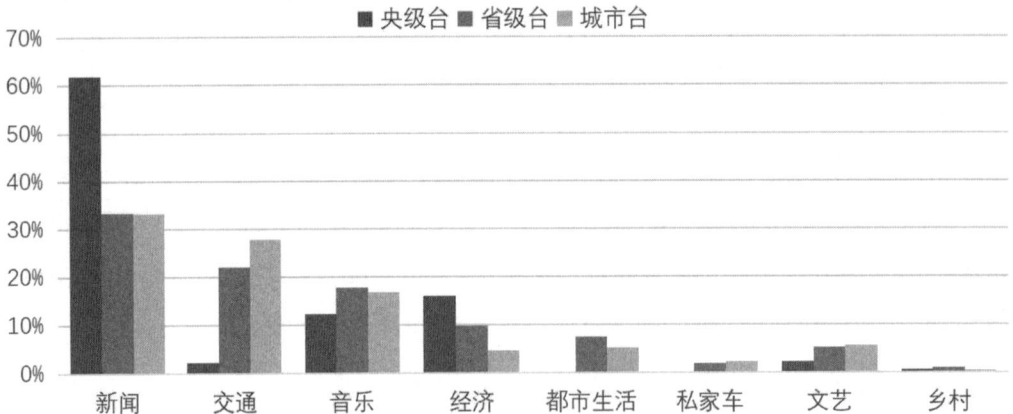

图2.1.14 各级电台各类频率的线上份额比较

数据来源：赛立信数字传媒科技，融媒体云传播数据，2023年

四、广电账号在新媒体平台的运营情况

近年广播电视台深耕融媒体赛道，直播带货、电商、线上贴片广告等多种融媒体变现方式让广电人初尝成果，据国家广播电视总局发布2023年全国广播电视行业统计公报数据显示，2023年全国广告收入3435.36亿元，同比增长2.78%。其中，广播广告收入67.31亿元，同比下降8.70%；电视广告收入516.35亿元，同比下降6.67%；广播电视和网络视听机构通过互联网取得的新媒体广告收入2698.34亿元，同比增长12.09%。

据不完全统计，全国广播电视台拥有超过150个自办APP，广播媒体在微信、微博、今日头条、抖音、快手的官方账号超过1500个，数据表明，近年广播电视台在新媒体端借船出海之举稍有成效。

（一）广播在新媒体端进入存量用户挖掘时期

经过多年的耕耘，广播媒体在新媒体端成功引流、积累了一定的用户，广播电视台近几年自办APP均保持着一定的下载量，其用户量及活跃度仍可挖掘。央广的云听APP自2020年面世后，连续几年的用户量不断上涨，2023年的累计下载量达1.27亿，这是内容优化、版块调整、活动营销等多方面发力的结果。同比2022年，云听累计下载量升幅达67.5%，线上音频用户量、活动曝光都在不断攀升，2023年10月30日，由云听联合中国儿童中心主办的第三届"小小朗读者"风采展示活动，开展两月有余，活动累计报名人数超5万名小朋友，掀起一股"朗诵经典、展示自我、传承文化"的新风尚，连续三年活动的用户参与度都极高，"小小朗读者"已成为颇具社会参与度、行业影响力、品牌知名度的文化IP。

此外，阿基米德、听听FM、开吧等早期广播媒体自办APP平台一直坚持音频内容打造，2023年的下载量依然在200万以上，已经成为当地较具影响力的音频平台。值得注意的是，环比2022年，广播电视台的自办平台的累计下载明显减少，下一步的运维重点或将在平台音频内容、版块的打造上，深耕现有的平台存量用户。

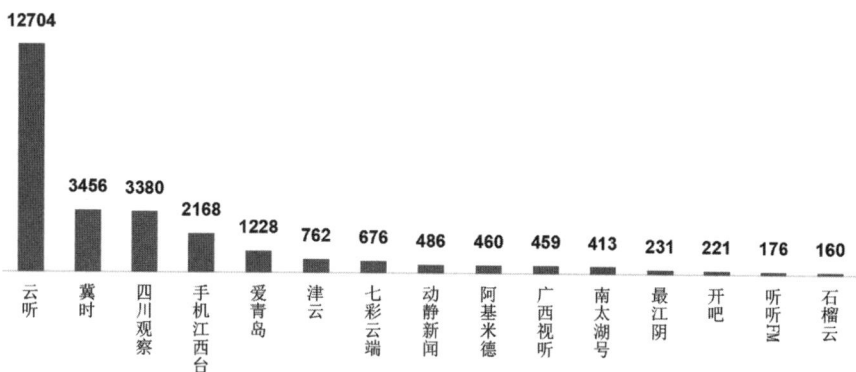

图2.1.15　广播电视台主要自办APP的下载量[①]

数据来源：赛立信数字传媒科技，融媒体云传播数据，2023年

（二）新媒体赛道内容升级、传播渠道优化

据赛立信融媒体云传播数据显示，2023年广播媒体在主要平台的官方账号发布量累计超250万，传播量超过1000亿，互动量超16.5亿，同比2022年，发布量、传播量、互动量分别上涨56%、41.8%、0.54%，可见用户活跃度均有所增加。

近年来广播媒体在短视频赛道上不断发力，2023年广播媒体官方账号视频发布量达160余万，占比接近60%，同比2022年上升了26.7%，传播量接近1000亿，互动量超过16.5亿，说明广播媒体的传播内容及形式在不断升级。

随着短视频的火热，广播媒体逐步优化产品投放平台，2023年更多锁定视频平台，数据显示，从发布量来看，省级台在两微的发布量有所减少，在抖音及视频号的发布量则有所增加，说明广播媒体在内容升级的同时也在不断拓展新媒体产品的发布平台，优化融媒传播力。

---

① 图中下载量为每月各APP下载量之累计值，该数值不含ISO平台的下载数量。

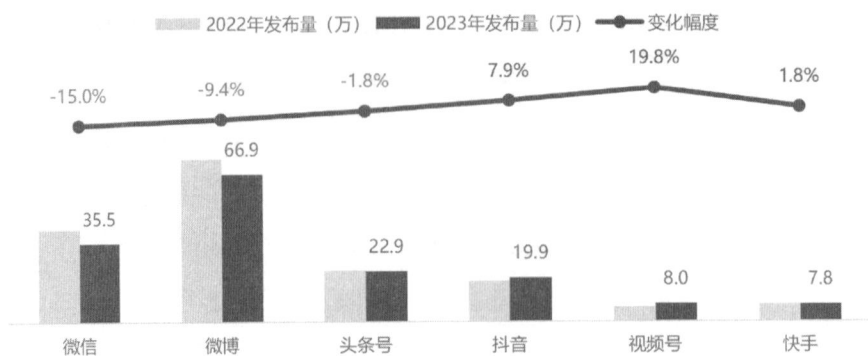

图2.1.16　2022—2023年省级台各平台官方账号的发布量（万）

数据来源：赛立信数字传媒科技，融媒体云传播数据，2023年

五、2023年融媒热点话题

（一）体育盛事云端观赛热

2023年延续2022年体育赛事火爆的态势，各类体育赛事在多个城市密集举办。其中热度较高的是第31届世界大学生夏季运动会（简称大运会）以及杭州第九届亚运会（简称亚运会）。在大运会、亚运会举办期间，广播在各新媒体平台持续发力，跟踪报道并发布一系列有关赛事的推文。

数据显示，广播在微信公众号、抖音、微信视频号、今日头条上发布标题含"大运会"的推文共1238篇。广播新媒体账号在抖音平台上发文最为积极，共发布429篇，占比为35%，同时公众反响也较热烈，互动量破万的就有22篇，其中中央台旗下账号"看台海"及四川交通广播账号活跃度颇高。

紧随着大运会的圆满落幕，亚运会延续体育赛事热度，在网络上掀起了新一轮体育热潮。这股热浪的强度更为猛烈，相关的讨论、分享和互动在各大新媒体平台呈现爆发式的增长态势。广播再次把握热点，在社交媒体产出一系列推文。数据显示，广播在微信公众号、微信视频号、今日头条、抖音上发布标题包含"亚运会"的推文共8724篇。广播同样在抖音平台加大了对亚运会的报道，共发布了2935篇推文，互动量过万的就有98篇。虽然广播在微信公众号上发布标题包含"亚运会"的推文不及在抖音的一半，但其累计阅读量破万的推文数和抖音互动量上万的推文数不相上下。

表2.1.1　广播媒体在各平台发布热点话题推文情况

部分平台发布标题含"大运会"推文情况		
平台	推文数	阅读量或互动量破万推文数
抖音	429	22
微信公众号	300	17
微信视频号	256	4
今日头条	253	1
部分平台发布标题含"亚运会"推文情况		
抖音	2935	98
微信视频号	2598	25
今日头条	1900	29
微信公众号	1309	97

图2.1.17　广播在微信公众号、抖音平台上发布有关"大运会"热门推文词云图

图2.1.18　广播在微信公众号、抖音平台上发布有关"亚运会"热门推文词云图
数据来源：赛立信数字传媒科技，融媒体云传播数据，2023年

（二）广播助燃运动热潮

体育赛事的成功举办，往往能够带动一股运动风潮，使得越来越多的人开始关注并参与体育锻炼。例如2022年的北京冬奥会，便席起了一股"冰雪运动"的热潮，更多人体验到了冰雪运动的魅力。广播借助体育赛事活动释放的全民运动效应，策划和组织了各种丰富多彩的户外运动，例如徒步、登山、户外骑行等，这些活动不仅满足了不同年龄、不同兴趣人群的运动需求，还助推了全民运动的风潮。

1. 徒步

2023年，山西太原论坛组委会秘书处组织开展了"2023年太原能源低碳发展论坛·低碳出行月"活动。山西交通广播为践行本次论坛的主题，在汾水河畔举行"绿色徒步大会"。徒步大会全程5公里，活动共200多人参加。

2. 登山

2023年4月，河南交通广播和伏羲山旅游区联合举办了第17届伏羲山登山节。活动为参加者们准备了统一服饰、能量加油站、特色美食、抽奖、河南交通广播全省冠军乐队现场表演等活动，获得热烈反响。

3. 户外骑行

近年来，户外骑行因入门门槛低、社交属性强，加之便捷、环保等特点，受到大多数运动爱好者的青睐。中国自行车运动协会数据显示，截至2022年，全国有1亿多人经常性骑行或把自行车作为代步工具，有近千万人参与自行车运动。另据小红书《2023年户外生活趋势报告》，从2023年1月至10月，骑行相关笔记发布量增速近400%，笔记量超180万篇。这些数据充分体现了户外骑行运动的活力十足。广播媒体显然洞察到了户外骑行的"磁吸力"，策划并组织了多种户外骑行活动。

2023年6月，北京交通广播举办了主题为"一路向西，总有惊喜"的北京市全民健身"社区杯"骑行系列活动。活动邀请了2023年北京自行车联赛总冠军以及盘尼西林乐队成员熊花，设置首钢大桥、老山自行车公园等京西等地标建筑打卡点，还准备了礼品、表演和欢聚party，让参加者尽情释放自我、放松身心。

2023年10月，上海五星体育广播联合有关单位举办主题为"韵动杨浦·秀出来"的滨江亲子骑行活动，以亲子家庭在杨浦滨江骑行道沿路骑行和步行打卡为主要形式，辅之以一系列趣味十足的互动游戏，让参与者沉浸式体验全民健身时，还能深入了解杨浦滨江的历史以及转型过程。

（三）旅游话题线上热度飙升

2023年，旅游行业延续上一年的火爆态势，各种热门旅游现象层出不穷。比如，去淄博撸串、到哈尔滨看冰雪大世界等成为众多游客争相体验的旅游项目。广播媒体敏锐地抓住了这一旅游红利，在新媒体平台上陆续发布一系列与其相关的推文。

数据显示，在微信公众号、今日头条、抖音、微信视频号上发布标题含"旅游"的推文共15345篇。广播在微信公众号和今日头条上发文较为积极，发布量都在5000篇以上。但在微信公众号的线上传播效果最好，累计阅读量破万的就有85篇，其中"杭州交通918"贡献了14篇推文。值得关注的是，虽然广播在抖音平台上仅发布了3176篇标题含"旅游"的推文，但其累计互动量上万的推文数是最高的，其中"逐浪新闻"贡献了23篇。

表2.1.2 广播媒体在各平台发布含"旅游"标题推文情况

部分平台发布标题含"旅游"推文情况		
平台	推文数	阅读量或互动量破万推文数
微信公众号	5248	85
今日头条	5090	14
抖音	3176	130
微信视频号	1831	8

图2.1.19 广播在微信公众号、抖音平台上发布有关"旅游"热门推文词云图
数据来源：赛立信数字传媒科技，融媒体云传播数据，2023年

（四）广播与文旅的交融，打造品牌新高度

广播媒体充分利用旅游经济释放的巨大效应，并结合当地特色文化旅游资源，成功打造了具有独特吸引力的 "广播+文旅"融合IP，不仅增加了广播的曝光度，也提升了自身的品牌影响力和经济效益。

2023年，重庆交通广播全新策划并推出文旅融合全媒体直播节目《遇见新重庆》。节目每周一期，通过"广播直播+网络视频直播"的方式，后期链接"交广鲜农"电商带货和落地活动，深度挖掘重庆市及下属各区县文旅、农旅、体旅等资源产品，创新旅游推介机制，展示重庆及各区县人文历史、旅游精品、文创特产、非遗精彩、特产美食、乡村振兴成果等。第一季为"非一般的重庆"，展示各区县精彩的非物质文化遗产。"非一般的重庆"IP系列主题涵盖《遇见南川》《巫溪有灵气》《清新黔江》等10场精彩直播，通过网络直播、短视频发布，累计全网观看量超26万人次。

云南广播电视台交通频率的房车电台"有一种叫云南的生活"，是以改造房车为主题活动的直播车，以移动式、互动式、场景式户外融媒直播为切入点，整合全省16州、市文旅资源，适时联动外省主流交通广播电台，通过OTO线上线下融合直播及短视频产品，更好地满足群众多层次、个性化、品质化的出游信息及服务需求，为加快推动昆明建成旅游枢纽城市，打造绿美云南而贡献力量。自2023年初创意企划开始，云南交通广播节目群影响力在新媒体时代不断扩大，已陆续完成多项文旅活动，累计创收达到50余万元。

"星星的故乡"是宁夏全新打造的品牌IP，即全域全景全时全季皆可观星。宁夏旅游广播通过"主播带你趣观星"体验活动，结合《月亮观星指南》广播专题节目，专业主播带队，共同体验项目流程，学习相关知识，主动为参与听众"解答疑惑"，展示宁夏独特的风景与文化内涵，助推宁夏新型文旅品牌形象的建设，进一步增强"星星故乡"的吸引力。同时以线上节目宣传、社群互动为基础手段，线下研学体验课及客源地城市推广等执行机制进行设计，吸引上海、北京等研学及暑期团，以及本地受众近千人参与观星活动。

六、市级和县级融媒体中心运营模式的蝶变

传统的市级、县级融媒体中心的主营收入来自广告业务及品牌推广，收入来源较为单一，这种单一的收入模式使得它们在面对市场波动和经济变化时显得较为脆弱。然而，随着数字化转型和媒体融合的不断深入，许多市级、县级融媒体中心开始积极探索新的经营策略，如融入直播带货、乡村振兴、旅游等，以增强自身的造血能力。

2023年8月，国家广播电视总局公布了10家广播电视媒体融合发展先导单位，其中就包括新疆阿克苏地区融媒体中心和长兴县融媒体中心。

阿克苏地区融媒体中心采用"融媒体中心建设+直播电商"的运营模式，在2022年实现经营创收5700万元，同比增长9.25%。那么，阿克苏地区融媒体中心为什么能靠直播电商取得不小的创收呢？可以用以下三点来概括：资金、人才、自主品牌。

1. 资金是产业发展基础。阿克苏地区融媒体中心投资299万元建成电商直播基地，基地设置"一院一馆三中心"（即主播学院、乡村振兴数字馆、直播中心、孵化中心、选品中心）等五大功能区。

2. 人才起到"压舱石"的作用。阿克苏地区融媒体中心不是盲目跟风参与直播电商，而是基于深思熟虑的人才规划。他们与地区商务局、人社局及相关院校建立长期合作关系，培训电商人才、网络营销师、网红等各类人才1600人次，并与优秀学员签订直播带货协议，建立地区直播电商人才库。

3. 自主品牌是发展的底气和信心。打造了"塔里木甄选"品牌，并上线运营"塔里木甄选抖音旗舰店"，同时投产销售"塔河红樽"元年系列葡萄酒，经营范围向酒水销售、果品营销、文创产品开发等领域拓展。

资金、人才和自主品牌三方共同发力，助推阿克苏地区融媒体中心走出一条特色的"融媒体中心+电商直播"道路，最终取得不菲的成绩。

数字经济作为新兴经济形态，已成为驱动经济增长的重要引擎，2022年我国数字经济规模达50.2万亿元，占GDP比重41.5%。在此背景下，浙江长兴县融媒体中心紧抓机遇，通过成立浙江慧源数字经济发展有限公司，通过对全县大数据的高效采集、有效整合、深化应用，逐渐打造成具有长兴特色的大数据管理和服务平台。创新政府信息化项目管理模式，成功推动数据资产化。这一系列举措促使集团营收年增长率超8%，2021年创收3.0638亿元，同比增长17.37%。同时，长兴县融媒体中心还主动参与长兴智慧城市建设，打造智慧监控网络，承接长兴县云数据中心，以项目化形式进军数字产业市场，同时深度参与现有数字化改革工作，实施超300个数字化项目，获得25项软件著作权，以数据赋能传统产业升级，展示了县级融媒体在转型中的强大适应力与创新能力。

市级和县级融媒体中心在面对媒体变革和市场竞争的挑战时，展现了极强的适应性和创新能力。无论是位于新疆的阿克苏地区融媒体中心，还是浙江的长兴县融媒体中心，它们都紧跟市场变化，及时布局或调整产业格局，以打通融媒体中心运营的痛点和堵点，实现破圈。未来随着国内旅游事业的蓬勃发展，特别是县域旅游和小众城市游等新型旅游形式越来越受公众的青睐，市级和县级融媒体中心在"融媒体+旅游"方面的探索将更加多样化。

在智能时代背景下，广电行业的发展迎来了新的里程碑。2023年不仅标志着声音经济的复兴，更是广电融媒平台运营升级的关键时刻。从车载收听的增长到智能终端的普及，再到新媒体平台的活跃表现，广电媒体展现了强大的创新能力和市场适应性。面对未来，广电媒体需继续深化与数字技术的结合，挖掘用户数据，提供更加个性化和互动性强的内容服务。随着5G、人工智能等技术的进步，广电融媒有望在声音经济的浪潮中继续焕发活力，开拓更广阔的发展前景，带来更加丰富多元的媒介消费体验。

（赛立信融媒研究小组）

数看 2023 年全国音乐频率收听市场发展态势

2023年，后疫情时代元开启年，经过三年疫情，人们在媒体消费、日常消费等方面的行为习惯及消费观念都均有较大的改变，传统媒体的经营管理遇到严峻的挑战。在此背景下，我们统筹调研全国各大优秀音乐类频率，聚焦它们的运营现状、节目创新举措以及融媒体建设等，推出音乐频率市场系列研究文章，深入剖析当前音乐类型电台在经营上的创新和亮点。通过系统地归纳和总结这些电台的成功经验，我们期望能展示出音乐类电台现阶段的运营特色，并且为音乐电台的长远规划、战略布局以及经营模式的转型，提供坚实的数据支撑和有价值的参考建议。

一、全国音乐类频率整体市场表现

"音乐广播"作为传统媒体的一个重要分支，在传媒舞台上一直扮演着不可或缺的角色。面对时代的变迁和媒体形态的日新月异，音乐广播也展现出了强大的适应力和创新精神，能够在激烈的市场竞争中稳固其独特市场地位。据25个省会城市收听率调查数据显示，音乐类频率在收听市场中占据了接近30%的市场份额，与交通、新闻并驾齐驱，影响力颇大。

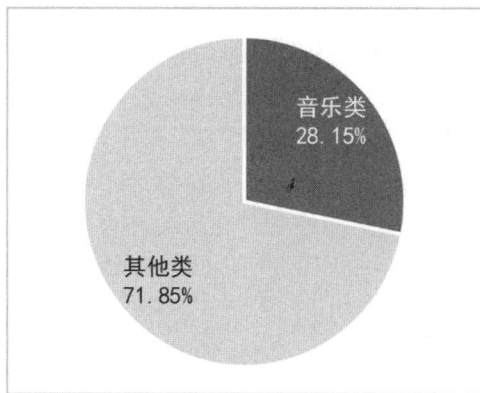

图2.2.1 2023年全国省会城市音乐类频率市场占比情况（%）
数据来源：赛立信数字传媒科技，2023年

由图2.2.2收听率时段走势数据可见，音乐类频率的收听率走势呈早晚高峰齐头并

进之势，两个高峰的收听人数均较高，尤其是早高峰，平均收听率基本在10%以上。此外，上午时段的听众资源也较为丰富。

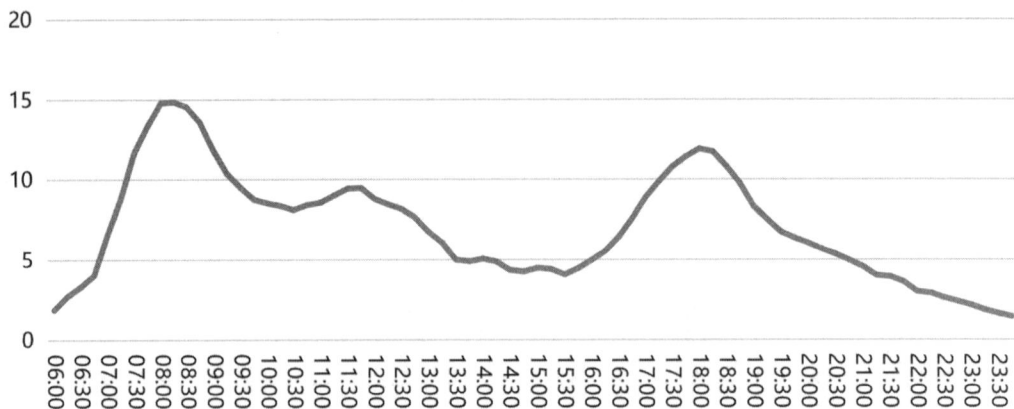

图2.2.2　2023年全国音乐类频率平均收听率走势（%）
数据来源：赛立信数字传媒科技，2023年

二、全国音乐类频率听众画像

为更深入地洞悉音乐频率所吸引的听众群体，需通过研究整合并分析来自全国各地的音乐频率听众调研数据，从听众的年龄分布、性别比例、教育程度、职业背景以及经济状况等多个维度进行汇总，构建一个全面且细致的音乐频率听众画像。

音乐类频率的听众虽然男性的占比相对略高于女性，但是从倾向性指数[①]看，音乐类频率在女性听众中的受欢迎程度更高。

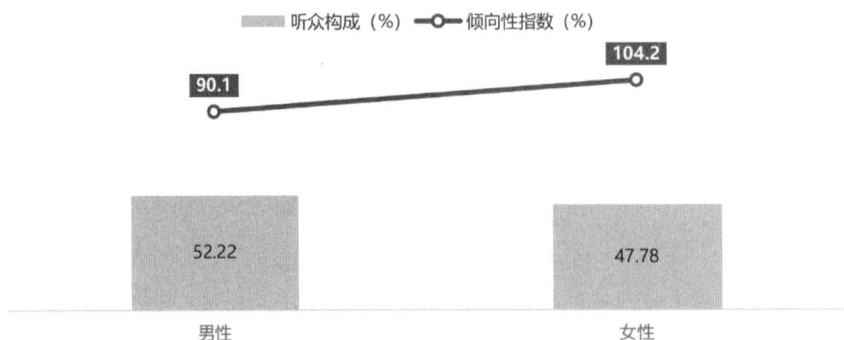

图2.2.3　全国音乐类频率听众的性别分布（%）及倾向性指数（%）
数据来源：赛立信数字传媒科技，2023年

[①]　倾向性指数，即TGI（Target Group Index），指频率在某一细分群中的占比，与总体该类细分群占比之比，可反映频率在该细分群中的影响力及受欢迎程度。

音乐频率的听众更趋年轻化，听众的年龄主要集中于25—44岁，多为出生于20世纪90年代与80年代的年轻人，正处于事业和生活的活跃期，是主力消费人群。他们面临的工作与生活压力较大，更多希望通过音乐减缓压力。

从学历上看，音乐频率听众的学历呈走高趋势，接近80%是高中及以上学历，在"九〇后"与"八〇后"的人群中，超过50%是本科及以上学历人群，他们具备一定的音乐素养和文化水平，对音乐的需求和欣赏能力相对较高，对精致节目的需求度会更高。

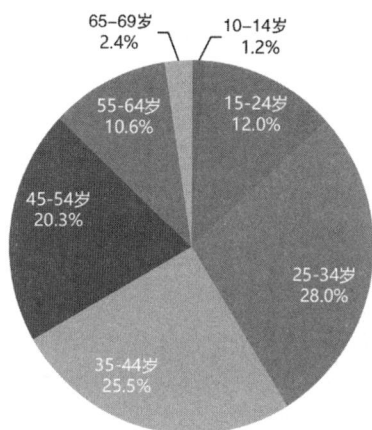

图2.2.4　音乐频率听众的年龄分布　　　图2.2.5　音乐频率听众的文化程度

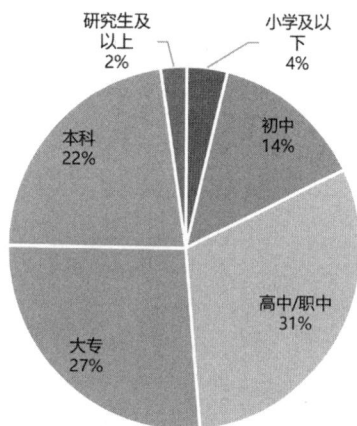

数据来源：赛立信数字传媒科技，2023年

细观听众群体月收入情况，全国音乐频率听众群体中，月收入分布呈现出以中等收入为主的特征，主要集中在3000—7999元这一区间。此外音乐频率还有一定比例的高收入听众群，调查显示月收入超过8000元的听众占比超过15%。

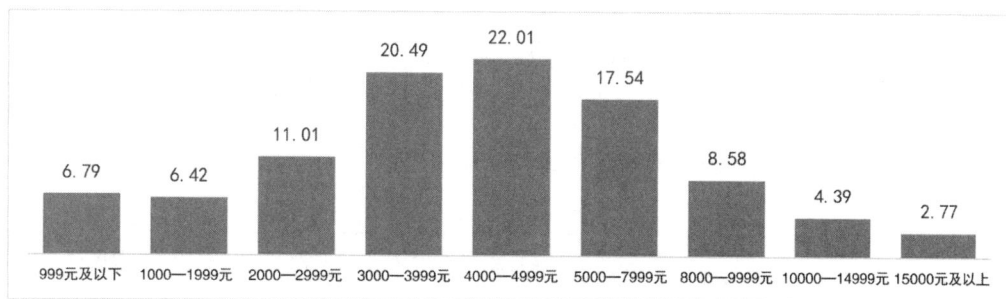

图2.2.6　全国音乐类频率听众的月收入情况（%）

数据来源：赛立信数字传媒科技，2023年

从职业层面分析，音乐类频率的听众占比最大的是公司职员，频率在这一群体中的倾向性指数达102%，充分表明白领人群是音乐频率的主要受众。从倾向性指数看，专业人士、私营业主、职业司机、学生等职业群体对音乐类频率的喜爱度更高，这些多样化的职业群体共同构成了音乐广播广泛而丰富的受众基础，体现了其受众的多元化和普遍性。

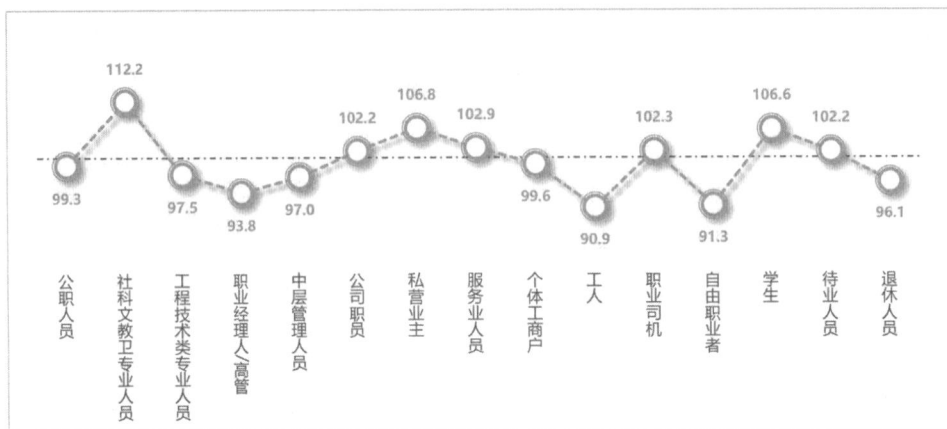

图2.2.7 全国音乐类频率听众在不同职业群中的倾向性指数（%）
数据来源：赛立信数字传媒科技，2023年

三、省级音乐频率在十个直辖市/省会城市的收听表现

纵观十个城市的省级音乐频率，在当地收听表现较好的频率为天津音乐广播，平均收听率为1.90%，且占据了天津地区超两成的市场份额；动感101的收听人数较多，在上海地区的月到达率达46.7%，是上海地区收听率最高的频率。

人均收听时长体现听众黏性，湖北电台旗下的湖北经典音乐广播与湖北楚天音乐广播均有良好的听众收听黏性，日人均收听时长均在50分钟以上，其中湖北经典音乐广播的听众日人均收听时长接近一小时，上海动感101、天津音乐广播和江苏台两个音乐频率的人均收听时长超过40分钟。

表2.2.1 十大省级城市优秀音乐频率的收听情况

调研地区	频率名称	平均收听率（%）	市场占有率（%）	日人均收听时长（分钟）
广州	广东广播电视台音乐之声	1.16	13.8	36

（续表）

调研地区	频率名称	平均收听率（%）	市场占有率（%）	日人均收听时长（分钟）
北京	北京音乐广播	0.25	4.0	37
合肥	安徽音乐广播	0.71	11.6	36
天津	天津音乐广播	1.90	22.5	48
石家庄	河北音乐广播	0.23	5.3	34
广西	广西文艺广播	1.31	15.4	43
南京	江苏经典流行音乐广播	0.83	12.7	43
南京	江苏音乐广播	0.84	12.9	46
武汉	湖北经典音乐广播	0.98	14.9	50
武汉	湖北楚天音乐广播	1.08	16.5	51
上海	上海Love Radio	0.80	12.6	35
上海	动感101	0.99	15.7	43
郑州	河南音乐广播	0.65	10.4	35

注：以上平均收听率为6:00—24:00的时段均值

数据来源：赛立信数字传媒科技，2023年

四、省级音乐类频率的线上传播效果分析

据赛立信融媒体云听数据显示，2023年在线省级音乐频率[1]全年的累计点击量9亿，在省级台中点击份额是17.9%，点击量略低于新闻类频率与交通类频率。

从云传播效果来看，河北音乐广播的云传播表现较为优秀，点击量达到1.26亿，用户量达到3650万；而江苏经典流行音乐广播的云传播表现亦不俗，点击量接近一亿，用户量超过4600万。

---

① 在线频率指在喜马拉雅、蜻蜓FM、云听等APP广播频率直播平台上线的频率。

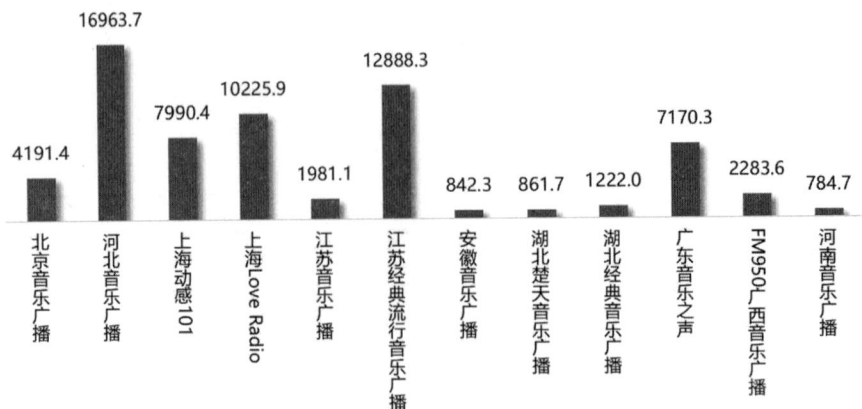

图2.2.8 主要省级音乐频率的点击量（万）

数据来源：赛立信数字传媒科技，2023年

据赛立信2023年媒体综合传播力指数①显示，传播力指数居前三的省级音乐频率主要是广东音乐之声、FM950广西音乐台、上海动感101。

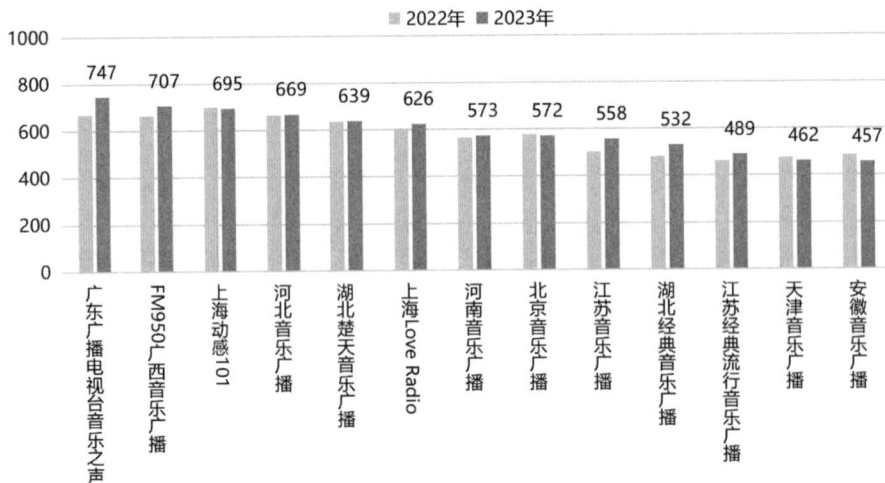

图2.2.9 对标音乐类频率广播融媒综合传播力指数动态比较

数据来源：赛立信数字传媒科技，2022—2023年

细看媒体综合传播力指数排名前列音乐频率的细化指标，可以发现：天津音乐广播、上海动感101、广西音乐广播、广东音乐之声、上海Love Radio的收听指数均在800%以上，可见这些音乐频率在当地收听市场占据较强的收听优势，收听人数规模较

---

① 媒体综合传播力指数：是在融媒体语境中，综合评估各广播电视的频率/频道在音频及可视化内容生产、受众影响力、传统直播收听效果、在线直播收听效果及可视化内容交互效果等多方面的数据表现而量化得出的、以充分体现广播电视的频率/频道的全媒体矩阵传播力的综合评价指数。

大。尤其河北音乐广播在微信与头条端都较为活跃，全年发布量超过6000条，生产指数在列示的音乐频率中居首位。

通过对十二个对标频率在媒体综合传播力指数下的五个一级指标深入分析发现，在收听指数中，天津音乐广播以其在天津地区强势的收听表现与市场表现排行众多对标音乐类频率首位。在生产指数下得分最高的是河北音乐广播，在2023年间，河北音乐广播在微信、头条端的发布量均超过6000条，新媒体端的活跃度显著；而频率在聚合平台的云听点击量超过1.6亿次，领先其他对标音乐类频率，因此在云听指数这一指标下也排行第一；且河北音乐广播也因抖音、头条端的高互动量，排行交互指数下的首位。广东音乐之声和上海动感101均是影响力较大的音乐频率，听众规模较大，线上也积累了较多的用户，两个频率的影响指数均超800，在影响力明显高于其他省级音乐类频率。

表2.2.2 2023年对标音乐类频率广播融媒综合传播力指数表现

频率名称	生产指数	影响指数	收听指数	云听指数	交互指数
广东广播电视台音乐之声	540	811	854	795	664
北京音乐广播	624	608	401	729	668
安徽音乐广播	216	472	668	438	299
天津音乐广播	158	501	941	100	205
河北音乐广播	689	717	510	901	669
FM950广西音乐广播	546	662	885	658	601
江苏经典流行音乐广播	100	533	650	864	100
江苏音乐广播	420	569	650	641	409
湖北经典音乐广播	568	492	591	530	373
湖北楚天音乐广播	602	610	807	452	562
上海Love Radio	225	741	787	830	435
上海动感101	282	806	872	806	613
河南音乐广播	544	531	731	426	468

数据来源：赛立信数字传媒科技，2023年

（赛立信音视频研究小组）

分门别类看音乐频率节目点睛之策

根据音乐类频率日播节目的编排情况，全国的音乐广播大致分为两类：一是综合型音乐广播，它以各类音乐节目为核心内容，同时辅以新闻、体育、娱乐、文化、教育、生活资讯等多种非音乐类节目；二是专业型音乐广播，主要播出各类音乐节目，较少或没有其他类型节目；在专业型音乐广播下，还有着专业化程度更高，专门播放某类音乐（如经典音乐、古典音乐等）的类型化区分，听众识别度较高。

纵观目前国内影响力较大的省级音乐类频率，第一类的典型代表是广东音乐之声、江苏音乐广播和河北音乐广播；第二类的典型代表是上海流行音乐广播动感101、北京音乐广播、广西音乐广播、湖北楚天音乐广播、天津音乐广播、安徽音乐广播；专业的类型化音乐频率的代表则有江苏经典流行音乐广播、上海人民广播电台经典金曲广播Love Radio、湖北经典音乐广播。

一、综合型音乐广播

综合型音乐广播是频率中节目类型较多的一个类别，除了音乐以外，还有不少"音乐+"的节目，例如新闻资讯、美食、汽车、房产、时尚等各类生活资讯，以及脱口秀等娱乐节目，满足听众多元化的收听需求。与专业化音乐广播的区别主要在于"音乐+"的元素会更多，在节目的编排设置中，会根据不同时段的听众特点而编排一些"音乐+"节目。早晚高峰是综合型音乐广播争夺听众资源的主要时段，如河北音乐广播的《快乐出发》和《一路畅听》、广东音乐之声的《双宇 MORNING SHOW》和《荣骏钟情》、安徽音乐广播的《音乐晨飞扬》和《嘻哈二人行》，这些节目均是定位于早间的通勤人员，拟吸引通勤人群的关注，在音乐节目中同时融入新闻、体育、社会生活等各类资讯，将音乐欣赏与信息获取相结合，提高了节目的实用性和趣味性。

现全国的省级音乐频率中，表现较为突出的综合型音乐广播是广东音乐之声、安徽音乐广播、河北音乐广播、江苏音乐广播等。从频率定位上来看，江苏音乐广播定位为全国最具影响力的新潮音乐电台，强调市场化营销和跨行业合作，致力于成为新潮音乐和生活方式的发现者与传播者，锁定的听众是年轻或者"年轻态"人群；广东音乐之声则定位于高品位、全方位的专业音乐电台，兼顾本土文化传承（粤语节目）与国际视野（华语原创音乐排行榜），内容更为丰富多元；河北音乐广播则主要引领时尚流行趋势，同时照顾到怀旧经典和高雅严肃音乐的受众群体，与当地其他音乐频率形成差异化竞争；安徽音乐广播是安徽境内第一家专业音乐电台，提供适时适用和丰富多彩的新闻、生活资讯和精神文化娱乐产品，收听群体极为广泛。

综合型音乐广播比较重视早晚高峰人群的收听喜好，重点打造黄金时段的节目，收听表现相对较好，在频率中的收听率排名均为前列。从节目类型来看，这些节目均是"音乐+"，以娱乐轻松为主调，同步提供各类的资讯信息。

表2.3.1　主要省级综合型音乐频率的早晚高峰节目收听表现

频率名称	节目名称	播放时间	平均收听率（%）	排名	节目类型
广东音乐之声	双宇morning show	08:00—10:00	1.70	1	脱口秀
	荣骏钟情	17:00—19:00	1.25	6	脱口秀
江苏音乐广播	音乐活力派	07:00—09:30	1.04	4	脱口秀
	摩登派	17:00—19:00	0.90	5	音乐+美食&时尚
安徽音乐广播	音乐晨飞扬	07:00—09:00	0.70	5	音乐+美食&时尚
	嘻哈二人行	17:00—19:00	1.03	1	脱口秀
河北音乐广播	快乐出发	07:00—09:00	0.94	1	音乐+资讯
	一路畅听	17:00—19:00	0.66	3	资讯+脱口秀

数据来源：赛立信数字传媒科技，2023年12月

四个音乐频率的节目类型侧重也不尽相同。江苏音乐广播倾向于通过创新互动形式来吸引听众，例如早高峰综艺节目《音乐活力派》是一档有内容、有乐趣、有关怀的节目，两位主持人各具特色，搭配默契，以双人脱口秀的形式，用轻松而有爱、诙谐又温暖的感觉唤醒每一位听友，安抚听友在拥堵早高峰的焦躁心情。此外，节目在播出过程中会发起活动——"隐藏歌单"，由听众进行投票，票数高的歌曲会在节目中播放。晚高峰节目《摩登派》同样也是江苏音乐广播王牌节目，节目渗透到城市生活的方方面面，通过时尚消费、吃喝玩乐，结合潮流音乐陪伴，加上互动性超强的听众参与，是南京上空的都市生活消费指南。《摩登派》主持人杭程多次荣获江苏广播优秀娱乐主持人

称号，所主持的节目也多次荣获江苏广播名优节目称号。另外江苏音乐广播凭借其打造的"咪豆星球音乐计划"等原创音乐品牌项目，体现了对华东地区乃至全国音乐市场的深度参与和推广。

广东音乐之声则有较强的社区活动策划能力，如长寿节目《天生快活人》举办的各种线上线下活动，以及《荣骏钟情》联合商业品牌进行跨界合作。另外凭借粤语节目《天生快活人》以及主办的多个大型活动，展现出鲜明的岭南地域文化特色，并具备一定的国际化视野。河北音乐广播则聚焦于早间轻松愉快的陪伴式节目《快乐出发》和晚高峰时段个性化盘点热点资讯节目《一路畅听》，注重营造轻松愉悦的驾车环境。

安徽音乐广播以"音乐+资讯"，傍晚播放的《嘻哈二人行》是一个较具特色的垂类品牌节目，节目充分利用过往积累的收听人群，将节目的收听人群引流至"嘻哈搜货"商城，通过商城与私域运维达到互联网变现的效果。

几个优秀频率的成功经验表明，要想在激烈的市场竞争中脱颖而出，除了提供高质量的音乐内容外，更需要不断创新节目形式，强化互动体验，深度挖掘地域文化和市场潜力，以及持续关注和响应听众不断变化的需求，从而在众多电台中构建独特的品牌形象与竞争优势。

二、专业型音乐广播

上海流行音乐广播动感101（简称上海动感101）、北京音乐广播、广西文艺广播、湖北楚天音乐广播、天津音乐广播、安徽音乐广播、河南音乐广播等频率是专业型音乐广播，节目类型以纯音乐节目或伴随类音乐为主。

早晚高峰的节目以脱口秀等氛围轻松活跃的娱乐节目居多，其次是伴随类音乐、纯音乐节目，频率的娱乐性较强，营造一个轻松愉悦的收听氛围。如表2.3.2所示，早晚高峰节目的收听率均在频率内排名前列，尤其是早高峰节目，多个脱口秀节目的收听效果都较为亮眼。

表2.3.2　主要省级专业型音乐频率的早晚高峰节目收听表现

频率名称	节目名称	播放时间	平均收听率（%）	排名	节目类型
江苏经典流行音乐广播	阳光倾城	07:00—09:00	0.97	2	伴随类音乐
	爱上回家路	17:00—19:00	0.84	5	伴随类音乐

（续表）

频率名称	节目名称	播放时间	平均收听率（%）	排名	节目类型
上海动感101	音乐早餐	07:00—10:00	1.23	3	脱口秀
	音乐万花筒17:00	17:00—20:00	1.59	1	互动类音乐
上海 Love Radio	早安新发现(直播)	07:00—10:00	1.21	2	音乐+资讯
	娱乐正当时(直播)	17:00—20:00	0.66	5	互动类音乐
北京音乐广播	早安音乐秀	07:00—09:00	0.52	1	脱口秀
	娱乐最王牌	17:00—19:00	0.25	3	脱口秀
广西文艺广播	我们出发吧	07:30—09:30	3.33	1	伴随类音乐
	超级现场秀	17:00—19:30	1.12	7	伴随类音乐
湖北楚天音乐广播	一路欢唱	07:00—10:00	0.75	2	脱口秀
	拜托了 晚高峰	07:00—10:00	0.82	1	伴随类音乐
湖北经典音乐广播	音乐早上好	07:00—09:00	0.46	4	音乐+资讯
	103.8音乐好享受	17:00—19:00	0.50	2	伴随类音乐
天津音乐广播	王野的音乐时间	07:00—08:00	2.75	2	脱口秀
	尚怡的音乐时间	08:00—09:00	2.81	1	伴随类音乐
	王然、王野的音乐时间	17:00—19:00	2.29	4	脱口秀
河南音乐广播	早安881	07:00—09:00	1.64	2	脱口秀
	疯狂张珍人	17:00—19:00	1.59	3	脱口秀

数据来源：赛立信数字传媒科技，2023年12月

相较于普通节目，大版块节目播放时间长，听众容易产生疲劳，这可能会导致节目在后半段的收听表现不如前半段，尤其是在黄金时段，如何编排大版块节目是个值得思考的问题。在这一点上，上海动感101做得较好，在大版块节目中设置一些小单元的内容，减少节目的枯燥感，让观众能保持对节目的兴趣。例如早高峰播出的《音乐早餐》作为一个老牌早高峰直播节目，节目采用室内和户外直播相结合的方式，四位主播以直播聊天的方式，在流行音乐中穿插各类新闻资讯，陪伴早高峰的听众度过漫漫上班路。此外，节目采用线上线下的互动方式，让听众真正融入到节目中，如在节目中设置"Happy Morning Call""街头秘密任务"这两个单元。在"Happy Morning Call"单元，节目组会根据听众提出的要求，设计方案，给指定对象打电话，给TA制造出意想

不到的惊喜；在"街头秘密任务"单元，主持人会驾驶车辆在街头寻找听众一起互动游戏，在游戏中取胜的听众将获得奖品。此外，《音乐早餐》每周五都会去一家咖啡店进行直播，"盲测咖啡"、打卡热门景点、邀请画家画画……各种趣味活动引得行人纷纷驻足观看。

还值得一提的是动感101《音乐万花筒》，频率晚高峰期间的王牌互动类节目，节目内容涵盖范围广泛，每天选择不同的有趣话题与听众进行互动。主持人功底深厚，对话题掌控能力强，根据微信平台收到的互动留言进行讨论。节目还会邀请知名歌手进行Live show直播，创造了一个粉丝和喜爱的明星歌手互动的平台。周末，《音乐万花筒》节目会播出衍生系列：旅游节目《音乐万花筒——绕着地球跑》和文化节目《音乐万花筒——侬好东京》。衍生系列拓展了节目的可能性，能在已有听众的基础上吸引游离的喜欢其他主题的听众，进一步使节目的收听情况更加优秀。

频率早晚高峰节目以脱口秀类音乐居多，脱口秀的魅力首先是节奏感强。新媒体时代，碎片化阅读成为人们的阅读习惯，一段脱口秀被切分为一个个小段子，在不超过10分钟的时间里，笑点密集、爆哏频出，迎合时下年轻人"短平快"的审美及娱乐消费习惯，比长篇大论、逻辑递进式的演讲，更灵活、更轻松。其次是容易产生情感共振。脱口秀通常站在第一人称的角度，从个人经历出发，表达相对诙谐，能为年轻人的日常甚至感到糟心的生活注入快乐，短时释放压力，来一场心灵疗愈。就像有些人所说，台上造"哏"的，更多的是在"表达自我"，台下大笑的，其实是"找到了自我"。我国最早把脱口秀定位为访谈类节目，进入新时代，脱口秀形式更加多元化，跨界融合时常发生。脱口秀不再局限于传统的电视媒体，在网络平台也得到迅速发展，如爱奇艺推出的《奇葩说》、腾讯视频推出的《吐槽大会》，这些节目结合了嘉宾访谈、个体讲述、竞赛辩论等多种形式，使得"脱口秀+"愈演愈烈。正如之前提到的，脱口秀与其他艺术形式交叉融合的趋势越发明显，脱口秀类音乐就是其中一种创新形式，将脱口秀的内容和表现手法与音乐相结合，摆脱了单纯播放歌曲的传统节目形式、增强了节目的娱乐性，通过轻松愉快的对话与动听的音乐相结合的方式，为听众带来视听的双重独特体验。

以上音乐频率在适应新媒体时代的发展趋势上也表现出了敏锐的洞察力和创新能力，在脱口秀类音乐的打造上，各大电台紧跟时代步伐，不仅保留了传统脱口秀轻松幽默、快速反应的特点，更进一步将之与音乐元素巧妙融合，以满足年轻受众对快节奏、高信息密度内容的需求。

另外，上海、江苏、湖北等省台旗下均有不止一个音乐类频率，其中还有针对经典音乐的更专业化广播，如江苏经典流行音乐广播、上海Love Radio、湖北经典音乐广播，频率播放的基本是经典音乐，锁定中老年群体与喜欢经典音乐的人群。在节目编排上都遵循了全天候覆盖的原则，设置了针对早高峰和晚高峰时段的特色节目，确保在不同时间段能够吸引并保持听众的关注度，同时提供多种类型的音乐节目，如资讯类音乐节目、伴随式音乐节目、脱口秀类音乐以及音乐解说类节目等。

三者经典音乐频率定位不同，江苏经典流行音乐广播主打抒情怀旧风格，以年代流行金曲为核心；上海Love Radio则可能更加侧重于都市情感和生活品质，追求更现代且高质量的音乐体验；而湖北经典音乐广播在播放经典音乐的同时，还融入了高雅音乐与严肃音乐元素，且专门开设了古典音乐版块。

三者的节目也各侧重不同，江苏经典流行音乐广播的节目侧重点在于营造一种怀旧和情感共鸣的氛围，如《阳光倾城》和《爱上回家路》两档节目都巧妙地将经典流行音乐与听众的生活场景相结合。《阳光倾城》以闺密视角分享家庭、工作、生活等热点话题，并用经典歌曲串联内容，引发听众的情感认同；而《爱上回家路》则借助音乐舒缓上班族的压力，陪伴他们度过下班时光，关注都市人的精神需求和内心满足。上海Love Radio其侧重点偏向于打造高品质的经典音乐体验，结合都市白领听众群体的需求，通过现代感十足的包装和互动形式，让经典音乐融入到日常生活之中，体现"爱"和"品质"的主题。湖北经典音乐广播除了播放经典流行音乐之外，还在节目中特别设立了古典音乐版块，如《阿申爱乐》致力于介绍中外古典音乐小品、轻音乐、电影音乐以及中国民族音乐等，为具有一定音乐修养和对高雅艺术有追求的听众提供专业化的欣赏平台。同时，注重在早晚高峰时段为上班族及广大家庭提供信息丰富且轻松愉快的早间陪伴服务。

综上所述，江苏经典流行音乐广播、上海Love Radio以及湖北经典音乐广播，作为专业型音乐广播的典型代表，各自在经典音乐领域中找准了独特的定位与服务方向。

三、两类音乐频率在节目设置中的差异

从频率编排的节目类型看，综合型音乐广播中，"音乐+"节目的播出时间占比明显更多，粗略10个城市的省级音乐频率的节目编排及其收听效果，数据显示，从全天播出时间占比来看，综合型音乐广播的"音乐+"节目占比超过30%，专业型音乐广播的占比不超过15%，专业型音乐广播的节目类型更具专一倾向性。

从节目的贡献率[①]来看，"音乐+"节目的贡献率明显高于音乐节目，在综合型音乐广播中，"音乐+"节目的贡献率接近50%，远高于其播出时间占比，说明音乐类频率的"音乐+"节目收听效果均不错，尤其是早晚高峰时段。

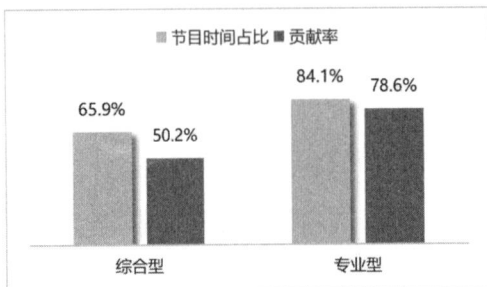
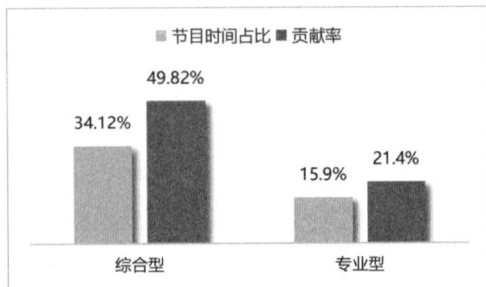

图2.3.1 音乐节目的播出时间占比及贡献率　　　图2.3.2 音乐+节目的播出时间占比及贡献率

数据来源：赛立信数字传媒科技，2023年

通过比较各类节目的"效用值"[②]，"音乐排行榜""脱口秀""音乐+资讯""体育解读"均是效用值超过1.50的节目类型，说明这些节目较受听众的欢迎，目前的节目编排较为符合频率听众的收听需求与收听习惯。总的来说，"音乐+"节目的受欢迎程度较高，节目效用值均在1.50左右，说明在音乐节目中穿插这类节目对维护听众的忠诚度具有一定的效果。

---

① 贡献率是指某类节目累计收听率在所有节目累计收听率中的占比，贡献率越大，说明这类节目对提升频率整体收听率水平的作用越大，反之，则越小。

② 效用值是指贡献率与播出时间占比的比值，数值越大，说明该类节目的收听效果越好。比值超过1.0，说明该类节目对频率整体收听率水平的贡献程度较大。

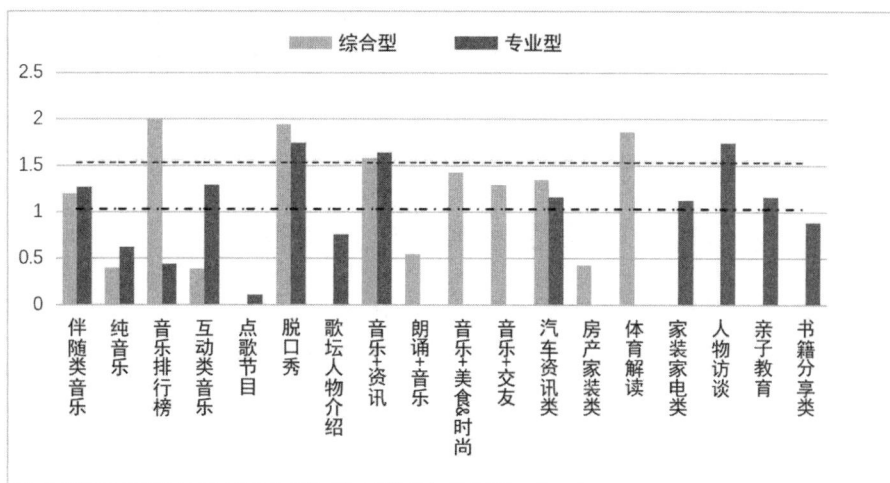

图2.3.3　各类音乐频率节目的效用值
数据来源：赛立信数字传媒科技，2023年

（赛立信音视频研究小组）

浅析省级音乐频率的经营创新策略

一、2023年全国省级音乐频率的广告经营状况

2023年是辛苦经营的一年，据统计，2023年上半年广播电视实际收入5525.32亿元，其中广告收入1622.80亿元，基本与2022年持平，广告收入中，广播广告收入30.14亿元，同比下降8.78%；电视广告收入236.45亿元，同比下降9.92%；广电网络广告收入1283.09亿元，同比增长21.62%，表明传统媒体广告收入仍在下滑。

中国传媒大学的研究数据也证实了这一趋势。从2017年至2021年，全国音乐类广播广告收入维持在一个相对稳定的水平，略超过15亿人民币。但到2022年，全国广播广告收入总额大幅下滑28.09%，音乐类广播广告收入也出现了小幅下滑。

这一现象可能是由于多种因素的综合影响。首先，互联网媒体的迅速发展对传统广播媒体造成了冲击，使广告主将更多预算投向互联网平台。其次，随着广告主对广告投放效果的要求日益提高，传统广播媒体的广告效果可能已无法满足其需求。

在此背景下，音乐类广播广告收入也受到了一定影响，这可能与音乐类广播广告效果相对较弱或广告主对音乐类广播广告预算的调整有关。当前，音乐类广播广告收入面临巨大压力，需要积极应对市场变化，加速与互联网媒体的融合发展，寻求融媒体产品的变现之道。在此基础上，进一步提高广告效果和用户体验，以吸引更多广告主将预算投向广播媒体。

图2.4.1 2016—2021年音乐类广播的广告收入（亿）
数据来源：中国传媒大学，2016—2021年

赛立信重点向部分省级音乐频率了解2023年的经营状况，据悉，较具影响力的几个省级音乐频率在2023年的广告收入不容乐观，其势头大不如前。但在文旅、线下线上活动、商城等加持下，江苏台、河北台等音乐频率的经营收入没有出现明显的跌幅，天津音乐广播2023年与2022年基本持平。

这些频率虽然同比2022年情况尚可，但形势依然不容乐观，有从业者表示，虽然2023年的经营收入同比略有一些上升，但只是回到10年前的水平，疫情三年的打击还是比较严重。动感101的广告收入下滑幅度接近30%，之前品牌广告大幅减少，只保留着部分金融产品广告。

二、音乐频率现有的广告经营模式

据了解，目前省级台因各自台内情况而采用不同的经营模式。从整体来看，较多电台是由台内广告中心统一经营，主要是因为在目前广告经营受创的情况下，需要充分利用台内的所有资源为品牌客户提供全案的广告投放方案，以便提升广播媒体在客户投放方面的吸引力，如上海台、天津台、广西台等，这些电台频率主要负责做节目内容生产，由台内的广告中心统一经营广告。湖北、河北两台成立了事业部以后，广告经营大多由各事业部独自经营，事业部的经营是融合事业部内频率的资源进行广告的整合营销。总的来说，近年来在疫情、经济下行、互联网广告冲击等情况下，资源的整合，一方面更可以体现广播媒体的传播力与影响力，另一方面也可以迎合广告客户对全面进行品牌宣传、广告传播的营销全案需求。

三年的疫情以及互联网的冲击，使不少广播广告公司入不敷出，有的已经倒闭。在这样的大环境下，不少广播电视台自谋出路，我们了解到的6个省级台中，有2个省级台广告已经是全部自营，没有行业代理。天津、上海、湖北三个电台目前还是行业代理或者是行业代理+自营的模式。河北台虽然保留一些行业代理，但汽车、金融等行业代理相当少，只有一些讲座方面的代理。

总的来说，现今受众在逐渐改变其消费媒体产品和内容的方式，社交媒体带来的变革浪潮不但对广播媒体的内容生产端带来冲击，同时也改变了受众的媒体接触习惯，随之影响广告客户的投放决策。基于此，广播媒体为寻出路，已经不如以往那样单纯依赖于代理公司进行广告推广，逐步结合频率本身的垂类节目打造、活动策划、融媒体&

产业推动等情况策划更多广告经营的方式，为广告客户提供更贴心、更全面的营销方案。在此过程中，广播人一直在探索一条属于广播媒体特点的变现之路。

三、音乐频率的融媒整合经营与创新发展趋势

随着技术的进步，社交媒体已经打通了从广告营销到终端购买的各个环节，最大化节省用户购买时间。在线直播、网红推销、短视频软广更可能引发用户消费的欲望，也让用户产生了更大的购买热情。面对强大的营销对手，广播电视媒体难以通过单一广告手段扭转营收下滑的局面。而且近几年实体经济发展放缓，企业的营销费用压缩，对于广播电视等传统媒体来说更是雪上加霜，广播电视媒体亟待思考如何破解创收困境。

基于目前的境况，结合业内各类的多种尝试结果，本文提出几个发展趋势及其应对措施的建议，以供参考。

（一）内容产品分众化：深耕垂类节目，提升整体传播力

在传统媒体时代，广告业务一直是广播电台的盈利核心。如今，为了重振广播媒体的营收能力，创新内容产品，根据用户的个性化需求推出细分化的产品，既是必然选择，也是时代潮流。广播作为传统的大众媒体，本身就拥有庞大的用户群体和粉丝资源，进入新媒体时代，更应善用大数据、人工智能和用户画像等新一代互联网技术，对用户需求进行精准打击。现大多广播媒体专门成立数据中心或者拥有专门进行数据分析的团队，汇聚多年积累下来的用户及其调研数据进行分析，并且从微信、客户端、网站和线下活动等渠道收集更多线上数据，清晰地了解媒体的用户是谁、用户在哪里、用户需求是什么。基于全网用户数据，广播媒体可以有的放矢地优化、调整节目版面及融媒体矩阵布局，推动媒体产品生产的"供给侧结构性改革"。

内容精细化需要基于对用户深度了解分析的基础上深耕，如同一个巧匠在雕刻玉石前，需要对每块玉石的材质与纹理了解得一清二楚，之后才可因材施雕。现在节目也要走向类型化，锁定某类人群或者是受众的某类需求，基于其用户特征及喜好进行节目调整与内容设置，细分出更多种类内容的节目版块及音频。

垂类节目就是从"在播—在线—在场—在商"的四维空间形成节目产业链经营模式转型上下功夫，有机地将节目受众与消费群体结合起来，深度挖掘整合营销的价值空间。消费群体的差异和消费场景的多样性，如同万花筒般折射出多层次、多维度的消费

需求和节目定位。女性群体多体现以温柔、精致、细腻的形象，更喜爱情感、亲子、娱乐等内容，男性群体则更像勇敢的探险家，对汽车、游戏、运动竞技等内容保持着浓厚的兴趣。不少广播媒体结合当地的广告行业特点策划节目定位及节目内容，除了节目的"在播"以外，在"在线"与"在场"的加持下，最终达到"在商"的效果。以广西FM970的《单身男女》为例，节目锁定现今的年轻单身男女受众，满足他们对交友，寻找婚恋对象的需求，为听众打造"970单身男女"婚恋交友平台，开启有趣又靠谱的交友模式。节目内容丰富，信息量大，话题趣味性强，节目轻松幽默，吸引了众多的年轻爱好者；同步节目在微信端开通了一个"970单身男女"的账号、"970单身男女CLUB"的视频号，还在线下成立一个CLUB的实体店，为单身男女提供一个以"广播+互联网""线上+线下"的新型商业模式实现广西婚恋市场的一站式服务。至今，平台已经拥有超3万的优质会员，凭借节目的影响力，与广西妇联、广西总工会、团区委达成战略合作关系，累计服务10万余单身用户。

亲子是"八〇后"与"九〇后"父母一个甚为关注的话题，亲子节目的目标听众大多是中青年女性，她们是音乐类频率的目标受众群，以区域亲子服务为支点的少儿节目很受欢迎，并且因此举办的"读书会""生活节"等活动能够更好地提升节目受众群体的参与活跃度，如上海经典947的"辰山生活节"，一个"辰山音乐节"的延伸活动，在2023的国庆节期间吸引不少上海台的广播听众。

这些分众化的内容产品，恰如一把把钥匙，精准地把握了不同年龄层受众群体的核心需求，迅速地打开了本地不同圈层的大门，拓宽了受众的规模，吸引了更多的流量，为招商引资奠定了坚实的基础。

（二）借力打力：利用政府的文旅等各类资源，创新公共娱乐服务模式、整合本地资源，实现共赢

2023年是后疫情时代开启的元年，国内的文旅活动如雨后春笋到处开花结果，国家为鼓励旅游的开放，带动各地经济的发展，各地级市政府为当地的文旅活动提供了很多便利，甚至与媒体一起举办各类活动，吸引本地的市民，以及周边城市的游客。如江西的"星驰音乐节"，国庆三天吸引6万人次参与，其中30岁以下年轻人占比7成，慕名而来的外省观众占比达52.16%；南京的"森林音乐节"，由江苏省委宣传部、南京市人民政府主办，南京市委宣传部、中山陵园管理局、南京市文旅局承办，南京广电集团联合组织，为期5天（9月28—10月2日），汇聚近400位艺术家表演。相关活动的图文、音视频推广超6000条，线上云点击超1亿人次。北京、湖北大量乐迷云参与，大大提升南京电台的影响力的同时，吸引了不少品牌客户；贵州广播电视台的"路边音乐节"，从10月2—4日从历时三天与贵阳市民、当地游客一起经历"路边式的狂欢"，线上视频近2200万人观看。

为凸显声音价值，佛山台推出自助声导游融媒体项目，以"用佛山最熟悉的声音讲解佛山故事"为核心理念，自助声导游让游客在游玩过程中得到当地广播主持人的特色讲解，有效提升游客在旅游途中良好的体验感，大大提升当地有名景点或者鲜为人知景点的关注度。同时，自助声导游还为不同景点周边商户提供各类服务的推送接口，让游客可以在平台参与商家的活动、优惠促销等，同时景区的商家也得到更多平台的宣传，实现商业变现。

可以说，这些都是传统媒体在"互联网+旅游"领域的一次成功探索，它不仅帮助游客深入了解景区的生态文化，还大力推广了当地的旅游资源，实现了政府、企业和媒体的共赢发展。

（三）传播模式多元化，不断深化经营产业链

在融媒体时代，未来广播媒体的发展是要移动化、社交化、付费化，这需要广播媒体的传播渠道多样化、传播模式多元化，除了声音，广播媒体还需要借助互联网平台延伸更多形态的产品与服务模式，以降低声音稍纵即逝的缺陷，提升节目用户的黏性与活力。综合现有的传播模式，主要归纳为以下两点：

以社群互动带动用户活跃度，以服务吸引用户产业消费。乘着新媒体的东风，广播媒体开拓的多元运营方式，主要是通过节目的宣传与主持人呼吁将节目受众引流到线上的融媒体产品中，整合线上线下的媒体资源，延伸节目价值和广告创收的产业链。

以佛山台的少儿节目《花生宝贝》为例，一个以亲子服务为切入点的全媒体亲子项目，形成由"花生宝贝"微信公众号、微信小程序和"花生宝贝"粉丝群等构成的生态圈，通过推出一系列的少儿精品原创音频产品吸引听众，同步提供教育培训、儿童产品电商平台、民办教育投资等服务，以音频提升用户流量、服务提升用户活动度，并且通过组织小主持人比赛、冬夏令营拓展等品牌活动进一步扩大节目的品牌影响力。

网络直播在提高产品转化率方面具有显著优势。广播本身就具备伴随性特点，这

种特点在车载端和移动端、家庭端等场景中表现得尤为突出，这是其他传统媒体无法比拟的。网络直播进一步发挥了社交元素的作用，通过互动方式提高了用户的参与度和黏性，从而提高了产品的转化率和营收能力。

浙江台早期的台办APP"喜欢听"，平台对浙江台的优质节目进行二次、三次编辑加工，形成适合互联网传播的声音产品，并且采用"栏目入驻签约"的模式挑选影响力大、互动性佳的优质音频，在运行之初，其试点栏目已经实现直播版块平均每档栏目每日收听人数超过2000人，日均在线人次突破4万人，用户平均收听时长20分钟，日互动超过10万人次，点赞数累计超过30万人次，打赏金额接近30万元人民币。平台利用精品内容吸引用户，同时重点打造与推出"有偿问答"之类的垂直服务开发项目，进驻一批具有专业水平的业内专家，针对平台用户关于法律、健康、教育等问题制定一系列的解决方案，大大提升了平台的用户活跃度与参与度。虽然该APP的运营后劲不足，但这种模式依然为浙江台后期垂类节目、主持人IPR热度打造提供了有力的经验支持。

（四）强化主持人人设，通过IP打造提升品牌价值

节目与活动是主持人加强人设的平台，浙江台在媒体融合的路上走得比较快，不少服务类节目打造了多个IP大号，例如私家车广播的"晓北"，她主持的节目《城市私家车》，在杭州地区收听率排名第10位，同时段节目排名第五位，主持人在抖音上的节目视频互动账号粉丝超870万，单个视频互动量最高达50万以上，这个节目一直对各大汽车企业有很强的吸引力。

疫情管控结束后，线下的各类活动纷纷燃起战火，2023年各地的音乐节层出不穷，尤其是在中秋国庆双节期间，不少地方电台的音乐节在当地掀起较大的热潮。此外，一些系列的演唱团活动也能为频率及节目带来不少线下红利，北京音乐广播的"Radio嗨唱团"是一个较为经典的参考案例。"Radio嗨唱团"是北京音乐广播中心联合广告经营中心创意策划的全新活动模式，频率与北投奥园1314园区鸮Owlery音乐餐吧达成深度合作，以音乐为场景搭建一个集美酒、美食、音乐演出、社交、社群运营于一体的音乐休闲空间。频率主持人组成演唱团，每位主持人根据自身的特点设置各自风格与人设，并且从选歌到演唱不断强化自己的人设属性。演唱团除了提供音乐演出观赏以外，还增加了餐饮、社交等多种元素，为听众提供了更加丰富多元的体验，通过《早安音乐秀》《娱乐最王牌》节目口播和微信吸粉引流，演示现场构建私域流量池，

通过不断壮大的社群及其运营实现商业链接，活动不只提升频率及主持人的品牌影响力，还实现了线下、线上的全面覆盖。

（赛立信音视频研究小组）

城市音乐广播经营创收有妙招

——以佛山985为例

2023年，广播广告市场态势整体呈下滑态势，据赛立信广告监测数据显示，2023年1—11月，广播广告花费同比下跌15.3%，根据几个音乐频率的反馈，2023年音乐类频率的广告花费预计下降20%左右。在整体广播广告市场下滑的趋势下，佛山千色电台FM98.5在2023年的广告经营仍有所提升。2023年1—11月，佛山985的常规广告总时长是平均一天39分钟，同比2022年同期增幅14.71%；按照刊例价计算，平均每月的广告花费为311万，同比2022年增长16.11%，无论是广告量还是广告额均实现了10%以上的增长。与其他音乐类频率如佛山飞跃924和佛山946的下滑趋势相比，佛山985呈现出逆势增长态势。在此背景下，本文将聚焦广东省内这一颇具代表性的音乐广播电台，深入剖析其在2023年1—11月的广告花费情况，解析其广播经营创收策略。

一、佛山985的广告行业较为集中、品牌集中

数据显示，在佛山台投放量最大的行业是互联网广告，主要是各类应用程序的品牌宣传广告，随着手机APP及各类私域运维的关注度日益提升，手机终端各类平台的竞争相当内卷，要进一步拉动流量，需要进行一定的品牌宣传，如"途虎养车""摩尔龙"等。

除了互联网行业，酒类广告逐渐增加，在疫情之后，商业逐步回暖，线下活动纷纷走起，商业和活动的行业广告成为投放量最大的前五之列。酒类品牌主要是"百年糊涂酒"和"九江双蒸"两个品牌，前者是全国性投放，后者则更多在本地媒体投放，锁定本地目标消费者。

纵观佛山985广告投放量的行业分布，频率吸纳的广告行业分布呈现出明显的集中趋势。投放的行业主要集中在几个较大的行业或者品牌，排名前三位的行业占据了超过60%的比例。其中，互联网广告占比尤为显著，接近40%。这一数据反映出互联网行业也会在传统媒体投放广告，以扩大品牌知名度、吸引更多的流量。

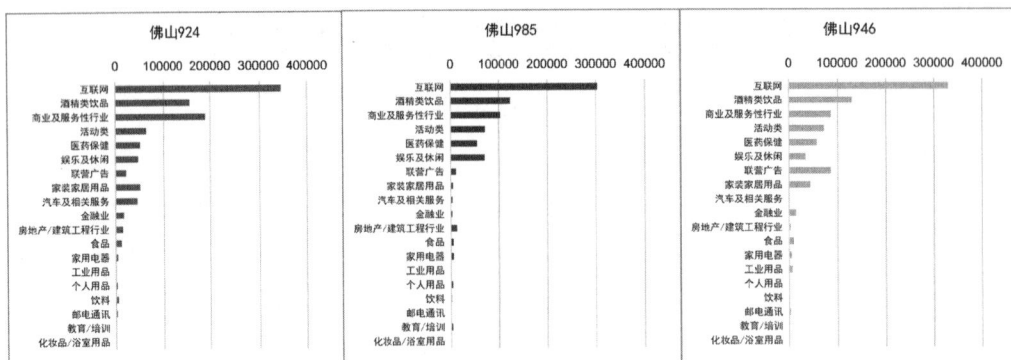

图2.5.1 佛山电台各频率广告投放量行业分布（亿）
数据来源：赛立信广告监测，2023年1—11月

随着时间的推移，一些传统的广告行业在佛山地区的投放量出现了明显的下滑。汽车及相关行业、金融行业、通信行业等曾经是广告大户，近年来的广告投放量不断缩减。在2023年，三类行业广告的投放量占比不足0.5%，这表明这些行业在广告市场的竞争日益激烈，营销策略正在经历深刻的变化。

对于这种现象，我们可以从多个角度进行深入分析。一方面，随着科技的进步和消费者行为的改变，互联网广告逐渐成为广告市场的主流形式。与传统广告相比，互联网广告具有更高的精准度和互动性，能够更好地满足消费者的需求。因此，越来越多的广告主将预算投向互联网广告，导致传统广告行业的投放量下滑。

另一方面，市场的激烈竞争给一些传统行业带来了巨大压力。为了在市场中脱颖而出，这些行业必须不断创新和调整营销策略。然而，一些行业在适应市场变化方面可能面临困难，导致其广告投放量逐渐减少。

此外，排名前十位的品牌广告累计投放量达175.11万秒，在三个频率的累计投放量中占比62.44%，再次可以看到佛山台广告收入的支撑点主要是几个投放量较大的品牌。

互联网	37.6%
酒精类饮品	15.9%
商业及服务性行业	12.8%
活动类	8.8%
娱乐及休闲	8.7%
医药保健	6.8%
杂项	2.7%
房地产/建筑工程行业	1.5%
联营广告	1.3%
家用电器	0.7%
食品	0.7%
家装家居用品	0.5%
其他	2.1%

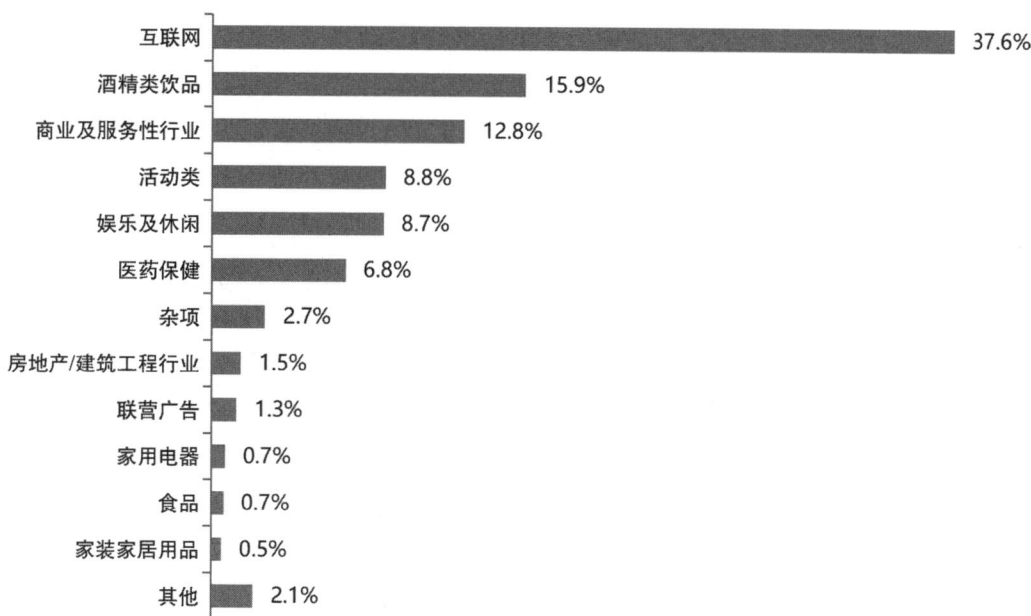

图2.5.2 佛山985的广告行业分布[①]
数据来源：赛立信广告监测，2023年1—11月

二、广告主在传统媒体中投放也在追求精准营销

针对佛山台投放量排名前十的品牌，我们进行了深入剖析。对于面向大众的品牌，它们大多选择同时在三个频率进行投放，旨在广泛覆盖不同层次的人群并吸引流量。这些品牌如"摩尔龙""佛山高明盈香生态园""佛山好佰年口腔医院"等，在三个频率的广告投放量相当，没有明显的倾向性。对于音乐欣赏类节目，如"佛山顺德演艺中心"则更多选择在佛山985投放，其他两个频率的投放量极少，从中可见，演唱会、音乐欣赏、文化等类型广告较青睐音乐类频率。

数据显示，多数品牌仍然倾向于多频率投放。这是因为多频率投放有助于提高品牌的曝光度和认知度，从而促进销售和市场份额的增长。

在制定多频率投放策略时，品牌更多考虑目标受众的消费习惯、媒体使用习惯以及广告预算等因素。通过产品宣传内容、合适的频次等方式安排广告投放资源，以求广告宣传能够更有效地吸引目标受众并传达品牌价值。

[①] 占比低于0.5%的行业均归为"其他"。

表2.5.1　佛山台投放量前10的十个品牌（单位：秒）

品牌名称	行业类型	佛山FM92.4	佛山FM98.5	佛山FM94.6
摩尔龙	互联网	324760	299852	323422
石湾玉冰烧	酒精类饮品	44542	115567	103418
广之旅	商业及服务性行业	45750	37386	30913
佛山富盈假期国际旅行社		55071	29690	24471
九江双蒸酒	酒精类饮品	35080	9386	21706
佛山高明盈香生态园	娱乐及休闲	22506	21376	21286
百年糊涂酒	酒精类饮品	51198	2887	1448
蒙娜丽莎瓷砖	家装家居用品	20662	—	25791
佛山好佰年口腔医院	医药保健	14436	13371	14613
佛山顺德演艺中心	娱乐及休闲	3812	32909	3864

数据来源：赛立信广告监测，2023年1—11月

三、本地的文旅广告主瞄准的依然是本地传统媒体

在佛山台三个频率1—11月的广告品牌中，佛山当地企业的投放量占比超35%。尤其是在文旅行业，当地旅游景点、活动和旅行社的广告投放量有所增长。在后疫情时代，随着旅游业的复苏，"周边游"成为热门选择。

商业及服务性行业广告在佛山985的投放量是10.30万秒，比2022年同期增长了1.64倍，投放量增长较大的主要是佛山当地的旅行社广告。在疫情刚开放的2023年，"旅游"是一个较热门的话题，为吸引更多的游客，相关的文旅广告投放日渐增多。

值得一提的是，随着疫情逐渐得到控制，人们对于旅游的热情重新被点燃。2023年各大节假日，旅游景点人山人海，热闹非凡。为了让更多的游客了解并参与到旅游中来，文旅广告投放日渐增多，旨在吸引游客的同时，也让人们对于旅游有更深入地了解和认识。

文旅广告正通过各种形式深入人们视野。它们结合线上线下宣传，运用精美画面、感人故事和吸引人的语言，吸引广大游客。为提升游客体验，文旅广告不断创新，结合当地文化、历史和民俗，打造特色旅游产品，让游客感受到更多文化魅力和人文

关怀。

　　许多频率，尤其是音乐类广播，正通过文旅活动探索变现之路。如苏州都市音乐广播，2023年其主要经营收入来源于文旅产业。通过硬广、垂类节目及台内品牌活动的多样化组合，吸引大量体育及文娱类广告。"双十一"期间，该频率与当地文化旅游局合作推出各类文旅消费优惠活动，各县级市（区）现场发布100项文旅消费活动及优惠措施，以丰富的文旅盛宴吸引当地及周边市民，带动文旅消费。

　　　　　　　　　　　　　　　　　　　　　　　　（赛立信音视频研究小组）

火爆音乐节带动广播创能破圈

在中国的广阔音域中，全国音乐电台以其独特的魅力和广泛的影响力，扮演着传播音乐文化、引领音乐风潮、文化交流平台的重要角色。近年来，随着新媒体的发展，传统电台或多或少受到了一些冲击。如今，各大地面及网络音乐电台积极创新活动形式，通过策划并实施一系列具有深度与广度影响力的活动案例，不仅提升了自身的品牌价值，也极大地丰富了听众的精神文化生活。本篇将选取其中极具代表性的全国音乐电台活动案例进行深入剖析，探究其背后的策划理念、执行策略以及社会反响，旨在揭示音乐电台在新时代背景下的发展新趋势与挑战，同时也为我国音乐未来的电台活动的策划与实践提供可借鉴的经验与启示。

一、咪豆音乐节

（一）户外音乐节火爆回归

2023年是全面回归自由旅游出行的第一年，各地文旅消费火爆，消费者被压抑的出行热情得以释放，行业复苏呈现出超预期的现象。其中，户外音乐节的回归给音乐爱好者带来了多元风格和表演形式，高水准的音乐作品和表演吸引了各类人群。

中国的户外音乐节受众人群主要是年轻人，他们热爱音乐、追求自由、寻求新鲜体验。根据中国社会科学院数量经济与技术经济研究所与社会科学文献出版社共同发布的《经济蓝皮书：2023年中国经济形势分析与预测》，年轻Z世代和新一线消费者群体正在崛起，大学生成为新一线演出消费的主力军。户外音乐节的数量、规模和影响力持续增长，吸引了国内外知名音乐人和乐队参与。

户外音乐节具有文化产业与旅游产业结合的特殊属性。一方面，音乐节汇集了不同地域和风格的音乐家和艺术家，为观众提供多元音乐文化体验；另一方面，音乐节融入地方文化元素，成为展示本地文化的窗口。此外，音乐节还结合露营、美食、购物等多种元素，短时间内聚集大量人群，带动当地消费。例如，推出限定版周边商品、特色美食街区、露营体验等，进一步挖掘消费者需求。同时，户外音乐节催生展览、户外休闲等相关产业，扩大了商业价值并促进地区产业结构优化升级。除了短期的经济收益外，成功的音乐节还能带来持续的文化和口碑效应，吸引回头客和新的旅游项目，实现可持续发展。户外音乐节成为城市的新名片，提升城市形象。

以江苏省广播电视总台和南京溧水区文化和旅游局主办的咪豆音乐节为例，这是一次较为成功的户外音乐节活动。江苏音乐广播的策划经验和与资深音乐人合作，为音乐节的成功打下基础。2010年，江苏省广播电视总台广播传媒中心创办东方文化公司，为"咪豆"这个IP带来了更加专业的团队。

咪豆（MIDOU）音乐节，源自"MUSIC"和"RADIO"两个单词的组合，2023年迎来第十届。从地方性盛典蜕变为全国知名品牌，咪豆已深植于各地音乐爱好者心中，成为热议话题。这离不开江苏省广播电视总台的融媒体宣传策略。通过多平台、多元宣传模式，如广播电视、微博、微信、公众号等线上及户外大屏、线下广告等宣传方式的结合，强化了咪豆IP影响力。调研显示，票务网站/客户端（27.72%）、微博（21.35%）、他人推荐（19.85%）是获取咪豆音乐节信息的主要渠道，数据侧面印证了整合多元资源进行综合宣传策略的有效性。江苏音乐广播创新多元宣传方式，实现全天候、多维度覆盖。除了传统宣传片花和主持人实时口播，还定制特色宣传片花和报时环节，全天节目时段中构建高强度宣传氛围。主持人深入挖掘艺人独家资讯，制作包含访谈、声音片段等内容的节目单元，并策划专属定制歌单。这些方式展示了音乐节阵容的强大和艺人音乐个性的丰富多样，成功推动广播平台上的宣传势头。同时，自媒体平台的影响力增强，咪豆音乐节引导观众和歌迷成为宣传载体。他们自发传播与音乐节相关的话题、音频、视频及图文信息，提升活动关注度和转发量。音乐节邀请专业摄影师全程跟拍，并通过"大蓝鲸"客户端、微信小程序等多个入口实时共享高清图片，吸引现场歌迷关注与积极分享，成为宣传策略亮点。

（二）户外音乐节的商业价值

音乐节对举办者而言，是一个强大的经济驱动力，能通过门票销售、赞助合作、周边商品售卖等方式实现直接经济效益的增长。根据网上数据，一般音乐节这三部分比例大概是6∶3∶1。据统计，2023年的第十届咪豆音乐节正逢五一假期，咪豆音乐节·超级PRO接待乐迷8万人次，按基础票价计算，门票收入近4000万元。根据其他知名音乐节的招商数据，单个音乐节IP全年行业独家合作竞价起步价为2000万元，北京上海地区联合呈现价格800万元，舞台冠名价格由200万元至600万元不等，还有APP开屏、融媒体推文、观众手册等硬广植入价格均在十几万元。户外音乐节的宣传吸引了年轻化、高学历和高收入的消费者，对于品牌方而言，投放广告创造了绝佳的品牌宣传与市场拓展平台。他们可以通过音乐节将自身品牌理念与艺术活动紧密结合，提高品牌曝光度、精准定位目标受众，并在年轻消费者心中建立积极的品牌印象。此外，主办方还会在现场售卖相关周边产品，如太阳镜、运动袜、挂绳&卡套组合等，满足现场观众的需求并成为展现个性的重要元素。

音乐节还有力地推动了举办地旅游业的发展和城市形象的提升。2023年是全面放开的一年，国务院文化和旅游部印发的《国内旅游提升计划（2023—2025年）》的通知与《关于释放旅游消费潜力推动旅游业高质量发展的若干措施》为地方文旅发展提供了政策引导和支持。咪豆音乐节从2014年创办至今，从单一的户外音乐演出拓展为集演出、餐饮、娱乐、市集及各种衍生活动为一体的综合音乐IP活动，成为文旅融合的典范。第十届咪豆音乐节给音乐爱好者带来了连续3天30组艺人轮番登台献唱，给听众带来与众不同的视听体验。以咪豆音乐节为例，溧水文旅部门创新推出的多元化咪豆综合套餐，全方位联动并提升全区文化旅游资源的整体吸引力与利用率。音乐节举办期间，景区周边酒店、民宿爆满，接待量翻3倍以上，实现了音乐节与旅游业的深度融合。

（三）户外音乐节面临的问题

户外音乐节在如今文旅业火爆井喷的态势下业绩十分突出，但小品牌和跟风者却面临亏损困境。主要有三大点问题：

1. 演出时间扎堆。由于多数音乐节都选择在法定节假日举办，热门歌手资源有限，导致热门档期价格水涨船高。而大部分的音乐节或者电台没有自身签约歌手和乐队，在面对大经纪公司面前处于弱势地位。

2. 活动同质化。国内音乐节品牌众多，如草莓音乐节、迷笛音乐节、麦田音乐节等，形成一定口碑与影响力。新音乐节若想突围，需创新内容和营销策略，克服同质化问题。

3. 同业竞争激烈。赞助商期望通过音乐节获得品牌影响力和潜在优质客户，更期望短期内获得回报。这与音乐节作为长期活动的定位存在矛盾。同时，衍生产业附加值有限，对赞助商吸引力不足。

为了解决这些问题，建议小品牌和跟风者寻找差异化竞争策略，挖掘本地资源，创新活动形式。同时，加强与地方政府、文旅企业的合作，提升音乐节的品质和影响力。对于新入局者来说，需充分调研市场，制定合适的营销策略，与大品牌错位竞争，寻找新的增长点。

二、X9艺术造乐场

（一）X9艺术造乐场创意市集之破圈新思路

X9艺术造乐场是湖北楚天音乐广播FM105.8、经典103.8与武汉汉口K11购物中心联合打造的全新室内音乐节。它填补了过往音乐节体验的空白，为观众带来独特的艺术与音乐结合的体验。音乐节与购物中心合作，白天变身沉浸式艺术展和创意市集，夜晚则转变为激情四溢的DJ派对和潮流音乐现场。

2023年，随着文旅行业的全面复苏，随着各地对摆摊条件的放宽以及扩大消费政策的支持，创意市集燃起了前所未有的热度。创意市集为塑造城市特色与魅力的重要载体，它汇集了个人原创手工艺品及收藏品，不仅吸引了专业领域的人士，还深受业余爱好者的喜爱。在欧洲，创意市集已成为街头时尚和创新力量的源泉，许多新兴艺术家和设计师从这里起航。年轻人可以在创意市集上发现独特商品，这种独特的寻觅体验满足了他们对新颖事物的好奇心和探索欲望。

室内音乐节通常在商场等封闭的专属空间内举办，为听众提供了亲密的互动体验。相较于室外音乐节，室内音乐节规模较小，但艺术聚焦更为集中。商场live让消费者无需经历抢票和守票的困扰，时间成本较低且性价比较高同时，满足了现代人集体孤独中的身份认同需求，搭建起陌生人之间的情感纽带，从而达到舒缓压力、放松心情的效果。商场举办的音乐节配套完善，无论是音箱设备还是饮食选择都给了消费者更好的体验。对于电台和商场而言，举办室内音乐节的成本与风险相对较低，却能带来更多的人流和营收。

（二）X9艺术造乐场的推广策略

基于江湖音乐节的经验以及湖北两大音乐广播的优秀策划团队，X9艺术造乐场的组织推广都十分成熟。本次活动以音乐为主基调，邀请武汉知名音乐人，融入武汉的江湖文化，与流行音乐相结合。创意市集和艺术展览则吸引了各种不同圈层的文化爱好者，提供了交流、娱乐与休闲场所。

X9艺术造乐场举行时间恰逢"双旦"，正值人们情感集中、社交活跃的时刻。活动设计充分考虑了节日氛围，如圣诞期间的雪舞池和热红酒、姜饼人等圣诞气息的产品，以及元旦时的跨年倒数活动。这些安排鼓励观众积极参与，增加互动性和归属感。X9艺术造乐场针对节日进行相应的活动设计安排，鼓励观众积极参与，增加观众的互动性和归属感。

在选择合作伙伴时，X9艺术造乐场选择了K11艺术购物中心。不同于传统购物中心，K11将艺术、人文与自然融为一体，实现了艺术鉴赏、人文体验和自然保护的无缝对接与深度互动，吸引了注重生活品质与文化体验的消费者群体，这与音乐活动的目标受众可能高度重合，有助于提高活动参与度和转化率。同时，X9艺术造乐场利用K11品牌造势及其强大的线上线下的推广网络，如邀请KOL/网红在社交媒体上合作发布"种草"推文、短视频广告投放、商场屏幕内宣传等方式，全方位立体推广。此外，音乐活动与创意市集及艺术展览进行同步营销，让观众在两个活动中都有所收获，增强活动间的联动效应。

（三）创意市集的商业价值

参加不同主题的市集活动，对于摊主和消费者而言，已经超越了简单的交易行为，演变成了展现自我身份认同、表达个人品位与价值观的重要途径。对于摊主而言，摊位成为个性化标签，背后代表了他们的生活方式和艺术追求。消费者在市集中挑选购买商品的同时，也在寻找与自己兴趣相符的主题和体验，并强化自身的社会角色与兴趣圈层归属感。这种个性化的消费趋势促使创意市集成为现代商业的新热点。

根据2020年某一线城市创意市集营收数据显示，市集开幕的两个周末接待客流近40万，商城的营业额同比增长125%，客流同比增长189%。自2023年以来，在政策活动层面，国家采取多元举措大力提振内需和促进消费，创意市集呈现火爆局面。创意市集可以成为"文创+"的体验类场景，将单纯的"消费"场景转化为"体验"场景，增强消费者对品牌的认同感和忠诚度。根据艾媒数据显示，文创产品消费者以女性、年轻人、常住地区为一线、新一线城市人群，超六成文创产品消费者为企业白领。这些群体拥有较高的购买力及文化素养，对待文创IP也能接收更高的品牌溢价。X9艺术造乐场虽然第一次举办，但其积极与创意市集内的艺术家合作，通过打造自身IP，提升了品牌影响力，得到了短期营收增长，长期品牌建设与客户粘性提升。

文化和口碑效应有助于降低营销成本，提高市场推广效率，并能帮助企业在竞争激烈的商业环境中建立起独特的竞争优势。创意市集与音乐节的结合为参与者创造了独特且难忘的综合体验。音乐节吸引游客，为市集带来更多的人气和营收。同时，市集提供多元化的消费选择和特色美食，丰富了音乐节的现场互动，当这种体验超出预期时，参与者更愿意分享他们的喜悦和兴奋。这些内容通过朋友圈、微博、抖音、小红书等渠道快速传播，进一步扩大了品牌影响力。

（四）面临的问题

随着线下创意市集与音乐节活动的爆发式增长，该商业模式的可持续性正面临严峻考验。据网络数据统计，2023年7月，北京有18场市集，上海24场。活动数量增多，导致同质化问题突出。尽管市集细分市场，但缺乏IP积淀和知名摊位，难以形成稳定营收。

音乐节与创意市集相结合最大的目的在于互相引流，捆绑推广两个活动。但过度商业化冲淡了其独特的氛围，影响观众体验和参与度，失去合作引流的作用。时间过长或内容趋同可能导致审美疲劳或体力不支。任何一方的负面舆情可能波及另一方，损害共同品牌形象和市场口碑。

（赛立信音视频研究小组）

音乐广播融媒传播"活"起来

在信息化时代，互联网重塑传媒格局，对传统电台节目造成冲击。随着移动互联网和社交媒体普及，听众获取音乐方式改变，传统电台音乐节目受众基础和传播效果受到影响。为适应数字化时代变革，电台音乐节目需寻找新发展模式，突破地域限制和时间束缚，触达更广泛听众群体。

本篇将以中国之声的《乐动中国：中国传统乐器公开课》、上海广播电视台动感101的《东方风云榜》节目为例，深入剖析其如何运用融媒体矩阵，从内容创新、多渠道分发及商业模式探索等多个维度进行转型升级，成功实现"破圈"发展，从而在竞争激烈的音乐市场中继续保持活力与影响力。

一、中国之声——《乐动中国：中国传统乐器公开课》

《乐动中国：中国传统乐器公开课》（以下简称《乐动中国》）是中央广播电视总台央广中国之声与中国艺术研究院音乐研究所携手推出的特别策划项目。该节目每周六23:00播出并同步上架总台旗下APP和其他社交媒体矩阵进行宣传。2023年6月24日上线，11月收官，经历6次被全网置顶，6次登上微博热搜，累计直播观看量超过5000万人/次，全平台阅读量超5亿人/次。

在内容策划上，《乐动中国》独树一帜，聚焦中国传统乐器及其相关乐种。节目精心挑选了20种具有代表性的乐器，邀请音乐学者以通俗易懂的方式解析这些乐器的历史渊源和演变过程。此外，节目还注重与当下生活热点结合，使静态的传统文化融入日常生活，引发广泛讨论。例如，《磬，会唱歌的石头》这一期与成都大运会开幕式表演联动，勾起了人们的情感共鸣，相关话题登上微博热搜并被置顶，阅读量超过1.6亿/人次。

在融媒体传播策略上，《乐动中国》积极拥抱年轻受众，采用互动式传播手法。节目不仅局限于音频直播，还综合运用视频直播、三维菁彩声技术、短视频等多种新媒体手段进行立体化传播。例如，通过双直播间模式，将电台直播间与演播室相结合，实现深度访谈与现场演奏的完美结合，为观众带来传统乐器的魅力；在云听APP中推出"三维菁彩声"音频产品，提供3D沉浸式音频体验；此外，根据不同社交平台特性，节目剪辑制作了不同类型的视频推广内容，扩大受众覆盖范围，形成强大的网络传播效应。仅在B站上，《乐动中国》系列的中长度视频播放量就已经突破了200万大关。最后一期节目在线上收听平台斩获超80万点击量，节目在播出时段最后一个月相比上月点击量上升超30%。

国际传播方面，《乐动中国》也不遗余力，将节目内容翻译成多国语言，以英文播客和短视频等形式推向海外，致力于推动中华文化走出去。

综上所述，《乐动中国》成功结合传统音乐与现代传媒技术，通过权威讲解、互动展示中国传统乐器魅力。节目通过跨平台传播、实时互动创新形式，赢得广泛好评，有效提升了公众对传统文化的认知与热爱。电台节目通过融媒体触达到了更多的观众，同时利用大数据分析与个性化推送定制内容加深观众的黏性。电台利用新媒体的优势塑造和传播品牌价值，扩大了品牌影响力。此外，音频内容与其他媒体形式（如文字、图片、视频）结合并丰富了单一互动体验。

二、上海广播电视台动感101——《东方风云榜》

动感101是内地第一家举办流行音乐颁奖礼的电台，到2023年，《东方风云榜》已经走过了30年。《东方风云榜》在每周、每月、每年评选出各种音乐奖项，该典礼也被称为"中国流行音乐的奥斯卡"，是重要的流行音乐盛会。2023年，独家网络直播合作伙伴百视TV全程直播，当日直播间总观看用户人数超过400万人/次，总热度达2980万人/次，较上一届直播间热度增长84.5%，为《东方风云榜》创造了新的历史纪录。该节目还注重利用本地资源进行歌手推广，年度颁奖典礼上众多知名歌手和音乐人齐聚一堂，带来精彩演出。《东方风云榜》的粉丝打榜行为不仅为粉丝提供了情感寄托和认同，还提升了明星的知名度、商业价值和粉丝黏性。

跨平台的深度合作模式，如微博、抖音等社交媒体平台，助力《东方风云榜》拓宽了音乐作品和参与艺人的曝光度和影响力边界。动感101在微博平台上以话题形式推广《101金曲跨年倒数》和《东方风云榜》两档王牌榜单节目，取得了良好的效果。在电台的微博账号中，有32条互动量超过十万的微博，其中大部分内容都与《东方风云榜》和明星联动活动有关。电台利用微博话题和热搜，在与明星合作期间高调宣布消息，利用明星已有的流量提升了电台的话题度和知名度，并带来了更多的附加效益。在2023年1—11月的微博中，#时代少年团官宣加盟东方风云榜# 一世与山海共振，做五彩的梦、无畏的少年。8月28日，@时代少年团邀你共赴第30届"东方风云榜"音乐盛典。#东方风云榜三十周年阵容官宣#的微博互动量超过了百万。动感101非常重视通过融媒体平台与观众互动，还利用明星流量助力电台直播，进一步让节目"破圈"。例如，邀请李宇春做客特别企划直播，预告微博的互动量超过了8000人/次，明星歌手与电台达成了双赢。此外，在抖音、快手等平台上发布精心制作的短视频内容，包括音乐现场、艺人日常和榜单揭晓等，以生动有趣的方式展示了音乐榜单的魅力和艺人的风采。这种短小精悍的内容形式符合年轻人的观看习惯，提高了内容的传播效果。

值得注意的是，排行榜制作的整体成本相对较高，但与明星的联动会带来更多的社交媒体互动、听众的忠诚度、成熟艺人合作机会、广告与赞助的机会。电台可利用对成熟艺人已有的粉丝进行引流，该批粉丝忠诚度与互动度都很高，若电台在活动前后推出联动活动，邀请获奖歌手参与电台节目互动，将收获更多的潜在听众。

三、结语

在新的媒体时代背景下，传统广播媒体的发展面临了前所未有的挑战，尤其是创收能力受到了严重冲击。与此同时，新技术也为传统广播媒体带来了全新的发展机遇。这些机遇有助于推动广播媒体实现内容产品的转型升级，进一步扩大用户的使用场景，并延伸其产业链。广播媒体需要紧跟时代步伐，灵活运用多种创新手段和体制机制，打造系列优质的融媒体产品，不仅可以显著提升广播频率的创收能力，还可以进一步扩大频率的媒体影响力。

（赛立信音视频研究小组）

解码数字化时代新"声"势

——后疫情时代的在线音频生态

当今所说的新营销均围绕"人、货、场"三大主题展开，对广播电视台而言，"人"是产品目标对象，即用户，"货"是产品本身，"场"即平台。本文也将围绕用户洞察、产品传播、经营思考这三个主题展开。尤其是经营方面，如何将融媒体产品变现是广播媒体始终在探索的道路。近两年，广播人在疫情期间创新了众多产品经营模式，本文基于近两年对广播媒体的调研及对各个商业音频平台的数据调研，参考业内融媒体产品变现的优秀案例，并借鉴部分商业平台经营运作经验，分析后疫情时代的音频生态。

一、用户洞察

（一）广播智能终端的在线收听不断攀升

据赛立信广播收听率调查及受众调查数据显示，2022年广播媒体用户规模是近几年最低值，广播整体用户规模包括原本占有优势的车载听众规模也有所下滑，传统收听更是几乎断崖式下滑，但智能终端用户规模在近五年内逐年增长。广播用户大部分都是"七〇后""八〇后""九〇后"人群，他们对智能终端的使用较为娴熟，智能终端收听的用户占比也在不断增大，2022年其占比已直逼车载收听用户。可见，未来广播媒体要占领的不只是车载收听市场，还有线上音频传播市场。

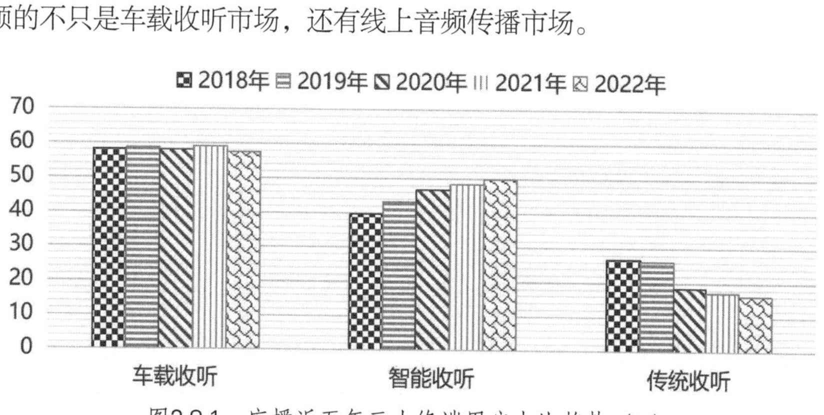

图2.8.1 广播近五年三大终端用户占比趋势（%）

数据来源：赛立信数字传媒科技，全国受众调查，2018—2022年

通过融媒体数据可见，对比2021年与2022年，无论是央级台、省级台还是城市台，广播在智能终端的累积点击量都在不断上升，其中央广增幅最大，省级台也达到10%以上，如江苏、山东、山西、安徽、湖北等省级台点击量增幅更是超过30%，广播在智能终端的上升潜力是极大的。同时，广播电台自办APP的使用率也在逐年增长，到2022年使用率已到达近20%，广播电台自建的这一传播平台正逐渐受到用户关注。

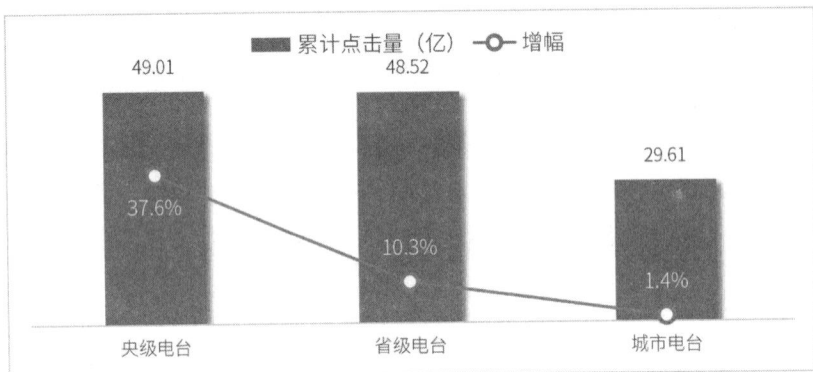

图2.8.2　各级电台的线上累计点击量（亿）及同比增幅
数据来源：赛立信融媒体云传播效果数据，2021—2022年

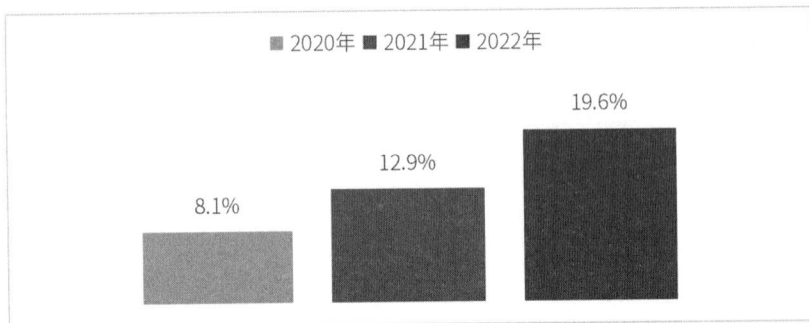

图2.8.3　广播电台自办手机终端APP的使用率
数据来源：赛立信融媒体云传播效果数据，2020—2022年

（二）在线音频市场快速发展

近年来，在线音频快速发展，加之政策导向明确新方向，用户规模和市场规模均呈现出逐年递增的状态。媒体深度融合政策和市场需求驱动加速电台自办APP崛起，用户收听习惯由广播向在线音频迁移明显。我国在线音频用户在2022年达到6.92亿人，市场规模突破310亿元，无论是用户规模还是用户价值都极具潜力。且在线音频用户的活跃度与忠诚度都比较高，2022年在线音频平均月活跃用户达3.3亿人，环比2021

年上升4.5%，全网渗透率超过30%，市场规模极大。在线音频用户与广播在线收听用户有着一部分重叠，也有一部分属于广播流失用户，而广播在进行融媒转型的同时，是否可以将这些在线音频用户转化为自己的用户呢？这是值得广播人深思的一个问题。广播媒体完全有能力进入这个市场，并在其中"分一杯羹"，如果能够实现对在线音频用户的转化，将能为广播媒体打开一片新"蓝海"。

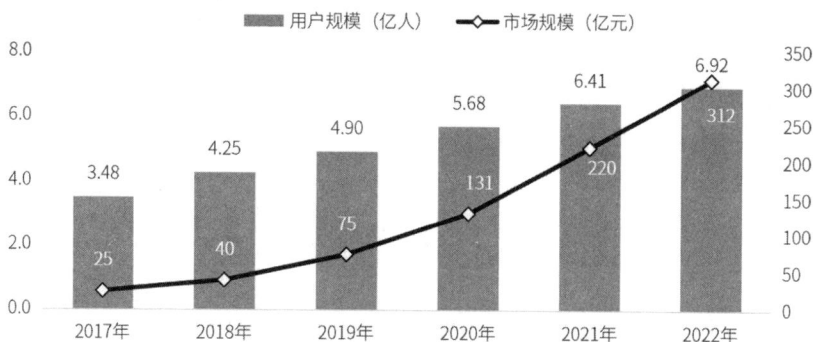

图2.8.4　我国在线音频用户规模及市场规模发展趋势
数据来源：赛立信数字传媒科技，全国基础调查，2017—2022年

图2.8.5　在线音频活跃用户数量及全网渗透率
数据来源：赛立信数字传媒科技，全国基础调查，2022年

（三）在线音频用户特点

要进入在线音频市场，就要关注它的主要用户群体。在线音频用户与广播核心听众特点其实十分接近，在线音频用户的地域分布情况上，一线二线城市占比更大，其中，华东地区发展较好，西北地区发展较缓；年龄特点上，在线音频用户同样以"八〇

后”“九〇后”居多，这一点同样与广播媒体重叠，早期的在线音频平台如喜马拉雅、蜻蜓更是以广播直播来吸引用户；用户收入特点上，收入水平主要集中在5000元/月以上，人均月收入达到7563元，整体呈现出年轻化和中高收入水平特征，且这类群体相较于“七〇后”人群，更容易形成会员制、用户付费的习惯，带有较强的消费主动性，在音频收听和付费的选择上拥有自主性。

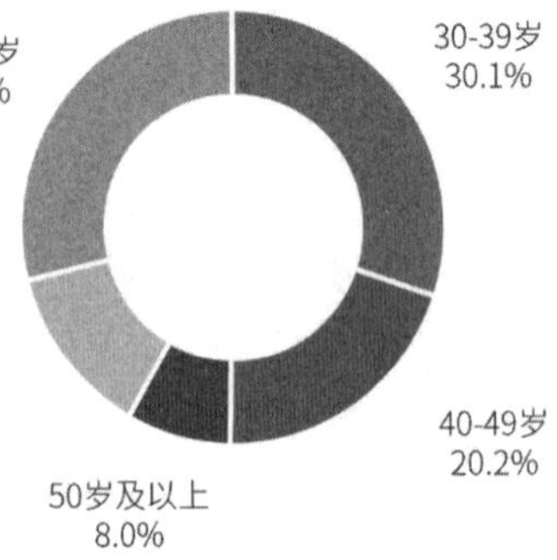
20-29岁
28.9%
30-39岁
30.1%
20岁以下
12.8%
40-49岁
20.2%
50岁及以上
8.0%

图2.8.6　在线音频用户年龄构成
数据来源：赛立信数字传媒科技，全国基础调查，2022年

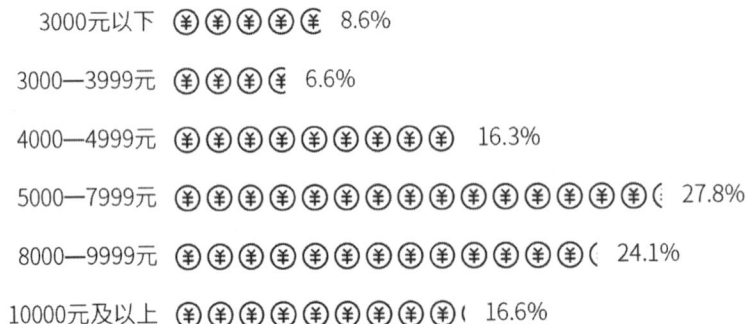

3000元以下 8.6%
3000—3999元 6.6%
4000—4999元 16.3%
5000—7999元 27.8%
8000—9999元 24.1%
10000元及以上 16.6%

图2.8.7　在线音频用户个人月收入情况
数据来源：赛立信数字传媒科技，全国基础调查，2022年

二、产品传播

（一）AI技术开启创新内容传播方式

AI技术赋能为内容创新打开了新的传播方式，在线音频平台当下对AI有着多样化的应用。如2021年，喜马拉雅用TTS技术完美还原评书大家单田芳的声音，并首次将单田芳的AI合成音应用于风格各异的书籍，用单式评书腔调，演绎听众耳熟能详的经

典之作，这是用AI对经典音频作品的延续。

前段时间大热的ChatGPT问世后，广播人也有出现撰稿工作是否会被取代等的忧虑，但这类AI技术其实早已在广播节目中得到运用，AI赋能能够使节目变得更活跃、更有特色，为广播带来一些新生态。早在2018年湖北音乐广播便在《音乐点心》节目中引入了AI小冰秀，与真人同台主持，辅助进行音乐的选择与播放，这一创新也让该节目在同时段收听始终排在前五位；常州交通广播在2019年引入AI主持人小奈，主要负责路况与交通信息的播报。

AI与广播媒体相结合，有优点亦有缺点。AI可以实现24小时播音、服务，让节目在主持人结束工作后仍能延续，同时AI有着海量信息与多语种深度学习能力，能满足不同用户群的需求；但AI主播机械化，缺少即兴共情表达，无法胜任情感类节目的主持。目前的趋势下，真人主持与AI主持共存才是更好的选择，此外，可以由AI来为广告客户、合作单位等提供智慧化、定制化、个性化服务，拓宽节目发展路径。

（二）专业与高效并存的PUGC模式开新路

2022年上海疫情较为严重期间，上海台活用PUGC模式开启创新融媒传播道路。当时由于疫情管控，许多主持人、记者无法外出工作采访，便在封控小区中采访、拍摄起身边抗疫点滴，如"记者夫妻'喜提'48小时"视频在SMG的"看看新闻Knews""看呀STV"微信视频号等官方新媒体账号发布，二次加工后在上海新闻综合频率的《新闻透视》《七分之一》栏目中播出，收获了好评。这一模式打破了传统节目制作流程，但同样由专业广播人产出或二次加工，实现高效高质的同时令采访内容更"接地气"，更易受到用户的欢迎，也是广播区域化、有温度的体现。此外，这一模式拓宽新闻媒体"B2C"传播渠道，形成全新的"C2C"新闻传播路径，新闻传播机制"破圈"，使内容能够触达更多公众，增加了报道的"圈层化"传播效应。

（三）移动演播厅走进生活

开放直播间在部分广播节目的下线活动中早有出现，如今在开放直播间的基础上，广播电台又打造了"移动演播厅"。如2022年"两会"期间，湖北之声以这一形式打造"2022秀出圈"活动，预告"移动演播厅"开行线路，并设置互动奖品，随行随地随机采访，吸引听众和网友在直播时间、直播地点、直播页面聚拢，成为直播的一部分；楚天交通广播同样以这样的形式打造"超级乘客"节目，节目以车辆为演播室，主持人与嘉宾在车上进行深度访谈，带领观众一起探寻武汉城市记忆。移动演播厅这一形式加深了用户的交互性体验，以沉浸式直播彰显广播温度，让受众在贴近广播主持人的同时提升广播影响力及品牌知名度。

（四）全龄覆盖，精准触达"一头一尾"市场

过去的类型化广播节目往往锁定着特定人群，但以目前的广播受众群体特点来看，广播还能够开拓的受众年龄层十分广阔。如云听对细分用户进行深耕，特别定制针对性的IP，对"一老一小"——即青少年和老年人这两类群体开发云听乐龄版以及云听少儿版，这对应的便是青少年背后年轻父母以及老年用户群体。这也意味着在APP平台上，广播可以更精准地为传统广播节目没能顾及的人群提供服务，针对"一头一尾"制作音频产品，从而为广播进一步拓宽广播受众群体。

（五）音频的伴随性催生丰富的收听场景

从数据看来，音频在7:00—9:00、17:00—19:00、21:00—23:00形成三大收听高峰。其中，在7:00—9:00和17:00—19:00时段，音频为用户排解上下班漫长的通勤时光；在21:00—23:00时段，音频为用户打造轻松入睡模式，睡前听音频逐渐成为用户日常习惯。值得注意的是，相较而言在三个收听高峰中，晚间21:00—23:00是最高的高峰，这与传统广播收听有所不同，又是广播进军在线音频领域时有待把握之处。喜马拉雅在2021年与慕思寝具合作打造的"助眠频道"，结合白噪音、3D环境音、疗愈音乐等专业助眠声音为用户提供助眠服务。最终，在频道推广期间，助眠用户日均使用时长达65分钟，完成了共计超12亿次品牌元素展示。这对广播媒体而言无疑是一种方向启示。

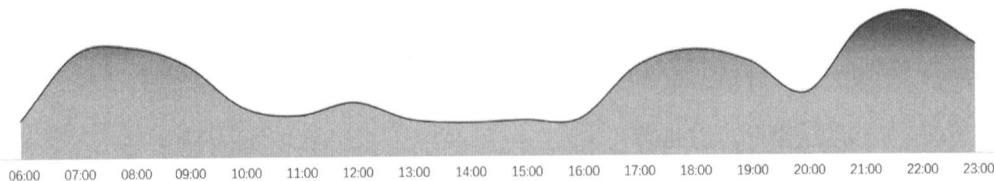

图2.8.8 用户收听音频时段
数据来源：赛立信数字传媒科技，全国基础调查，2022年

对比广播节目的收听场景与在线音频的收听场景可以发现，两者在不同场景下有着不同的用户，如车载收听在广播收听中占比最高，而通勤居家都是两者主要收听场景，但音频在运动场景也有着超过30%的收听占比。音频用户已经养成多场景消费的习

惯，各大音频平台借产业链之力，满足用户在不同场景下的互动需求。广播电视台自办APP用户不断扩大的情况下，广播音频也可以与其他商业音频共享各大音频场景的用户资源。根据不同场景、不同时间段下的用户特点深耕在线音频，将音频的伴随性优势充分发挥出来，是广播拓展在线音频市场不容忽视的一点。

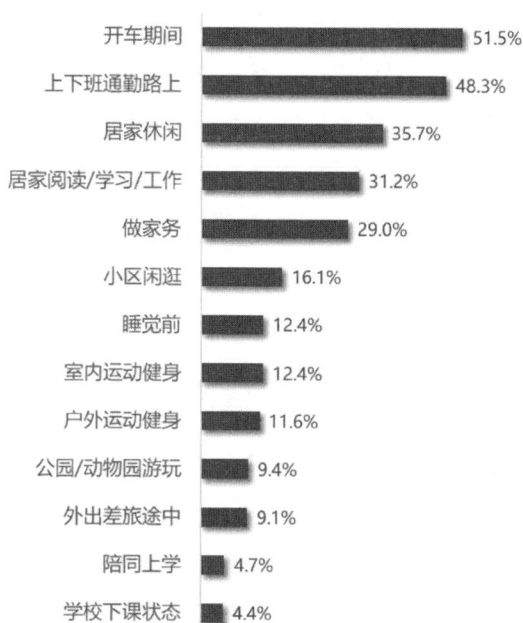

图2.8.9 广播节目的收听场景
数据来源：赛立信数字传媒科技，全国基础调查，2022年

开车期间 51.5%
上下班通勤路上 48.3%
居家休闲 35.7%
居家阅读/学习/工作 31.2%
做家务 29.0%
小区闲逛 16.1%
睡觉前 12.4%
室内运动健身 12.4%
户外运动健身 11.6%
公园/动物园游玩 9.4%
外出差旅途中 9.1%
陪同上学 4.7%
学校下课状态 4.4%

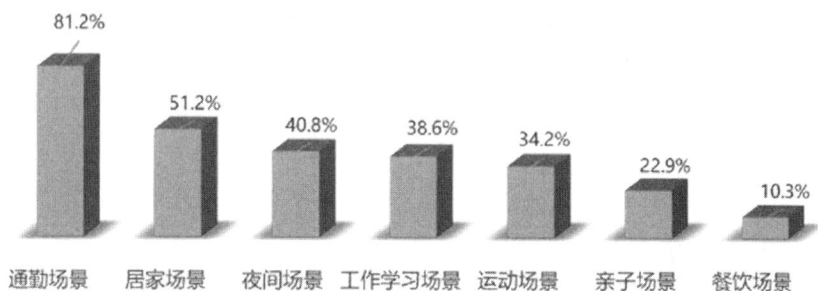

图2.8.10 用户收听在线音频的场景
数据来源：赛立信数字传媒科技，全国基础调查，2022年

通勤场景 81.2% 居家场景 51.2% 夜间场景 40.8% 工作学习场景 38.6% 运动场景 34.2% 亲子场景 22.9% 餐饮场景 10.3%

（六）垂类节目创新与收听场景的有机结合

广播媒体对垂直领域已有多年探索，其中许多晚高峰饮食节目在这方面的表现颇

为优秀,如楚天交通广播的《好吃佬》与重庆都市广播的《吃在重庆》都是很好的案例,这两档节目都瞄准了用户在下班后更易考虑"今晚该吃什么""是否要去哪里吃饭"的时间播出,且内容形式不仅限于音频,同时结合电视节目、新媒体平台乃至书籍、杂志,既传播了当地饮食文化,引发听众的互动共鸣,又真正实现了"融合"。

又如 "云健身"这一健身方式火爆后,随之涌现出各种专有的运动APP如Keep、乐刻等,而在这种APP中,也有设置行走音乐等功能,这也说明宅家运动场景下音频的伴随性特点是值得发掘的,疫情期间江苏广播、大蓝鲸APP、抖音同步音视频直播节目《牛哥的宅家运动课》曾受到用户广泛好评,"牛哥"的影响力也在节目结束后得到延续,可谓印证了广播在这类场景下的潜力。

(七)广播融媒体赛道的突破与创新

经过多年发展,广播融媒体的建设已进入深化阶段,广播融媒体矩阵传播建设取得了实质性的突破与创新。如在自建渠道方面,广播媒体秉持"移动优先"的"互联网+"融合思路,有搭建移动客户端,如湖南台新闻类客户端"芒果云"、山东台"闪电新闻"、上海台"话匣子fm"等;也有创建自办APP,如中央台云听APP、湖北台"九头鸟FM"、天津台"津云APP"、广东台粤听、上海台"阿基米德"等;还有搭建直播平台,如湖北台"长江云"、浙江台"中国蓝新闻"、广东台"触电新闻"等。

2022年,广播电视台自办APP客户端的影响力日益增强,下载量、用户量不断攀升,近20%的用户会使用广播自办手机终端APP收听广播的直播流,较2020年翻了一倍多,说明广播媒体的自办平台用户量及用户活跃度都有了明显的提升。

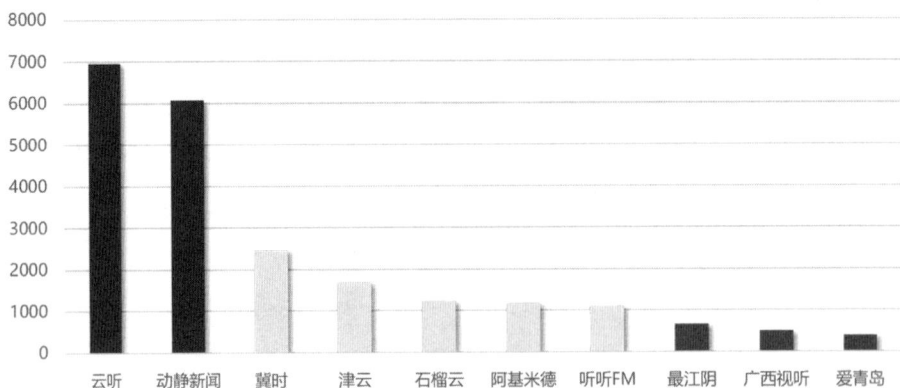

图2.8.11 广播电视台自办APP用户量(万)
数据来源:赛立信融媒体云传播效果数据,2022年

在"借船出海"方面，广播媒体借助新媒体平台搭建官方账号，如在微信、微博等社交平台，抖音、快手等短视频平台，今日头条等内容聚合平台搭建官方账号，同时也会与喜马拉雅、蜻蜓FM等移动音频平台融合发展。

数据显示，2022年广播在抖音、快手、视频号、头条号等平台上的短视频累计发布量达44.5万，互动量为12.64亿，同比2021年增幅超过20%，其中，抖音平台上的发布量同比上升59.7%。在微信端，省级台2022年推文发布量与累计阅读量都有所增长，文章爆款量更是翻倍，可见广播融媒内容吸引的用户越来越多，吸引能力也越来越强。

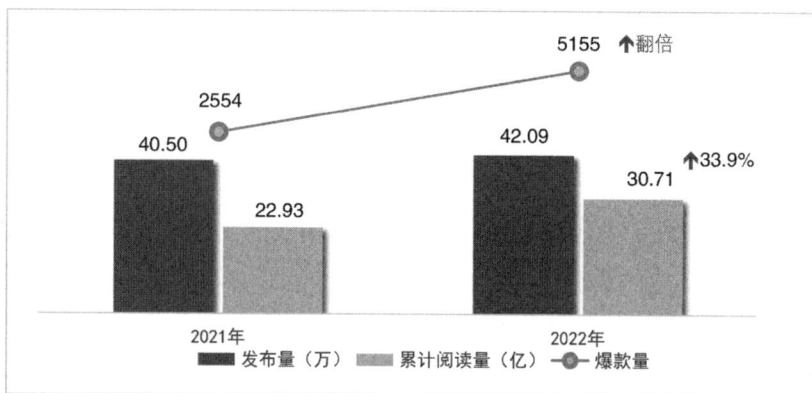

图2.8.12　省级台在微信端的传播效果
数据来源：赛立信融媒体云传播效果数据，2021—2022年

在融媒体中心建设方面，众多中央级及省级台纷纷搭建融媒体信息服务平台，如中央台完成"广播云采编系统"一期建设、北京台上线融合型节目制云播平台"讯听云采编"，吉林台"天池云"平台，江苏台推进"荔枝云"常态化应用等，融媒体中心技术趋于成熟。北京冬奥会期间与香港回归25周年等重要事件的宣传上，都有融媒体中心的系统传播在当中发挥重要作用。

三、经营思考

（一）以活动为载体，提升品牌影响力

得益于疫情有效管控，国民教育文化娱乐消费有所回暖。疫情防控全面放开后，文化教育娱乐消费也将迎来新增长，为音频行业的发展提供澎湃动力，也为广播媒体的活动营销打下一个良好的基础。

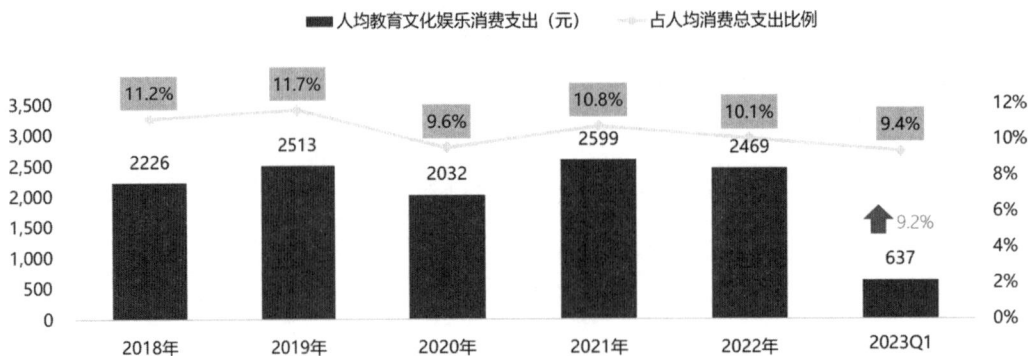

图2.8.13　近五年国民人均教育文化娱乐消费支出动态走势
数据来源：国家统计局

广播人对结合节日、节点打造的活动营销显然不陌生，而这种活动其实对音频APP平台的建设亦大有益处。如在读书节，喜马拉雅、蜻蜓FM发起的423听书节活动，帆书2022年推出的"知识进化论"，联合抖音、深圳卫视两大平台同步出品，多平台同步直播，2小时演讲直播总观看人次超5700万，全网累计触达超3.5亿人次。

听听FM在2022年11月打造的声音IP计划"'声'机盎然，播客派对"活动，围绕"爱上北京城""吃喝玩乐在北京""'我'的北京故事""在北京看世界杯"四大主题，吸引到直播公会、北京台主持人、播客厂牌、播客爱好者等共160人贡献内容。截至2022年12月30日，直播场次1000余场，直播间进场用户数共计约90万人。

还有一个值得分享的广播活动案例——贵州交通广播的952街景电台，不是打造一个用于做节目的户外直播间，而是在不同时节根据相对的主题做活动，给予用户"沉浸式"电台氛围体验，并利用同频视频直播、精彩短视频回放、社交媒体话题互动等方式点燃融媒声量。通过这种方式，952街景电台成功植入到"工行宠粉520""途虎自驾""中国咖啡冲煮大赛"等商家推广活动中。

（二）广播IP：广播+电商

广播与电商相结合是广播融媒变现的一种途径，这一点上不同电台亦有着不同的做法。如安徽音乐广播策划的"嘻哈搜货"平台，是依托知名节目《嘻哈二人行》从节目中将用户引流到平台，打造的"电台直播节目+互联网复合传播+电子商务"的经营模式，这种模式极大地利用起了广播媒体多年来的用户沉淀。

又如浙江台打造的"浙里云购"平台，着眼乡村振兴这一主题，数商兴农，整合淘宝、抖音等电商平台资源，展示销售浙江特色农商品，对省内帮扶"山区 26 县"农产品销售，同时对省外帮助新疆阿克苏地区、四川甘孜藏族自治州等对口支援、帮扶地区推广农副产品和乡村旅游资源，省内外定点助农，一定程度上增添了自身平台的商品丰富度，以媒体电商力量连起共富产业带，同时也以此将媒体与乡村振兴紧密结合起来。

（三）垂类经营锁定特定用户人群

垂类节目或垂类经营，归根结底讲究的便是"精准营销"，深挖用户需求，深挖用户存量。如喜马拉雅探索的"音频+营销"之路，与新科技品牌联手，精准触达与品牌契合的体育迷、她力量、汽车族、Z世代等不同圈层，通过直播间、音频等方式营销，借助赛事热度、热度关注等，高度精准的用户触达，利用赛前赛后碎片时间与用户强互动，成功在一定程度上帮助广告主提升了品牌知名度与品牌销量。像这样精准锁定内容、活动的销售对象，才能实现音频与品牌联动的成功。

此外，新颖、时尚具有年轻态的活动主题也是吸引年轻用户的一个可取之道，如江苏广播举办的"快乐奶茶节"，这是一个镶嵌在汽车展中却以"奶茶"为主题的活动，成功让更多因"奶茶"而来的年轻受众关注到广播融媒内容，活动期间"江苏广播快乐奶茶节"话题阅读次数达34万，荔枝音视频号发布活动集锦视频各平台累计浏览数超50万。又如花生FM推出的《铲屎官的春天》以及广西女主播电台推出的《头号萌宠研究所》，此类节目亦是锁定了养宠物的群体，借宠物话题吸引特定听众。还有周边游、文创产品、交响乐音乐会等有借鉴意义的广播融媒活动类型，这些垂类经营都以新生的、年轻态的内容为主题，以小切口入手，"出其不意"收获了良好的成果。

（四）打造品牌电台，定制个性化内容

广播在固有的收听场景与收听人群下，同样通过定制化服务找到新的深耕角度。如深入联动汽车前装、后装企业，重新打开车场景的营销路径，喜马拉雅就与五菱汽车展开合作，围绕五菱汽车创新自研LingOS灵犀系统特性，使用创新AI技术适配系统，以海量音频内容为载体，为车主量身定制喜马拉雅五菱专属电台，无缝覆盖车主出行、娱乐、社交、用车全场景。又如蜻蜓FM锁定母婴人群的诉求和特征进行定制的个性化营销，在与品牌美素佳儿合作期内，蜻蜓FM选择站内多重优质硬广资源选取开机大图、儿童频道推荐图等分类频道进行高效精准投放，触达更多潜在目标受众，强势为美素

佳儿《小奶牛牧牧》进行导流转化。

（五）借鉴在线音频的商业盈利模式

在线音频产品的商业盈利模式不仅来源于B端广告主、品牌方，还来源于C端用户。B端收入主要包含广告主和品牌方在音频平台上投放各类广告、营销IP植入品牌内容，以及出版图书与平台出版分成三个方面。在线音频的商业模式中广告主、品牌方在音频平台上投放广告，占音频市场收入的26%；音频广告具备触达范围广、点击率高、互动性强等特点，电商、教育、书籍出版物、汽车、游戏为音频平台前五投放类别。

C端收入则主要来源包括几个方面：用户购买会员、付费点播、专辑订阅、课程购买等行为；用户对优质内容或者喜爱的主播打赏、连麦或付费问答等，是粉丝经济的一种表现；用户获取免费内容，平台端实现社区运营流量变现；利用自身品牌影响力销售耳机、智能音箱等硬件设备；直播带货、电商运营等。数据显示，会员订阅盈利模式占音频市场收入的50%，也是其增长最快的变现模式之一，音频用户互动热情较高，付费意识强，消费潜力大，互联网音频年度付费用户超1.5亿。据预测数据，2025年音频平台的会员订阅收入将达到410亿元，占比将达到58%，通过直播带货、用户打赏、连麦、送礼物等形式为音频娱乐平台提供了广阔的商业想象空间，占音频市场收入的17%，或成为音频平台新的营收增长点。

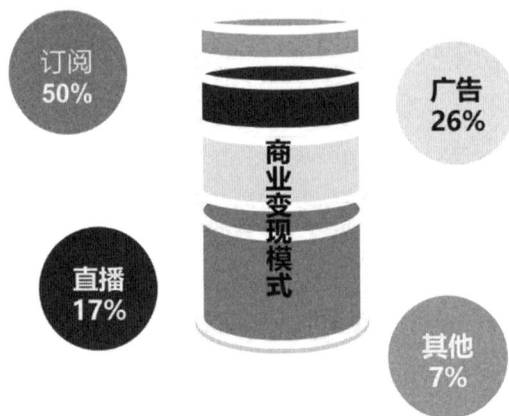

图2.8.14 在线音频盈利模式占比

数据来源：赛立信数字传媒科技，全国基础调查，2022年

广播融媒体的创新与变现是广播人近年来关注的热点，赛立信同样钻研其中，致

力于与广播媒体共同进步，共同成长，在数据调研领域打造更完善的全媒体矩阵传播力大数据分析平台，融入线下线上、音频、平台等多方面融媒调研数据，通过专业的数学模型综合统计并体现广播融媒传播力。

（梁毓琳）

数看受众观点，浅析主持人新时代发展方向

从传统定义上看，主持人是指具有采、编、播、控等多种业务能力，在一个相对固定的节目中，作为主持者和播出者，集编辑、记者、播音员于一身。在互联网时代之前，选拔播音员、主持人时往往把声音和形象放在第一位，早期的主持人不仅能播新闻，还能直播各种文艺活动，担当连线记者等。然而，随着互联网时代的到来，媒介技术的革新、受众喜好的多样化使得频道和节目更加趋于类型和碎片化，这种变化使得受众对主持人提出更高的要求。那么，如何把握和了解新时代受众的口味，使得主持人能更好地满足受众的需求，就是新时代主持人面临的最大问题。本文根据赛立信数字传媒2022年在全国进行的广播收听率调查数据，整理出受众对广播主持人的部分偏好与要求，希望对广大主持人能有所帮助。

一、受众对传统主持人的整体需求情况

（一）主持人对受众选择频率和节目的重要性毋庸置疑

从调查数据来看，国内受众在选择电台频率和节目的时候，主持人的表现是最重要的因素之一，在选择电台频率上，主持人表现的重要性位居第二，仅次于对资讯内容丰富度的要求，而在选择节目上，主持人表现的重要性位居第三。由此可见，无论时代怎么变化，节目和媒体的形式与表现手法如何创新，主持人永远是频率和节目的核心和灵魂，一个好的主持人，完全可以影响受众的选择。

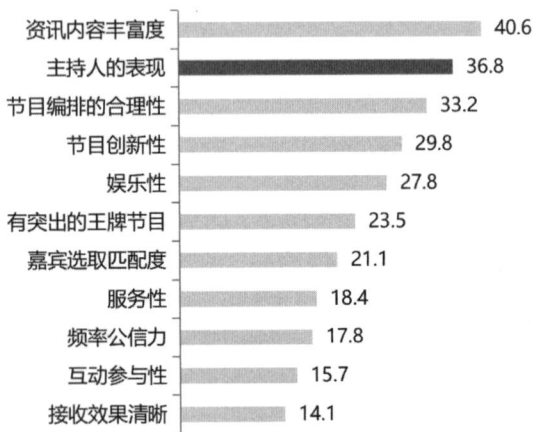

图2.9.1 全国受众选择电台频率的主要因素（%）
数据来源：赛立信数字传媒科技，全国广播收听率调查，2021—2022年

内容的实用性 ████████████████████ 37.2
节目的创新性 ███████████████████ 36.0
主持人的表现 ███████████████████ 35.1
节目环节衔接的流畅度 ████████████████ 30.1
内容的资讯量 ███████████████ 28.4
节目播出形式 ██████████████ 27.6
线上互动的参与性 ███████████ 22.6
节目品牌形象 ███████████ 21.7
节目播出时段 ██████████ 20.3
节目社会影响力 █████████ 18.2
线下活动的趣味性与参与性 ███████ 14.8
节目提供的奖品福利 ██████ 13.1
内容的娱乐性 █████ 10.8

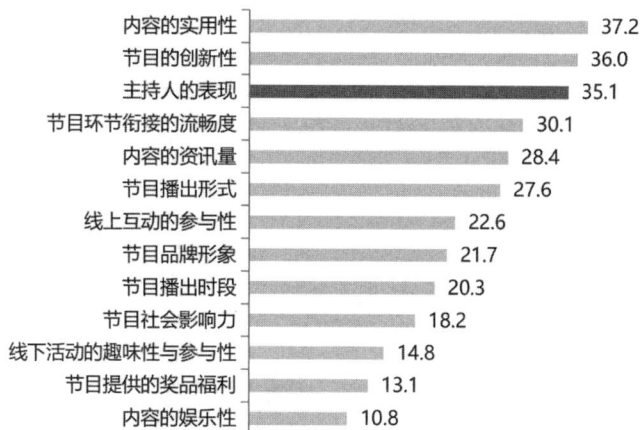

图2.9.2 全国受众选择电台节目的主要因素（%）
数据来源：赛立信数字传媒科技，全国广播收听率调查，2021—2022年

（二）风趣幽默的主持人最受欢迎

主持人是主持风格的具体承载者，每一个主持人都有着自己的个性特征和独有的主持风格。但正所谓"萝卜青菜各有所爱"，每一个受众都有自己喜欢的主持人风格，与此之同时，不同定位的节目又会需要不同风格的主持人。如何能更好地匹配主持人、节目和受众的需求，也是广大主持人面临的现实问题。

从赛立信调查数据来看，国内受众最喜欢风趣幽默型的主持人，其次是有青春活力、语言表现力出色以及关注听众需求做好服务的主持人，这些喜好与受众普遍因追求放松娱乐和获取资讯而浏览媒体内容的情况也是相匹配的。

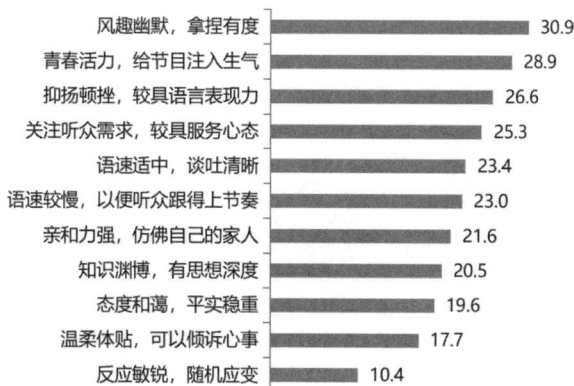

风趣幽默，拿捏有度 ████████████████ 30.9
青春活力，给节目注入生气 ███████████████ 28.9
抑扬顿挫，较具语言表现力 █████████████ 26.6
关注听众需求，较具服务心态 █████████████ 25.3
语速适中，谈吐清晰 ████████████ 23.4
语速较慢，以便听众跟得上节奏 ████████████ 23.0
亲和力强，仿佛自己的家人 ███████████ 21.6
知识渊博，有思想深度 ██████████ 20.5
态度和蔼，平实稳重 ██████████ 19.6
温柔体贴，可以倾诉心事 █████████ 17.7
反应敏锐，随机应变 █████ 10.4

图2.9.3 全国受众喜欢的主持人风格（%）
数据来源：赛立信数字传媒科技，全国广播收听率调查，2021—2022年

（三）受众更喜欢年轻主持人

具体来看，受众对主持人的性别并不是特别关注，更看重的还是主持人的水平。而在主持人的年龄上，国内受众更喜欢40岁以下的年轻主持人。这与年轻人思维活跃，幽默感更强，创新更主动有着密切关系。

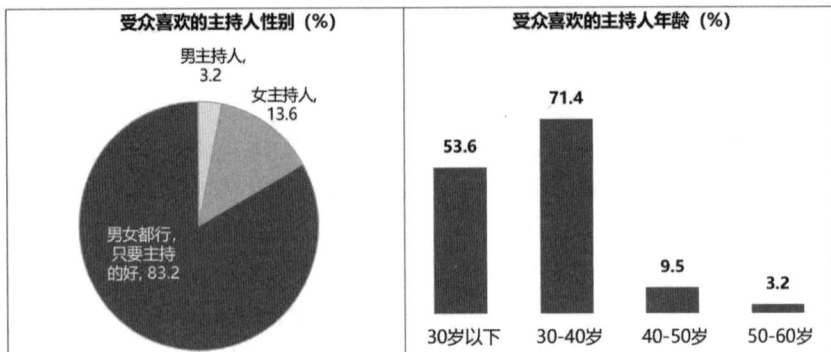

图2.9.4　全国受众对主持人性别年龄的喜好

数据来源：赛立信数字传媒科技，2023年1月21—27日，2022年1月31—2月6日

（四）二、三人组合的主持形式最受受众认可

从数据来看，传统二到三人组合形式的主持人搭配更受受众喜爱，这也是媒体传播过程中常用的主持人组合形式。相比单人主持，两三人的组合形式更灵活，变化更多样，多位主持人还可以编排小品和广播剧等内容，更容易满足受众的多元需求。

至于在主持语言上，得益于国内多年来坚持推广普通话的努力，绝大部分受众已经习惯主持人采用普通话主持，表示出"无所谓，都可以"的态度，对方言主持的硬性需求并不明显。

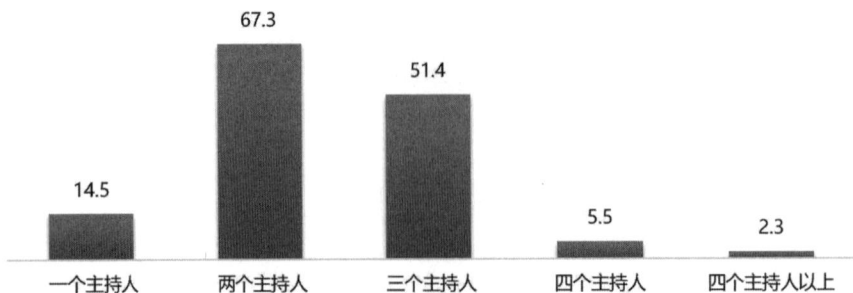

图2.9.5　全国受众对主持人人数的需求（%）

数据来源：赛立信数字传媒科技，全国广播收听率调查，2021—2022年

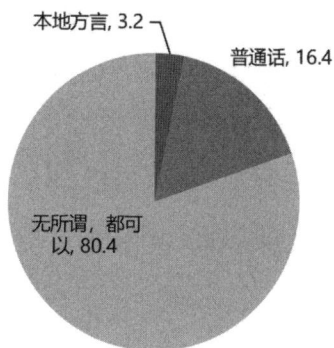

图2.9.6　全国受众对主持人语言的需求（%）
数据来源：赛立信数字传媒科技，全国广播收听率调查，2021—2022年

（五）主持人应当保持一定的神秘感

在网络时代，有句话叫做"网恋奔现见光死"，其实主持人也有类似的潜在风险，虽然说大部分受众不至于出现见面就脱粉的情况，但保持一定的神秘感还是有利于主持人日常工作的。从全国调查的数据来看，只有三成受众对主持人见面会有兴趣，其中非常期待的只有13%。由此可见主持人见面会对主持人的帮助不大，受众更多的还是希望获取主持人在节目中提供的精神享受。

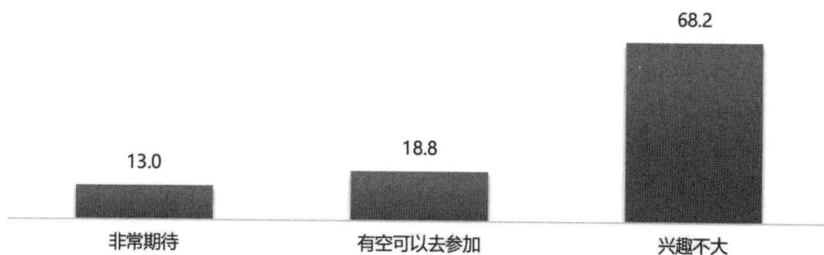

图2.9.7　全国受众对主持人见面会的需求（%）
数据来源：赛立信数字传媒科技，全国广播收听率调查，2021—2022年

二、新赛道大放异彩，融媒主持人"破圈"新玩法

随着融媒体新时代的到来，传统媒体的优势逐渐冲淡，各路网络新媒体平台如抖音、快手、小红书等如雨后春笋般不断涌现，但广电媒体也积极投入融媒转型之中，纷纷改革创新，其主持人也纷纷抓住机遇，顺应潮流，发挥个人优势，整合资源，不断完成自我优化与改造，实现从传统媒体主持人到融媒体主持人的转型升级。

（一）贴标签 立人设

主持人的核心作用是传播思想，其人设则是传播力的武器，标签化印象则是品牌影响力的体现，基于自身性格特点、说话风格、样貌长相等"标签"为自己搭建人设，让大众迅速地认识自己，是增强传播力、树立品牌影响力的好方法。

浙江经视主持人潘蓉利用抖音、小红书平台开设的"主播潘小蓉"账户树立的"爱美妆的主持人"人设，精准吸引对"主持""美妆"感兴趣的用户，在小红书累计粉丝255万。吉林广播电视台主持人钟晓一直以直言不讳、辛辣睿智的风格示人，其在犀利点评时经常使用口头语"六饼"，"六饼"也成为主持人钟晓的象征符号，在抖音平台"六饼"账号累计获赞464.2万。

（二）追热点 深挖掘

随着信息爆炸时代的到来，受众缺少的并不是信息，而是对冗长信息的接受能力与辨识能力，用户发现有价值内容的成本有所上升，而为受众进行有效的信息筛选，传播正确思想与态度，是主持人的基本职业素养，在新媒体平台活用这一能力，也不失为破圈的关键。

浙江城市之声主持人邹雯主创的账号"新闻姐"是中国广播电视新闻首个突破千万粉丝大关的抖音个人IP号，主要是为受众阐述她挑选出来的新闻并对受众关心的问题进行评论和解答，获得广泛好评，抖音平台累计获赞6.2亿次，拥有粉丝2436.4万。在广东广播电视台《小强快评》栏目中，主持人曾小强和他的团队致力于为受众搜索有新闻价值的抖音短视频，以"透视热点，娓娓道来"为出发点，锁定人们关注的新闻热点，拆解新闻事实发生的因果关系，账号《小强快评》在抖音平台获赞1.8亿次，粉丝量超过800万。

（三）新技术 新路线

科技在不断进步，目前非常火爆的人工智能"ChatGPT"使AI应用再一次成为大家茶余饭后讨论的热点。目前每个行业都出现了机器人的身影，在主持行业也不例外，在内容较为固定的情况下，"AI主持人"的存在完全可以替代播音员播报的工作，例如智能主播微软"小冰"每周生产节目超过40档，其中包括直播节目。中央广播电视总台声音新媒体平台"云听"旗下AI主播基于中国之声"两会"报道团队的供稿进行快速制播，用200字/分钟的速度将信息回传至云听，平均单条音频资讯生产时长仅需

1分钟左右，AI主播团体IP"云小天团"基于不同定位创造出不同的AI主播，全面布局"两会"报道。

无论从数量上还是速度上看，AI主持人确实对传统意义上的主持人形成了挑战，但AI缺少与受众之间的良性互动关系，缺少了温度变化、感情色彩，受众认同度低。因此，AI作为高科技发展下的产物，未来可在发挥其在大数据上的优势作用，与真人主持合作，以求创生出一种人与科技相辅相成的画面。

融媒体新时代加速了各类媒体创新的步伐，尽管赛道不断拓宽、竞争对手不断增多，广播电台主持人仍然能依靠自身的基本道德素养立于高地。面对挑战，主持人未来需明确自身人设定位，强化用户意识、内容意识、服务意识，开阔视野，加紧自身建设，引领时代潮流。

（罗剑锋 蔡芷琪）

2023 年广州地区春节广播市场分析

2023年的第一个春节，比以往时候来得早了一些。这个春节也是疫情放开后的第一个春节，大家的出行热情极大地爆发了出来，有些人回到了几年没有回去的老家，有些人开始报复性出游，全国各地的旅游景区纷纷人满为患，无论去到哪里，都是一幅"人从众"的景象。人们出行的明显增多，对广播市场也造成了较大影响，下面我们就从广州地区春节期间广播市场的情况，来对比一下2022年和2023年春节期间广播市场的变化。

一、广州地区春节期间整体广播市场变化情况[①]

（一）2023年与2022年广州地区广播收听率变化情况

从赛立信数字传媒的调查数据来看，2023年春节期间，广州地区广播收听率相比2022年春节出现轻微下降，听众资源轻微减少约四个百分点。其中广播全天收听率最高峰出现在7:15—9:20，收听率峰值达到13.32%。和2022年春节相比，广州地区广播收听率在全天大部分时段都出现下降，只在7:30—10:45时段出现上升。从数据来看，春节出游人群增加[②]，对广播收听还是造成了一定负面影响。

图2.10.1　广州地区春节期间广播收听率时段走势历史比较

数据来源：赛立信数字传媒科技，2023年1月21—27日，2022年1月31—2月6日

---

① 本报告中2023年春节为2023年1月21—1月27日。2022年春节为2022年1月31—2月6日，下同。

② 2023年春节假期广州地区对外客运累计到发旅客466.9万人次，同比增长46.9%。全市高速路网车流量762.7万辆，同比增长34.3%。

（二）广州地区春节期间主要电台的平均收听率和市场占有率变化情况

2023年春节，广东电台的平均收听率为4.95%，同比下降0.21%；市场占有率为61.7%，同比下降0.2%。广州电台的平均收听率为2.44%，同比下降0.06%；市场占有率为30.4%，同比上升0.4%。中央电台的平均收听率为0.41%，同比下降0.03%；市场占有率为5.1%，同比下降0.2%。由此可见，广州地区各电台收听率下滑，主要还是受听众资源减少所影响。整体市场份额变化不大。

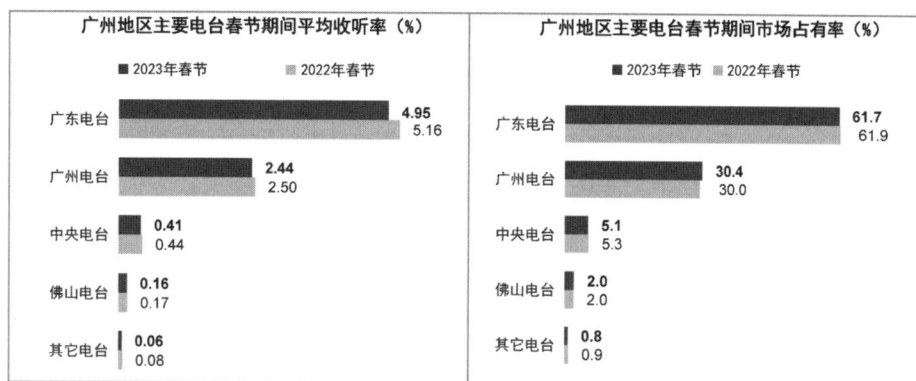

图2.10.2 广州地区春节期间主要电台的平均收听率和市场占有率历史比较
数据来源：赛立信数字传媒科技，2023年1月21—27日，2022年1月31—2月6日

（三）广州地区春节期间主要电台的平均收听率和市场占有率时段变化情况

分电台看，广东电台2023年春节期间的收听率高峰出现在7:15—9:10、19:45—20:45。同比2022年春节，广东电台主要在早上到上午前半段的收听情况出现上升，而在上午后半段到下午，晚上后半段到深夜下滑较明显。

广州电台2023年春节期间的收听率高峰出现在7:15—10:00。同比2022年春节，广州电台在全天大部分时段的收听情况都出现下滑，仅在早上到上午大部分时段和晚上后半段出现上升。

中央电台2023年春节期间的收听率高峰出现在7:40—9:00、19:45—20:45。同比2022年春节，中央电台主要在早上后半段、上午部分时段、中午和深夜的收听情况出现上升，而在清晨、上午大部分时段，下午到晚上大部分时段下滑较明显。

对比来看，广州地区春节期间主要电台收听率上升和下降的时候与地区广播听众资源变化的时候基本吻合，也证明广州居民春节出游对主要电台的收听情况均造成一定影响。

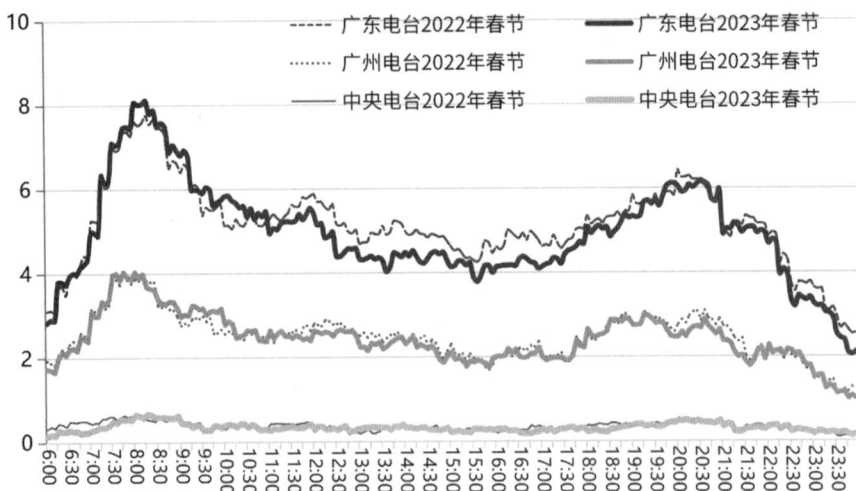

图2.10.3　广州地区春节期间主要电台的时段平均收听率和市场占有率历史比较
数据来源：赛立信数字传媒科技，2023年1月21—27日，2022年1月31—2月6日

（四）广州地区春节期间主要电台的平均收听率走势

　　观察2023年广州地区春节期间七天收听率数据，广东电台的平均收听率呈波动上升走势，在1月24日达到峰值。广州电台的平均收听率呈先升后降走势，在1月24日达到峰值。佛山的平均收听率呈波动下降走势，在1月21日达到峰值。中央电台的平均收听率呈先升后降走势，在1月22日达到峰值。总的来说，广州地区春节假期主要电台的收听情况整体呈两头低中间高的走势。

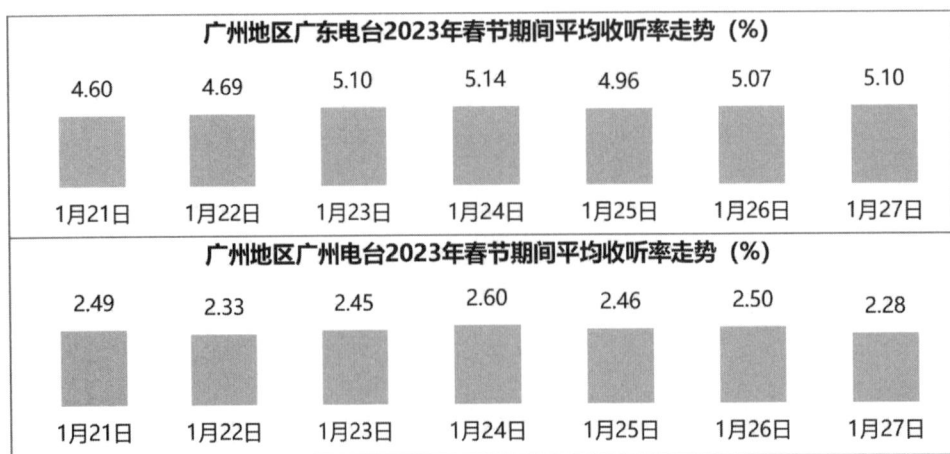

广州地区广东电台2023年春节期间平均收听率走势（%）

4.60	4.69	5.10	5.14	4.96	5.07	5.10
1月21日	1月22日	1月23日	1月24日	1月25日	1月26日	1月27日

广州地区广州电台2023年春节期间平均收听率走势（%）

2.49	2.33	2.45	2.60	2.46	2.50	2.28
1月21日	1月22日	1月23日	1月24日	1月25日	1月26日	1月27日

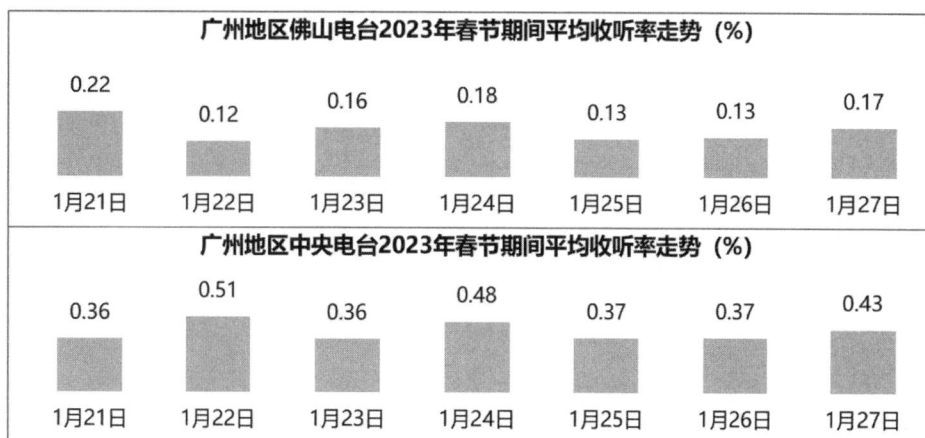

图2.10.4　广州地区春节期间主要电台的平均收听率走势
数据来源：赛立信数字传媒科技，2023年1月21—1月27日

（五）广州地区春节期间主要电台频率平均收听率市场占有率变化情况

在广州地区春节期间，广州金曲音乐广播、广东广播电视台新闻广播、珠江之声的平均收听率和市场占有率同比都出现上升。珠江经济台、广东广播电视台文体广播、广州青少年广播（都市88）、广东广播电视台城市之声、股市广播、中央电台经济之声的平均收听率和市场占有率同比都出现下降。广东广播电视台交通之声、音乐之声、南方生活广播的平均收听率同比出现下降，市场占有率出现上升。广州交通电台、中央电台中国之声的平均收听率同比基本持平，市场占有率出现上升。广州新闻电台、中央电台音乐之声的平均收听率同比出现下降，市场占有率基本持平。

表2.10.1　广州地区春节期间主要电台频率平均收听率市场占有率历史比较（%）

平均收听率排名	频率	平均收听率(%)		市场占有率(%)	
		2023年春节	2022年春节	2023年春节	2022年春节
1	广东广播电视台交通之声	1.30	1.34	16.2	16.1
2	广东广播电视台音乐之声	1.10	1.13	13.7	13.6
3	珠江经济台	1.08	1.14	13.5	13.7
4	广州交通电台	0.85	0.85	10.6	10.2
5	广州新闻电台	0.78	0.81	9.7	9.7
6	广州金曲音乐广播	0.57	0.53	7.1	6.4

（续表）

平均收听率排名	频率	平均收听率(%)		市场占有率(%)	
		2023年春节	2022年春节	2023年春节	2022年春节
6	广东广播电视台新闻广播	0.57	0.56	7.1	6.7
8	广东广播电视台文体广播	0.25	0.28	3.1	3.3
9	广州青少年广播（都市88）	0.24	0.30	3.0	3.6
10	广东广播电视台南方生活广播	0.21	0.22	2.7	2.6
10	中央电台中国之声	0.21	0.21	2.6	2.5
12	广东广播电视台城市之声	0.20	0.25	2.5	3.0
13	广东广播电视台股市广播	0.17	0.21	2.1	2.5
14	珠江之声	0.07	0.03	0.8	0.4
15	中央电台音乐之声	0.06	0.07	0.8	0.8
16	中央电台经济之声	0.05	0.08	0.7	1.0

数据来源：赛立信数字传媒科技，2023年1月21—1月27日，2022年1月31—2月6日

（六）广州地区春节期间广播节目平均收听率TOP30

在广州地区春节假期广播节目平均收听率TOP30中，有27档是广东电台节目，说明广东电台在广州地区的竞争优势非常明显。其中春节特别节目仅有5档，占比不大。

表2.10.2　广州地区春节期间工作日TOP30节目的平均收听率和市场占有率（％）

排名	频率	节目	播出时间	平均收听率（％）	市场占有率（％）
1	广东广播电视台交通之声	朝朝早 精神好	07:30—09:00	1.98	15.38
2	珠江经济台	《奇迹唱片店》金曲"兔"YOU	08:00—09:00	1.69	13.72
3	广东广播电视台交通之声	一早上车	09:00—10:30	1.54	15.93
3	广东广播电视台交通之声	GO!潮生活	19:00—21:00	1.54	16.48
5	广东广播电视台音乐之声	双宇morning show 08:00	08:00—10:00	1.51	13.18

排名	频率	节目	播出时间	平均收听率（%）	市场占有率（%）
6	珠江经济台	金兔迎春财运到——财经访谈一小时新春特备节目（直播）	19:00—20:00	1.46	15.90
7	广东广播电视台交通之声	陪你好轻松	17:00—18:30	1.43	18.61
8	广东广播电视台音乐之声	日出大道	06:30—08:00	1.41	13.99
9	广东广播电视台交通之声	DV现场	21:00—22:00	1.38	17.94
9	广州新闻电台	新闻早报7:30	07:30—08:00	1.38	10.67
11	广州交通电台	一路醒晨07:00	07:00—08:30	1.36	11.17
12	广东广播电视台交通之声	大吉利车队	18:30—19:00	1.35	15.10
13	广州新闻电台	962大视野	08:00—09:00	1.33	10.37
13	广东广播电视台交通之声	1052欢乐show	10:30—11:30	1.33	16.25
15	广东广播电视台交通之声	午时驾到	11:30—13:00	1.32	15.98
16	广东广播电视台交通之声	汽车玩家	14:00—15:00	1.31	18.18
17	广东广播电视台音乐之声	粤语歌曲排行榜	19:00—20:30	1.28	13.79
18	珠江经济台	金兔送福喜迎春《彩墨呈祥庆兔年》（直播）	20:00—21:00	1.26	13.37
19	广东广播电视台交通之声	大吉利车队（重播）	07:00—07:30	1.24	13.15
20	广东广播电视台音乐之声	993 live show	20:30—22:00	1.23	14.81
20	珠江经济台	粤韵悠扬贺新岁	06:30—08:00	1.23	12.87
22	广东广播电视台交通之声	车麟时代	15:00—17:00	1.21	18.32

（续表）

排名	频率	节目	播出时间	平均收听率（%）	市场占有率（%）
22	珠江经济台	粤新年兔新彩——粤美广东	09:00—11:00	1.21	12.83
22	广东广播电视台音乐之声	天生快活人	12:30—14:00	1.21	15.58
25	广东广播电视台交通之声	一点倾情	13:00—14:00	1.17	15.41
26	广东广播电视台音乐之声	荣骏钟情	17:00—19:00	1.15	14.39
27	珠江经济台	《光阴的故事》假日版	11:00—12:00	1.13	13.56
27	广东广播电视台音乐之声	音乐先锋榜	11:00—12:30	1.13	13.72
29	广东广播电视台音乐之声	前沿波经	16:30—17:00	1.12	16.84
29	广东广播电视台音乐之声	潘多拉音乐盒	10:00—11:00	1.12	12.81

数据来源：赛立信数字传媒科技，2023年1月21—1月27日

二、广州地区春节期间主要类型频率的收听情况

（一）广州地区春节期间新闻类频率收听情况

在2023年广州地区春节期间七天新闻类频率的收听情况中，广州新闻电台的整体表现最好，其平均收听率呈先降后升走势，在1月25日达到峰值。广东广播电视台新闻广播位居第二，其平均收听率呈波动上升走势，在1月27日达到峰值。中央电台中国之声的平均收听率呈先升后降走势，在1月24日达到峰值。中国国际电台环球资讯广播的平均收听率呈波动下降走势，在1月22日达到峰值。佛山电台的平均收听率呈波动上升走势，在1月27日达到峰值。整体来看，新闻类频率在广州地区春节假期的收听情况呈开始低中后段高的走势。

表2.10.3　广州地区春节期间主要新闻类频率的平均收听率走势（%）

频率	1月21日	1月22日	1月23日	1月24日	1月25日	1月26日	1月27日
广州新闻电台	0.73	0.69	0.75	0.84	0.87	0.84	0.72
广东广播电视台新闻广播	0.52	0.52	0.65	0.46	0.51	0.58	0.75
中央电台中国之声	0.17	0.21	0.17	0.26	0.22	0.21	0.21
中国国际电台环球资讯广播	0.05	0.07	0.05	0.05	0.04	0.04	0.04
佛山电台	0.03	0.02	0.05	0.04	0.05	0.03	0.07

数据来源：赛立信数字传媒科技，2023年1月21—1月27日

　　广州新闻电台2023年春节期间的收听率高峰出现在7:30—9:00、18:30—19:30。同比2022年春节，频率在全天大部分时段的收听情况都出现下滑，仅在早上到上午大部分时段、下午大部分时段和傍晚大部分时段出现上升。

　　新闻广播2023年春节期间的收听率高峰出现在7:15—9:00、9:35—10:05、18:15—19:00。同比2022年春节，频率在全天大部分时段的收听情况都出现上升，仅在上午后半段到下午和深夜时段出现下降。

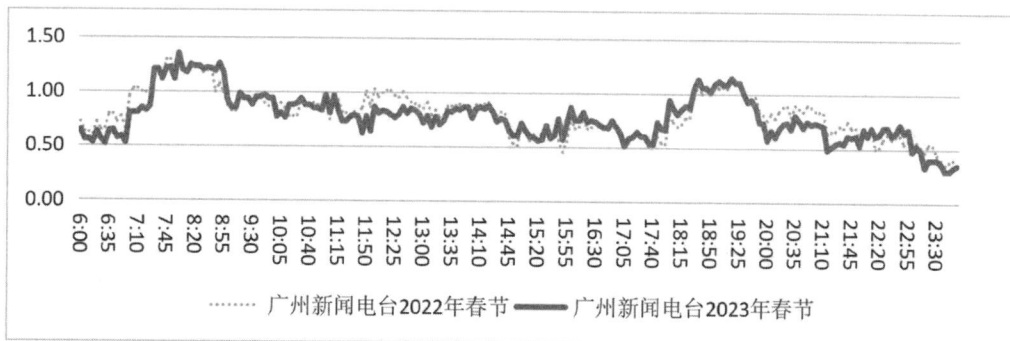
……… 广州新闻电台2022年春节　—— 广州新闻电台2023年春节

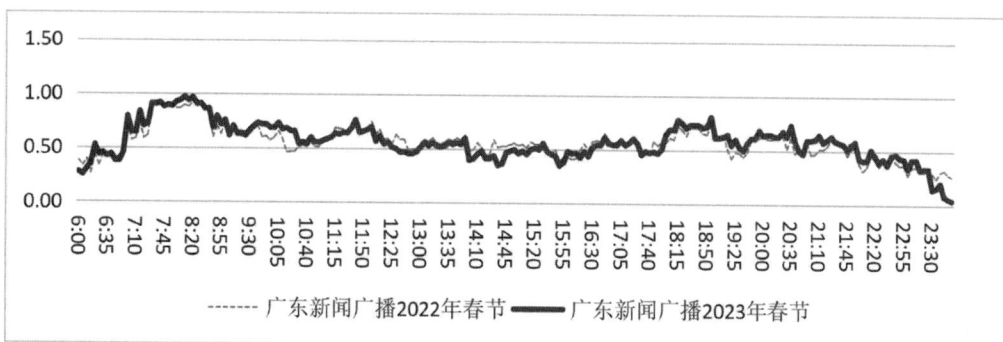
……… 广东新闻广播2022年春节　—— 广东新闻广播2023年春节

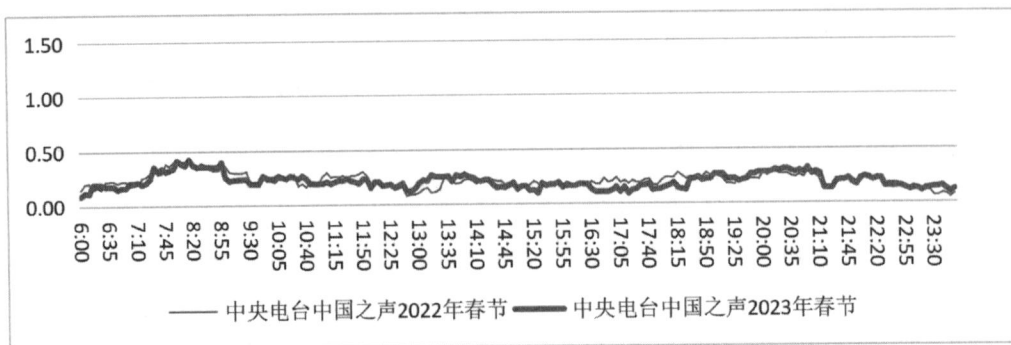

图2.10.5　广州地区春节期间主要新闻类频率的时段平均收听率历史比较
数据来源：赛立信数字传媒科技，2023年1月21—1月27日，2022年1月31—2月6日

（二）广州地区春节期间音乐类频率收听情况

在2023年广州地区春节期间七天音乐类频率的收听情况中，广东广播电视台音乐之声的整体表现最好，其平均收听率呈先升后降走势，在1月25日达到峰值。广州金曲音乐广播位居第二，其平均收听率呈波动下降走势，在1月24日达到峰值。中央电台音乐之声的平均收听率呈波动上升走势，在1月27日达到峰值。佛山FM985音乐电台的平均收听率呈先升后降走势，在1月24日达到峰值。中国国际电台劲曲调频广播的平均收听率呈波动下降走势，在1月22日达到峰值。整体来看，音乐类频率在广州地区春节假期的收听情况呈前中段高末段低的走势。

表2.10.4　广州地区春节期间主要音乐类频率的平均收听率走势（%）

频率	1月21日	1月22日	1月23日	1月24日	1月25日	1月26日	1月27日
广东广播电视台音乐之声	0.91	0.97	1.17	1.13	1.28	1.14	1.09
广州金曲音乐广播	0.59	0.54	0.57	0.66	0.52	0.57	0.54
中央电台音乐之声	0.01	0.08	0.08	0.05	0.04	0.07	0.12
佛山FM985音乐电台	0.04	0.02	0.03	0.07	0.03	0.03	0.04
中国国际电台劲曲调频广播	0.06	0.09	0.02	0.06	0.02	0.01	0.02

数据来源：赛立信数字传媒科技，2023年1月21—1月27日

广东广播电视台音乐之声2023年春节期间的收听率高峰出现在7:15—8:40，其次在9:00—10:00、17:15—18:10、19:30—21:00。同比2022年春节，频率在全天大部分时段的收听情况都出现下滑，仅在清晨到上午大部分时段出现上升。

广州金曲音乐广播2023年春节期间的收听率高峰出现在7:30—8:30，其次在

7:00—7:30、8:30—10:05、20:05—20:40。同比2022年春节，频率在全天大部分时段的收听情况都出现上升，仅在下午后半段和晚上前半段时段出现下降。

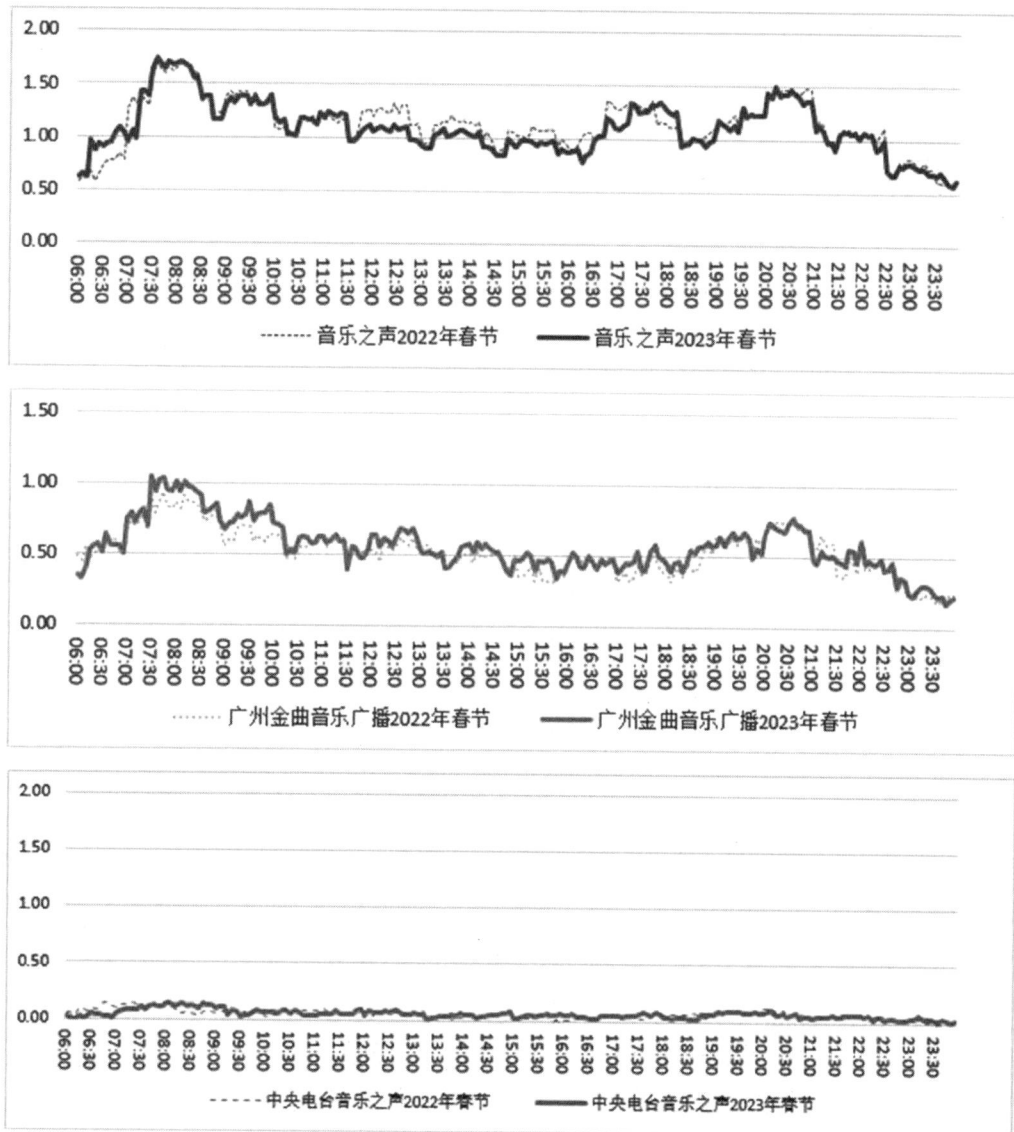

图2.10.6　广州地区春节期间主要音乐类频率的时段平均收听率历史比较
数据来源：赛立信数字传媒科技，2023年1月21—1月27日，2022年1月31—2月6日

（三）广州地区春节期间交通类频率收听情况

在2023年广州地区春节期间七天交通类频率的收听情况中，交通之声的整体表现最好，其平均收听率呈先升后降走势，在1月24日达到峰值。广州交通广播位居第二，

其平均收听率呈波动下降走势，在1月21日达到峰值。整体来看，音乐类频率在广州地区春节假期的收听情况呈前中段高末段低的走势。

表2.10.5　广州地区春节期间主要交通类频率的平均收听率走势（%）

频率	1月21日	1月22日	1月23日	1月24日	1月25日	1月26日	1月27日
广东广播电视台交通之声	1.27	1.14	1.31	1.44	1.34	1.29	1.33
广州交通广播	0.97	0.87	0.88	0.83	0.82	0.84	0.75

数据来源：赛立信数字传媒科技，2023年1月21—1月27日

交通之声2023年春节期间的收听率高峰出现在7:30—9:30，其次在10:00—11:00、11:30—12:00、19:45—21:00、21:30—22:10。同比2022年春节，频率在全天大部分时段的收听情况都出现下滑，仅在清晨部分时段、早上、上午前半段、傍晚部分时段出现上升。

广州交通广播2023年春节期间的收听率高峰出现在7:15—8:30，其次在6:45—7:15、8:30—10:10、11:15—12:40、17:45—19:00、20:15—21:05。同比2022年春节，频率在清晨到上午的大部分和晚上后半段到深夜时段的收听情况都出现上升，而在上午后半段和中午到晚上前半段的大部分时段出现下降。

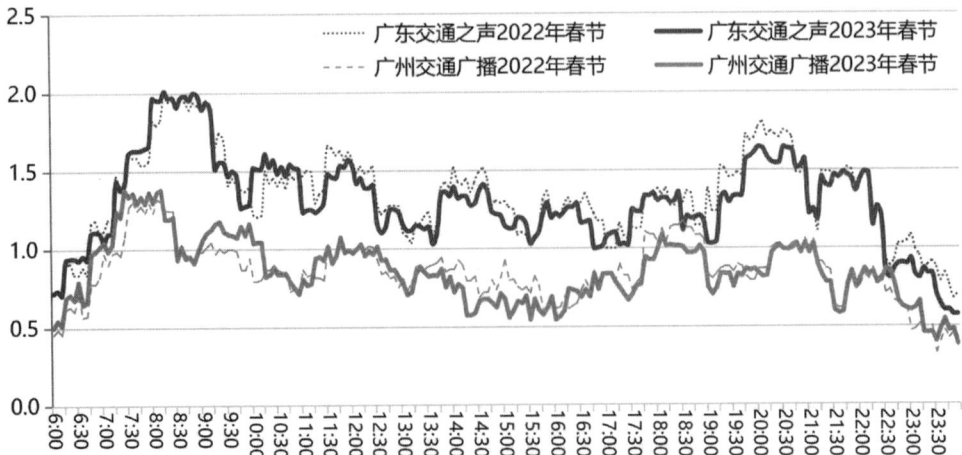

图2.10.7　广州地区春节期间主要交通类频率的时段平均收听率历史比较
数据来源：赛立信数字传媒科技，2023年1月21—27日，2022年1月31—2月6日

（四）广州地区春节期间经济类频率收听情况

在2023年广州地区春节期间七天经济类频率的收听情况中，珠江经济台的整体表

现最好，其平均收听率呈先升后降走势，在1月23日达到峰值。广东广播电视台股市广播的平均收听率呈先升后降走势，在1月22日达到峰值。中央电台经济之声的平均收听率呈波动下降走势，在1月21日达到峰值。整体来看，经济类频率在广州地区春节假期的收听情况呈前半段高后半段低的走势。

表2.10.6　广州地区春节期间主要经济类频率的平均收听率走势（%）

频率	1月21日	1月22日	1月23日	1月24日	1月25日	1月26日	1月27日
珠江经济台	1.04	1.01	1.17	1.14	1.10	1.11	1.03
广东广播电视台股市广播	0.13	0.24	0.10	0.20	0.13	0.22	0.15
中央电台经济之声	0.07	0.06	0.04	0.06	0.05	0.04	0.05

数据来源：赛立信数字传媒科技，2023年1月21—1月27日

　　珠江经济台2023年春节期间的收听率高峰出现在7:20—9:10、18:50—20:00。同比2022年春节，频率在早上到上午和晚上前半段时段的收听情况都出现下滑，而在清晨、中午到傍晚和晚上后半段到深夜时段出现上升。

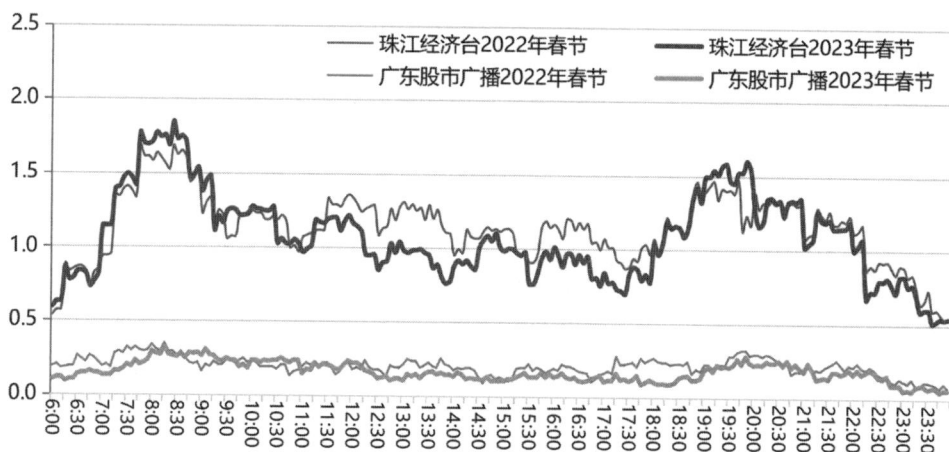

图2.10.8　广州地区春节期间主要经济类频率的时段平均收听率历史比较
数据来源：赛立信数字传媒科技，2023年1月21—27日，2022年1月31日—2月6日

（五）广州地区春节期间都市生活类频率收听情况

　　在2023年广州地区春节期间七天都市生活类频率的收听情况中，广东广播电视台文体广播的整体表现最好，其平均收听率呈先降后升走势，在1月21日、26日达到峰值。广州青少年广播（都市88）位居第二，其平均收听率呈上升走势，在1月27日达到

峰值。广东广播电视台城市之声的平均收听率呈下降走势，在1月22日达到峰值。整体来看，广东广播电视台都市生活类频率在广州地区春节假期的收听情况呈前后高中间低的走势。

表2.10.7　广州地区春节期间主要都市生活类频率的平均收听率走势（％）

频率	1月21日	1月22日	1月23日	1月24日	1月25日	1月26日	1月27日
广东广播电视台文体广播	0.30	0.23	0.21	0.22	0.20	0.30	0.29
广州青少年广播（都市88）	0.19	0.24	0.25	0.26	0.25	0.25	0.27
城市之声	0.21	0.26	0.20	0.23	0.17	0.17	0.20

数据来源：赛立信数字传媒科技，2023年1月21—1月27日

广东广播电视台文体广播2023年春节期间的收听率高峰出现在7：30—10：00。同比2022年春节，频率在全天大部分时段的收听情况都出现下滑，仅在早上、中午大部分时段和晚上前半段时段出现上升。

广州青少年广播（都市88）2023年春节期间的收听率高峰出现在6：30—8：10、8：30—9：30、19：05—21：10。同比2022年春节，频率在全天绝大部分时段的收听情况都出现下降，仅在个别时段出现上升。

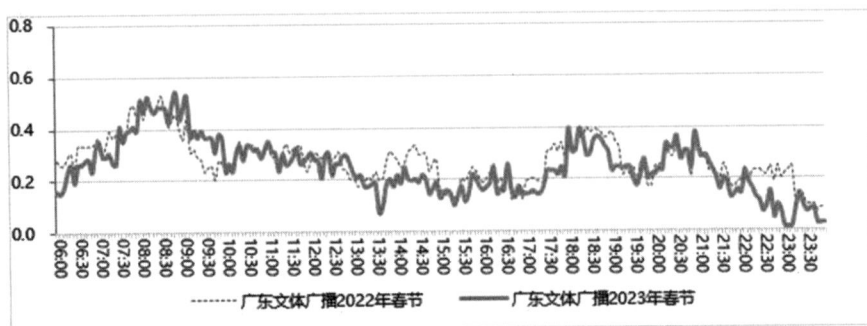

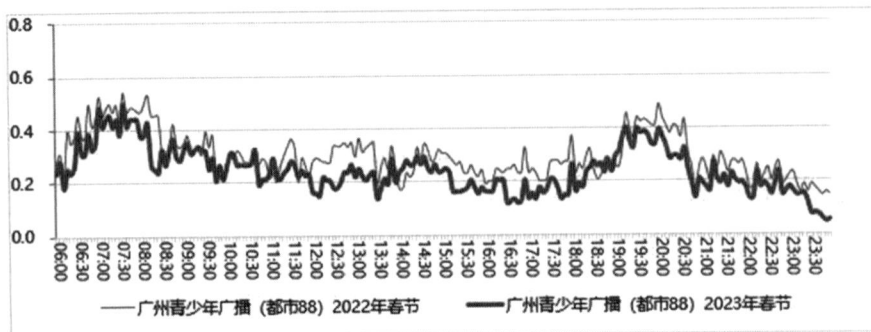

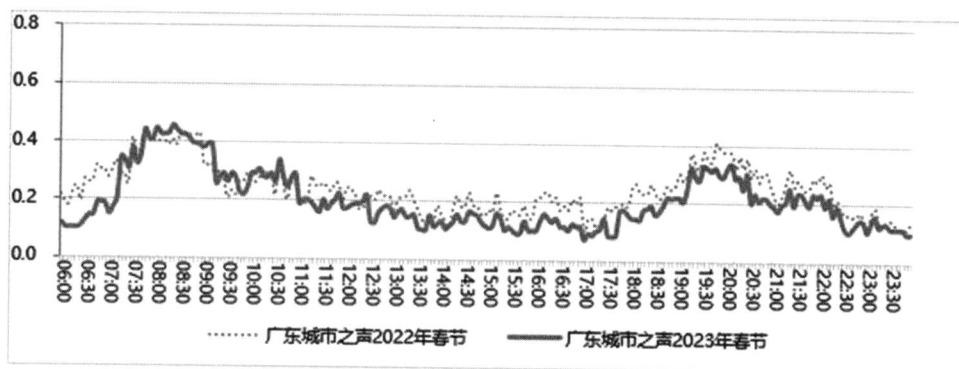

图2.10.9 广州地区春节期间主要都市生活类频率的时段平均收听率历史比较
数据来源：赛立信数字传媒科技，2023年1月21—1月27日，2022年1月31—2月6日

　　总的来看，2023年广州地区春节期间的收听情况相比2022年春节出现了下滑，究其原因主要还是受广大市民外出游玩探亲明显增多导致，并非广播本身的问题。相信在节后工作生活秩序恢复正常以后，广播收听市场也会恢复正常。

（罗剑锋）

以变应变，浅析广电媒体自办平台怎么"办"

当前，随着媒体融合的深入推进，广播积极建设自有客户端，打造移动传播矩阵，拓展新闻舆论阵地。自有客户端的建设，改变了广播单一的传统传播模式，打破了广播媒体的地域性限制，实现空间的全覆盖，也令广播媒体的传播力和影响力得到提升。随着广电系探索建设平台进入百花齐放的阶段，涌现出一批各具特色、有影响力的新媒体平台，当中的实践经验值得借鉴。

一、自办平台的影响力在不断扩大

以中央广播电视总台的"云听"为代表，广播电视台自办APP近年来的影响力不断扩大。在2022年，中央广播电视台的"云听"和贵州广播电视台的"动静新闻"的累计下载量均突破6000万，此外，河北广播电视台的"冀时"、天津广播电视台的"津云"、新疆广播电视台的"石榴云"、上海SMG集团的"阿基米德"、北京广播电视台的"听听FM"均是下载量过千万的广电自办APP。值得一提的是，从2020年至2022年，广播电台自办APP的使用率在逐年增长，到2022年使用率已接近20%，可见广播电台自办APP正逐渐受到用户关注与认可。

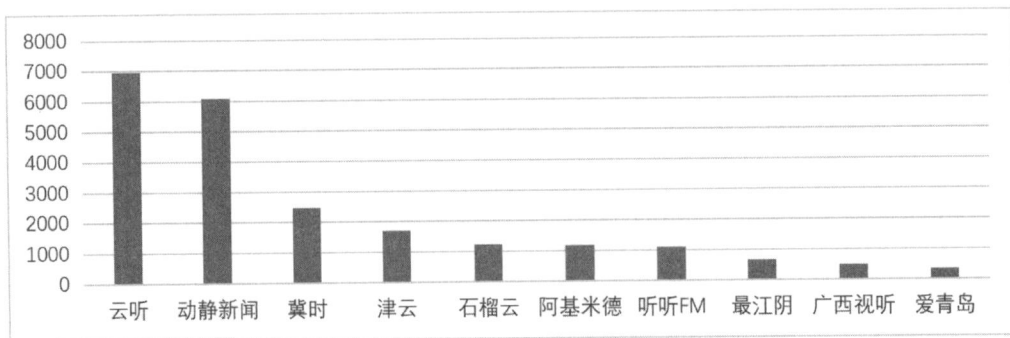

图2.11.1 广播电视台各自办APP的累计下载量（万）
数据来源：赛立信融媒体云传播数据，2022年

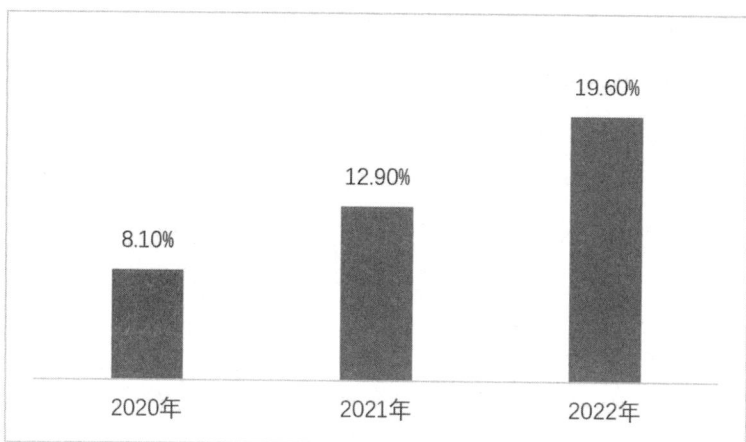

图2.11.2　广播电台自办手机终端APP的使用率
数据来源：赛立信融媒体云传播效果数据，2020—2022年

二、深耕细作，内容为王

众所周知，内容是平台撬动流量的"核心密码"。广电媒体的核心品牌价值应该始终围绕着内容来打造，广电主流媒体客户端应通过激发制度优势、挖掘特色资源，并以互联网思维加强内容运营、打造内容产品，以突出的内容优势赢得传播优势。

坚守主阵地，在融合创新中彰显主流媒体责任。广电自办平台要坚持正确的政治方向、舆论导向和价值取向，要讲政治讲责任讲品格，助力主力军全面挺进主战场，不断提升主流媒体传播力、引导力、影响力和公信力。河南台大象新闻客户端便围绕党的二十大展开融媒宣传报道，精心策划，打造一批内容精良、形式创新、传播力强的融媒体产品，如《手绘H5 | 我家门前幸福10路公交车》《动漫H5 | 黄河泥洼的中国梦》《短视频 | 从兰考到淳安》。2021年12月30日，国务院印发《"十四五"国家应急体系规划》，提出要推进应急广播系统建设，强化跨部门、跨层级、跨区域互联互通、信息共享和业务协同，增强全社会防范和处置灾害事故能力。河南广电积极健全长效制度保障，全面推进应急广播体系建设。面对突如其来的暴雨汛情，河南台大象新闻客户端建立"河南暴雨互助通道""河南抗疫互助通道""河南灾后重建互助通道"，进行《防汛救灾进行时·人民至上》24小时不间断直播，搭建了求助者、政府、媒体、救援组织之间的沟通"桥梁"，开启了融媒体时代河南广电重大突发事件应急报道的新纪元，为之后省内以及全国突发事件救助提供了模板。

深挖中国优秀传统文化，推动优秀传统文化创造性转化、创新性发展。传统文化在广播中占有重要地位，也是广播持续发展的优势之一。广播自办平台可以围绕传统文化精髓的传承，从专业、服务、内容设计和互动交流等角度对内容传播渠道进行整合与拓展，从而提高其在融媒体环境中的市场竞争力。如大象新闻客户端深耕中国传统文化，精心打造"中国节日系列"节目，其中《2021河南春晚》、《舞千年》、七夕奇妙游《龙门金刚》、端午奇妙游《洛神水赋》备受网友好评。"中国节日系列"节目在国内掀起了弘扬传播中国传统文化的热潮，不仅成为河南广电特色、中原文化特性的文化IP，而且产生了强烈的社会反响，被媒体称为中国影视文化领域的一个"现象级"事件。

三、提高综合服务能力，搭建平台与用户之间的桥梁

广播媒体自办平台既要好看，也要好用。因此，广播自办平台应立足本地，聚合本地资源，提高综合服务能力，以此增强用户黏性和活跃度。如江苏省广播电视总台旗下大蓝鲸APP以用户的需求为导向，为用户提供投诉维权、法律咨询、健康医疗、老年服务、婚恋交友、实时路况以及电商等方面的服务，还搭建了"政务服务"版块，有效增强了主流媒体的服务属性。长江云客户端打造一站式综合便民服务端口，设置24小时"问政"移动互动窗口、优化一键挂号及一键问诊等服务功能、携手老友频道打造"老年大学公开课"，以及联动社区频道打造一站式通联千个社区、辐射1+8城市圈、保持与社区黏性的掌上社区。

四、创新互动方式，增强听众黏性

虽然广电系平台探索百花齐放，但放眼整个市场版图，广电系平台仍面临着活跃用户规模小、黏性低的问题。其原因之一便是一些自办平台缺乏与听众互动，或是互动方式不够新颖，无法引起用户关注。因此对互动方式的变革同样是重中之重。

创新互动方式，吸引更多用户参与。互联网平台在充足的资金投入、灵活的孵化机制、先进的技术保障等多重因素协同作用下，用户的交互功能已经很成熟了。再加上用户早已习惯了互联网平台的互动方式。因此，广播自办平台要想吸引更多用户，就要与时俱进，引入创新的、互联网用户喜闻乐见的互动方式。北京台"听听FM"客户端

创建聊天室，在聊天室推出带货、抽奖、红包雨、投票、观点PK、热度值愿望、关键词截屏等全新玩法，创新广播节目的互动方式，提高了用户的参与度。

推出互动产品，为用户提供更便捷、有趣的互动渠道。现今，互动已成为媒体行业的关键词之一。在这个数字时代，用户渴望能够参与并在媒体平台进行互动，而不再只是被动地接受信息。然而，广电系平台在这方面还有很大的进步空间。一些自办平台没有充分利用现有技术和互动工具，无法给用户提供一个便捷、直接参与的渠道。因此，广电平台可以推出新形态互动产品，提高用户的参与度，进而增加活跃用户规模。如江苏广播首创节目直播互动产品——大蓝鲸Live，大蓝鲸Live提供音频、视频、图片、文字等全媒体形态的互动传播，有丰富的互动玩法满足节目的需求，盖楼、问答、投票、带货等多种形式可供选择。此外还将互动与广播收听、主播号深度捆绑，加深听众与广播节目的联系。北京台"听听FM"推出听听号互动产品，听听号产品具备音视频、图文、活动发布、积累粉丝、点赞、留言、转发等各种功能，成为主持人与粉丝实现良性互动的平台。

五、策划活动，提升品牌影响力

借助节日、节点，策划主题营销活动。借助节日和节点进行主题营销活动可以有效吸引消费者的注意力，因为在特定的时间节点，人们通常会更加关注与节日或特殊事件相关的产品或服务。因此，通过借助节日和特定节点，广播自办平台可以吸引更多用户的关注，并提高他们对品牌的认知度和忠诚度。河南广电交通事业部推出的UP商城在重要节日策划不同的营销活动主题，并将其融入到节目内容中。听众边听节目边下单购买商品，提高了商城的销量，同时也增强了听众黏粘性。例如，2022年"6·18"主题活动，UP商城通过策划活动，实现单日最高访客量5510人次，老用户占比66%；甜蜜七夕活动期间，当日均访客量超过3500人次，老用户占比71.4%，创了新高。

借助热点事件，打造专属IP。借助热点事件打造专属IP能够帮助广播自办平台与用户建立更加紧密的连接。当某一热点事件引起公众广泛关注时，人们对相关话题的讨论和参与度都会大幅提升。通过打造专属IP，能够迅速引起公众的兴趣，并且得到更多的曝光机会。在2021年东京奥运会期间，央视频通过对全赛事节目编排和节目运营配置，生产超过1.7万条短视频，内容总时长超过1.1万小时，总播放量超过25.8亿次，用户日活屡破千万；在2022年卡塔尔世界杯期间，央视频策划推出《不一young的卡塔尔》《央young球迷之夜》等原创节目，开发"竖屏看世界杯""云观赛聊天室""AR看世界杯"等新技术、新玩法，累计直播点播观看量超过10亿人次。央视频依托总台独家版权资源，参与奥运会、世界杯等顶级赛事全程传播，"来央视频看体育赛事"的品牌认知深入人心。

六、先进技术引领平台发展，推动媒体深度融合

随着5G等信息技术快速发展，万物互联、万物皆媒的趋势越来越明显，内容和技术相互驱动、高度融合。广电媒体应加快科技创新与成果应用，将前沿新技术应用到自办平台，推动内容创意创作、提高内容生产效率、实现内容精准推送。利用人工智能、虚拟现实等数字化技术，赋能内容创新性表达，为观众带来更丰富更美好的视听体验。如央视频运用沉浸式实时3D场景渲染、8K/VR赛事直播等先进技术，推出"VR看冬奥"产品、VR春晚系列节目，为用户带来全景沉浸式观看体验。引入先进技术，大大提升广播内容的数字化生产效率。如阿基米德客户端构筑以人工智能和大数据为核心的专业智媒技术体系，可以实现图文音视的自动化，能对音频进行自动拆条、标签、摘要。此外，还具备领先行业的语音合成、语音识别和广告监播能力，提高了广播的智能化水平。此外，还可以运用大数据，实现内容的精准分发。利用大数据分析技术，可以更好地了解用户需求和反馈，及时掌握用户对于内容的喜好和偏好，从而为听众推荐他们感兴趣的内容，提高内容精准性和受众黏性。如长沙广电"我的长沙"APP研发独有的算法模型，算法模型基于用户的办事行为进行用户画像，推送更精准的新闻资讯和更符合用户需求的城市服务资讯，以精准推送的算法逻辑改变传统媒体单向的、线性的传播逻辑，让大数据、算法为市民群众服务。

七、结语

近年，广播自办平台建设成效显著，但我们要清醒地认知到，要推进媒体的深度融合，还面临诸多问题，例如用户活跃度和留存率低、内容创新滞后、平台竞争力不强、产品运营和市场拓展能力不足等，媒体深入融合尚处在爬坡过坎的阶段。要实现媒体的深度融合，要坚持内容为王，打造精品内容；要提高综合服务能力，解决自办平台

"好看不好用"的问题；要创新互动方式，增强听众黏性；要策划主题活动，提高品牌影响力；要运用先进技术，提高自办平台的智能化水平。

（李文凤）

声伴童心，声伴同行

　　未成年人是国家的未来，民族的希望，但随着科技的发展，电子产品的普及与视听产品的提升导致儿童对精彩纷呈的信息资讯应接不暇。视觉与听觉是接收外界信息的重要渠道，但据国家卫健委数据显示，2022年全国儿童青少年总体近视率为53.6%，因此，越来越多的家长选择以有声阅读满足孩子求知需求。相对于画面的"直给"，声音显然更能满足孩子们丰富的想象，而各主流媒体也正不断地为孩子们声音世界的搭建添砖加瓦。

一、声伴未成年群体成长

　　作为声音传播的传统媒介，广播在听觉维度已经有了丰富的内容制作与传播经验。根据国家广播电视总局发布的《2022年全国广播电视行业统计公报》显示，2022年少儿广播节目播出时间总长达27.75万小时。据赛立信调查数据显示，未成年听众在收听广播时忠诚度较高，持续收听广播电台的时长集中在30分钟—1.5小时，其中持续收听时长在30—59分钟的占比最大，约占六成，说明广播在未成年听众的生活中占据一定地位。

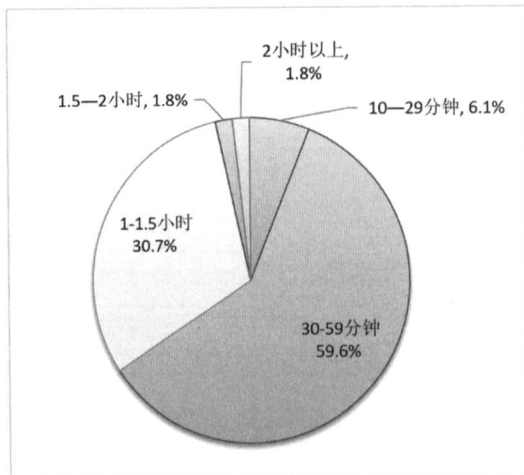

图2.12.1　未成年人持续收听广播电台的时长
数据来源：赛立信全国基础调查，2022年

二、教育类广播内容在其他类型频率中表现更优

在2023年间,赛立信共在60个城市进行过广播收听率调查,据调查数据显示,全国共有10套有明确呼号的面向未成年听众的教育类频率,其中省级电台频率5套,省会级电台频率3套,市级电台频率2套。整体来看,青少年频率更多的是依托省级电台所设立,省会城市及地市级电台所设立的教育类频率占比较小。

从数据上看,大多数的教育类频率收听情况整体偏低,在覆盖地区均处于十名开外,仅有3个频率能位居播放地区前十名,分别为甘肃青少广播青春调频、广州青少年广播、襄阳文化教育广播,但平均收听率均不超过0.5%。

表2.12.1 全国教育类频率收听情况(%)

频率名称	平均收听率地区排名	平均收听率(%)	市场占有率(%)
云南台教育广播FM100	10	0.13	2.1
河南教育广播	17	0.06	1.0
河北科教广播	16	0.07	1.5
吉林教育广播	15	0.09	1.6
甘肃青少广播青春调频(品味1048)	9	0.23	7.2
广州青少年广播	8	0.29	3.6
武汉青少广播	14	0.08	1.3
郑州文化娱乐广播	16	0.07	1.2
宁波电台老少广播阳光904	11	0.21	1.7
襄阳文化教育广播	4	0.46	8.2

数据来源:赛立信数字传媒科技,2023年

从收听表现来看,教育类频率的整体表现对电台的贡献率较难以产生正面拉动作用,这也有可能受限于制作成本、内容、受众等多方面影响。不过,在文化教育备受关注的现今,教育类节目的听众也越来越多,交通、新闻、音乐、都市服务等频率的教育类节目也能获得较多听众的认可,其中教育服务类节目更为明显。以安徽交通广播《成长公开课》为例,节目以中小学教育为主要内容,重点面向学生家长,多平台播放,线上线下发展,邀请专家解读教育政策,探讨教育话题。在两年的深耕发展中通过精准的

定位、全媒体的传播获得广大家长听众与市场的一致认可。还有，青岛新闻综合广播《教育新观察》，作为大型融媒体教育服务类节目，设有节目独家微信、微博、抖音账号，依托内容优势在蓝睛、海米、爱青岛等多客户端上线，不间断地在节目及各个融媒体平台中发布权威教育信息、解读招生考试政策、探讨热点教育话题等，为广大的学生与家长提供指导与帮助，成功转化为集聚流量的"网红IP"。

由此观之，作为垂直化深耕节目，未来广播教育类内容的播放应从"广播"向"窄播"方向发展，做好精准营销，把握目标人群的关注点，在节目中进行更多的教育热点话题探讨，连线当地教育服务机构一起提供相应的咨询服务，有效吸引目标听众，获得社会效益的同时有一定的经济效果，方可发挥其巨大的潜力。

三、音频APP获未成年听众喜爱

与传统广播电台相比，移动音频APP不受时间与空间的影响，其便捷性远高于传统广播电台，因此越来越多的人选择通过音频APP收听广播电台，这个比例在未成年听众中更大，未成年听众收听广播选择的方式中，选择率排名前三的分别是手机广播音频APP、便携式收音机、广播电视台自办手机终端APP，其中超过七成听众选择手机广播音频APP收听广播电台，说明年轻一代对移动端的使用率与接受程度都更高。

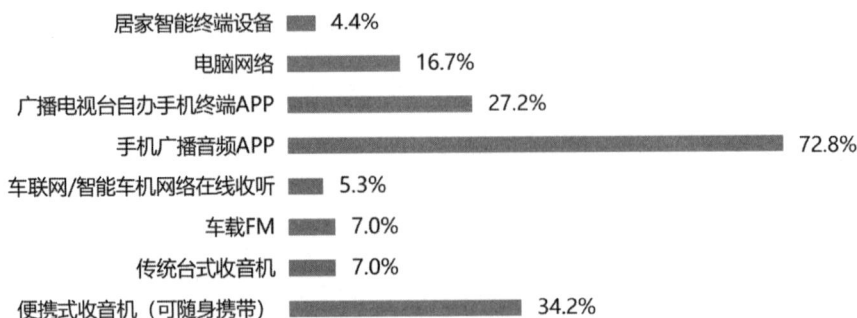

图2.12.2　未成年听众收听广播电台的方式
数据来源：赛立信全国基础调查，2022年

未成年人这一潜力巨大的垂类群体较受音频行业的青睐，移动音频APP则瞄准了未成年人及其家长追求高质量、强针对性、多样化内容的需求，设立了儿童版块。

国家级音频APP云听在2021年6月1日就增添了云听"少儿版"，音频头部APP喜马拉雅更是早早推出其儿童版的前身"喜猫儿故事"等，为未成年人用户提供更多的音频内容与更便利的收听体验。

在内容创作上，云听少儿版储备了500多个专辑，秉持品质优先原则，为未成年人的声音世界添色不少；而喜马拉雅儿童版则针对不同年龄段准备了超87万个的音频内容，充分满足不同阶段的需求。

在深耕用户需求的过程中，打造IP对品牌的良性发展布局有重大的意义，云听少儿版的大型IP活动"小小朗读者"第二届活动全网曝光量超3.5亿，线上线下联动，报名人数较第一届呈翻倍式增长，在全国范围内多次掀起热潮，影响力非凡。喜马拉雅儿童版则创作不同的故事IP卡通形象，打造玩偶、智能硬件等IP衍生产品，形成IP生态链，有效增强IP价值，实现商业化增长。

总体来看，相较于交通类、新闻类、音乐类等热门的广播频率，目前教育类频率的竞争力与影响力较低，但教育类节目却广泛地出现在不同类型的频率内，并涌现出不少传播效果优良的案例，可以说，教育类节目仍有一争之力，但需依托在更优厚的频率资源之上。

而在新媒体端的教育类音频已悄然凭借其极大的自由性开出了璀璨的花朵。音频APP凭借其多元化、个性化、专业化的内容在未成年人这一垂类群体不断深耕，通过不同角度为受众提供针对性服务，最终实现了社会效益与经济效益的双丰收。

无论是广播电台还是音频APP，均展现了作为主流媒体的责任担当，为创造健康的收听环境不断努力，为未成年人的健康成长保驾护航。

（蔡芷琪）

"新风向"未出，广电全媒体矩阵如何稳中创新

随着5G突破，AI技术、人工智能、云计算等技术加速落地，"元宇宙""AIGC""智慧媒体""数字化转型"等新概念涌现，加上移动互联网社交平台和短视频平台等新兴媒体崛起，用户对资讯及视听内容的获取渠道从单一渠道变成多平台选择，进一步冲击传统媒体发展，传统媒体作为主力军，要在互联网战场中占据主要位置，必须对自身领域创新转型，因而，在国家相关政策指导下，主流广电媒体开始探索"互联网化"转型路径，以新一代大数据技术赋能，向智慧型广电方向发展，持续提升自身传播力及影响力。

早在2013年习近平总书记便指出："要加快传统媒体和新兴媒体融合发展，充分运用新技术、新应用创新媒体传播方式，占领信息传播制高点。"推促传统媒体开展探索媒体融合。《中华人民共和国国民经济和社会发展第十四个五年规划和2035年远景目标纲要》中更是对媒体融合再次提出新的要求："推进媒体深度融合，实施全媒体传播工程，做强新型主流媒体。"党的二十大报告又指出"加强全媒体传播体系建设，塑造主流舆论新格局；健全网络综合治理体系，推动形成良好网络生态"。

在媒体融合过程中，广电媒体一步步做过多种尝试：紧跟网民使用偏好，在微博、微信、抖音、小红书等内容聚合平台搭建广播媒体的官方账号，将广播、电视等内容资讯简单转换成图文形成多平台传播渠道；建立融媒体中心，秉持"移动优先"的"互联网+"融合思路，开办广电APP，创建专属的传播通道；紧跟因疫情而盛行的"直播热"潮流，开创把"传统广电录制棚"搬到大众视野中的视频直播形式，广播收听也朝着视听化发展；在媒体浅层融合到深度融合打造全媒体矩阵的过程中，广电朝着"内容为王"垂直精细化模式探索，结合之前尝试，搭建多平台传播矩阵，结合自身资源，整合多方、跨区域资源，把握热点、节点、传统广电节目内容、节目编排等，制定特色融媒产品，根据不同平台用户特点，使资讯获取、节目/音频收听等方面达到全媒体矩阵用户个人定制化；由此衍生出"媒体+政务""媒体+服务"等融媒模式，朝着智慧广电方向发展。自"直播热""AI主播"等风向过后，广电开始沉淀发展，广电全媒体矩阵应该如何在稳定发展过程中借力创新？

一、突破原有惯性思维

突破原有惯性思维，从满足受众需求到用户洞察转变。目前从多地广电融媒实践案例来看，传统广播、电视排播无法满足用户在碎片化时间管理下获取内容的需求，提供给用户的内容选择有限；其次，缺乏智能化数字化的用户互动机制，传统热线电话、评论留言点赞互动等方式无法保持与用户的黏性，无法实现引流、用户沉淀、广告创收等流量闭环，容易面临用户流失困境。当然广电机构中亦不乏做出突破、取得成效的案例，根据赛立信数据发现，中央台、河北台、四川台、江西台，河南台、山东台、云南台、贵州台等省级台在这方面做得比较好，其中冀时APP、云听APP、四川观察、今视频、大象新闻、闪电新闻、动静新闻、七彩云端等头部广电自办APP下载量超过1000万次。

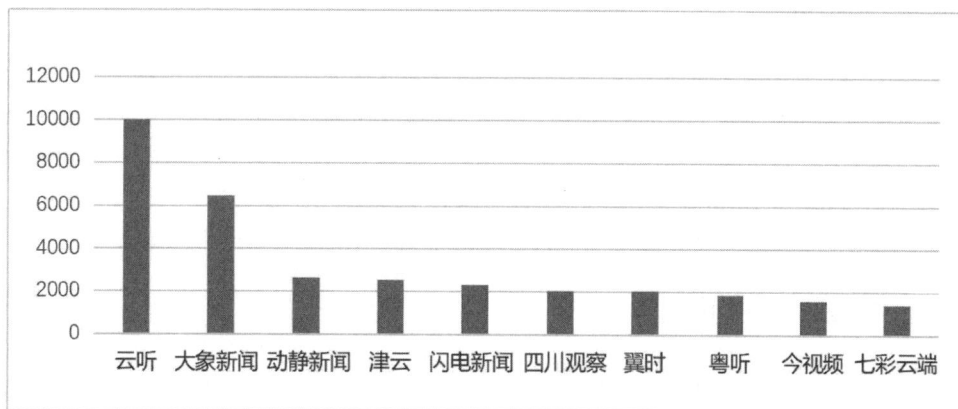

图2.13.1 2023年9月下载量超1000万次的头部频率自办APP下载量（万）
数据来源：赛立信数字传媒科技，2023年9月

其中"四川观察"已探索构建完整的互联网传播商业模式，提供融媒体产品传播运营、特色MCN账号达人池建设、微综微剧、全域整合营销在内的全链路品牌传播服务，为媒体深度融合探索完整的商业路径，实现多元创收。

河北广播电台自办冀时APP有两大新颖之处：一是"多"个新媒体号构建多模式内容运营矩阵。内容生产支持稿件秒级生成、视频一键生成，并可一键同步内容到客户端及其余数十个媒体平台，聚合优质内容源并实现内容价值变现；二是平台提供在线问政、"知乎"模式互动问答、移动爆料、互动活动及积分模式、直播运营以及贴心的综合服务等功能，打造"媒体+"综合平台。冀时APP不仅实现了客户端深度化的内容运营，更推动了用户交互社交体系的打造，丰富了用户服务终端体验。可见，在下沉用户市场中，保持用户黏性，留存用户比运营拉新更重要。

二、坚持以"内容为王"，沉淀运营

内容、技术、用户、经营是整合发展趋势的四大关键词，是主流媒体持续推进融合发展的重点。正所谓"一手热度一手深度"，时事热点是机遇，内容深耕是根本，主流广电媒体以AI等新技术创新内容生产，强化"权威发布"公信力。在疫情开放后，"直播热"风向已过去，目前未出现下一个新风向，广电要坚持以内容为王道，迎合"新生代网友"的移动化、网络化、碎片化、年轻化触媒方式习惯及共情点，打造深耕"新"模式，从单一的内容营销迭代为新品孵化、场景创新等。例如5G智慧电台联合全国百家电台（融媒体中心）打造了一档基层调查研究类广播节目《账单里的中国》。"灯火里的中国，胸怀辽阔"，而"账单里的中国"是另一种真实可爱的万家灯火。节目以小切口大主题、小人物大时代、小故事大道理，讲述基层中国故事，客观全面、立体生动地展现了一个个普通的中国人为了幸福生活努力奋斗的精彩历程，描绘出一幅幅个人"小确幸"融入国家"大担当"的美好画卷。

三、多元融合另辟蹊径

融合传统文化，结合新技术新形式，走"复古"文化输出之路，也是一个不错内容IP系列打造。例如2023年中秋国庆双节时点，总台及多个省级卫视发力长假特别编排，突出频道自身定位和优势，推出内容精美、形式各异的特别节目。总台把中秋晚会搬上移动端，竖屏看秋晚，掌上过中秋。江苏卫视国庆、中秋假期排播的节目充分发挥其在人文内容创作方面的优势和传统，推出《非来不可》《舌尖上的乡村》《你所不知道的水韵江苏》三档文化旅游类节目，在文化旅游类型创作中杂糅美食、文博等元素，融合乡村振兴、传统文化双创等内容，颇具试验性、开创性，让观众足不出户也可以在荧屏前感受诗和远方。河南广电依托优质文化创意类节目内容，借助较高的传播力及品牌影响力，打造购物节、音乐节、生活节等独具商业价值的活动，带动线下活动产能。以《唐宫夜宴》为代表的节目对本地文化旅游资源的露出，带动用户自发"种草"，节目播出后，大批游客打卡洛阳博物馆、开封清明上河园等节目中出现的线下文旅景观，线上内容释放线下创意产业发展活力。

在融时代冲击下，广电需改变传统做法突破原有惯性思维，从满足受众需求到用户洞察转变，坚持"以内容为王"，做好节目内容的垂直化、全媒体矩阵深耕运营。

（李静静）

融媒有妙招，双节同庆广电花式活动大盘点

　　2023年，是正式告别疫情时代的第一年，恰逢中秋、国庆双节同至，高速公路排成长龙的汽车队伍，景区景点的人山人海，步行街、商超的火爆，种种迹象都看到人们走出家门、放飞自我的渴望。

　　据文化和旅游部数据中心测算，为期八天的黄金周期间，出游人群共8.26亿人次，国内旅游收入达7534.3亿元，多个旅游景点的游客量及收入与2019年相比均有不同程度的提升。

　　预测到国人对"外出"的期盼，各地广播电视台纷纷推出形式多样的"黄金周"活动，以期吸引更多的用户，与民共乐，众多国庆期间举办的广电融媒活动亦取得了不错的成效，彰显广电媒体融合传播影响力的提升。

一、红色活动迎国庆

　　由总局宣传司指导，北京广播电视台、内蒙古广播电视台、江苏省广播电视总台、湖南广播电视台、四川广播电视台、新疆广播电视台、三沙卫视主办，全国广电新媒体联盟共同开展的《"盛世中华 大美中国"——国庆大型融媒体直播》于9月30日拉开序幕，一天一个省份地带着用户领略祖国的大好河山，7天大直播+N场慢直播陪伴用户线上打卡，感受盛世中华。

　　活动由15个省市广电媒体共同直播，活动覆盖人口过10亿人。10月5日的四川专场，截至当日下午五点，线上直播全网累计总流量近2200万，相关微博话题传播量近2000万。

　　"乡村振兴"是近年中国之重大发展策略，为深入贯彻乡村振兴的发展战略，全国妇联组织的"乡村振兴巾帼行动"于2023年9月27日进入该公益活动的第二站——威海，名为"畅游齐鲁 乐购乡村"的活动由山东省妇联、山东广播电视台主办，山东广电多位主持人在活动中作为公益推荐官，助推了威海市多个特色好品好物。活动已在东营等多个山东城市开展，扎实打造了"鲁姐带货"之品牌，在"巾帼好品"公益推荐官的带领下，探讨当地乡村旅游及特色好物，激活线下线上的消费力，通过直播带货等形式助力乡村振兴，达到社会效益与经济效益的双丰收。

二、音乐节再掀浪潮

受疫情影响，沉寂多年的线下音乐节在双节期间再起浪潮。"森林音乐节""草莓音乐节""氧气音乐节"等由电台组织的音乐盛宴经过多年的经营成为当地的一个品牌，2020年后因疫情原因，各地音乐节只能更多采用线上组织，影响力相当有限，而在2023年各地电台的音乐节的热度再次点燃，甚至线下线上联动，影响力更广。在双节期间，南京台的"森林音乐会"、江西台的"星驰音乐节"、湖南台的"雪花潮音"、广东台的"草坪汽车Hi-Fi音乐会"纷纷而至，在当地带来不少的反响。

江西的"星驰音乐节"于10月4日在南昌完美收官，音乐节的演艺阵容鼎盛，除了有罗大佑、杨千嬅、杨丞琳等华语乐坛重磅大咖和实力歌手外，还有白安、椿、美秀集团、温和治疗、弱水WeakWaves、Fine乐团等宝藏音乐人和乐队，成为南昌市在黄金周期间持续引流的一道风景线。音乐节3天吸引了6万人次，其中七成是30岁以下的年轻人，除了本地人，还吸引了众多的外省观众，其占比达52.16%。

音乐节在9月开始预热，据赛立信融媒体云传播数据显示，截至10月1日，线上涉及"星驰音乐节"的图文、视频等达8.3万个，其中视频宣传近6000个，前期充分的预热，使音乐节吸引了更多的游客。

"森林音乐会"是由江苏省委宣传部、南京市人民政府主办，南京市委宣传部、中山陵园管理局、南京市文旅局承办，南京广电集团组织的活动，音乐会自2015年开办，2023年已经是第九届。

双节期间的"森林音乐会"为期5天（9月28日—10月2日），其间汇聚近400位艺术家表演，他们共同演绎了一场森林的视听盛宴。音乐会的相关宣传信息在8月初已经开始进入观众的视野，音乐会期间，活动涉及的图文、音视频等声量超过6000个，"国际指挥大师执捧"是活动热门话题，现场乐迷观众过万，线上"云参与"的乐迷用户点击超1亿人次。活动不只吸引江苏当地人，在北京、湖北都有大量的乐迷云参与。

除了这些品牌音乐节，贵阳的"路边音乐会"同样吸引眼球。音乐会连续三天（10月2—4日），在音乐会上，除当地知名歌手联袂演出以外，还与贵阳市民、游客一起经历一场"路边式"的狂欢，三天近2200万人次观看。之后，除了国庆期间在文昌阁，10月中旬也在贵阳的青云路、南明区等多个站区做了多场同类活动，让活动的热度一直延续。

音乐节的唱响，给各地市民与游客带来了一场文化之旅的体验，在"双节"举办，不只带动当地市民的热情，同时向来自各地的游客做了一次体验感强的活动品牌宣传，有效提升活动及举办单位的影响力。

中秋、国庆双节休息时间长，来一场相当温馨的亲子活动也是众多用户的选择。上海经典947的"辰山自然生活节"是"辰山音乐节"的子品牌活动，以"把'家'搬到植物园，开启度假模式"为活动主旨。为期8天的活动为上海游客和当地市民呈现了超过80小时的精彩活动，活动涵盖5大版块、4大舞台、28场植物科普活动，50场现场音乐艺术表演，不但让游客都能体验到充实的一天，更重要是家长与孩子们享受无尽的亲子乐趣，让孩子在玩乐中得到艺术的熏陶。据统计，本次活动期间共吸引游客8万多人次，其中10月2日游客最多达1.5万人次。

三、跟着广播去旅游

2023年的黄金周热度最高的话题就是"××塞车""××人山人海"，一切缘于出游人群数不胜数，不少电台把握这一心理，提前预热长假出游计划，精选特色路线，吸引更多的媒体受众参与，国庆最为热门的路线就是新疆的异域风情和西藏的藏文化体验。

如《跟着广播去旅行》是淄博私家车广播联合全国17家广播电视媒体做的节目，通过声音、视频等形式向各地媒体受众介绍当地的旅游景点及特色，满足受众对旅游的心理渴望，在双节期间联同广告主打造的旅游推荐也吸引了不少用户参与。

疫情前，活动营销是电台实现营收新高的一种方式，虽然近三年因疫情消沉了不少，但随着疫情时代结束后的各项政策开放，线下活动重新成为相当能吸引眼球的热点，联合在近年来不断发展完善的全媒体矩阵实现线上线下共同经营，营销活动效果更佳。创新创意的花样活动与越发成熟的传播策划相辅相成，让广电融合传播未来可期。

（梁毓琳）

浅析信息时代下新闻广播节目的突破创新

从公有制时期到市场经济高速发展的当下，新闻广播在适应时代发展需求的同时不断创新，成为重要的信息传递媒介。在当前的"全息时代"，人们既是信息的接收者，也是首次/再次加工的传播者，信息化时代人人都有麦克风，每个人都可以成为新闻人，在多媒体平台上发表自己的声音，广播新闻格局也正经历着从传统电台广播到在线平台和社交媒体的转变。同时，信息的爆炸式传播也带来了信息溢出和信息虚假等挑战，此时新闻广播存在的必要性再次体现出来，新闻广播可利用其权威特性与丰富的资源来迎接这项挑战。尤其在面对复杂舆情时，广播作为主流媒体借助新媒体平台在稳定舆论、权威辟谣等方面做出了积极贡献，新时代下的广播新闻仍有较强的可塑性。

本文基于赛立信数字传媒科技于2023年上半年在全国的收听率调查数据与节目案例，对新闻综合类广播的发展现状进行浅析。

一、全国主要省级电台新闻频率分布情况及现状

据2022年赛立信全国广播收听情况年度调研数据显示，有53.8%的听众经常收听新闻综合类广播频率，排在类型之首，听众群体庞大。

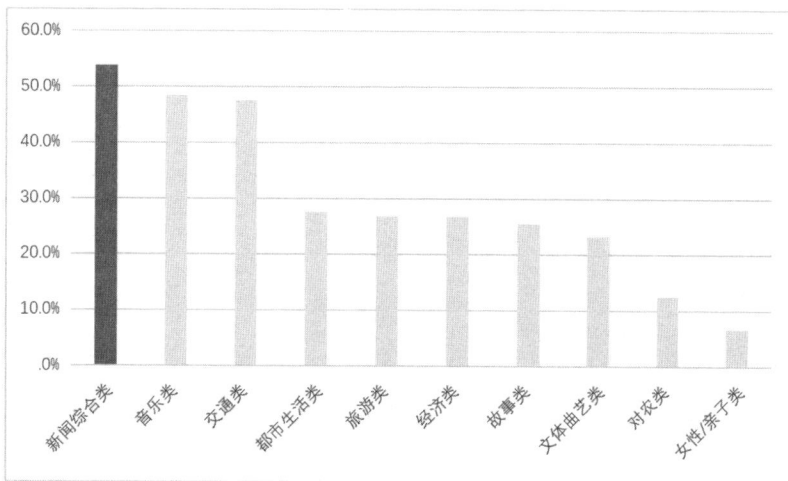

图2.15.1 全国听众喜欢收听的广播频率类型（%）
数据来源：赛立信全国基础调查，2022年

2023年上半年，赛立信在北京、天津、河北等26个省会/直辖市进行过广播收听率调查。在所调查的26个省会/直辖市共有38套新闻类频率。其中11个省级电台有2套或2套以上的新闻类频率，14个省级电台有1套新闻频率。

结合表2.15.1与图2.15.2来看，近30%的新闻频率收听表现突出，在地区排名前三。共50%的频率进入地区排名前十。其中湖北之声表现最为出色，平均收听率在湖北地区排名榜首。

表2.15.1　全国主要省级电台新闻频率收听情况

省/自治区/直辖市	省级电台新闻类频率	平均收听率（%）	市场占有率（%）	平均收听率地区排名
北京	北京新闻广播FM100.6	0.80	12.7	2
天津	新闻广播	0.56	6.7	4
河北	河北新闻广播	0.44	9.3	5
	河北新闻广播AM1278	0.02	0.5	21
山西	山西综合广播AM819	0.22	4.1	8
	山西综合广播FM90.4	0.11	2.0	15
辽宁	辽宁广播电视台综合广播	0.56	8.1	5
吉林	吉林新闻综合广播	0.65	11.5	3
	吉林资讯广播	0.34	6.1	7
黑龙江	龙广新闻台	0.79	8.6	7
上海	上海人民广播电台上海新闻广播FM93.4/AM990	0.73	15.6	2
江苏	江苏新闻综合广播AM702	0.15	2.1	13
	江苏新闻广播FM93.7	0.60	8.7	7
浙江	浙江之声	0.73	11.5	4
	浙江民生资讯广播FM99.6	0.07	1.0	13
	新锐988浙江新闻广播	0.08	1.3	12
安徽	安徽新闻综合广播AM936/FM103.6	0.44	7.2	6
福建	福建新闻广播FM103.6	0.39	5.7	6
江西	江西电台新闻广播	0.53	10.2	2
山东	山东广播电视台综合广播	0.43	9.2	2

（续表）

省/自治区/直辖市	省级电台新闻类频率	平均收听率（%）	市场占有率（%）	平均收听率地区排名
河南	河南新闻广播FM95.4	0.12	1.8	15
	河南新闻广播FM102.3	0.22	3.5	9
湖北	湖北之声	0.53	10.7	1
湖南	湖南新闻综合频道	0.31	7.6	4
	潇湘之声	0.26	6.3	5
广东	广东新闻广播	0.71	10.9	3
广西	广西综合广播	0.72	11.3	6
重庆	重庆之声	1.20	21.2	2
四川	四川之声FM98.1	0.35	4.7	11
	四川新闻频率FM106.1	0.69	9.2	3
云南	云南台新闻广播FM105.8	0.66	10.6	4
陕西	陕西新闻广播FM106.6	0.16	3.4	12
	陕广新闻广播	0.37	7.8	4
甘肃	甘肃新闻综合广播	0.40	10.6	3
宁夏	宁夏新闻广播FM106.1	0.46	12.8	3
新疆	新疆维语综合广播	0.08	1.1	13
	新疆961新闻广播	0.09	1.2	11
	新疆738综合广播	0.08	1.0	17

数据来源：赛立信数字传媒科技，2023年

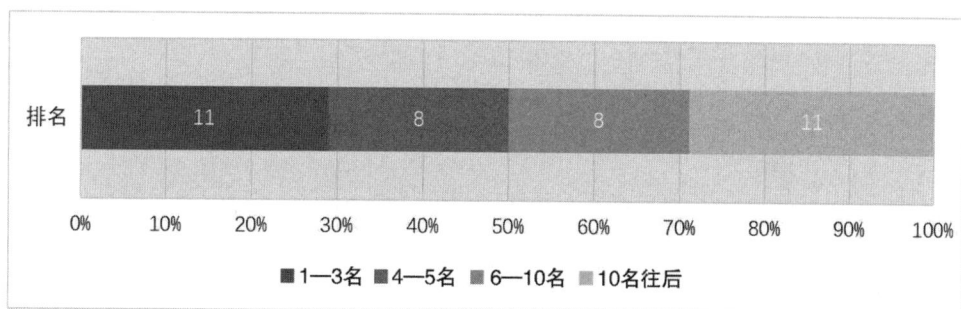

图2.15.2　全国主要省级电台/省会城市电台新闻类频率排名情况

数据来源：赛立信数字传媒科技，2023年

如图2.15.3所示，新闻频率的节目收听时长超50分钟的占比为10%，40—50分钟的占10%，30—40分钟的占16%，20—30分钟和少于20分钟占比均为32%。相比全国广播整体日平均收听时长约一小时来看，相较于其他节目，新闻频率节目的收听时间稍短，在节目设置上可以考虑以30分钟以内的小版块节目为主，或者是大版块节目中设置小栏目。

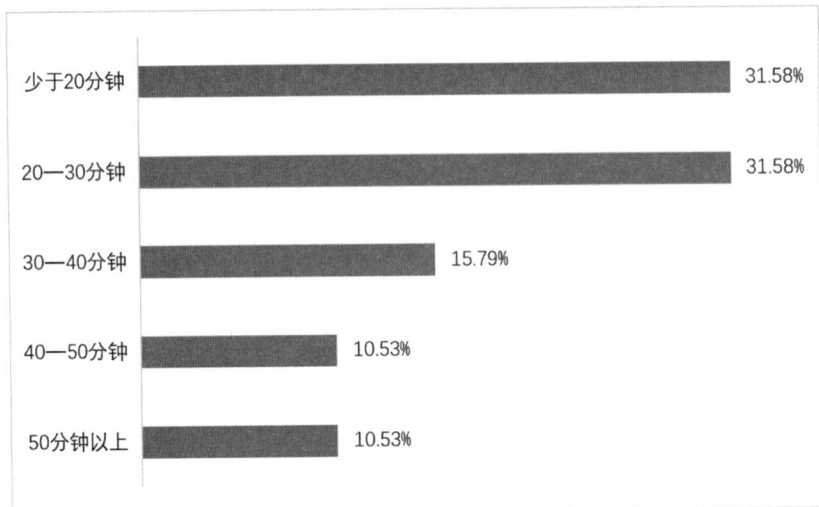

图2.15.3　新闻频率节目的收听时长情况
数据来源：赛立信数字传媒科技，2023年

二、头部新闻类广播现状

随着受众对内容类型化的追求提升，新闻广播精准分设了不同类型的节目。本文所选取的新闻广播定位大部分属于综合性。综合性新闻广播受众面较广，以全面、多元的方式报道各个领域的新闻内容，主要的节目类型有政治、经济、社会、文化、科技、体育等。它涵盖了广泛的主题，合理的节目编排，为听众提供全面的新闻信息。

（一）湖北之声

湖北之声广播属于综合性新闻广播，频率节目以新闻节目为主，其次是健康科普节目和社会热点讨论类节目。整体编排较为合理，既有丰富的新闻内容，也兼顾生活服务与少量娱乐，频率整体风格稳重。满足听众的多元需求。内容打造上，湖北之声旗下多个节目均跟随时代步伐，聚焦热点话题。

表2.15.2　湖北之声节目表（截取）

起止时间	节目名称	起止时间	节目名称
06:00—06:30	长江新闻号	13:00—14:00	炜炜道来
06:30—07:00	中国之声-新闻和报纸摘要	14:00—15:00	吉祥鸟
07:00—07:30	湖北新闻	17:00—18:30	新闻晚高峰
07:30—09:00	焦点时刻	23:00—23:30	长江新闻号

频率旗下的《焦点时刻》作为湖北之声的旗帜，节目收听表现优异，有"新闻杂志"之称。其收听率指标在湖北地区排名稳居首位。该节目的播放时长为90分钟，节目主要划分为《焦糖新闻》《热搜新闻》和《焦点导航》三大版块。《焦点导航》主要播报国际信息；《焦糖新闻》以播报区域性新闻为主，立足于湖北本土新闻；《热搜新闻》会不定期开设子节目《热点里的价值观》，《热点里的价值观》围绕着当下热点新闻，将专家评论、大众评论和主持人点评巧妙融合。该子节目由湖北之声与湖北省社会科学院强强联合出品，省社科院的专家是"专家评论"该部分的主力军，特定领域的社科专家参与不仅丰富了节目内容，还使得节目更具备说服力。例如高考之后准大学生陆续收到录取通知书，《热点里的价值观》就巢湖学院录取通知书错别字事件展开批判性讨论。90分钟内，三大版块划分清晰，主辅分明。总的来说，这种广播言论节目以创新的广播传播样式闻名于世。它将新闻、言论、媒体与受众有机地结合起来，既满足了观众的需求，又提升了节目的影响力。而且，通过专业的语气和干货型节目结构，使得节目不失权威，且更为专业和具有价值。

（二）江苏新闻广播

江苏新闻广播作为全国第一家省级类型化新闻台，相对于其他综合性新闻广播，更加针对特定受众群体的兴趣和需求，例如财经新闻更吸引经济专业人士、健康生活新闻更吸引关注健康的人群。在节目形式上类型化新闻广播除了传统新闻广播外，还采用不同的形式进行节目制作，如专题访谈、实地采访、专家解读等。这种多样化的形式增加了节目的创新性和吸引力，更全面、深入地报道一个特定领域的新闻，有助于听众深度了解该领域，提升大众的认知与理解。

江苏新闻广播采取的是"滚筒+延伸"的格式类型化节目设置。除去早晚新闻主版块，在每个整点时段播出10分钟的《即时资讯》节目，以简洁明了的方式提供最新的信息给听众。紧随着播放的《新闻服务区》《新闻评谈》《晓东有话说》等节目，属于新闻衍说类节目，带领听众多方面地剖析新闻事件。

表2.15.3　江苏新闻广播节目表（截取）

播放时间	节目名称	播放时间	节目名称
10:00—10:10		07:00—07:30	江苏新闻联播
11:00—11:10		07:30—09:00	新闻早高峰
12:00—12:10		10:10—11:00	有话好说
13:00—13:10		11:10—12:00	新闻服务区
14:00—14:10	即时资讯	12:10—13:00	新闻评谈
15:00—15:10		13:10—14:00	大林评论
16:00—16:10		15:10—16:00	高爽说法
20:00—20:10		16:30—18:00	晓东有话说
21:00—21:10		22:30—23:00	新闻时评

1. 多媒体平台结合实现节目融媒延伸

2023年8月6日，山东德州平原县发生5.5级地震，众多网友在网络平台放出地震提醒的手机截图，居民们收到手机预警后做出各种反应的视频也在网上传播，引得大众议论纷纷，有部分群众对此类功能如何开启产生疑问。同日9时，江苏新闻在微信发布了10秒教你开通"手机地震预警功能"文章，并且在节目《新闻服务区》对手机地震预警功能进行了进一步的讲解。先连线记者进行山东震情播报，后对手机地震预警功能和地震预估指标进行讲解，教听众依据不同手机型号设置预警功能或下载APP，最后主播把话题拉回到江苏本土，简述江苏省地震烈度速报与预警工程项目进程。节目整体流畅且具有时效性，受到广泛好评。

2. 有深度的选题引发听众共鸣

《新闻评谈》提供了一个互动平台，让听众能够从多个角度了解热点事件并形成独立的观点。节目进行时会在"大蓝鲸live"平台进行线上互动，主播也会选取部分评论进行回复。同时该节目邀请各界专家学者、权威人士和相关当事人参与讨论，展示不同的观点和声音，为听众提供更多视角、更广的思考空间，使观点交流多元化。例如最近京津冀出现暴雨，8月7日《新闻评谈》以"极端天气应不应该点外卖"为话题，记者实地跟拍一名北京外卖小哥在暴雨中送餐的情况与想法，了解到当下的外卖平台奖惩机制。专家从消费者、骑手和平台三者的博弈展开探讨，使听众展开热烈讨论。该节目在给予人们更全面了解特定话题的同时，也帮助人们加深对事件的理解和思考。通过专注于特定话题进行深度报道，引发听众的共鸣。

总的来说，本文提及的两大新闻频率，其节目设计均具备三个特点：一是贴切于大众的现实生活，能够做到从大众角度出发，引发听众共鸣，多元思考；二是彰显个性化，根据听众的兴趣和需求，提供个性化的广播新闻内容，通过分析数据和反馈，了解听众的喜好，针对性地调整和优化节目内容，增加听众的参与和留存率；三是做到编排紧凑有序，用有深度的内容增强互动性与话题性。

各大新闻频率在打造匠心节目时，也应做到简明扼要，去芜存菁，满足观众多样化的需求，与时俱进地适应社会发展的变化，和新兴技术强强结合传播出更加响亮的声音。同时，新闻广播仍然需要遵循新闻伦理和价值导向，确保报道的客观、真实和公正。

（梁妙）

垂类营销助力广播媒体品牌树立

2023年是地方广电媒体《广播电视媒体深度融合发展三年行动计划》的收官之年，全媒体融合态势愈加热烈，全媒体矩阵建设卓有成效。随着全媒体融合的不断深入，主流媒体在互联网新传播阵地继续发挥着传统媒介领域中舆论引导、思想引领、文化传承、服务人民的重要作用。传统主流媒体往往是社会各领域综合内容的集大成者，拥有着高频流量和巨大客户群，但近年来，垂直类融合传播矩阵发展也成为人们关注的焦点，聚焦特定行业，关注特定用户需求，精准提供服务是垂类媒体的主要趋势，如今已成为广电媒体转型方向的全新中坚力量。

一、听众需求变化与互联网垂类营销

传统意义上垂类营销是指企业或品牌专注于特定的目标市场，针对该市场特定用户需求和兴趣开展营销活动，其策略是寻找具有共同特征或特定需求的小众群体，并提供符合其需求的产品、服务或内容。在互联网迅速发展信息高度饱和的时代，Z世代的年轻人对"个性化""定制化"的内容表现出更大的兴趣，流程标准化、内容覆盖面广的传统媒体不足以满足新世代群体的需求。管理学知名专家迈克尔·波特提出的"波特三种竞争战略"中曾提到，"专一化战略可以帮助企业提高效率，专注于为某一狭窄的客户服务，从而超过在较广阔范围内竞争的对手们"，这与垂类营销的底层逻辑不谋而合。在如今全媒体发展垂类矩阵的趋势下，广播媒体需要转向于对某一垂直目标受众的运营，凸显专注化和个性化，深入了解特定目标人群的需求，并提供与众不同的细分节目，提升听众的忠诚度与黏性。

广播电台利用垂类矩阵进行传播及营销，是挑战也是机遇。自媒体时代，人人都是信息的制造者，大众化、平民化的媒体带来的是低门槛和冗杂的信息。广播媒体需要在这个信息传播速度极快的时代中起到主流舆论引导的作用，跟上听众需求及时进行转变至关重要。同时，在传统广播市场急需转型的当下，广播节目对细分领域进行钻研，塑造自身IP，也是在提升品牌知名度方面性价比极高的方法。大多数频率对自身有独特定位，如交通类、文艺类等，但频率的节目往往同质化过高。与MCN打造爆款方式相比，部分广播电台在IP塑造上仍处于摸索阶段，存在节目目标客户定位不准、互动方式没有紧跟听众潮流、节目内容辨识度不够等问题。接下来将以广东广播电视台交通之声和青岛故事广播的部分节目为例，浅析广播电台在垂类营销中塑造品牌形象的不同"玩法"。

二、细分听众画像，满足多元需求

广东广播电视台交通之声（以下简称广东交通之声）是全国最早开播的交通类广播电台之一，主要提供交通消息、汽车资讯、出行旅游信息等公共资讯服务。随着互联网技术发展与媒体传播方式的变换，广东交通之声发挥自身深耕交通汽车垂类市场的优势，借助融媒体矩阵快速打造出新IP形象，迎合全媒体时代用户的不同需求。广东交通之声秉承"车世界，车文化，车生活"的定位，利用"5G+VR"技术布局，构建媒体交通信息中心。电台利用旗下全媒体矩阵，以最直接、最快的方式将最新、最详尽的交通信息传送到每一位需要的听众手中。

广东交通之声还与广东省交通运输部门合作，发挥其在重大突发事件、灾情预警方面作为应急广播的作用。电台根据本地情况，在7月对台风"泰利"和台风"杜苏芮"进行连续跟踪报道，通过新媒体平台发布实时天气和路网动态，为驾驶人员提供支持，降低事故发生风险。据赛立信数据显示，广东交通之声在微信公众号7月阅读量超过10000的文章中[①]，涉及台风灾情防控的文章数量超50%，其中还有一篇阅读量超10万次的爆款文章。

《广州路况测评报告》是广东交通之声与广东公共频道联合出品的一个旨在协助交管部门解决路况问题的系列节目。该节目通过网络征集线索加记者现场调查的方式，曝光广州路面交通安全隐患，并在实地探查后，将发现的路况问题，转交给相关部门核实、研究和修缮。节目还会对问题路面进行回访，切实解决听众遇到的路面问题。2023年，测评报告系列还将视野拓展到广东全省和其他交通领域，如网约车、电动自行车、上下班通勤等。节目不只局限于普通驾驶员，将服务拓展到更多领域的出行人群，同时与每日播出的《朝朝好精神好》《午时驾到》《大吉利车队》等广播节目联动，让听众可以有更多方式提出投诉及意见，解决群众在出行中遇到的问题。该系列扎

---

① 数据来源：赛立信2023年7月云传播数据。

根本地,解决广州地区群众出行中遇到的不良路况问题,深度互动及时反馈,进一步强化了品牌知名度与听众黏度。

广东交通之声将传统交通频率的综合性新闻传播服务分类细化到不同出行群体,并借助媒体矩阵即时传播的特性,结合其专注交通汽车垂直领域的专业性,满足了不同听众对交通信息的个性化需求。

三、抓准频率听众需求,延伸广播价值

随着技术的发展及新媒体的流行,数字化软件给老年人带来了挑战,部分APP追求效率而忽视了老年人对外界信息获取的需求。广播电视因其简单的使用方式以及高度公信力,依旧是老年群体获取信息、互动交流的重要平台。相比年轻人,听广播在许多老年人的生活习惯中有着与众不同的精神价值,广播对于他们来说还可能是一种情感陪伴。

青岛故事广播(牵挂925)是青岛广播电台旗下的一档故事类频率,根据赛立信调查数据,在2023上半年,50岁以上的中老年群体占该频率总听众的20%,在青岛所有地区频率中位列第二[①]。自青岛广播电台于2017年成立全国首家中老年全媒体运营平台以来,青岛故事广播电台以"爱老、为老、敬老"为宗旨,成立"银色年华"事业部,专注于服务青岛地区50岁以上的中老年听众。电台立足于中老年群体与年轻群体不同的需求,从衣、食、用、住、行、乐、游、医等角度入手,解决老年人的忧虑,定义新时代优质中老年生活。由于大部分老年人对智能电子产品的使用不够熟悉,青岛广播电台还根据中老年人喜爱大字号、大开本的阅读习惯,改版《青岛广播电视报·牵挂周报》,更加贴合中老年听众对信息获取的需求。频率抓住老年人退休后有空闲但因晚辈忙于工作而缺少陪伴的特点,打造适合中老年群体的栏目,线上线下结合,丰富青岛听众的晚年生活。

电台线下活动"牵挂公益"课堂邀请多方专家为中老年人传授生活知识,如"微信公益课堂"教老年人学习电子产品、"春季中医养生课"根据青岛地区季节特点现场进行防病治病教学、"金融小课堂"向中老年科普金融防骗小知识,课程重视现场互

---

① 数据来源:赛立信2023上半年青岛地区广播收听率调查。

动，寓教于乐，用简单轻松的方式教会老人生活小技巧。电台旗下的"牵挂暖心选"是专门面向中老年听众的特色购物商城，定期上线老年人喜闻乐见的商品，如长白山西洋参、新会陈皮、福鼎红茶等。电台主持人远赴原产地现场把关挑选，为听众带来性价比最高的商品。由于中老年人容易存在不了解网购流程的问题，商城还安排线下试吃、电话采购、市内专人送货上门等环节，大大降低了中老年听众的购买难度，同时也提高了商品的销售额。

《牵挂》是青岛故事广播的一款王牌热线服务类节目。节目通过接听老年人电话、微信平台互动的方式帮助解决老年人的日常生活问题，包括交通问路、政务地点指引、出行安全事项等。节目主持人专业度高，亲和力强，被称为最受青岛老年人喜爱的广播节目。根据老年人对出行注重舒适、安全和休闲的特征，节目已成功开展多次线下老年活动，如组织"牵挂漫游"老年旅行团游历祖国山水、带领中老年人参观胶东机场感受城市发展，由主持人带队，行程舒缓，深受老年人喜爱。

青岛故事广播着眼中老年群体，细分用户需求，根据该群体的特点构建节目内容和延伸产品，实现对中老年用户的垂直营销，在青岛地区的中老年人用户中树立起独一无二的品牌形象。

四、结语

对用户的精准把控是发展垂类营销的基础但也是最困难的一步，无论是对用户的细分还是对既定用户需求的细分都会带来一些弊端，听众划分得越细致其细分要求越多，这意味着需要更深入的调研和更高的成本，广播频率及节目在向融媒垂类转型之时需要基于长期以来对自身听众的深刻理解，更大化缓解此类问题。垂类市场不比综合类广播市场，市场份额有限且具有高度依赖性。深耕某个听众群是建立品牌形象的捷径，电台通过定位差异化及专注群体个性化的偏好得以塑造独特的形象及品牌IP，使广播在未来可以在全媒体平台上通过特定垂类广告宣传、线下活动、付费节目、商品售卖等方式面向特色用户群构建商业闭环，创新出与众不同的赛道。

（黄馨儿）

融合本土特色，缔造广播双向吸引力

广播的区域化、本地化特点是广播长久以来所具备的固有优势，在对本土特产、本地特色、民俗文化等方面的了解，广播人自然也是数一数二的。而在媒体竞争白热化，媒体融合多元化发展的当下，广播大可活用这一优势，尝试以有特点的节目内容、活动策划将本地特色"带出去"，更进一步方能打响广播新媒体内容的"声量"，在把握本地化优势的同时实现广播在融合传播的升华。本文将以广播电台具有本土化特色的融媒传播案例为引，探究广播如何结合乡村振兴、文化旅游等本土特色主题，打造出对区域内外具有双向吸引力的融媒体内容。

一、始于乡村振兴，不止于乡村振兴

党的二十大报告将"全面推进乡村振兴"写入"加快构建新发展格局,着力推动高质量发展"板块。广播作为党的"喉舌"，在助推乡村振兴建设方面可谓不遗余力，其中不乏频出奇招者，将具有创新创意的内容与活动大胆融入其中，充分借助融媒体平台、渠道传播乡村魅力，同时也为乡村农产品销售、弘扬地方文化等打开了新格局。如宁夏交通广播举办的"音画里的乡村"乡村振兴系列公益融媒直播活动，为当地特色产业、优质农产品推广宣传做到全区深度覆盖，从邀请主讲嘉宾与主持人一同介绍区县特色农产品开始，通过新媒体端与传统端同步直播，以灵活多样的视频可视化产品互动展示，逐步吸引赞助商家主动参与其中，引导本地消费内循环，成功树立起宁夏农产品品牌形象及美誉度，扩大了影响力，多种企业品牌植入和商业活动主题参与，使节目在生产投入几乎零增加的情况下实现创收超100万元。

广东珠江经济台在2022年7月以融媒体多元渠道参与"黄金奈李国际网络节暨乐农优品云展会"内容打造。为策划节目内容，频率团队深入参与这一农产品的市场调研，定下有乡土情怀兼市场指向的"传播金句"，并通过系列乐昌黄金奈李宣传片拍摄、打call视频拍摄、美丽乡村旅游路线视频发布、奈李闪耀广州塔创意亮屏等系列传播营销活动，为农产品品牌赋能。此外，频率团队还找来了当地乐昌鱼鼓、花鼓戏、九峰山歌、青蛙狮等极具本地文化特色的民间艺人，围绕农产品主题展开即兴情景演出，提升观众对农产品印象的同时，也促成了乐昌当地的民俗文化的宣传推广。最终展会帮助黄金奈李成为当季"爆款"水果，平均价较2021年提升10%—20%，为媒体如何在融合发展和乡村振兴中发挥作用提供了一项优秀案例。

媒体大融合背景下，广播参与乡村振兴的形式早已千般万化，直播带货、网络云展会、品牌营销，广播人积极整合多平台资源，不断为自身打开新思路，在实现融媒传播价值的同时辅助焕发乡村活力，而这些多样化乡村特产及民俗风貌，也为广播媒体带来生动真实的内容吸引力。

二、文旅融合，风景文化带动品牌破圈

文化旅游在近年来成为旅游观光一大主要落点，以文塑旅、以旅彰文成为产业发展核心。尤其在疫情防控放开之后，人们外出旅游的热情尤为强烈，旅游产业全面复苏，对各地各级而言，都是理应把握的机遇。如何吸引外地游客光临本地，或是吸引本地游客"故地重游"，广播人也在不断尝试、探索中创造了许多优良案例。

2022年11月，浙江之声和浙江新闻广播承办了一项台州文旅全网推介联动大直播活动，直播会场中，浙江之声知名主持人方雨与台州市文化和广电旅游体育局领导背倚山水一同畅谈台州文化，并安排展示台州文旅魅力的多样化直播节目与互动环节。会场之外，浙江广电主播团化身台州文旅推介官，赶赴十大分会场实景连线全面展示台州文旅山海协作，在台州各市县区具有代表性的文旅特色点位上，用亲身体验展示台州文旅丰富的资源和亮点，让台州的旅游风貌更为深入人心。这场直播通过中国蓝TV、台州文旅视频号、浙江之声抖音号等融媒平台向全网直播，多方位推介台州文旅资源，累计吸引超过1200万人次收看。

南充市广播电视台策划"把非遗带回家"系列专场融媒直播，以文旅为契机，抓住文旅平台架设文旅产业拓展，将非遗文化、产品当作活化的载体，跨界融合进直播的主题设计、情景营造，采用非遗+夜市+实景表演等现场互动式融媒直播展现，最大程度地凝练了南充本土文化与历史元素，不仅激发了当地居民的家乡归属感，也给外来游客、网友沉浸式的体验感，以传统文化破圈，让南充非遗焕发新活力。系列活动在20多个平台同步直播9场，市县系列直播线上总热度达1163万人次、销售额实现268万元，流量与经济效益双丰收，充分彰显文旅价值及其传播潜力。

2023年春节前夕，北京广播电视台新媒体平台北京时间APP"文旅频道"上线，定位"互联网+文旅"，以"新闻+政务+服务"媒体融合渠道与市文旅局合作推介文旅资源，充分调动广播、电视、新媒体资源，结合直播、短视频、海报、图文等大众喜闻乐见的形式，在系列内容中融入丰富浓厚的首都文化。从农历腊月二十三到正月十五，总计推出八大系列1500余项4000余场春节主题文旅活动，大小屏联手、音视频结合，用十足的"年味儿"为防控放开后的北京文旅注入新活力。

湖北随州文旅局长曾因一条宣传短视频花式出圈，引来各地文旅局长纷纷效仿，这是一个有趣的互联网话题，也显露出各地文旅产业迫切的宣传需求。广播作为主流媒体之一，非常适合与政务、文旅进行合作。虽然广电融媒矩阵与流量庞大的短视频平台相比确实"差点意思"，但这丝毫不影响广播人对本地特色、传统文化等如数家珍，且在与当地文旅部门合作方面，广电依然具有独特的本地优势。广播有着深厚的本地资源积累，通过与文旅产业的深度合作，全面调动、提升融媒传播和内容策划能力，无论对地方还是对广播媒体自身而言，都是一条值得探索深挖的道路。

三、民以食为天，解锁"吃货"力量

就在2023年4月，"杭州悬赏100万元出点子摆脱美食荒漠"的话题引起热议，各地网友纷纷申请出战，各种提议与推荐逐渐盖过了吐槽杭州菜不好吃的声浪，不得不说，"吃货"的力量是无穷的。在美食这个主题上永远有说不尽的话题，而在融媒体音视频相结合的传播生态下，广播也大可积极参与地域美食的介绍分享，做一回本地"美食向导"。如四川交通广播策划的"热辣2022火锅电台跨年直播"，联合知名火锅店品牌与四川交响乐团，在知名商业步行街打造了一场火锅跨年之夜，用火锅辞旧迎新，用精彩的人物访谈吐故纳新，用视频直播推陈出新。频率将直播间搬到了闹市中的火锅店，搭建起"火锅电台"，并邀请各领域知名嘉宾，用精心筹备的四档节目组成4道"硬菜"，进行了5小时不间断直播。这一活动最终实现在线观看量超30万人次、全网曝光量超1000万次、营收80万元的好成绩，做好了一场开胃菜、文化菜、传统菜、创意菜一应俱全的火锅跨年直播。

又如嘉兴音乐广播旗下节目《爱上下班路》打造融媒人气IP，启用美食短视频、美食特派员为节目辅助，在物理空间上，承接了商家+直播间；人员互动中，囊括了直播间主持人+美食嘉宾+美食特派员+听友；节目整体串联中，打出了由探店视频/图片+广播声画同步直播+实时微信互动+外场连线+外场视频直播的"组合拳"，并通过挖掘嘉禾美食的历史、人文背景，增添节目文化内涵。例如，开设二十四节气美食、夏季龙虾季、冬季火锅季等黏合力强的小专题，依托本地特色打造出有温度有深度、互动性强的美食节目。

融媒体时代，广播美食节目也早已打破"听"的局限，能够通过短视频、图片、直播为听众带来色香味俱全的沉浸式体验美食栏目。在此基础上，从本地人文背景、美食发展历史等角度出发，不失为打造创意融媒系列策划，进而吸引"吃货"慕名而来的一大法宝。

乡村振兴、农产品推介、文化旅游、本地美食，这些内容细究起来可以产生不同主题的节目策划，本质上又是一家，无论分类深挖还是融合多主题推广，都是扣紧"本土特色"这一关键词。广播媒体背靠天然的区域化、本地化优势，加之近年来各级电台融媒体传播矩阵的成功搭建，有能力将本地特色内容传播做到出彩、出圈，让寻常又不寻常的本土特色文化"站台"，打造具有创新创意的融媒内容，引动区域内外的流量声量双丰收。

（刘婉婷）

广播营销玩法升级，节点破圈出击

随着互联网技术发展，疫情带来的社会心理压力缓解，思维关注回归理性，流量红利不再鼎盛，与此同时，随着媒介环境的变化，常规、套路化的广播营销方式愈发难以打动听众，传统营销模式不能满足内需变化。众多广播电台、频率选择借助特殊节点打造自身品牌活动，提升频率认知度，吸纳更多年轻听众，广播营造玩法升级，节点营销搭建情感桥梁，推动品牌活动出圈。

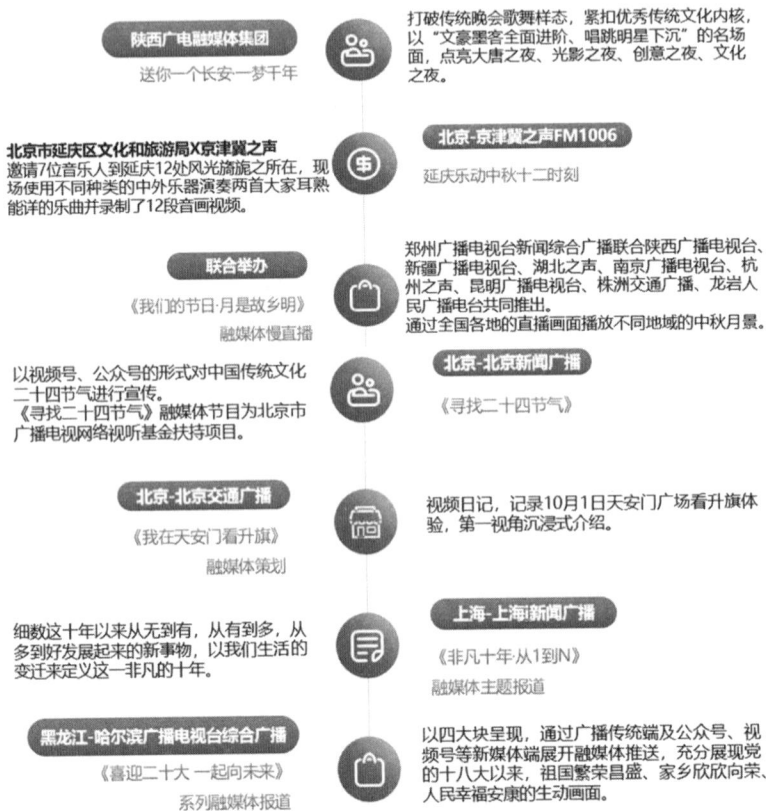

图2.17.1　部分知名广播营销活动

一、"仪式感"营销，"情感共鸣"+"品牌建设"出圈

"过节热""礼仪热"等早期现象涌现早已说明大众对节日仪式感追捧程度极高，仪式比一般随意性的行为更有记忆效果。大众会因为活动中与品牌相关联的微妙仪

式而对品牌感到亲切和舒适，听众会随着时间的推移，而习惯于听到品牌及其所附带的特殊活动互动。广播营销中也常借助节日节点来进行仪式感营销，增加自身品牌认知度，以中秋节、国庆节为首的家喻户晓的节日，以及贯穿全年的富含古人智慧的二十四节气作为切入点等。以怀旧、传统、团圆等关键词作为情感支点凸显大众情感需求重点，弘扬中国传统文化，结合广播资源下沉，进行媒体联合与融合，共同发挥所长。

例如2022年中秋佳节，陕西广电融媒体集团打造"送你一个长安·一梦千年"融媒活动，打破传统晚会歌舞样态，紧扣优秀传统文化内核，以"文豪墨客全面进阶、唱跳明星下沉"的名场面，点亮大唐之夜、光影之夜、创意之夜、文化之夜。10位唐代文化"顶流"在月华流照古今共悬的中秋明月之下，透过"元宇宙"光影呈现融合跨时空文化，淬炼"集大成开先河"的大唐气象，成功把传统的变成流行的，把复古的变成潮流的，颠覆大众对中秋之夜的原有认知。

此外，像郑州广播电视台新闻综合广播立足大众对中秋赏月独有的情怀与仪式感，携手陕西广播电视台、新疆广播电视台、湖北之声、南京广播电视台、杭州之声、昆明广播电视台、株洲交通广播、龙岩人民广播电台，多方联动，共同推出《我们的节日·月是故乡明》融媒体慢直播活动，通过全国各地的直播画面播放不同地域的中秋月景，尽情展示不同地域拜月习俗。

二、"电商节大促"，品类联动+渠道下沉

以"双十一""6·18"为首的大型电商购物节一直是大众所关注的热点节日，不少电台瞄准该节日顺势推出具有电台特色的电商购物活动。广播凭借拥有多渠道宣发资源以及多年广告营销经验，加上广播自带品牌口碑及选品专业度，同样能在电商流量变现领域"分一杯羹"。"6·18""双十一"造势赋能过程中，不少广播电台在多平台直播带货，拉动盈利增长。例如重庆音乐广播一直在微信端联合小程序经营商圈，紧跟大型电商节大促，满减、赠送购物金额门槛礼物、不定时抽奖等已经过各类电商验证过的有效促惠形式轮番上阵，创下销售佳绩；江苏广播借助"6·18"大促节点，派出专业广播团队在爱逛、抖音、大蓝鲸APP、快手、淘宝、社群等平台连续三天直播带货；天津广播也不甘示弱，派出旗下广播主持人在抖音上开展"抢跑6·18"的618SUPER购系列直播带货，以广告软入的形式更贴近消费者购物心理。

三、打破圈层文化，打造专属IP营销节

目前广播市场趋于疲倦状态，听众思维更趋于理性，听众对于常规广播节目、音频或是电台线下互动活动等出现一定疲倦心理，如今广播品牌营销的关键在于唤醒人们在节点的情感记忆，助力广播品牌建设和听众的深层次联系。广播创造自身品牌节点，打造品牌独特"人设"。例如江苏广播举办的第二届快乐奶茶融媒体活动，江苏广播着眼年轻人对"秋冬第一杯奶茶"的触点，结合奶茶明星产品越来越丰富，奶茶品牌吸引越来越多投资的大背景环境。江苏广播抓住这一契机，组织线下奶茶交流展会，同时携手南京国际车博会，汇聚南京及全国区域的奶茶品牌以及小鹏、比亚迪、岚图、一汽大众、别克、雪佛兰、起亚、奔驰等品牌近千款车型参展，在此基础上，江苏广播还在展位上对奶茶进行分类，推出江苏广告与奶茶品牌联名系列周边，如联名款电台奶茶、联名打卡墙等，适应多样性人群社交、品尝需求，打造奶茶打卡宝藏路线，引爆大小品牌的体验话题。现场还融入了江苏广播的特色元素，布置直播间和转播车，选取年轻人最火的"声音游戏"打造"角色扮演剧本杀"，将奶茶节现场参与人群的社交属性以及游戏快乐属性完美融合，主持人化身NPC现场促进社交体验感。

另外一个典型案例是杭州FM90.7城中山野艺术生活节，瞄准当代年轻人对咖啡、集市、露营、音乐节等元素的追求，集中了杭州网红后尾箱手冲咖啡、网红移动车厢咖啡、各大小吃美食以及杭州古着潮牌集合店等手工集市，另外联合宝马、奔驰、沃尔沃等10家品牌举办小型车展，打造沐心岛网红露营打卡地，在现场还设置了帐篷互动体验区，满足各阶层群众对吃喝玩乐的需求。

对广播营销形式而言，把握特殊节点，瞄准用户部分感性思维出击，无疑是一条捷径，但真正能令广播营销实现高度变现的，仍需切实把握住听众的需求点，无论是借助传统节假日节点还是紧跟电商节促销，最终还是要回归到品牌建设上，融入圈层文化乃至打破原有圈层文化，精细化打造内容，触达听众需求，达到情感共鸣，才能提高广播品牌认知度，达到广播营销效果最优化。

（李静静）

APPENDIX 附录篇

附录一 图表索引

说明：本索引分图和表两类，其中包括结构图、柱状图、曲线图和比例图等，共计240幅，表格181张。索引以页码先后为排序，其内容按图表序号、标题、页码顺序排列。

一、表名称

二、图名称

附录二　全国广播媒体标准编码

地区	电台名称	频率名称	频率频点FM/AM	标准编码
北京	中央广播电视总台（央广）	中国之声	FM106.1	100001
			AM639	100041
		经济之声	FM96.6	100003
		音乐之声	FM90	100002
		经典音乐广播	FM101.8	100004
		台海之声	FM102.3（马祖）	100024
			FM94.9（金门）	100024
			AM549	100006
		神州之声	FM87.8	100007
			FM106.2（马祖）	100007
			107.9（金门）	100007
			AM675	100045
		粤港澳大湾区之声	FM101.2	100008
			FM102.8（香港）	100008
			FM105.4（澳门/珠海）	100008
			FM98.0（广州）	100008
			FM101.2（深圳）	100008
			FM93.2（佛山）	100008
			AM1215	100046
		香港之声	FM87.8	100009
			AM675	100056
		民族之声	AM1143	100042
		文艺之声	FM106.6	100005
		老年之声	AM1053	100044
		藏语广播	FM109.8	100010
			AM1098	100047
		阅读之声	AM747	100048

（续表）

地区	电台名称	频率名称	频率频点FM/AM	标准编码
北京	中央广播电视总台（央广）	维语广播	FM90.6	100011
			AM1089	100049
		中国乡村之声	AM720	100050
		哈语广播	AM1008	100053
			FM90.1	100020
		轻松调频	FM91.5	100012
		劲曲调频	FM88.7	100014
		环球资讯广播	FM90.5	100015
		中国交通广播	FM99.6	100019
	北京人民广播电台	新闻广播	FM94.5	110001
			AM828	110044
		音乐广播	FM97.4	110004
		交通广播	FM103.9	110005
		文艺广播	FM87.6	110006
		故事广播	FM95.4	110011
			AM603	110041
		体育广播	FM102.5	110003
		京津冀之声	FM100.6	110015
		城市广播副中心之声	FM107.3	110002
			AM1026	110045
天津	天津广播电视台	新闻广播	FM97.2	120001
			AM909	120041
		交通广播	FM106.8	120003
		经济广播	FM101.4	120004
			AM1071	120043
		生活广播	FM91.1	120005
			AM1386	120044
		文艺广播	FM104.6	120006
		文艺广播	AM1008	120045
		相声广播	FM92.1	120008
			AM567	120046

（续表）

地区	电台名称	频率名称	频率频点FM/AM	标准编码
天津	天津广播电视台	滨海广播	FM87.8	120002
			AM747	120042
		小说广播	AM666	120047
		音乐广播	FM99	120007
		经典音乐广播	FM88.5	120010
河北	河北人民广播电台	音乐广播	FM102.4	130006
		新闻广播	FM104.3	130001
			AM1278	130041
		文艺广播	FM90.7	130004
			AM900	130043
		生活广播	FM89	130005
			AM783	130044
		农民广播	FM98.1	130007
			AM558	130045
		旅游文化广播	AM603/AM1521	130046
			FM100.3	130008
		故事广播	FM107.9	130002
			AM1125	130042
		交通广播	FM99.2	130003
		综合广播	FM102.9	130009
	石家庄广播电视台	音乐广播	FM106.7	130101
		新闻广播	FM88.2	130102
			AM882	130141
		经济广播	FM100.9	130104
			AM1431	130143
		交通广播	FM94.6	130105
		农村广播	AM1251	130142
			FM91.5	130103
	保定广播电视台	交通广播	AM747	130643
			FM104.8	130603
		城市服务广播	FM101.6	130604

（续表）

地区	电台名称	频率名称	频率频点FM/AM	标准编码
河北	保定广播电视台	经济广播	AM1017	130642
			FM99.8	130602
		新闻广播	AM1467	130641
			FM93.7	130601
	沧州广播电视台	新闻广播	AM1557	130941
			FM97.0	130901
		音乐广播	FM103.6	130903
		交通广播	FM93.8	130902
			AM1206	130943
	承德广播电视台	交通文艺广播	FM97.6	130802
		旅游音乐广播	FM100.6	130803
		新闻综合广播	FM89.1	130801
	邯郸广播电视台	邯郸都市生活广播	FM100.3	130407
		邯郸交通广播	FM106.8	130403
			AM1008	130442
		邯郸音乐广播	FM102.8	130402
			AM1206	130444
		邯郸新闻综合广播	FM96.4	130401
			AM963	130441
	衡水广播电视台	综合广播	AM954	131141
			FM101.9	131101
		交通广播	FM92.5	131102
		文艺广播	FM96.1	131103
	廊坊广播电视台	长书频率	AM585	131043
			FM100.3	131003
		飞扬105	FM105	131002
			AM1521	131042
		畅行951	FM95.1	131001
			AM846	131041
	秦皇岛人民广播电视台	生活广播	FM92.4	130305

（续表）

地区	电台名称	频率名称	频率频点FM/AM	标准编码
河北	秦皇岛人民广播电视台	新闻综合广播	FM89.1	130306
			AM990	130341
		私家车广播	FM103.8	130302
		音乐广播	FM97.3	130303
		交通广播	FM100.4	130304
	唐山广播电视台	新闻综合广播	FM91.7	130201
			AM684	130241
		经济生活广播	FM95.5	130202
			AM801	130242
		音乐广播	FM94.0	130203
		交通文艺广播	FM96.8	130204
			AM1143	130244
		小说娱乐广播	FM105.9	130205
			AM900	130243
	邢台广播电视台	新闻广播	AM1188	130541
			FM90.3	130501
		经济生活广播	AM927	130542
			FM89.6	130502
		交通音乐广播	FM91.7/FM99.7	130503
	张家口广播电视台	交通广播	FM100	130703
			AM900	130742
		107.4新闻综合广播	FM107.4	130701
		品味986音乐广播	FM98.6	130702
		私家车广播	FM104.3	130704
山西	山西广播电视台	经济广播	FM95.8	140002
		健康之声广播	FM105.9	140005
		综合广播	AM819	140041
			FM90.4	140001
		音乐广播	FM94.0	140006
		农村广播	FM100.9	140042
		交通广播	FM88.0	140004

地区	电台名称	频率名称	频率频点FM/AM	标准编码
山西	山西广播电视台	故事广播	FM88.6	140007
		文艺广播	FM101.5	140003
	太原广播电视台	综合广播	FM91.2	140101
			AM1422	140141
		交通广播	FM107.0	140102
		经济广播	FM104.4	140103
		老年之声	FM97.5	140105
		音乐广播	FM102.6	140104
	大同广播电台	交通广播	FM99.6	140202
		新闻综合广播	FM103.8	140201
		经济文艺广播	FM98.7	140205
	运城人民广播电台	交通文艺广播	FM101.9	140802
		新闻综合广播	FM104.2	140801
	晋城人民广播电台	交通广播	FM93.5	140501
		新闻综合广播	FM107.2	140502
		农村广播	FM106.3	140503
	忻州人民广播电台	交通广播	FM96.1	140901
		旅游文艺广播	FM106.2	140902
		新闻综合广播	FM105.7	140903
	朔州广播电视台	朔州之声	FM100.9	140601
		朔州交通之声	FM93.7	140603
		农村广播	FM95.7	140604
	临汾人民广播电台	综合广播	FM95.1	141001
		交通文艺广播	FM88.9	141002
		音乐广播	FM94.6	141003
	吕梁人民广播电台	综合广播	FM105.8	141101
		音乐广播	FM94.4	141103
		交通广播	FM90.5	141102
	长治广播电视台	新闻综合广播	FM94.9	140401
		顶尖音乐	FM90.6	140402
		交通广播	FM104.1	140403

（续表）

地区	电台名称	频率名称	频率频点FM/AM	标准编码
山西	阳泉市广播电视台	阳泉交通广播	FM90.1	140302
		阳泉经济广播	FM93.1	140303
		阳泉新闻综合广播	FM102.7	140301
			AM1485	140341
	晋中广播电视台	新闻综合广播	FM103.4	140701
			AM1530	140741
		交通文艺广播	FM92.1	140702
内蒙古	内蒙古广播电视台	新闻广播	FM95	150002
		新闻综合广播	FM89	150003
			AM675	150041
		交通之声广播	FM105.6	150004
		经济生活广播	FM101.4	150005
		农村牧区广播绿野之声	FM91.9	150008
		蒙古语广播	FM95.9	150001
			AM1458	150042
		评书曲艺广播	FM102.8	150007
		音乐之声广播	FM93.6	150006
	巴彦淖尔市广播电视台	文艺生活广播	FM97.7	150802
		新闻综合广播	FM107	150801
			AM1152	150841
		交通广播	FM95.8	150803
	赤峰广播电视台	赤峰文艺广播	FM102.4	150404
			AM900	150443
		综合广播	FM95.8	150403
			AM1143	150442
		交通广播	FM101.8	150402
		蒙语综合广播	FM89.4	150401
			AM1440	150441
	鄂尔多斯广播电视台	曲艺评书广播	FM97.3	150604
		汉语新闻综合广播	FM89.6/FM93.1	150602
			AM936	150642

（续表）

地区	电台名称	频率名称	频率频点FM/AM	标准编码
内蒙古	鄂尔多斯广播电视台	蒙古语新闻综合广播	FM93.5/FM106.4	150601
			AM603	150641
		文体交通广播	FM100.8/FM102.1	150603
	包头广播电视台	文艺广播	FM98.1	150205
		汽车音乐广播	FM100.1	150204
		交通广播	FM89.2	150202
		蒙语广播	FM105.9	150203
		新闻综合广播	FM94.9	150201
	呼伦贝尔广播电视台	汉语综合广播	FM99.9/FM100/FM105.9	150702
			AM603	150742
		交通文艺广播	FM104.6	150703
		蒙语综合广播	FM97.3	150701
			AM954	150741
	通辽广播电视台	交通文艺广播	FM91.3	150504
			AM1233	150543
		科尔沁之声	FM93.7	150502
			AM1350	150542
		汉语综合广播	FM97.2	150501
			AM702	150541
	乌海广播电视台	综合广播	FM89.2	150301
			AM747	150341
		蒙语综合广播	FM104.2	150303
		交通音乐广播	FM99.2	150302
	乌兰察布广播电视台	交通文艺广播	FM92.3/FM94.3	150904
		汉语综合广播	FM99.9	150903
			AM747	150942
		蒙古语广播	FM105.3	150901
			AM1521	150941
	托克托县人民广播电台	云中之声广播	FM106.1	150106

（续表）

地区	电台名称	频率名称	频率频点FM/AM	标准编码
辽宁	辽宁广播电视台	综合广播	FM102.9	210001
			AM1089	210041
		乡村广播	FM89.5/FM96.9	210005
			AM927	210044
		经典音乐广播	FM95.9/FM101.8	210003
			AM1053	210043
		经济广播	FM88.8	210002
			AM999	210042
		交通广播	FM97.5	210004
	沈阳广播电视台	交通广播	FM98.6	210007
		都市广播	FM92.1/FM105.9/AM1341	210008
		新闻广播	FM104.5/AM792	210006
		生活广播	FM103.4/FM90.4/AM882	210010
	大连广播电视台	新闻综合广播	FM103.3/AM882	210202
		老友之声	FM93.1	210203
		体育广播	FM105.7	210204
		交通广播	FM100.8	210205
		少儿广播	FM106.7	210206
		都市之声广播	FM99.1	210207
		新城乡广播	FM95.6	210208
	鞍山广播电视台	交通广播	FM99.5	210303
			AM1458	210343
		经济广播	FM89.7	210302
			AM1071	210342
		评书故事广播	FM87.9/AM1251	210304
	海城广播电视台	交通娱乐广播	FM106.9	210306
	本溪人民广播电台	交通经济台	FM107.4	210502
			AM900	210542

（续表）

地区	电台名称	频率名称	频率频点FM/AM	标准编码
辽宁	本溪人民广播电台	新闻综合台	FM94.0	210501
			AM1296	210541
		生活娱乐台	FM96.4	210503
		评书故事台	FM104.1	210504
	锦州人民广播电台	交通广播	FM100.3	210703
		新闻广播	AM666	210741
		经济广播	FM96.6	210702
	抚顺广播电视台	交通广播	FM106.1	210403
			AM747	210442
		新闻广播	FM93	210401
			AM684	210441
		音乐广播	FM90.1	210402
	营口广播电视台	音乐之声	FM89	210802
			AM747	210842
		交通之声	FM95.1	210803
			AM1143	210843
吉林	吉林广播电视台	旅游广播	FM103.3	220008
		健康娱乐广播	FM101.9	220007
		交通广播	FM103.8	220002
		经济广播	FM95.3	220003
			AM846	220042
		乡村广播	FM97.6	220004
		新闻综合广播	FM91.6	220001
			AM738	220041
		音乐广播	FM92.7	220005
		资讯广播	FM100.1	220006
		教育广播	FM96.3	220009
	长春人民广播电台	城市生活广播	FM106.3	220106
		交通之声	FM96.8	220103
		乡村戏曲广播	FM90.0	220102

（续表）

地区	电台名称	频率名称	频率频点FM/AM	标准编码
吉林	长春人民广播电台	乡村戏曲广播	AM1332	220142
		新闻综合广播	FM88.9	220101
			AM585	220141
		都市音乐广播	FM88.0	220105
		经济广播	FM99.6	220104
			AM1332	220143
黑龙江	黑龙江广播电视台	高校广播	FM99.3	230005
		朝鲜语广播（龙广北大荒之声）	FM103.5	230007
			AM873	230044
		龙广爱家频道	FM97	230006
		音乐广播	FM95.8	230003
		生活广播	FM104.5	230002
		交通广播	FM99.8	230004
		龙广新闻台	FM91.9/FM94.6	230001
			AM621	230041
		都市女性广播	FM102.1	230042
	哈尔滨广播电视台	音乐广播	FM90.9	230105
		经济广播	FM88.9	230104
			AM972	230142
		交通广播	FM92.5	230103
		文艺广播	FM98.4	230102
		综合广播	FM106.2	230101
			AM837	230141
		古典音乐广播	FM102.6	230108
	大庆新闻传媒集团	音乐广播	FM90.9	230603
		综合广播	FM97.5	230601
		交通广播	FM95.0	230602
	齐齐哈尔广播电视台	综合广播	FM87.8	230201
			AM1197	230241
		交通广播	FM94.1	230202

（续表）

地区	电台名称	频率名称	频率频点FM/AM	标准编码
黑龙江	齐齐哈尔广播电视台	生活文艺广播	FM89.4	230203
			AM693	230242
		乡村广播	FM102.7	230204
			AM585	230243
	鸡西人民广播电台	交通广播	FM95.9	230301
		新闻综合广播	FM94.5	230302
		文艺广播	FM96.8	230303
	鹤岗人民广播电台	新闻综合广播	FM97.2	230401
		生活广播	FM93.3	230403
		交通文艺广播	FM106.1	230402
	双鸭山人民广播电台	新闻广播	FM103.2	230501
			AM1179	230541
		交通文艺广播	FM99.5	230502
		长书广播	FM88.6	230503
	伊春人民广播电台	交通生活广播	FM98.5	230702
		人民广播	FM92.4	230703
			AM909	230741
	佳木斯市人民广播电台	新闻综合广播	FM101.7	230801
		经济生活广播	FM96	230802
		交通文艺广播	FM98.0	230803
	黑河人民广播电台	综合广播	FM103.8	231101
	绥化人民广播电台	交通广播	FM97	231202
		音乐广播	FM97.4	231203
	七台河人民广播电台	新闻综合广播	FM89.1	230902
			AM1062	230941
		交通广播	AM1062	230903
	牡丹江人民广播电台	新闻广播	FM100.7	231001
			AM684	231041
		生活广播	FM91.6	231002
			AM1476	231042
		交通广播	FM98.2	231003

（续表）

地区	电台名称	频率名称	频率频点FM/AM	标准编码
上海	上海人民广播电台	第一财经	FM90.9	310008
		五星体育广播	FM94.0	310009
		故事广播	FM107.2	310007
			AM968	310048
		经典音乐广播	FM94.7	310010
		交通广播	FM105.7	310003
			AM648	310043
		流行音乐广播	FM101.7	310005
		戏剧曲艺广播	FM97.2	310011
			AM1197	310046
		浦江之声广播电台	AM1422	310047
		长三角之声	FM89.9	310002
			AM792	310042
		经典金曲广播	FM103.7	310006
		爱乐时尚广播	FM98.1	310012
		新闻广播	FM93.4	310001
			AM990	310041
	宝山人民广播电台	宝山人民广播电台	FM96.2	310013
	崇明区广播电视台	综合广播（绿岛之声）	FM88.7/102.5	310014
	奉贤广播电台	阳光FM959	FM95.9	310015
	嘉定区广播电视台	嘉定区广播电视台	FM100.3	310016
	金山区广播电视台	金山区广播电视台	FM105.1	310017
	闵行人民广播电台	闵行人民广播电台	FM102.7	310018
	浦东人民广播电台	沸点100音乐电台	FM100.1	310019
		东上海之声	FM106.5	310020
	青浦人民广播电台	青浦人民广播电台	FM106.7	310021
	松江人民广播电台	松江人民广播电台	FM100.9	310022
江苏	江苏广播电视总台	新闻综合广播	AM702	320041
		新闻广播	FM93.7	320001
		财经广播	FM95.2	320006
			AM585	320043

（续表）

地区	电台名称	频率名称	频率频点FM/AM	标准编码
江苏	江苏广播电视总台	音乐广播	FM89.7	320004
		经典流行音乐广播	FM97.5	320005
		交通广播网	FM101.1	320003
		文艺广播	FM91.4	320007
			AM1053	320045
		健康广播	FM100.5	320008
			AM846	320042
		故事广播	FM104.9	320044
			AM1206	320044
		金陵之声	FM99.7	320002
	南京广播电视集团	新闻广播	AM1008	320143
			FM106.9	320101
		交通广播	FM102.4	320102
		经济广播	AM900	320141
			FM98.1	320109
		音乐广播	FM105.8	320103
		城市管理广播	AM1170	320142
			FM96.6	320107
		体育广播	FM104.3	320104
	无锡广播电视集团（台）	新闻综合广播	AM1161	320241
			FM93.7	320206
		经济广播	FM104	320202
		音乐广播	FM91.4	320203
		交通广播	FM106.9	320204
		梁溪之声广播	FM92.6	320201
		都市生活广播	FM88.1	320205
	盐城广播电视总台	新闻频率	FM98.8	320901
			AM1026	320941
		交通频率	FM105.3	320902
		经典频率	FM88.2	320903
		音乐频率	FM98.0	320904

（续表）

地区	电台名称	频率名称	频率频点FM/AM	标准编码
江苏	江阴市广播电视台	江阴交通音乐频率	FM90.7	320207
		江阴新闻综合频率 FM1386	FM138.6	320244
	张家港市融媒体中心（传媒集团）	新闻广播	FM95.9	320508
			AM1098	320547
		交通广播	FM102	320509
		音乐广播	FM98.1	320510
			AM1521	320548
	扬州广播电视总台	音乐广播	FM94.9	321001
			AM1521	321043
		交通广播	FM103.5	321002
			AM1521	321043
		新闻广播	FM98.5	321003
			AM1179	321041
		私家车广播	FM96.7	321004
		江都广播	FM100.7	321007
	徐州广播电视传媒集团（徐州广播电视台）	新闻综合广播	FM93.0	320301
		交通广播	FM103.3	320302
		音乐广播	FM91.9	320304
		农村广播	FM105	320307
	常州广播电视台	新闻综合广播	FM103.4	320401
			AM846	320441
		经济广播	FM105.2	320402
			AM1098	320442
		交通广播	FM90	320404
			AM747	320444
		音乐广播	FM93.5	320403
			AM927	320443
	苏州广播电视台	综合广播	FM91.1	320501
			AM1080	320541
		交通经济广播	FM104.8	320502

（续表）

地区	电台名称	频率名称	频率频点FM/AM	标准编码
江苏	苏州广播电视台	都市音乐广播	FM102.8	320503
		生活广播	FM96.5	320505
		戏曲广播	AM846	320542
		儿童广播	FM95.7	320516
		老年广播	AM1521	320543
	南通人民广播电台	综合广播	FM97.0	320601
			AM1233	320641
		交通广播	FM92.9	320604
			AM1170	320643
		生活广播	FM91.8	320603
		经济广播	FM106.1	320610
	连云港广播电视台	新闻广播	FM102.1	320701
			AM1458	320741
		新农村广播	AM1251	320742
			FM90.2	320702
		交通广播	FM92.7	320703
	淮安广播电视台	新闻综合频率	FM94.1	320801
			AM801	320841
		经济生活频率	FM105.0	320802
			AM1251	320842
		交通文艺频率	FM94.9	320804
		汽车音乐频率	FM104.2	320803
	淮安区人民广播电台	经典音乐	FM99.2	320805
	淮阴区人民广播电台	私家车广播	FM100.6	320806
	镇江文化广电产业集团	新闻广播	FM104	321101
			AM1224	321141
		经济广播	FM90.5	321104
		文艺广播	FM96.3	321103
		交通广播	FM88.8	321102
	泰州广播电视台	综合广播	AM1341	321241
			FM103.7	321201

（续表）

地区	电台名称	频率名称	频率频点FM/AM	标准编码
江苏	泰州广播电视台	文艺广播	AM927	321242
			FM97.3	321203
		交通广播	AM1098	321243
			FM92.1	321202
	宿迁人民广播电台	交通广播	FM101.9	321303
		新农村广播	FM105.5	321304
		新闻广播	FM92.1	321301
	浦口人民广播电台	南京城市调频	FM93.9	320110
	南京市栖霞区广播电视台	炫动106.6调频广播	FM106.6	320118
	雨花人民广播电台	雨花人民广播电台	FM96.6	320111
	江宁人民广播电台	南京心动885	FM88.5	320112
	六合人民广播电台	MY FM103.5	FM103.5	320113
	溧水人民广播电台	溧水人民广播电台	FM92.3	320114
	高淳人民广播电台	高淳人民广播电台	FM92.0/FM102.3	320115
	宜兴市广播电视台	新闻综合频率	FM96.1	320208
	武进人民广播电台	武进人民广播电台	FM88.6	320406
	溧阳人民广播电台	溧阳人民广播电台	FM97.2	320407
	金坛人民广播电台	金坛人民广播电台	FM89.0	320408
	常熟市融媒体中心	常熟综合广播	FM100.8	320507
			AM1116	320546
	昆山市广播电视台	新闻交通频率	FM88.9	320512
	吴江区广播电视台	交通音乐广播	FM89.1	320513
	太仓人民广播电台	太仓人民广播电台	FM96.7	320514
	海安人民广播电台	海安人民广播电台	FM88.8	320606
	如东人民广播电台	如东新闻综合广播	FM89.6	320607
	如皋人民广播电台	如皋汽车广播	FM98.3	320608
	海门市广播电视台	交通音乐台	FM100.6	320609
	仪征市广播电视台	仪征人民广播电台	FM94.3	321005
	高邮市广播电视台	高邮人民广播电台	FM92.4	321006

（续表）

地区	电台名称	频率名称	频率频点FM/AM	标准编码
江苏	镇江市润州区广播电视台	润州人民广播电台	FM100.3	321107
	丹徒人民广播电台	丹徒人民广播电台	FM102.7	321108
	丹阳人民广播电台	丹阳人民广播电台	FM97.9	321109
	扬中人民广播电台	扬中人民广播电台	FM105.6	321110
	句容人民广播电台	句容人民广播电台	FM91.7	321111
	靖江市广播电视台	交通音乐广播	FM102.4	321204
	姜堰人民广播电台	姜堰人民广播电台	FM91.6	321205
	宿豫人民广播电台	爱心广播	FM106.3	321302
	大厂人民广播电台	大厂人民广播电台	FM102.0	320116
浙江	浙江广播电视集团	浙江之声	FM88.0/FM101.6	330001
			AM810	330041
		FM95经济广播	FM95	330002
		动听968音乐调频	FM96.8	330003
		新锐988浙江新闻广播	FM98.8	330008
		FM99.6民生资讯广播	FM99.6	330004
		交通之声	FM93.0	330005
		旅游之声	FM104.5	330006
		浙江城市之声	FM107.0	330007
	杭州文广集团	杭州交通经济广播	FM91.8	330102
		西湖之声	FM105.4	330103
		杭州之声	FM89.0	330101
		杭州人民广播电台综合广播AM954	AM954	330141
		杭州城市资讯广播	FM90.7	330109
	温州广播电视传媒集团	温州综合广播	FM94.9	330301
			AM666	330341
		温州交通广播	FM103.9	330304
		温州音乐之声	FM100.3	330303
		温州经济广播	FM88.8	330302
			AM801	330342

（续表）

地区	电台名称	频率名称	频率频点FM/AM	标准编码
浙江	温州广播电视传媒集团	温州对农广播	FM93.8	330305
	乐清市人民广播电台	乐清电台	FM99.5	330308
	永嘉广电	永嘉人民广播电台	FM102.2	330307
	台州市新闻传媒中心	台州综合广播	FM98.7/FM87.5	331001
		台州交通广播	FM102.7	331002
		台州音乐广播	FM100.1	331003
	嘉兴广播电视集团	新闻综合频率	FM104.1	330401
			AM1107	330441
		交通经济频率	FM92.2	330402
		音乐生活频率	FM88.2	330403
	湖州市新闻传媒中心	FM105湖州综合广播	FM105	330501
			AM873	330541
		FM98.5湖州交通文艺广播	FM98.5	330502
			AM1251	330544
		FM103.5湖州经济广播	FM103.5	330503
			AM927	330545
	德清县广播电视台	德清电台	FM106.5	330505
	丽水市广播电视总台	交通音乐频率	FM106.9	331102
		新闻综合频率	AM711	331141
			FM94	331101
		新农村频率	FM88.3	331103
	宁波广播电视集团	新闻综合广播	FM92.0	330201
			AM1323	330244
		经济广播	FM102.9	330202
			AM711	330242
		音乐广播	FM98.6	330205
		交通广播	FM93.9	330203
			AM612	330241
	鄞州区广播电视台	Love Radio	FM105.2	330214
	镇海区新闻中心	1001派FM	FM100.1	330206

（续表）

地区	电台名称	频率名称	频率频点FM/AM	标准编码
浙江	镇海区新闻中心	1047 Nice FM	FM104.7	330207
	绍兴市新闻传媒中心	新闻综合频率	FM93.6	330601
			AM738	330641
		交通频率	FM94.1	330602
		FM103.5绍兴私家车音乐广播	FM103.5	330603
	柯桥区广播电视总台	经典汽车广播	FM106.8	330606
	金华广播电视台	金华综合频率	FM104.4	330701
		金华交通音乐广播	FM94.2	330702
		金华对农广播	FM102.2	330707
	衢州广电传媒集团	新闻综合频率	FM105.3	330801
		交通音乐频率	FM97.5	330802
	舟山广播电视台	新闻综合广播	FM99.8	330901
			AM684	330941
		交通经济广播	FM97	330902
			AM1098	330942
		汽车音乐广播	FM91	330903
	北仑人民广播电台	1008可乐台	FM100.8	330213
	萧山人民广播电台	萧山人民广播电台	FM107.9	330105
	桐庐人民广播电台	桐庐人民广播电台	FM92.8	330106
	富阳人民广播电台	富阳人民广播电台	FM100.4	330107
	临安人民广播电台	临安人民广播电台	FM96.4	330108
	象山人民广播电台	象山人民广播电台	FM107.3	330208
	宁海人民广播电台	宁海人民广播电台	FM93.9	330209
	余姚人民广播电台	余姚人民广播电台	FM96.6	330210
	慈溪人民广播电台	慈溪人民广播电台	FM106.4	330211
	奉化人民广播电台	奉化人民广播电台	FM99.4	330212
	瑞安人民广播电台	瑞安人民广播电台	FM91.0	330306
	嘉善人民广播电台	嘉善人民广播电台	FM99.3	330404
	海盐人民广播电台	海盐人民广播电台	FM106.0	330405
	海宁人民广播电台	海宁人民广播电台	FM96.0	330406

（续表）

地区	电台名称	频率名称	频率频点FM/AM	标准编码
浙江	平湖人民广播电台	平湖人民广播电台	FM90.6	330407
	桐乡人民广播电台	桐乡人民广播电台	FM97.1	330408
	长兴人民广播电台	长兴人民广播电台	FM97.1	330504
	越城人民广播电台	越城人民广播电台	FM89.7	330604
	上虞人民广播电台	上虞人民广播电台	FM89.7	330605
	浦江人民广播电台	浦江人民广播电台	FM105.7	330704
	兰溪人民广播电台	兰溪人民广播电台	FM94.8	330705
	义乌市融媒体中心	义乌交通广播	FM95.5	330708
		义乌新闻广播	FM106.2	330706
	江山人民广播电台	江山人民广播电台	FM102.6	330803
	椒江人民广播站	椒江人民广播站	FM88.9	331004
	黄岩人民广播电台	黄岩人民广播电台	FM95.7	331005
	天台人民广播电台	天台人民广播电台	FM102.3	331006
安徽	安徽广播电视台	交通广播	FM90.8	340005
		生活广播	FM105.5	340004
		音乐广播	FM89.5	340041
		经济广播	FM97.1	340005
		农村广播	FM95.5	340006
		新闻综合广播	FM103.6	340001
		小说评书广播	AM1395	340007
		安徽戏曲广播	FM99.5	340008
		旅游广播高速之声	FM106.5	340009
	合肥广播电视台	新闻综合广播	FM91.5	340101
		交通广播	FM102.6	340102
		文艺广播	FM87.6	340104
		故事广播	FM98.8	340105
	芜湖广播电视台	综合广播	FM87.8	340201
		交通经济广播	FM96.3	340203
		音乐故事广播	FM98.2	340202
	蚌埠广播电视台	新闻综合广播	FM107.9	340301

（续表）

地区	电台名称	频率名称	频率频点FM/AM	标准编码
安徽	蚌埠广播电视台	蚌埠广播电视台经典104.2	FM104.2	340302
		交通文艺广播	FM98.4	340303
	淮南广播电视台	新闻综合广播	FM101.8	340401
		交通文艺广播	FM97.9	340402
		音乐故事广播	FM104.9	340403
	马鞍山广播电视台	新闻广播	FM105.1	340501
		交通广播	FM100.4	340502
		音乐广播	FM95.4	340503
	淮北广播电视台	新闻广播	FM94.9	340601
		交通广播	FM100.4	340603
	铜陵广播电视台	交通生活广播	FM88.7	340702
		新闻综合广播	FM92.4	340701
	安庆广播电视台	新闻综合广播	FM90.3	340801
		交通音乐广播	FM97.7	340802
	黄山广播电视台	新闻综合广播	FM93.3	341001
		交通旅游广播	FM100.4	341002
	滁州广播电视台	新闻综合广播	FM95.0	341101
		交通音乐广播	FM105.4	341102
		文艺故事广播	FM97.0	341103
	阜阳广播电视台	经济广播	FM94.1	341202
		交通广播	FM90.0	341203
		新闻综合广播	FM91.6	341201
	宿州人民广播电台	新闻综合广播	FM100.8	341301
		文艺广播	FM96.1	341302
		交通音乐广播	FM107.3	341303
	六安广播电视台	新闻综合广播	FM102.1	341501
		交通音乐广播	FM96.4	341502
	亳州广播电视台	新闻综合广播	FM88.2	341601
		交通音乐广播	FM107.2	341602
	池州广播电视台	交通旅游广播	FM96.6	341703

（续表）

地区	电台名称	频率名称	频率频点FM/AM	标准编码
安徽	池州广播电视台	综合广播	FM98.1	341701
	宣城广播电视台	新闻综合广播	FM100.6	341801
		交通文艺广播	FM106.1	341802
	五河人民广播电台	五河人民广播电台	FM93.3	340304
	明光人民广播电台	明光人民广播电台	FM105.0	341104
	贵池人民广播电台	贵池人民广播电台	FM98.1	341702
	泗县人民广播电台	泗县人民广播电台	FM99.5	341305
福建	福建省广播影视集团	新闻综合广播	FM103.6	350001
		经济广播	FM96.1	350002
		音乐广播	FM91.3	350004
		交通应急广播	FM100.7	350003
		都市生活广播（私家车广播）	FM98.7	350005
		东南广播	AM585	350043
	福州广播电视台	交通之声	FM87.6	350104
		新闻广播	FM94.4	350101
		音乐广播	FM89.3	350103
		左海之声	FM90.1	350102
	厦门广播电视集团	新闻广播	FM99.6	350201
		经济交通广播	FM107	350202
		音乐广播	FM90.9	350203
		闽南之声广播	FM101.2	350204
		旅游广播	FM94.0	350205
	莆田人民广播电台	新闻综合广播	FM93.7	350301
		音乐交通广播	FM103	350302
	三明人民广播电台	新闻综合广播	FM97.5/FM103.4	350401
		都市生活广播	FM105.6	350402
	泉州广播电视台	新闻综合广播	FM88.9	350501
		交通广播	FM90.4	350502
		经济生活广播	FM92.3	350503
		刺桐之声广播	FM105.9	350504

（续表）

地区	电台名称	频率名称	频率频点FM/AM	标准编码
福建	漳州人民广播电台	综合广播	FM96.2/FM89.6	350601
		交通广播	FM92.7/FM96.6	350602
	中国华艺广播电台	中国华艺广播电台	FM107.1	350105
			MW873/SW4830/SW6185	350191
	海峡之声广播电台	汽车生活广播	FM90.6	350107
		新闻广播	AM666	350141
		都市阳光调频	FM99.6	350106
		闽南话广播	AM783	350142
		综合广播	FM97.9	350108
	长泰人民广播电台	长泰人民广播电台	FM97.3	350603
	南平人民广播电台	新闻综合广播	FM88.8	350701
		城市生活广播	FM95.1	350702
	龙岩人民广播电台	综合广播	FM92.5/FM106	350801
		旅游之声	FM94.6/FM93.5	350802
	宁德人民广播电台	新闻综合频道	FM101.7	350901
		交通旅游广播	FM93.3	350902
江西	江西广播电视台	新闻广播	FM104.4	360001
			AM729	360041
		都市广播	FM106.5	360002
		文艺音乐频率	FM103.4	360003
		信息交通广播	FM105.4	360004
		农村广播（绿色之声）	FM98.5	360005
		民生广播	FM101.9	360006
		旅游广播	FM97.4	360007
		财经广播	FM99.2	360008
		故事广播	FM96.9	360009
	南昌广播电视台	综合频率	FM91.7	360101
		交通音乐频率	FM95.1	360102
	景德镇人民广播电台	新闻综合频率	FM96.5	360201

（续表）

地区	电台名称	频率名称	频率频点FM/AM	标准编码
江西	景德镇人民广播电台	瓷都交通音乐广播	FM106.2	360202
	萍乡人民广播电台	新闻综合广播	FM96.8/FM106.8	360302
		交通文艺广播	FM99.3	360301
	九江广播电视台	新闻广播	FM90.0	360401
		交通广播	FM88.4	360403
		文化旅游广播	FM101.7	340410
		赣北之声	FM94.2	360404
	新余人民广播电台	经济交通广播	FM96.2	360503
		综合广播	FM94.0	360501
	鹰潭人民广播电台	交通音乐广播	FM103.2	360602
		新闻综合频率	FM104.8	360601
	赣州人民广播电台	新闻广播	FM93.7	360701
		交通广播	FM99.2	360703
		音乐广播	FM94.5	360702
	吉安人民广播电台	交通广播动感100.6	FM100.6	360802
		井冈之声	FM95.6/FM102.1	360801
	宜春市广播电视台	新闻综合广播	FM101.1	360901
		交通音乐广播	FM87.9	360902
	抚州人民广播电台	新闻综合频率	FM96.4/FM101.3	361001
		交通音乐频率	FM95.5	361002
	上饶人民广播电台	新闻综合广播	FM93.4	361101
		音乐交通广播	FM96.6/FM95.9	361102
山东	山东广播电视台	综合广播	FM97.1	370001
			AM918	370041
		经济广播	FM96.0	370002
			AM594	370042
		文艺广播	FM97.5	370004
		经典音乐广播	FM105.0	370005
		交通广播	FM101.1	370006
		乡村广播	FM91.9	370007
			AM1251	370043

（续表）

地区	电台名称	频率名称	频率频点FM/AM	标准编码
山东	山东广播电视台	音乐广播	FM99.1	370008
		体育休闲广播	FM102.1	370009
	济南广播电视台	新闻广播	FM105.8	370116
		经济广播	FM90.9	370102
		音乐广播	FM88.7	370105
		交通广播	FM103.1	370103
		故事广播	FM104.3	370106
		936私家车广播（文艺广播）	FM93.6	370107
	平阴广播电视台	平阴广播电视台	FM96.2	370109
	长清区广播电台	长清区广播电台	107.2	370108
	济阳县广播电视台	济阳县广播电视台	FM99.7	370110
	商河人民广播电台	商河人民广播电台	FM88	370111
	青岛市广播电视台	新闻综合广播	FM107.6/FM103.6	370201
			AM1377	370241
		经济广播	FM102.9/FM87.9	370203
		交通广播	FM89.7	370205
			AM91.0	370243
		音乐体育广播	FM91.5	370206
		文艺广播	FM96.4	370204
		音乐体育广播摩登音乐调频	FM105.8	370217
		故事广播	FM95.2/FM89.2	370207
	淄博市广播电视台	淄博综合广播	FM89	370301
		淄博经济广播	FM106.7	370302
		淄博交通音乐广播	FM100	370303
	潍坊市广播电视台	新闻广播	FM89.9	370706
		经济广播	FM93.3	370705
		交通广播	FM107	370703
		音乐广播	FM88.1	370720
	黄岛区广播电视台	西海岸城市生活广播	FM92.6	370216
		西海岸交通广播	FM95.7	370211

（续表）

地区	电台名称	频率名称	频率频点FM/AM	标准编码
山东	即墨人民广播电台	即墨人民广播电台	FM101.7	370209
	阳城人民广播电台	阳城人民广播电台	FM94.0	370210
	胶南人民广播电台	胶南人民广播电台	FM95.6	370220
	崂山人民广播电台	崂山人民广播电台	FM102	370212
	胶州人民广播电台	胶州人民广播电台	FM106.8	370213
	莱西人民广播电台	莱西人民广播电台	FM100.7	370214
	莱阳人民广播电台	莱阳人民广播电台	FM107.4	370606
	莱州人民广播电台	莱州人民广播电台	FM92.7	370607
	烟台广播电视台	综合广播	FM101	370601
			AM1314	370641
		音乐广播	FM105.9	370602
			AM801	370642
		交通广播	FM103	370603
	栖霞人民广播电台	果都之声	FM97.1	370609
	龙口人民广播电台	龙口人民广播电台	FM101.6	370610
	招远人民广播电台	招远人民广播电台	FM88.8	370611
	海阳人民广播电台	海阳人民广播电台	FM94.8	370612
	博兴人民广播电台	博兴人民广播电台	FM96.3	371605
	博山人民广播电台	博山人民广播电台	FM104.1	370305
	临淄人民广播电台	新闻综合广播	FM97.3	370306
		音乐广播	FM91.8	370307
	枣庄广播电视台	新闻综合广播	FM99.0	370401
		交通文艺广播	FM105.2	370403
		生活娱乐广播	FM101.4	370404
		音乐广播	FM100.6	370402
	东营广播电视台	新闻广播	FM91.0	370501
		经济广播	FM105.3	370502
		交通音乐广播	FM98.4	370503
	济宁广播电视台	济宁综合广播	FM101.8	370801
		济宁交通文艺广播	FM104.2	370803
		济宁生活广播	FM107.0	370804

（续表）

地区	电台名称	频率名称	频率频点FM/AM	标准编码
山东	济宁中区人民广播电台	中区音乐台	FM107	370805
	任城人民广播电台	任城人民广播电台	FM105.5	370806
	兖州市人民广播电台	兖州市人民广播电台	FM104.7	370807
	泗水县人民广播电台	泗水县人民广播电台	FM105.6	370808
	汶上县人民广播电台	汶上县人民广播电台	FM94.5	370809
	微山县人民广播电台	微山县人民广播电台	FM96.3	370811
	邹城市人民广播电台	邹城市人民广播电台	FM96.1	370812
	金乡县人民广播电台	金乡县人民广播电台	FM104.5	370813
	嘉祥县人民广播电台	嘉祥县人民广播电台	FM95.5	370814
	鱼台县人民广播电台	鱼台县人民广播电台	FM98.5	370815
	梁山县人民广播电台	梁山县人民广播电台	FM105.7	370816
	寿光人民广播电台	交通音乐广播	FM105.6	370712
		新闻故事广播	FM106.4	370711
	昌邑人民广播电台	昌邑人民广播电台	FM103.6	370717
	诸城人民广播电台	诸城人民广播电台	FM99.8	370715
	高密人民广播电台	凤凰新闻故事广播	FM95.5	370718
		凤凰音乐广播	FM93.6	370719
	昌乐人民广播电台	昌乐人民广播电台	FM92.0	370714
	泰安广播电视台	旅游广播	FM90.1	370903
		交通广播	FM91.7	370902
		新闻广播	FM93.4	370901
	威海广播电视台	新闻综合广播	FM105.1/FM107.3	371001
		交通广播	FM102.2/FM95.0	371003
		音乐广播	FM90.7/FM88.3	371002
	日照广播电视台	广播综合频道	FM95	371101
			AM1197	371141
		广播交通生活频道	FM87.9	371102
			AM747	371142
		广播音乐频道	FM93.4	371103
	莱芜人民广播电台	综合广播	FM97.4	371201

（续表）

地区	电台名称	频率名称	频率频点FM/AM	标准编码
山东	临沂广播电视台	新闻综合广播	FM97.6	371301
		交通旅游广播	FM89.9	371303
		经济广播	FM101	371304
	德州广播电视台	综合广播	FM104.1	371401
		交通音乐广播	FM97.9	371403
		文艺广播	FM92.9	371404
	德州学院广播	心动调频	FM86	371406
	齐河人民广播电台	齐河人民广播电台	FM88.2	371409
	临邑人民广播电台	临邑人民广播电台	FM92.1	371408
	乐陵人民广播电台	乐陵人民广播电台	FM93.4	371414
	陵县人民广播电台	陵县人民广播电台	FM99.6	371410
	平原人民广播电台	平原人民广播电台	FM96.5	371411
	武城人民广播电台	武城人民广播电台	FM96.7	371413
	夏津人民广播电台	夏津人民广播电台	FM98.6	371412
	禹城人民广播电台	禹城人民广播电台	FM103.5	371415
	宁津人民广播电台	宁津人民广播电台	FM95.2	371407
	聊城市广播电视台	综合广播	FM96.8	371501
		经济广播	FM92.4	371502
		交通广播	FM99.4	371503
	滨州广播电视台	新闻广播	FM95.7	371601
			AM864	371641
		交通广播	FM93.1	371603
		文艺广播	FM105.7	371604
	邹平人民广播电台	新闻交通频道	FM95.7	371606
		故事音乐频道	FM103.3	371607
	菏泽广播电视台	新闻广播	FM93.9	371701
		音乐广播	FM89.1	371702
		交通广播	FM94.8	371703
	平度人民广播电台	平度之声	FM101.1	370215
	广饶人民广播电台	新闻综合频率	FM103.9	370504
	蓬莱人民广播电台	新闻综合频率	FM101.9	370608

（续表）

地区	电台名称	频率名称	频率频点FM/AM	标准编码
山东	临朐人民广播电台	新闻综合频道	FM102.3	370707
		交通音乐频道	FM100.6	370708
	安丘人民广播电台	综合频率	FM89.2	370709
	青州人民广播电台	新闻综合频率	FM95.4	370710
	曲阜人民广播电台	新闻综合频率	FM98.4	370810
			AM1341	370841
	桓台人民广播电台	快乐调频	FM93.7	370308
河南	河南广播电视台	新闻广播	FM95.5	410001
			FM102.3	410002
			AM657	410041
		经济广播	FM103.2	410003
			AM972	410042
		音乐广播	FM88.1	410006
			FM93.6	410006
		交通广播	FM104.1	410004
		AI潮流音乐台BIGRADIO	FM93.6	410018
		戏曲广播	FM97.6	410005
			AM1143	410043
		农村广播	FM107.4	410007
			AM846	410044
		教育广播	FM106.6	410010
		影视广播	FM90.0	410008
		私家车广播	FM99.9	410009
			AM900	410045
		信息广播	FM105.6	410011
			AM603	410046
	郑州人民广播电台	新闻综合广播	FM98.8	410101
			AM549	410141
		经济生活广播	FM93.1	410102
			AM711	410142

（续表）

地区	电台名称	频率名称	频率频点FM/AM	标准编码
河南	郑州人民广播电台	文体旅游广播	FM91.8	410103
			AM1008	410143
		交通广播	FM91.2	410105
		音乐广播	FM94.4	410106
		经典1079	FM107.9	410107
	开封广播电视台	综合广播	FM101.4	410201
		经济广播	FM100.2	410202
		交通旅游广播	FM105.1	410203
	洛阳广播电视台	综合广播	FM88.1	410301
		音乐广播	FM106.5	410306
		交通广播	FM92.7	410302
	平顶山广播电视台	新闻综合广播	FM98.9	410404
		经济广播	FM105.8	410401
		文艺广播	FM99.6	410402
		交通广播	FM96.4	410403
	安阳广播电视台	新闻广播	FM94.2	410501
		交通广播	FM89.0	410502
		汽车音乐广播	FM100.8	410503
	鹤壁广播电视台	综合广播	FM100.3	410601
		经济广播	FM99.4	410602
	新乡广播电视台	交通广播	FM99.1	410702
		新闻综合广播	FM92.9	410701
	焦作广播电视台	新闻综合广播	AFM96.3	410841
		都市音乐广播	FM99.5	410804
		交通旅游广播	FM89.4	410801
	濮阳广播电视台	新闻综合广播	FM100.1	410902
		交通广播	FM89.5	410901
	许昌广播电视台	交通广播	FM92.6	411001
		新闻广播	FM102	411004
	漯河广播电视台	综合广播	FM89	411101
		交通广播	FM106.7	411102

（续表）

地区	电台名称	频率名称	频率频点FM/AM	标准编码
河南	三门峡广播电视台	三门峡人民广播电台	FM98.9	411201
	南阳广播电视台	新闻广播	FM104.2	411301
		城市广播	FM93.6	411302
		交通广播	FM97.7	411304
	商丘广播电视台	综合广播	FM89.0	411441
		交通广播	FM100.7	411442
	信阳广播电视台	音乐广播	FM105.4	411503
		交通广播	FM99.6	411504
		综合广播	FM89.0	411541
	周口广播电视台	新闻广播	FM98.3	411641
		交通广播	FM89.3	411601
		音乐广播	FM96.0	411642
	驻马店广播电视台	综合广播	AM810	411702
		经济广播	FM102.4	411701
	新密人民广播电台	新密人民广播电台	FM93.0	410108
	沁阳人民广播电台	沁阳人民广播电台	FM104.9	410803
	巩义人民广播电台	巩义人民广播电台	FM98.2/FM107.5	410109
湖北	湖北广播电视台	湖北之声（新闻综合广播）	FM104.6	420001
			AM774	420041
		湖北经济广播	FM99.8	420003
		楚天交通广播	FM92.7	420002
		湖北城市之声	FM107.8	420006
		楚天音乐广播	FM105.8	420004
		湖北经典音乐广播	FM103.8	420005
		湖北农村广播	FM91.2	420009
	武汉广播电视台	音乐广播	FM101.8	420103
		经济广播	FM100.6	420102
		交通广播	FM89.6	420104
		新闻广播	FM88.4	420101
		青少广播	FM93.6	420105

（续表）

地区	电台名称	频率名称	频率频点FM/AM	标准编码
湖北	黄石广播电视台	新闻广播	FM101.2	420201
		交通经济广播	FM103.3	420202
		汽车广播	FM106.8	420203
	十堰广播电视台	综合广播	FM94.1	420302
		旅游生活广播	FM92.0	420305
		音乐交通广播	FM101.9	420303
	宜昌三峡广播电视总台	新闻综合广播	FM95.6	420501
		交通广播	FM105.9	420502
		音乐生活广播	FM100.6	420503
	夷陵区人民广播电台	夷陵区人民广播电台	FM93.0	420508
	襄阳市融媒体中心	交通音乐广播	FM89.0	420604
		襄阳综合广播	FM104.0	420601
		文化教育广播	FM91.8	420611
	鄂州广播电影电视局	新闻频率	FM94.0	420701
	荆门广播电视台	荆门之声	FM89.7	420806
		交通音乐广播	FM105.7	420805
	钟祥人民广播电台	钟祥人民广播电台	FM98	420804
	孝感广播电视台	新闻综合广播	FM91.8	420901
		交通音乐广播	FM87.7	420902
	荆州广播电视台	综合广播	FM96.3	421004
		交通广播	FM90.1	421003
		音乐广播	FM106.8	421009
	黄冈广播电视台	交通音乐广播	FM91.4	421101
		新闻综合广播	FM107.6	421102
	咸宁广播电视台	新闻广播	FM88.1	421201
		交通广播	FM95.9	421202
	随州人民广播电台	交通电台	FM96.2	421301
		新闻电台	AM1008	421341
	丹江口人民广播电台	新闻综合频率	FM92.5	420304
	老河口人民广播电台	老河口人民广播电台	FM102.3	420605
			AM1476	420642

（续表）

地区	电台名称	频率名称	频率频点FM/AM	标准编码
湖北	应城人民广播电台	应城人民广播电台	FM100.2	420903
	石首人民广播电台	石首人民广播电台	FM100.0	421005
	麻城人民广播电台	教育音乐台	FM105.1	421103
	赤壁人民广播电台	赤壁人民广播电台	FM103.9	421203
	广水人民广播电台	广水人民广播电台	FM88.0/FM89.2	421302
	仙桃人民广播电台	仙桃人民广播电台	FM90.4	429001
	潜江人民广播电台	潜江人民广播电台	FM88.4	429002
湖南	湖南人民广播电台	交通广播	FM91.8	430001
		音乐之声	FM89.3	430002
		综合广播	FM102.8	430003
		经济广播	FM90.1	430004
				430041
		文艺广播	FM97.5	430005
		潇湘之声	FM93.8	430006
				430042
		旅游广播	FM106.9	430007
		金鹰之声	FM95.5	430009
	长沙广播电视台	新闻广播	FM105.0	430103
		交通广播	FM106.1	430102
		城市之声	FM101.7	430101
		音乐广播	FM88.6	430108
	湖南快乐1045电台	快乐1045电台	FM104.5	430107
	株洲广播电视台	新闻广播	FM101.2	430202
		交通广播	FM98.4	430201
	湘潭广播电视台	交通广播	FM104.2	430301
		新闻综合广播	FM88.2	430302
	韶山人民广播电台	韶山之声幸福999	FM99.9	430303
	衡阳广播电视台	综合广播	FM98.9	430401
		交通经济广播	FM101.8	430402
	邵阳广播电视台	交通频率	FM95.4	430502
		音乐频率	FM92.8	430501

（续表）

地区	电台名称	频率名称	频率频点FM/AM	标准编码
湖南	岳阳广播电视台	新闻广播	FM104.1	430602
		经济广播	FM104.5	430604
		交通广播	FM98.1	430601
	常德广播电视台	音乐广播	FM93.1	430702
		交通广播	FM97.1	430701
	鼎城广播电视台	鼎广电台	FM106.8	430703
	张家界人民广播电台	新闻综合广播	FM93.2	430801
	益阳广播电视台	益阳之声	FM99.7	430901
		交通广播	FM88.1	430902
	郴州广播电视台	交通旅游广播	FM102.8	431001
		综合广播	FM99.2	431003
	永州广播电视台	永州电台活力调频	FM94.8	431103
	怀化广播电视台	综合广播	FM107.6	431202
		交通广播	FM103.8	431201
	娄底广播电视台	综合广播	FM107.2	431301
		交通广播	FM96.3	431302
	长沙县人民广播电台	星空调频	FM102.2	430104
	浏阳人民广播电台	交通生活频道	FM99.5	430105
广东	广东广播电视台	新闻广播	FM91.4	440001
			AM648	440041
		珠江经济台	FM97.4	440002
			AM1062	440045
		音乐之声	FM99.3/FM93.9	440003
		交通之声	FM105.2	440006
		文体广播	FM107.7	440007
			AM612	440046
		城市之声	FM103.6	440004
		南方生活广播	FM93.6	440005
			AM999	440042
		股市广播	FM95.3	440008
		珠江之声	FM105.7	440009

（续表）

地区	电台名称	频率名称	频率频点FM/AM	标准编码
广东	广州广播电视台	新闻资讯广播	FM96.2	440101
		金曲音乐广播	FM102.7	440102
		青少年广播	FM88	440104
			AM1170	440141
		交通广播	FM106.1	440103
	深圳广播电影电视集团	新闻频率	FM89.8	440301
		音乐频率	FM97.1	440302
		交通频率	FM106.2	440303
		生活频率	FM94.2	440304
	宝安区广播电台	缤纷1043	FM104.3	440305
	韶关广播电视台	综合广播	FM105.7	440202
		交通旅游广播	FM97.5	440201
	佛山人民广播电台	南海广播	FM92.4	440603
		高明广播	FM88.3	440606
		三水广播	FM90.6	440605
		顺德广播	FM90.1	440604
		音乐广播	FM98.5	440602
		综合广播	FM94.6	440601
	江门市广播电视台	江门人民广播电台	FM100.2	440702
		江门旅游之声	FM93.3	440701
	珠海人民广播电台	综合广播	FM95.1	440401
		环保经济广播	FM87.5	440402
		百岛之声	FM91.5	440403
	珠海市斗门区融媒体中心（珠海市斗门区广播电视台）	斗门电台	FM92.8	440404
	中山广播电视台	中山广播电视台FM96.7频率	FM96.7	442001
		中山广播电视台FM88.8频率	FM88.8	442002
	惠州市广播电视台	综合广播	FM100.0	441301
		经济环保广播	FM98.8	441302

（续表）

地区	电台名称	频率名称	频率频点FM/AM	标准编码
广东	惠州市广播电视台	音乐广播	FM90.7	441306
	梅州广播电视台	综合广播	FM94.8	441401
		交通广播	FM105.8	441402
	东莞广播电视台	综合广播	FM100.8	441901
		交通广播	FM107.5	441902
		音乐广播	FM104	441903
	潮安县广播电视台	潮安电台	FM98.3	445105
	梅县区广播电视台	私家车940	FM103.9	441403
	潮州市广播电视台	综合广播	FM94.0	445101
		戏曲广播	FM103.1	445102
		交通音乐广播	FM91.4	445103
	饶平人民广播电视台	饶平人民广播电台	FM89.3	445106
	潮阳广播电视台	潮阳电台	FM105	440504
	普宁人民广播电台	普宁电台	FM102.8	445206
	汕头广播电视台	经济广播	FM102.0	440501
		音乐广播	FM102.5	440502
		综合广播	FM107.2	440503
	澄海人民广播电台	澄海电台	FM100.5	440505
	揭阳广播电视台	综合广播	FM103.9	445201
		农业广播	FM106.5	445202
		交通旅游广播	FM95.2	445203
	揭东人民广播电台	揭东人民广播电台	FM100.2	445204
	揭西人民广播电台	揭西人民广播电台	FM103.2	445205
	肇庆市广播电视台	综合广播	FM92.9	441201
		金曲广播畅行949	FM94.9	441202
	四会广播电视台	四会电台	FM100.9	441204
	湛江市广播电视台	新闻综合频率	FM98.1	440801
		经济频率	FM95.1	440803
		交通音乐频率	FM102.1	440802
	茂名人民广播电台	农村之声	FM106.1	440901
		交通广播	FM93.5	440904

（续表）

地区	电台名称	频率名称	频率频点FM/AM	标准编码
广东	茂名人民广播电台	综合广播	FM101.1	440902
	汕尾广播电视台	综合频道	FM103.5	441501
		农村广播	FM91.3	441502
	河源广播电视台	综合广播	FM91.1	441601
		旅游广播	FM97.8	441602
	阳江广播电视台	综合广播	FM91.6	441701
		旅游环保广播	FM89.5	441702
	清远广播电视台	FM88.7清远新闻综合广播	FM88.7	441801
		FM97.8清远农村广播	FM97.8	441802
		清远交通音乐广播	FM95.9	441803
	云浮人民广播电台	综合广播	FM100.6	445301
		交通音乐广播	FM96.4	445302
	番禺区广播电视台	番禺电台	FM101.7	440105
	花都广播电视台	花都电台	FM100.5	440106
	乐昌人民广播电台	乐昌人民广播电台	FM101.1	440203
	新会广播电视台	新会人民广播电台	FM98.3	440703
	台山广播电视台	台山人民广播电台	FM90.4	440704
	开平广播电视台	飞扬956	FM95.6	440705
	鹤山广播电视台	鹤山电台	FM104.7	440706
	恩平人民广播电台	恩平电台	FM97.7	440707
	广东电台遂溪台	遂溪电台	FM104.8	440804
	化州人民广播电台	化州人民广播电台	FM105.5	440903
	高要人民广播电台	高要电台	FM105.9	441203
	惠阳人民广播电台	惠阳电台	FM99.5	441303
	博罗县广播电视台	博罗广播电台	FM107.3	441304
	惠东县广播电视台	惠东人民广播电台	FM96.1	441305
广西	广西广播电视台	综合广播	FM91.0	450001
			AM792	450041
		交通广播	FM100.3	450005
		文艺广播	FM95.0	450003
		教育广播	FM93.0	450004

（续表）

地区	电台名称	频率名称	频率频点FM/AM	标准编码
广西	广西广播电视台	经济广播	FM97.0	450002
	南宁广播电视台	综合广播（990新闻台）	FM99.0	450101
		交通音乐广播（1074交通台）	FM107.4	450102
		乡村生活广播（经典1049）	FM104.9	450104
		故事广播（快乐895）	FM89.5	450103
	桂林广播电视台	综合广播	FM97.7	450301
		旅游音乐广播	FM88.3	450302
		生活广播	FM91.2	450303
	柳州市广播电视台	综合广播	FM102.9	450201
		交通广播	FM99.10	450202
		乡村生活广播	FM105.9	450203
	梧州人民广播电台	新闻综合频率	FM100.8	450401
		交通音乐之声	FM107.5	450402
	北海人民广播电台	新闻综合广播	FM93.5	450501
		交通音乐广播	FM99.1	450502
	防城港人民广播电台	交通广播	FM101.9	450601
	钦州人民广播电台	综合广播	FM98.6	450701
		交通音乐广播	FM88.9	450702
	贵港人民广播电台	贵港金曲	FM101.9	450801
	玉林人民广播电台	综合广播	FM97.8	450901
		交通音乐广播	FM99.2	450902
	百色市广播电视台	新闻综合广播	FM105.2	451001
		音乐频率	FM87.6	451002
	贺州人民广播电台	新闻综合广播	FM92.1	451101
		交通广播	FM88.2	451102
	河池人民广播电台	新闻综合广播	FM98.7	451201
	来宾人民广播电台	桂中之声	FM103.5	451301
	崇左人民广播电台	城市之声	FM97.2	451401

（续表）

地区	电台名称	频率名称	频率频点FM/AM	标准编码
广西	桂平人民广播电台	综合广播	FM100.5	450802
重庆	重庆广播电视台	重庆之声	FM96.8	500001
			AM1314	500041
		经济频率	FM101.5/FM105.6	500002
		音乐广播	FM88.1/FM94.3	500004
		交通广播	FM95.5	500003
		都市广播	FM93.8	500005
		文艺广播	FM103.5	500006
四川	四川广播电视台	四川综合广播	FM98.1	510007
		四川新闻广播	FM106.1	510006
		四川财富生活广播	FM94.0	510003
		岷江音乐	FM95.5	510004
		四川交通广播	FM101.7	510005
		快乐900四川文艺广播	FM90.0	510008
		四川城市之音	FM102.6	510001
		四川天府之声	FM92.5	510010
	成都市广播电视台	新闻广播	FM99.8	510101
		经济广播	FM105.6	510103
		交通文艺广播	FM91.4	510102
		文化休闲广播经典946	FM94.6	510104
		故事广播	FM88.2	510109
	自贡人民广播电台	文化旅游广播	FM90.8	510301
		综合广播	FM97.7	510302
		交通广播	FM90.2	510303
	攀枝花广播电视台	综合广播	FM88.5	510401
		交通音乐广播	FM91.0	510402
	泸州人民广播电台	FM97.0泸州新闻广播	FM97.0	510501
		FM104.6泸州交通广播	FM104.6	510502
		FM103.8泸州音乐广播	FM103.8	510503
	德阳市广播电视台	经济生活广播	FM95.9	510602
		综合广播	FM99.0	510603

（续表）

地区	电台名称	频率名称	频率频点FM/AM	标准编码
四川	绵阳市广播电视台	故事广播	FM96.7	510701
		音乐广播	FM91.2	510703
		交通广播	FM103.3	510702
	广元广播电视台	新闻综合广播	FM102.7	510801
		交通旅游广播	FM104.8	510802
	遂宁市广播电视台	综合广播	FM99.7	510901
		交通音乐	FM87.8	510902
		交通旅游	FM106.5	510903
	内江市广播电视台	综合广播	FM93.4	511001
		交通广播	FM102.7	511003
	乐山广播电视台	新闻综合频率	FM102.8	511101
		音乐交通频率	FM100.5	511102
	南充市广播电视台	综合广播	FM100.4/FM97.5	511301
			AM747	511341
		交通音乐频率	FM91.5	511302
	眉山人民广播电台	交通音乐广播	FM93.1	511402
		综合广播	FM90.8	511401
	宜宾广播电视台	新闻综合广播	FM107.0	511501
		音乐广播	FM104.2	511502
		交通广播	FM105.9	511506
	广安广播电视台	交通旅游广播	FM101.2	511601
	达州广播电视台	新闻综合广播	FM102.2	511701
		交通音乐广播	FM102.9	511702
	雅安人民广播电台	新闻综合频率	FM87.9	511801
		电台熊猫频率	FM104.7	511802
	巴中人民广播电台	新闻综合广播	FM88.5	511901
		交通旅游广播	FM94.0	511902
	资阳人民广播电台	新闻综合频率交通广播	FM103.5	512001
	涪陵人民广播电台	涪陵人民广播电台	FM101.1/FM103.4	500101
	江津广播电视台	综合广播	FM106.7	500102
	永川广播电视台	音乐广播	FM93.2	500012

（续表）

地区	电台名称	频率名称	频率频点FM/AM	标准编码
四川	永川广播电视台	永川之声	FM100.7	500104
	凉山人民广播电台	综合广播	FM95.8	513401
海南	海南广播电视台	海南交通广播	FM100.0/FM88.1/FM98.0	460003
		海南新闻广播	FM88.6/FM93.2/FM96.2M	460001
			AM95.4/AM111.6/AM110.7	460041
		海南国际旅游岛之声	FM103.8/FM99.0/FM106.8/FM95.0/FM103/FM107.2	460002
		海南音乐广播	FM94.5/FM91.6/FM91.3/FM91.4/FM107.0	460004
		海南民生广播	FM92.2/FM101/FM107.6	460005
	海口广播电视台	海口综合广播	FM101.8	460101
		海口音乐广播	FM91.6	460102
		海口旅游交通广播	FM95.4	460103
		海口生活广播	FM104.4	460104
	三亚广播电视台	三亚之声旅游广播	FM103.8	460203
		天涯之声新闻综合广播	FM104.6	460201
贵州	贵州广播电视台	综合广播	FM94.6	520001
			AM765	520041
		经济广播	FM98.9	520002
		音乐广播	FM91.6	520003
		交通广播	FM95.2	520004
		旅游广播	FM97.2	520006
		故事广播	FM90.0	520007
	贵阳广播电视台	新闻综合广播	FM88.9	520101
			AM999	520141
		交通广播	FM102.7	520102
		旅游生活广播	FM90.9	520104

（续表）

地区	电台名称	频率名称	频率频点FM/AM	标准编码
贵州	毕节广播电视台	交通音乐广播	FM98.0	520501
	凯里人民广播电台	凯里人民广播电台	FM93.0	522601
	铜仁市广播电视台	新闻综合广播	FM103.6	520601
		交通旅游广播	FM90.7	520602
	兴义人民广播电台	新闻综合广播	FM93.9	522303
	黔西南广播电视台	综合广播	FM107.9	522301
		交通旅游广播	FM88.3	522302
	黔南广播电视台	交通旅游广播	FM93.3	522703
		黔南广播	FM98.0	522704
	六盘水广播电视台	综合广播	FM102.1	520201
		交通广播	FM93.8	520202
	遵义人民广播电台	综合广播	FM89.8	520301
		交通文艺广播	FM94.1	520303
		旅游生活广播	FM88.0	520305
	安顺人民广播电台	交通广播	FM102.9	520402
		新闻综合广播	FM105.9	520401
	七星关区广播电视台	七星关综合广播	FM91.2	520502
云南	云南广播电视台	新闻广播	AM576	530042
			FM105.8	530001
		旅游频率	FM99	530006
		经济频率	FM88.7	530002
		音乐广播	FM97	530003
		教育广播	FM100	530004
		交通广播	FM91.8	530005
		国际广播	FM101.7	530007
	昆明广播电视台	文艺旅游广播	FM102.8	530102
		综合广播	FM100.8	530101
		汽车音乐广播	FM95.4	530103
		老年广播	FM105	530104
	曲靖人民广播电台	综合广播	FM104	530302
		交通广播	FM91.0	530301

（续表）

地区	电台名称	频率名称	频率频点FM/AM	标准编码
云南	玉溪人民广播电台	新闻综合广播	FM102.4	530401
		交通旅游广播	FM87.7	530441
	保山人民广播电台	新闻综合频率	FM98.7	530501
	昭通人民广播电台	新闻综合广播	FM97.5	530601
		交通旅游广播	FM94.1	530602
	丽江市广播电视台	综合广播	FM106.2	530702
		旅游交通广播	FM97.7	530701
	普洱广播电视台	普洱综合广播	FM93.1	530801
		普洱交通广播	FM102.5	530802
	临沧人民广播电台	临沧之声	FM106	530901
	楚雄人民广播电台	综合广播	FM106.1/FM96.3	532301
		音乐广播	FM90.6	532302
	红河人民广播电台	综合广播	FM101.4	532501
		交通广播	FM87.5	532502
	文山广播电视台	新闻广播	FM97.2	532601
		交通广播	FM100.6	532603
	大理广播电视台	综合广播	FM102.7	532902
		大理苍洱调频	FM99.9	532901
		大理旅游文化广播	FM90.2	532903
	西双版纳广播电视台	民族语广播	FM90.6	532801
		综合广播	FM101.4	532801
	云南大学教育调频	云南大学教育调频	FM107.6	530106
	德宏人民广播电台	综合广播	FM104.3	533101
		交通旅游广播	FM91.0	533131
		民族综合广播	FM104.3	533141
	怒江广播电视台	广播综合频率	FM107.4	533301
西藏	西藏人民广播电台	藏语广播	FM101.6	540001
		汉语广播	FM93.3	540002
		都市生活广播	FM98.0	540003
		藏语康巴话广播	AM594	540041
	拉萨人民广播电台	拉萨人民广播电台	FM91.4	540101

（续表）

地区	电台名称	频率名称	频率频点FM/AM	标准编码
陕西	陕西广播电视台	896汽车调频广播	FM89.6	610009
		新闻广播	FM106.6	610001
			AM693	610041
		都市广播—陕广新闻	FM101.8	610002
		故事广播	FM87.8	610011
			AM603	610045
		交通广播	AM1323	610042
			FM91.6	610003
		农村广播	AM900	610043
		青春广播	FM105.5	610007
		戏曲广播	AM747	610044
			FM107.8	610010
		音乐广播	FM98.8	610006
		秦腔广播	FM101.1	610005
	西安广播电视台	交通旅游广播	FM104.3	610102
		新闻广播	AM810	610141
			FM95.0	610101
		音乐广播	FM93.1	610103
		资讯广播	FM106.1	610104
		综艺广播	FM102.4	610105
	安康人民广播电台	综合广播	FM89.7	610901
		交通广播	FM95.9	610902
	榆林广播电视台	新闻综合广播	FM99.4	610801
		生活资讯广播	FM101	610803
		交通文艺广播	FM95.9	610802
	汉中人民广播电台	新闻广播	FM95.6	610701
		音乐广播	FM97.1	610702
		交通旅游广播	FM101.8	610703
	渭南人民广播电台	新闻广播	FM102.6/FM101.3	610501
		交通广播	FM90.9	610502
		音乐广播	FM101.3	610504

（续表）

地区	电台名称	频率名称	频率频点FM/AM	标准编码
陕西	宝鸡人民广播电台	综合广播	FM93.4	610303
			AM1071	610341
		交通旅游广播	FM99.7	610304
		经济广播	FM102.8	610301
			AM900	610342
		音乐广播	FM105.3	610302
	咸阳市广播电视台	西咸之声	FM100.7	610401
		都市音乐广播	FM99.9	610402
	铜川人民广播电台	铜川人民广播电台	AM1134	610241
		音乐交通广播	FM101.5	610201
	商洛人民广播电台	商洛人民广播电台	FM107.0	611001
	延安广播电视台	交通音乐广播	FM98.7	610602
		新闻综合广播	FM100.1/FM104.6	610601
甘肃	甘肃广播电影电视总台（集团）	都市调频广播	FM106.6/ FM102.2	620002
		交通广播	FM103.5	620003
		经济广播黄河之声	FM93.4	620004
			AM801	620042
		农村广播乡村之音	FM92.2	620006
			AM1170	620043
		青春调频	FM104.8	620005
		新闻综合广播	FM96	620001
			AM684/AM873	620041
	兰州市广播电视总台	生活文艺广播	FM100.8	620103
		新闻综合广播	AM954	620141
			FM97.3	620101
		交通音乐广播	FM99.5	620102
	嘉峪关人民广播电台	综合广播	FM100	620201
		交通广播	FM92	620202
	金昌人民广播电台	飞扬音乐	FM101.4	620302
		新闻综合广播	FM107.7	620301
	武威人民广播电台	人民广播	FM93.5	620601

（续表）

地区	电台名称	频率名称	频率频点FM/AM	标准编码
甘肃	张掖人民广播电台	新闻综合广播	FM101.4	620701
	平凉人民广播电台	交通广播	FM89.8	620801
	酒泉人民广播电台	交通之声	FM106.6	620901
	庆阳人民广播电台	人民广播	FM95.2	621001
	定西人民广播电台	新闻综合广播	FM92.4	621101
	陇南人民广播电台	新闻广播	FM98.2	621201
	甘南广播电视台	综合广播	FM101.7	623002
	临夏广播电视台	北方调频广播	FM97.3	622901
青海	青海广播电视台	新闻综合广播	FM98.9	630001
		经济广播	FM107.5	630003
			AM1143	630042
		交通音乐广播	FM97.2	630004
		花儿调频广播	FM90.3	630005
		藏语广播	FM99.7	630002
			AM1251	630041
	西宁人民广播电台	新闻综合广播	FM95.6	630101
			AM1476	630141
		交通文艺广播	FM104.3	630103
		旅游广播	FM102.7	630104
		都市生活广播	FM101.3	630102
宁夏	宁夏广播电视台	新闻广播	FM106.1	640001
			AM891	640041
		经济广播	FM92.8	640002
			AM747	640042
		交通广播	FM98.4	640003
		宁夏旅游广播	FM103.7	640004
		音乐广播	FM104.7	640005
	银川市新闻传媒集团	新闻综合广播	FM90.5	640101
			AM801	640141
		都市经济广播	FM95.0	640103
		交通音乐广播	FM100.6	640102

（续表）

地区	电台名称	频率名称	频率频点FM/AM	标准编码
新疆	新疆广播电视台	929文化旅游广播	FM92.9	650006
		1028故事广播	FM102.8	650008
		哈萨克语综合广播	FM98.2	650005
		交通广播	FM94.9	650007
		蒙语综合广播	AM1233	650043
		1074维吾尔语交通文艺广播	FM107.4	650004
		维语综合广播	AM855	650042
			FM101.7	650003
		汉语新闻广播	FM96.1	650001
		柯尔克孜语综合广播	AM1233	650044
		绿色广播	FM89.5	650002
			AM738	650041
		1039音乐广播	FM103.9	650009
		924老年广播	FM92.4	650010
	新疆生产建设兵团文广传媒集团有限公司	新疆兵团之声	FM88.2	650011
	乌鲁木齐广播电视台	乌鲁木齐广播电视台97.4交通广播	FM97.4	650102
		乌鲁木齐广播电视台927经济广播	AM927	650141
		乌鲁木齐广播电视台106.5旅游音乐广播	FM106.5	650103
		乌鲁木齐广播电视台104.6维语交通文艺广播	FM104.6	650104
		乌鲁木齐广播电视台1071维语综合广播	AM1071	650143
		乌鲁木齐广播电视台100.7新闻广播	FM100.7	650101
		乌鲁木齐广播电视台792综合广播	AM792	650142
	哈密人民广播电台	维语广播	FM107.9	652203
		哈密之声	FM103.5	652201

（续表）

地区	电台名称	频率名称	频率频点FM/AM	标准编码
新疆	哈密人民广播电台	甜蜜之声	FM98.1	652202
	克拉玛依人民广播电台	都市广播	FM92.6	650201
		维语广播	AM882	650242
		新闻交通广播	AM1179	650241
	昌吉人民广播电台	新闻综合频率	FM96.9	652301
			AM873	652341
		电台FM103.3	FM103.3	652302
		音乐电台	FM105.3	652303
	米东人民广播电台	新闻音乐广播	FM99.0	650105